扉页书名题字：黄德宽

陆 林 著

德宽署

陆林文史杂稿三编

人民文学出版社

图书在版编目(CIP)数据

耆年集:陆林文史杂稿三编/陆林著.—北京:人民文学出版社,2017
ISBN 978-7-02-012181-6

Ⅰ.①耆… Ⅱ.①陆… Ⅲ.①文史—中国—文集 Ⅳ.①C52

中国版本图书馆CIP数据核字(2016)第278214号

责任编辑　胡文骏
装帧设计　柳　泉
责任印制　苏文强

出版发行　人民文学出版社
社　　址　北京市朝内大街166号
邮政编码　100705
网　　址　http://www.rw-cn.com

印　　刷　三河市鑫金马印装有限公司
经　　销　全国新华书店等

字　　数　308千字
开　　本　680毫米×960毫米　1/16
印　　张　21.75　插页5
印　　数　1—2000
版　　次　2016年12月北京第1版
印　　次　2016年12月第1次印刷

书　　号　978-7-02-012181-6
定　　价　48.00元

如有印装质量问题,请与本社图书销售中心调换。电话:010-65233595

陆林（1957—2016），安徽望江人。1982年获安徽大学文学学士学位，1987年获南开大学文学硕士学位。生前为南京师范大学研究员，《南京师大学报》（社会科学版）副主编，文学院戏剧戏曲学博士点学术带头人。出版著作有《元代戏剧学研究》（1999）、《知非集——元明清文学与文献论稿》（2006）、《求是集——戏曲小说理论与文献丛稿》（2011）、《曲论与曲史——元明清戏曲释考》（2014）、《金圣叹史实研究》（2015）；合作出版《元杂剧研究概述》（1987）、《明代戏剧研究概述》（1992）、《清人别集总目》（2000）；主编清代笔记小说类编》（1994），整理辑校《金圣叹全集》（2008）等。发表论文百馀篇。曾获江苏省社科优秀成果一、二、三等奖，承担国家社科基金一般项目和重大招标项目子项目多项。

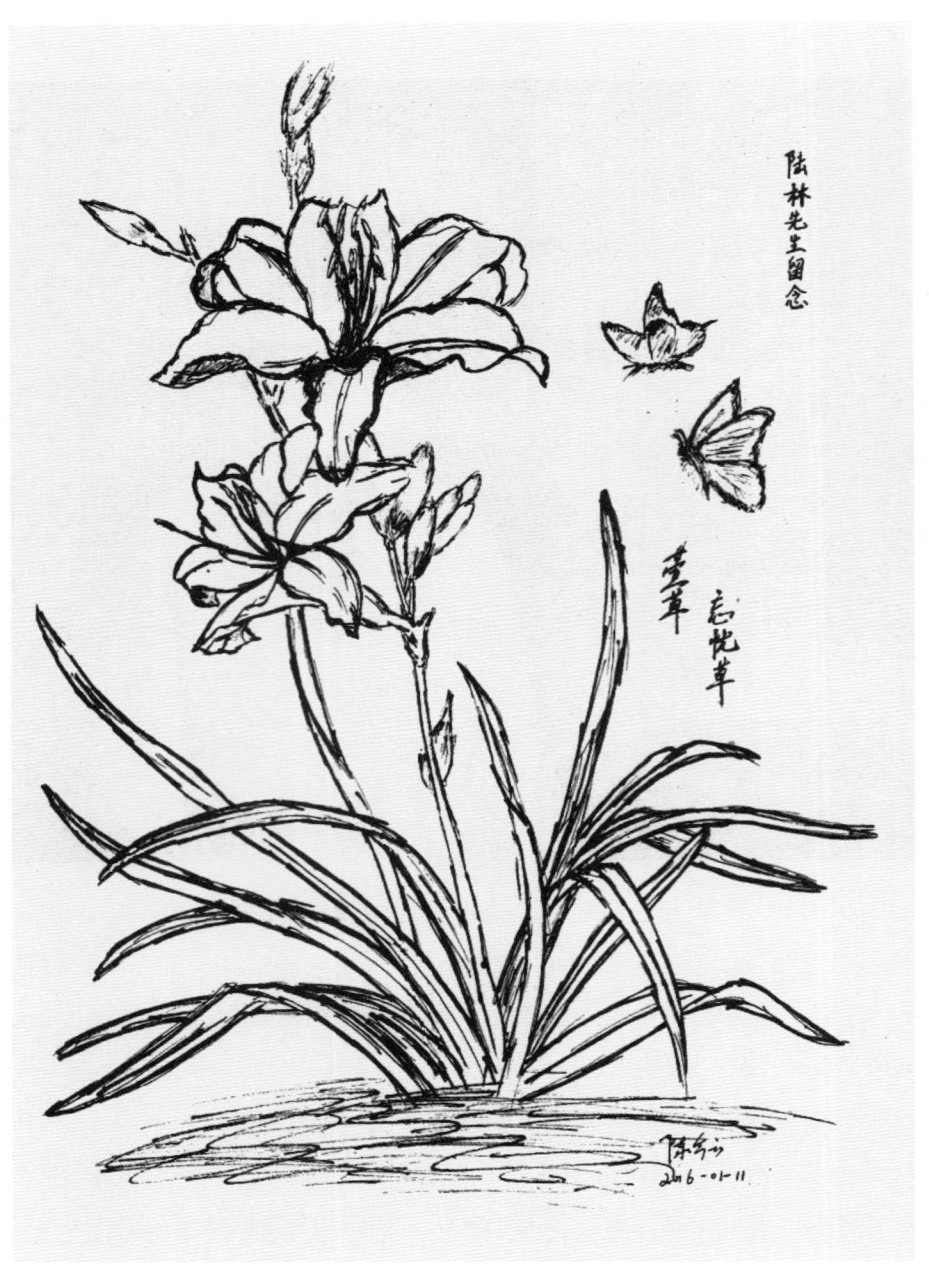

作者所住医院陈今云护师赠画

作者（左一）1984年硕士入学时与导师宁宗一先生（左二）等合影

2001年春作者摄于南师大校园

作者在医院病房中工作

2015年10月17日，作者参加在东南大学召开的第十一届全国戏曲学术研讨会暨中国古代戏曲学会2015年年会时，在夫人陪同下与部分学生合影

作者本科毕业论文（收入本书中）原稿

作者在南开大学读书时所抄祁彪佳日记手稿

无题　　　　陆林

甲午七月初，病魔复来袭。尿血日以频，
腰疼日以剧。CT加PET，症状遂明晰，
前者缘劳累，后者因癌起。腹膜啮排骨，
波及神经系。治以射波刀，伤人不留迹。
五脏六腑裂，肠胃功能糜。隐痛伴腹胀，
体怠精力疲。整日惟在床，难以坐与立。
不能开电脑，请务省度辛。书稿欠数节，
无奈且搁笔；校样垒枕边，只看十四条。
《金圣叹文采研究》《惺斋剪淞居》而后
朱主戏曲编，旁观如在壁；杜倡别集丛，
只能充虚蛇。谅我与罪我，一任君之意。
西非埃博拉，南京青奥聚；美俄忙晴战，
巴以交攻急。电视时相陪，仰观天下奇，
人生苦与乐，焉知无伏倚。朋友好友来，
相会欢何极。　　　2014.8.15上午11正

复无题　　　　朱万曙

江东有才俊，清逸守林狐。穷览书万卷，
下笔更有神。文情说典籍，素心看古今。
秋肩担道义，赤胆侍友人。天公亦嫉妒，
俯投疼身菌。几番磨折苦，十载抗大病。
勇与魔足搏，毅力人钦叹。我与君相知，
卅年敦谊情。君来我细读，君才我深领，
君笑我亦笑，君疼我亦吟。自信驱魔力，
还君强健身。把盏自当醉，论文挥拳字，
闲来访青山，泛槎江湖深。相期复相约，
问君应不应？　　　　古日下午2上.

2014年8月作者在医院病房中所作诗及友人朱万曙教授复诗手稿

目　　录

卷首语 …………………………………………………………… 1

上　编

清初周荃"安抚"苏州事略及与"密云弥布"匾净关系考论 ……… 3
金圣叹官员交往诗新考 ………………………………………… 27
邓汉仪心路历程与《诗观》评点的诗学价值 …………………… 42
朱用纯诗文题解 ………………………………………………… 67
《王渔洋事迹征略》拾遗补缺 …………………………………… 82
清初戏曲家龙燮生平、剧作文献新考 …………………………… 97
从文学研究的角度浅谈家谱文献的整理编纂 ………………… 109
胡适《〈水浒传〉考证》与金圣叹研究 ………………………… 119
鲁迅、周作人论金圣叹
　——明末清初文学与现代文学关系之个案考察 …………… 134
也谈《给青年二十四封信》是否朱光潜作
　——兼议章启群、商金林先生对其作者的"考证" ………… 167
附：试论元明清戏剧中包拯形象的演变 ……………………… 176

下　编

疑古胜录

唐代家训《戒子拾遗》作者考 ………………………………… 203
杨维桢籍贯考 …………………………………………………… 207

高"东嘉"由来考	210
朱国祚生卒年小考	213
冯梦龙交游文献补记	214
清初书画家周荃生卒考	219
《诗观》作者邓汉仪原籍与寓籍	221
朱柏庐生卒和别号	224
清代指画名家高其佩小传异说辨误	228
《清人笔记随录》补缺	231
附录：我与来新夏先生《清人笔记随录》（未定稿）	233

读曲丛札

关汉卿〔南吕·一枝花〕《不伏老》赏析	247
郑光祖〔双调·蟾宫曲〕《梦中作》赏析	253
元杂剧分期之我见	
——兼论周德清首倡元曲五大家	257
元明包公戏三题	261
《高文举珍珠记·藏珠》赏析	266
金批《西厢》问世时间补说	269
庐剧《借罗衣》学习札记	274
《元曲家考略》读书笔记	277
浅议祝肇年先生读《长亭送别》文	282
读《清初杂剧研究》	284

自著序跋

《元代戏剧学研究》后记	291
《清代笔记小说类编》总序	293
《太平天国演义》校点前言	296
《知非集》自叙	301
《知非集》后记	305

《皖人戏曲选刊·龙燮卷》整理后记 …………………………………… 307
《金圣叹全集》整理后记 ……………………………………………… 311
《求是集》后记 …………………………………………………………… 314
《曲论与曲史》自序 …………………………………………………… 317
《金圣叹史实研究》后记 ……………………………………………… 322

附录：陆林科研成果目录（1980—2016）…………………………… 326
整理后记 …………………………………………………………………… 338

卷首语

《耆年集——陆林文史杂稿三编》，所谓"三编"是指本人自《知非集——元明清文学与文献论稿》(2006年)、《求是集——戏曲小说理论与文献丛稿》(2011年)之后的第三本自选集。相对于前两本的专业性或专题性，此集内容更加杂芜，涉及古代和现当代多种文史现象，文字长短不拘，长者两三万，短者一两千。为使如此杂乱的书稿眉目相对清晰，本书分上、下编。上编除了附篇是1981年7月写成的安徽大学中文系学士学位论文，从未整体刊行过，其余十篇皆为近些年先后发表。其中有关金圣叹研究的三篇，在拙著《金圣叹史实研究》中，虽时有片段重组和观点融汇，却没有整篇的引入，论述的重心自有差异，故仍收入此集。写于三十五年前的学士学位论文，固然难脱时代风气和个人认识的局囿，但毕竟体现了普通高校七七级相关专业一般水平毕业生学位论文的基本面貌，且为钢笔誊写的手稿，经过多次迁徙而幸存，也算是一种缘分吧。

下编三十篇，皆为短文，所撰缘由不一，形式多种多样。为便于阅读，分为三个板块。"疑古胠录"收录的是各种文史杂考，其中《冯梦龙交游文献补记》的来由是：在《曲论与曲史》(2014年)这本台湾出版的戏曲研究自选集中，收入《冯梦龙、袁于令交游文献新证》(原载于《文献》2007年第4期)，在结集和出版过程中，以"结集补记"的方式陆续新增了有关冯氏交游的三则。故从中辑出，以便学者阅读参考。《〈清人笔记随录〉补缺》一文，原为笔者《读"书"杂"品"》(中华书局《书品》2003年第4辑)中的一节。"随录"作者来新夏先生看后，主动电话联系，请我为其五十万字的书稿把关。几经推辞，感其不耻相"求"之诚，将其书稿拜读一过，提出意见若干条。去年上半年，本想撰写《我与来新夏先生〈清人笔记随录〉》,以释"随录"自序末尾所云"南京师范大学陆林先生百忙中为通阅全稿,多所订正"的来龙去脉。但是因为需要翻找来先生所示多篇信札,而时已行动不便,无力于此。现在只能以当时看完书稿后所呈电子信件和部分意见为主体,附载集中。在我看来,自然是未定稿,读者也不妨视之为特殊的表达或撰述形式。

下编中另外两组文章是"读曲丛札"和"自著序跋"。"丛札"是将与戏曲、散曲有关的短文汇为一体,其中《庐剧〈借罗衣〉学习札记》,是对合肥本地传统小戏名剧创作手法的赏析,大约写于大三初期,经先父修改后,推荐给《安徽文化报》发表(1980年3月8日)。此次经内人和女儿反复翻检(我在医院遥控),终于在家中堆放无序的期刊和旧稿中找到报纸原件,收入集中,纪念意义自然是多重的。"自著序跋",既指序跋的对象只是由本人撰述的论著和编校的古籍,亦指序跋的性质是自序自跋。收入集中的跋即后记,序则大多不包括前言。因为相关学术著述的前言、绪论或导语,往往篇幅较长,多以论文形式单独发表。如《清代笔记小说类编·武侠卷》(1994年)选注前言,先期以《清代文言武侠小说简论——兼谈文言武侠小说发展轨迹》为题,刊于《明清小说研究》1992年第3、4合期(后收入《知非集》);《〈元代戏剧学研究〉导论》,发表于《文教资料》1999年第2期,人大复印资料《戏剧、戏曲研究》同年第8期转载……回顾十多年来自撰的各种序跋,可以基本勾勒出个人的治学之路和求学之思,例如《〈知非集〉自叙》,首次提出"试图以实证和阐释相结合的方法,去探索文学家的生存状态、人际关系、创作实迹"的学术理念和研究重心;《〈曲论与曲史〉自序》,则大致回忆了个人如何与戏曲研究结缘的心路历程。

早在十年前出版首部个人选集《知非集》时,便有如果生命允许,十年后再出一本的念头,以之为本人六十人生的一个学术小结和自我纪念。关于这本选集的正名,我曾有过多种考虑。最初拟为"问津集",因它寓含着我自负笈津门,才正式走上学术研究之路,并在这里获得许多真挚的友情;同时也体现了个人治学的一些特点,即多着眼于乏人问津的小众问题。可是,自去年以来,随着身体的每况愈下,在思想上发生了很大变化,学术的诗意浪漫已失,代之而起的是内心渐生渐浓的消极情绪。物化于书名,便是想改为"谢幕集"。人生如戏,每个人的一生都在演戏。努力于事业的成功,即将人生大戏演好,应该是很多人的不懈追求。我并不知道自己在学业上是否有所成就,但是,在实际进入此书编纂之后,却真切地感受到该"谢幕"了。于是,萌生以此为题,向一直关心或关注我的相识与不相识的学界朋友,做一学术的告别。虽然,它不意味着今后便绝缘于专业研究并退出人生舞台(这不完全取决于主观),退役并不妨碍复出;但毕竟心里明白,自己不再会像近二十年那样持续不断地投入产出了。这一谢幕情绪,贯穿于选文的始终,规制了编纂的格局和体例。

然而,真的进入敲定书名的最后阶段,在考虑撰写选集卷首语时,还是踌躇犹豫了。去年七月住院后,牵动了众多友人的心。本地朋友自不必说,外地师友同学专程甚至多次前来问候,单位的同仁更是一如既往地给予各方面的具体帮助;弟子门人坚持轮流陪护值班,影响了他们各自的家庭生活和学习、工作,还要默默忍受我因病情反复而引发的烦躁情绪。各级有关医护人员,都尽心尽力地为我延缓病况的发展,减轻身体的痛楚,半年以来的朝夕相处,已情如家人。以上涉及的诸位,是一份长到卷首语难以容纳的名单,我只能铭记于心底了。固然所有的朋友都真心劝我今后要一切以身体为重,不要再从事科研和写作,但是我想:以"谢幕"为题流露出来的感伤情怀,辜负了友人对我一贯坚强并永远坚强的认知和希望,一定是他们所不乐见的。可是,在如今的状态下,也实在想不出什么具有正能量的题目,经反复斟酌而定为此题。在古代,"耆年"本义指老年人,与"耆"相关的词汇多含年高德重的褒义。作为今人,六十只是中老年之交的初始阶段,不能算老;就我个人而言,以"耆年"为题,只是借用《礼记》"六十曰耆",表明这是一本编成出版于虚龄六十的小书,既与年长寿高没有关系,亦无关乎道德高低、修养深浅。如果朋友们从题目中感受到积极正面的意义,我只能将之视为是对自己的祝福和对他们的安慰,其实不过是指花甲或耳顺之年而已。

选集中所收文章,只有"自著序跋"是基本按照写作时间排序,其他各组多是根据写作对象的时代先后编排。上编的各篇,原本没有摘要的,一律补写"摘要"或"说明"(仿邬国平先生《明清文学论薮》之例)。凡是已入《知非集》和《求是集》者,不再选入。除了已经说明的两篇,皆属正式发表者。书末附个人已经问世之论著、论文目录,统计截止时间为2016年。

  本集前插的那幅忘忧草绘图,是所住医院的陈今云护师于新年伊始所赠,希望我在新春开始,忘却忧愁,远离烦恼,诸事顺利,一切向好。感其情谊,特将赠画置于此书之中。本科同窗黄德宽教授,继《知非集》、《求是集》之后,又为本书题写书名。值得一提的是:多年前已请他预赐了"问津集",虽然如今已换新题,但是其墨宝我会继续收藏着,作为数十年从未间断过的友情的一个见证。人民文学出版社的朋友们,一如既往地关心着我的学术,热情接纳了此书的选题,这也是它能在年内顺利问世的重要保证。

陆　林

2016年1月5至12日初稿

1月18至27日二稿

上 编

清初周荃"安抚"苏州事略及与"密云弥布"匾诤关系考论①

摘　要：明清鼎革之际，以个人"水活山灵"的本然心性和"抚妙于剿"的悲悯情怀而被时代选中的历史人物周荃，以"善关说，走声气"之能，既曾"全活"苏州百姓甚众，后又参与调停"密云弥布"僧诤，周旋于清军大帅与苏州小民、贰臣与遗民、新贵僧与故国僧之间，可谓兼具政治争议、文化观照和学术考索价值的杂色人物。有关研究，可以重构清初若干重要事件之细微末节，廓清相关历史人物间之模糊关系。在时人角度不同的当下叙述和后世意旨深晦的危亡论证中，呈现其个人面目的史实文献，隐显着他者评断、同类辩护和自我独白的多重回响。

关键词：杂色人物；周荃；安抚使；骑邮；"密云弥布"僧诤

苏州周荃，所著《自香池上集》虽佚，书画作品存世尚夥，是一位在清初历史、佛教史和文学艺术史上时时闪现的微妙人物。现代史学家陈垣（1880—1971）先生一九四一年著《清初僧诤记》，其中专列一节论"密云弥布扁诤"。此一禅门争讼之起，源于浙江海盐金粟寺原有"密云弥布"之匾，乃"崇祯间费隐住金粟时，檀越蔡子谷联璧所书也"。明末临济宗大师密云圆悟，法嗣有汉月法藏、费隐通容、木陈道忞等，继起弘储则为法藏弟子，与通容、道忞为叔侄关系。顺治末年，弘储住持金粟，改建祖堂，另书"亲闻室"三字覆盖旧匾，"木陈则视此为攻击继起之最佳题目矣"，于是撰写《复灵岩储侄禅师》书信予以声讨，"然木陈此书传播后，继起未

---

① 此文初稿，承蒙俞国林先生多所纠谬指教，特此致谢。

闻致辩,仅有门下周居士静香名荃者,致书木陈,为之调护"①。陈垣先生对事件始末有详细考述,然于周荃,仅此一句,从此不再涉及。周荃的可讲,与陈垣的不讲,都是饶有意味的学术话题。

一 周荃"安抚"苏州始末概说

周荃(约1604—1672),字子静,一字静香,晚号花溪老人。苏州人,晚明贡生②,清初较有名气的书画家,"善山水花草,各得大意。小幅及册页笔趣尤敏妙动人,题句书法皆有生气"③。关于周荃的人生经历,长洲褚人穫(1635—?)曾记其早年轶事:

> 吾郡周子静名荃,天启末,父以吏员为某县典史,衙署有大树,仆偶溺其上。树神附其身,大怒曰:"何为污我?当杀之!"典史具公服拜求之,神曰:"尔小官,谁理汝?"时长子子丹,名葵,年逾弱冠,已游庠,荃亦总角。乃试令二子拜求,神曰:"既宪副公拜恳,姑恕之。"仆遂无恙。葵意"宪副"谓己,甚自矜诩。及鼎革时,金陵失守,荃安抚苏州有功,命为开封守,升青州兵备,竟符"宪副"之称。④

其中天启末年年始总角,自然是传闻之误。但是,有两点值得注意:其一,周荃籍贯,或曰长洲、吴县,或曰苏州,褚人穫以本地人称其吾郡人即苏州府人,可见此事难以细究了。其二,借神言应验称许周荃在鼎革时安抚苏州之功,至少反映了当时的布衣之士对其在清兵下苏州过程中所起作用的一种主观态度。关于后者,可谓周荃一生的转折,下面略作绍述。

钱谦益曾表白自己弘光元年降清之举:"大兵到京城外一日,仆挺身

---

① 陈垣:《清初僧诤记》卷二《天童派之诤》,北京:中华书局1962年版,第42—44页。
② 乾隆《江南通志》卷一三七《选举志·贡监》在"国朝"一栏中有"周荃,字静香,苏州人,金事道"的记载,《四库全书》本。时间恐误。
③ [清]张庚:《国朝画征续录》卷上,乾隆刻本。
④ [清]褚人穫:《坚瓠集》九集卷二《功名预定》,康熙刻本。按:兵备道,明代及清初多以按察司副使、金事任之,参见[清]张廷玉等《明史·职官志》,北京:中华书局1997年版。

入营,创招抚四郡之议。盖见"大势已去,杀运方兴",乃为"保全万姓之计,分派差官,要王玄冲往郡,周子静往县,唯恐招抚少后,本县不得保全也"①。黄玄冲②即崇明黄家鼐,周子静即苏州周荃。两人均为南明弘光朝官吏,黄为鸿胪寺少卿,周的官职说法不一,有监纪通判、金陵御船通判和芜湖船政通判的不同记载③。顺治二年即弘光元年(1645)五月九日清军攻下南京,弘光帝出亡。时任南明礼部尚书的钱谦益率先降附,同时为了劝说常、镇、苏、松四府放弃抵抗,"谋市德东南,以自解于吴人士"④,遂派遣"黄家鼐为安抚正使,而以荃副之"⑤。五月二十五日至苏州郊外虎丘,次日入城。三日后,南明常镇巡抚杨文骢(1597—1646)假托降清,诱杀黄家鼐,周荃"知风先遁",逃回南京。六月初四日黎明,杨文骢在抢劫了苏州库银后退走,中午清兵杀至苏州⑥,周荃当随之而返。六月十三日奉命安抚太仓,次日安抚嘉定……清中期王昶主修《太仓州志》,记载周荃有关事迹后,按曰:

  荃名静香,其按抚诸属,于兴朝固有功,而绥靖民生亦有德。事定,巡抚土国宝疏请,为"一死一生,均不辱命"事。死谓崇明黄家鼐,以招杨文骢被杀;生则荃,即任开封知府,升青州副使。罢归,徜徉林间,究心禅学,得法于弘觉国师。⑦

在有关周荃的记载中,有一事可疑、一事可议。可疑者,即云其为钱谦益门客。如长洲文秉云:"钱谦益既投诚于清,以招降江南为己任,致

---

① [清]钱谦益:《与常熟乡绅书》,金鹤翀《钱牧斋先生年谱》附录,民国二十一年(1932)铅印本。
② 引文中"王"乃黄之误。嘉庆《直隶太仓州志》卷三〇《人物·忠节·崇明》:"国朝黄家鼐,字元中,顺治初以鸿胪寺丞招抚苏州,郡邑皆降,为杨文骢所杀。事闻,赠如其官,荫一子铭德,入监读书。"嘉庆七年(1802)刻本。元中即玄中、玄冲。
③ 分见[明]王家祯《研堂见闻杂录》、[清]顾公燮《丹午笔记·平定姑苏始末》、嘉庆《直隶太仓州志》卷六〇《杂缀》。
④ [明]朱子素:《东塘日札》卷一,道光《荆驼逸史》本。
⑤ [清]顾公燮:《丹午笔记》第二七条《平定姑苏始末》,南京:江苏古籍出版社1985年版,第53页。
⑥ [清]佚名:《吴城日记》卷上,南京:江苏古籍出版社1985年版,第201—202页。
⑦ 嘉庆《直隶太仓州志》卷六〇《杂缀》。

书督抚及乡绅辈劝降,有'名正言顺,天与人归'等语,属门下客周荃,同家龥充安抚来苏。时官府皆遁,士大夫争入山。家龥等入城,民皆执香以迎,城中大姓亦有设香案于门者。"①朱子素云:"有周荃者,吴郡人,谦益客也,密受谦益旨,谒大清统军大元帅豫王,具言吴下民风柔软,飞檄可定,无烦用兵。"②文秉(1609—1669)为明代大学士文震孟子,入清隐居山中,著《先朝遗事》《烈皇小识》等;朱子素是太仓人,"隐居授徒,承故老凋残之后,慨然以斯文为己任,著《吴甽文献》《历代遗民录》以见意"③。作为苏州地区的坚贞遗民,他们可能是出于对钱谦益的鄙夷,而去强调钱、周二人的主人和门人关系。然钱谦益现存诗文中,无一与周荃唱酬题赠之作,无法证明这一点。

可议者,为对周荃参与劝降的评价。太仓王家祯云:"安抚官至苏,一为崇明黄家鼐(鼎),一为吴郡周荃。黄由例监为鸿胪卿;荃故虎丘一俗客,善关说,走声气,弘光朝为监纪通判。"④认为他是善于交际的轻薄之人。顺治五年(1648),时任吏部尚书的溧阳陈名夏云:

> 甲申之变,吾师项公以中乡人之忌,多文致其事者,友朋散去,独子静素狎诸贵人,能钩致其情为居间,抑奇矣!南中贵人败,大兵将抵姑苏,子静恒深念吴人,毅然任招抚以行,兼程至吴。向之渝渝讪讪于项公、目周子为党者,且长跪乞怜于周子之庭,而周子怡然曰:"吾活此一方民耳,尚肯以私怨仇若辈哉?"诸人惭而感,抑又奇矣!……子静旁观友变,遭谗畏讥,顾独能奋身使吴,人无反侧者,以为仲连,虽不仕,实为人排难解纷矣!⑤

信中"吾师项公"云云,指吴县项煜(?—1645),天启进士,明末官至少詹事兼侍读,两主春闱,陈名夏为其本房所取士;降李自成,授太常寺丞,旋

---

① [清]文秉:《甲乙事案》卷下,清抄本。
② [清]朱子素:《东塘日札》卷一,《荆驼逸史》本。
③ 嘉庆《直隶太仓州志》卷三七《人物·嘉定》,嘉庆七年(1802)刻本。
④ [明]王家祯:《研堂见闻杂录》,中国历史研究小丛书《烈皇小识》本,上海:神州国光社1951年版,第246页。
⑤ [清]陈名夏:《石云居文集》卷三《送周子静明府序》,顺治刻本。

6

南逃金陵,"五月望日,绯衣同贺,诸臣怪之。苏人攻其从逆,煜揭辨终讪"①,即被列入从逆案而被弘光朝罢黜(次年在浙江被乱民溺死)。遗民屈大均(1630—1696)撰苏州徐汧传,评曰:"北都之变,里中词臣项煜从贼,脱归,至南京,为檄讨贼。汧倡同里数其罪,吴中倚以为重。"②陈名夏因接受李自成授职,在弘光时同被打入从逆案,对南明诸臣本有敌意,现又以清初贰臣南党领袖,丑诋苏州在南明任职诸人而赞美周荃的招抚行为,其写作心理不无发泄私怨和自我排解的阴暗之思,然对周荃在弘光朝的左右逢源的描述,可与"善关说,走声气"的处世特点互读。文意可鄙,事实可参。

关于钱谦益指使的劝降行动,今人有如此看法:

> 即使他当时的动机确实是保护民力生齿,而客观上则显然起着瓦解南方抗清志士的斗志作用。历史上每次爱国保卫战中,都有举城投降与血战到底两大类型。主动请降则可保生齿,血战到底则全城遭屠,对这两种行为方式几乎无法用一种统一的价值标准去衡量。主动请降固然有保全民生的客观效果,但我们能说这比血战到底更明智、更可取吗?何况在钱谦益晓谕四郡速降免戮之时,还很难说当时的抗清斗争已经是无谓的牺牲了。③

以民族气节论,的确劝降者理亏;以斗争策略论,在中华民族史上亦不乏为免生灵涂炭而与外敌虚与委蛇的正直之士。然而,此等分析于周荃皆隔靴搔痒或毫不相干。他既非敷衍应付、谋求恢复的身曹心汉者,更非义不帝秦、功成辞赏的鲁仲连。他有他的处世圆滑处,如与弘光诸臣甚至权奸的狎昵关系,如大势已去时选择适应新朝;他亦有他的为人可爱处,如将自己擅长的关系学用于拯救一方百姓于危难。这在其身是自然而然的,亦是实际存在的,并非仅仅是基于人性的多样态和丰富性的推论。如

---

① [明]谈迁:《枣林杂俎》仁集《项煜》,罗仲辉、胡明校点,北京:中华书局2006年版,第106页。
② [清]屈大均:《明四朝成仁录》卷七《苏州死事死节传》,欧初、王贵忱主编《屈大均全集》第3册,北京:人民文学出版社1996年版,第742页。
③ 张仲谋:《贰臣人格》,武汉:长江文艺出版社1996年版,第228页。

后人记载,在清军征服苏南的过程中,"督抚悬示招安,周荃每左右之,全活城中人无数。诸生张悌,乘乱上揭,得委署府通判,修怨肆螫,亲故多以叛党立诛,人皆德荃而恨悌"①。由张悌的借机诛杀仇家,可见在那个新旧政权交替未定的战乱岁月,为捞取私利投身新朝、"以私怨仇若辈"的行为十分普遍,真正旨在拯溺救焚、出百姓于水火者反而难能可贵。

有关周荃"每左右之"即屡屡影响清军大帅的决策、努力"全活"苏州百姓的细节,在清初当地无名氏《吴城日记》中有所记载。如五月二十九日,南明杨文骢突袭城中、杀死安抚使黄家鼐。"抗逆者维扬为例",是清廷事先张挂的告示,多铎之震怒可想而知。周荃当时逃离苏州,并非像后人所云"归报豫王,且请兵,吴郡被兵自此始"②这么简单,其"急往南京报知"多铎,是为了使之"极知民心归顺,(杀黄家鼐)此举出杨监军诡谋,幸其先入之言耳"。末句当是指幸亏周荃的竭力解说此事与苏州百姓无关,才使全城免于惨祸。闰六月十一日,清军在苏州下剃发令,群情激愤,十三日城中暴乱,至晚散去,缙绅富户纷纷逃难,普通百姓之"不能迁者"则怕清军报复,惶惶不安。周荃又一次挺身而出,"授意"市民群聚军门恳求,"辨其倡乱非属城市小民",清军大帅李延龄"始虽盛怒,后稍霁颜"③。在前有扬州十日、后有嘉定三屠的腥风血雨的日子里,苏城能免于彻底毁灭,与周荃的两次斡旋关说,有着密切关系。

在那个新旧鼎革即"兴朝"的时间节点上,与周荃的行为形成对照的,不仅有像张悌那样挟怨谋私之小人,亦有洁身自好之高士。如六月初四杨文骢逃逸后,清军大营驻扎城内,形势颇为紧张。"小民共往缙绅家,促其出见,以纾苏城之祸"。可是这些平时排难解纷、一言九鼎的民望所归者,当他们看到弘光朝大势已去,从金陵逃回苏城后,却"大都匿不肯出",没有人愿意出头露面,从事"维持会"工作。百姓失望,以致"众

---

① [清]顾公燮:《丹午笔记》第二七条《平定姑苏始末》,南京:江苏古籍出版社1985年版,第55页。
② [清]钱大昕:《潜研堂文集》卷二二《记侯黄两忠节公事》,嘉庆十一年(1806)刻本。
③ [清]佚名:《吴城日记》卷上,第206、210页。

怀愤恨,打毁徐九一、李子木、蒋韬仲等各家器物"①。徐汧(1597—1645)字九一,李模(1599—1680)字子木,蒋灿(1593—1658)字韬仲,皆为晚明乃至南明官员,此时均匿居宅中。他们遵循着"天下有道则见,无道则隐"(《论语·泰伯》)的古训,坚守着身仕明朝、不事清廷的气节,无闻懦弱小民的哀求,闭门不预外事,并以稍后的沉水自溺(徐汧)或后半生的隐居不仕,践行了鼎革时的选择,得以青史留名、万古颂扬。只是如无周荃的竭力"全活",使苏州免得扬州、嘉定之祸,那就只有烈士而无隐士可言了。

江南平定后,周荃因招抚功,于顺治二年赴京选官。顺治四年,拜谒时任吏部左侍郎的陈名夏,陈撰诗以"真故旧"相称②;次年官河南开封知府③,统领四州三十县,可谓要缺!陈名夏已任吏部汉尚书,撰《送周子静太守》、《送周子静明府序》诗文为之送行;在任"开荒招抚"④,颇为百姓谋福祉;顺治八年升山东青州兵备道⑤,陈名夏又撰《送周子静使君之青州》、《送周子静序》诗文,送其赴任,时任太常寺少卿的龚鼎孳亦撰七律二首为之送行,赞其"妙技沧洲三绝擅,盛名梁楚一时收"⑥。周荃三年后因事罢归,原因不详,时在顺治十一年(1654),年始五十一岁。此年三月十二日,其老友陈名夏因得罪顺治帝被处绞刑。周荃两次升迁,陈氏均在"组织部"任高官,并均撰写多篇诗文送行,其中联系若隐若现。然据释道忞与时官道员的周荃两封回信,第一封云受邀去青州传法,第二封则

---

① [清]佚名:《吴城日记》卷上,第 202 页。
② [清]陈名夏:《石云居诗集》卷一《吴中周子静至言怀》,顺治刻本。按:该诗前四首为《试得程王相卷志喜》,次二首为《送方吉偶令获鹿次姚若侯年兄韵》(姚文然《姚端恪公诗集》卷六《送方二吉偶之获鹿》),均为顺治四年撰。程芳朝,字其相,江南桐城人,顺治四年会试榜眼;方享咸,字吉偶,江南桐城人,顺治四年进士,知获鹿县。
③ 雍正《河南通志》卷三六《职官七·各府知府·开封府》,《四库全书》本。
④ [清]顾公燮:《丹午笔记》第二七条《平定姑苏始末》,第 55 页。
⑤ 光绪《益都县图志》卷一八《官师志四》青州"国朝兵备海防道":"周荃,江苏长洲人,贡举,顺治九年任(见十一年镇青门去思碑)"。光绪三十三年(1907)刻本。然龚鼎孳顺治八年已撰《周静香观察之青州》,且顺治七年开封知府已为丁时升。
⑥ [清]龚鼎孳:《龚鼎孳诗》卷二二《周静香观察之青州》,陈敏杰点校,扬州:广陵书社 2006 年版,第 722 页。按:相传唐代郑虔尝画沧洲图,题诗自写,以献玄宗,被赞为"郑虔三绝",后遂以"沧州三绝"指诗书画皆佳。

云:"勉承台命,竭蹶赴青。不谓遽逢居士之大故,弗克安止。……道中获一倾盖,无以为情,复不能少致生刍之献。"①古人谓重大凶灾或父母丧为"大故",由"生刍之献"可知②,当指周荃因为父或母的突然去世而丁忧致仕的。只是,有关史籍为何要说是"罢归"呢?

周荃回乡后,以其早年船政通判和后来两任府道的为官经历,从此过着优裕的隐居生活。所居宅第名芳草园,在城内东北隅定跨桥之北,明顾凝远筑,一名花溪(后归昆山徐乾学)③,内有自香池、南冈草堂等。周亮工(1612—1672)云"静香罢青州政归,长斋闭户,罕与人接"④,方志云其"罢归,徜徉林间,究心禅学"⑤,说明周荃经过鼎革诸事的是是非非和稍后遭受宦海沉浮的挫折等经历后,其心境已经无心世事,长斋向佛了。《读画录》记其曾有感于自己的经历而"仿元人作《绝交图》,盖别有所感云。葛云芝题曰:'忽闻车马来,俗务败人意。相望了不关,旷然隔天地。'⑥程幼洪和之:'刘峻《广绝交》,此论洽人意。金尽试求交,跼天而蹐地。'"云芝为昆山遗民葛芝(1618—?),幼洪为顺治十三年十二月始任苏州府学教授的休宁程邑,故"绝交"画与诗当撰于周荃罢归之后。释道忞《寿静香周居士六旬初度》之二云:"家无薛券倩谁焚,弹铗歌鱼客若云。饷众只凭香积借,老维摩现孟尝君。"⑦写出其家居时,门客如云,慷慨挥金(首句说周荃连债券都不留,是反用《史记·孟尝君列传》冯谖焚券于薛之典),对僧家布施尤其大方。与《读画录》记载对看,亦可读出《绝交图》的"所感"由来:当不能满足接踵而至的弹铗歌鱼者的不尽索求时,便是金尽交绝了。

---

① [清]释道忞:《布水台集》卷三一《复静香周观察(讳荃)》,康熙刻本。
② 生刍指吊祭的礼物,典出晋皇甫谧《高士传》卷下《郭太》徐稺"以生刍一束"祭郭太母丧,后以献生刍或生刍之献比喻致吊之礼。
③ 同治《苏州府志》卷四六《第宅园林》,光绪八年(1882)刻本。
④ [清]周亮工:《读画录》卷二,康熙刻本。
⑤ 嘉庆《直隶太仓州志》卷六〇《杂缀》。
⑥ 诗歌收入[清]葛芝《卧龙山人集》卷六,题作《题绝交图》,康熙九年(1670)从吾馆自刻本。
⑦ [清]释道忞:《布水台集》卷五。

二　周荃交游众生相

考察周荃生平及围绕其交往众生相的研究延展，力求使其事迹无所廋匿，不仅是学术研究的本体性追求，也是在当下道德多元化时期保持清明理性的责任所在。现存与周荃有关的交游文献，多是其归隐后所发生。当时出入于所居芳草园者，既有心境彷徨的贰臣、声望藉甚的遗民，亦有溷迹底层的潦倒士子、出入方外与世尘之间的丛林高僧。交游者层次之丰富、立场之复杂，各人胸次之心思、笔下之文字，共同构成了意味深长的清初士林众生相，也为后人在史实文献基础上知人论世，还原或揭示周荃的完整面目提供了重要线索。依次主要有：

顺治十四年（1657）春，龚鼎孳出使粤东归，北返途中道经苏州，周荃在家中接待，"出所作画示客"。龚诗"栗里编成堪系晋，酒垆人邈误游燕"，有注云"时为云子订刊遗集"①。陪同龚赴周家者为朱陵（1613—?），字望子，早年入复社；其兄朱隗（?—约1656），字云子，长洲人，名列应社十一创始人、复社要员，曾列名《留都防乱公揭》反对马、阮，清顺治四年岁贡②，后隐居不仕，因崇祯末年辑评《明诗平论》而遭人非议。"栗里编成"云云，是以故乡栗里的陶潜称朱隗，当时吴江黄容亦以"兄弟同有隐德"赞之，看来"遗民"有时并不因是否参与低级科考而论定。朱陵"家贫力学，至老不倦"，亦擅长绘画，"落纸苍润有致"，其为人"耿介自爱，未尝邀游公卿间，饔飧不继，辄藉画自给，盖吴中隐逸之冠已"③。曾撰《势利诗》云："看他势利状如何，谄笑腰弯与背驼。佳节大盘并大盒，良宵高宴又高歌。穷来即便交情绝，事到依然谢礼多。更有一般无用处，难将书帖送阎罗。"时人评之"不独可资一噱，亦可唤醒愚夫

---

① ［清］龚鼎孳：《龚鼎孳诗》卷二五《酬朱望子同集周静香自香池上》诗注，陈敏杰点校，第843、844页。
② 同治《苏州府志》卷六六《选举八·国朝贡生·长洲县》。
③ ［清］黄容：《明遗民录》卷九《朱陵》，谢正光、范金民编《明遗民录汇辑》，南京大学出版社1995年版，第132页。按：黄容颠倒了朱陵、朱隗的兄弟关系。

矣"①。这样的耿介自爱之士,却与周荃交往颇密。颇有意味的是龚鼎孳"酒垆人邈误游燕"句。前四字典出《世说新语·伤逝》:西晋王戎官尚书令后,坐车经黄公酒垆,顾谓门客云:"吾昔与嵇叔夜、阮嗣宗共酣饮于此垆,竹林之游亦预其末。自嵇生夭、阮公亡以来,便为时所羁绁。今日视此虽近,邈若山河!"虽然,据今人考证王戎过黄公酒垆的故事是东晋人虚构的;但是,龚鼎孳如此用典却不乏自省意味。因为,除了"孝"外,王戎在历史上的声誉极差,相传其是"竹林七贤"最年幼的一位,亦是政治人品最不堪的一位。身为魏国贵族,却投靠司马氏,官至西晋司徒。龚以此人自比,反映出悔恨自己在晚明时亦属弹劾权臣的清流而后降清入燕的"误"。只是,当我们指出这种悔悟时,一定要同时指出其阶段性。顺治十一年其由户部左侍郎升都察院左都御史,终于跻身部院大臣;可是次年十月因事得罪,连降十一级,于顺治十三年贬至上林苑下属之蕃育署任署丞②,负责为宫中提供鸡鸭鹅,随后奉命出使广东,回京后复谪为国子监助教。可以说,顺治十四年前后这段时间,是龚鼎孳降清后仕宦与心情双重的低潮期,沉吟出"酒垆人邈误游燕"的忧伤诗句,何足为奇?故不必夸大其心绪的悔恨意义。

顺治十六年(1659)岁暮,青州故人丁耀亢来访,周荃赠以水墨牡丹。丁诗《江干草》一连三篇为《过周静香芳草园留饮,同金道庶、周长康、徐天声分得水墨牡丹》、《故人陈古白长君孝宽过舟中,同静香小集,约刻古白遗诗》和《庚子新正初二日雨中静香招同孝宽游虎丘》③。耀亢(1599—1699),字西生,号野鹤,山东青州府诸城县人。"襟期旷朗,读书好奇节,高谭惊坐,目无古人"④。顺治十一年以贡生官直隶容城教谕,十六年冬赴福建惠安知县任,十八年辞官归里。在赴任惠安和辞官北返的过程中,均经苏州,与曾经的地方长官周荃相聚。同宴者,徐天声待考;金

---

① [清]褚人获:《坚瓠集》九集卷二《势利诗》,康熙刻本。
② 蕃育署,设典署、署丞、录事各一人,负责为皇宫饲养禽畜之事,地点在今北京大兴区采育镇。
③ [清]丁耀亢:《丁耀亢全集》上集,李增坡主编,郑州:中州古籍出版社1999年版,第367页。
④ [清]王晫:《今世说》卷六《豪爽》,康熙二十二年(1683)刻本。

道庶,名行远,为杭州府人,寓居苏州①;周长康当即周恺,字长康,号雪航,又号剑溪子,常熟人,擅山水人物,"尤精士女"②;陈古白名元素(1576—1634),晚明长洲人,太学生,擅长书画,编辑刊行著作多种行世,似以此为业。其长子陈邁字孝宽,晚明入复社,入清与文从简、金俊明、陆世廉、郑敷教、归庄为友(后三人为复社旧人)③。长洲金圣叹(1608—1661)书信《与周静香荃》④,与之商讨唐律诗选评过程中的心得,亦撰于顺治十七年上半年。诸种迹象表明,在顺治末年周荃周围的友人,许多都是地位低下、事迹不显的落魄潦倒之士。

康熙元年(1662)十二月,与顺治帝封为"弘觉"国师的释道忞相会于苏州灵岩山佛日岩。次年初,调停道忞与遗民僧释弘储之诤(参见下节);同年夏秋间,道忞撰七绝三首贺周荃六十寿辰,其三为:"乐归智者寿归仁,水活山灵性自亲。齐楚勋名何足论,清闲赢得鹤随身。"⑤赞其处世的灵活心性和仁心智慧双全。

康熙四年(1665)九月,姚文然养病于芳草园中,撰《中秋日谢韩心康中丞存问》:"自香池上雨淫淫,雨外风催捣练音。……不是中丞频问讯,吴门秋色好萧森。"诗题注曰"时卧病周观察园中"⑥。韩世琦字心康,康

---

① 承蒙俞国林先生赐知,光绪《唐栖志》卷一二《耆旧》载:"金渐皋,字梦蛰,号怡安,仁和人……弟行远,字道庶。"光绪十六年(1891)刻本。叶昌炽《缘督庐日记抄》卷四录《邹乾一诗》题词,有"'东吴金行远题于吴门寓舍','金行远印'(白文方印),'道庶'(朱文方印)",1933年石印本。可见为杭州人而寓居苏州者。此人另见[清]胡介《旅堂诗文集》卷一《立春夜同陈平远过金道庶小饮还寓有怀》,康熙刻本;[清]毛先舒《思古堂集》卷四《姑苏值金道庶饮中作》,康熙刻《思古堂十四种书》本。
② [清]彭蕴灿:《历代画史汇传》卷三七,道光刻本。
③ 参[清]叶廷琯《鸥陂渔话》卷六《归恒轩墨竹卷》,同治九年(1870)刻本;庞元济《虚斋名画录》卷八《明邵瓜畴贻鹤寄书图轴》,清宣统乌程庞氏上海刻本;吴湖帆《吴湖帆文稿》"吴氏书画记·明下"《明陈孝宽兰茁图轴》,杭州:中国美术学院出版社2004年版,第478页。《历代画史汇传》卷一四著录"陈邁,字孝观,元素子,绍父艺",如无误,则为邁弟。陈邁顺治十八年受丁耀亢之托,为之刷印《续金瓶梅》书板,参张清吉《丁耀亢年谱》,南京大学出版社1996年版,第110页。
④ [清]金圣叹:《贯华堂选批唐才子诗甲集七言律》卷二《鱼庭闻贯》第71条《与周静香荃》,陆林辑校《金圣叹全集》第1册,南京:凤凰出版社2008年版,第116—117页。
⑤ [清]释道忞:《布水台集》卷五《寿静香周居士六旬初度》之三,康熙刻本。
⑥ [清]姚文然:《姚端恪公诗集》卷一二,康熙二十二年(1683)刻本。

熙元年至八年任江宁巡抚;下第二首为《喜晤朱云门督府》,有注云"以浙抚晋今官"、"时兼督三省,驻节大名",朱昌祚,字懋功,号云门,汉军镶白旗人。康熙三年升福建总督,以丁艰未赴,五年六月任直隶、河南、山东三省总督。故姚文然当是康熙四年九月间在苏州。姚文然(1620—1678),字若侯,号龙怀,江南桐城人。明崇祯十六年进士,陈名夏同年友,为庶吉士,降李自成。入清复原官,顺治中期兵科都给事中,乞归养;康熙五年起补户科给事中,官至刑部尚书,谥端恪。

康熙五年(1666)春,如皋冒襄(1611—1693)撰诗寄周荃,末联"三分明月依稀在,忆别周郎又十年"①,似指两人上次见面是在顺治十四年(1657)。康熙八年春,在周荃的一再邀请下,隐居家乡水绘园的冒襄终于来访花溪草堂,撰五古长诗,记述两人多年交情:

> 古吴百花洲,吴王采莲薮。更有百花溪,戴颙听莺久。莺花两寂寞,遂落千古后。旧游得周郎,烟霞环户牖。空碧上衣裳,白云满身手。相洽丘中趣,遂订平生友。经纶当草昧,风云乃结绶②。大郡拜梁园,赐履青齐受。逍遥返初服,林下亦曾有。高卧此花溪,于世如敝帚。……过访正春融,四面呈花柳。怡然竟忘归,愿作并耕叟。繫我匿水绘,力田养老母。廿载杜蓬门,何事关人口?强来遂此游,况复故人厚。人生适意事,于君得八九。他时洗钵游,共听霜钟吼。③

诗中除了赞扬主人园林的优美,强调了自己"旧游得周郎"、"遂订平生友"和周荃"逍遥返初服"、"于世如敝帚"。作为遗民,他既不反对周的安抚百姓,亦欣赏周的急流勇退,所以才会表达出当年一见如故,如今愿意并耕同老的心愿。周荃一生毁誉多端,沉浮众口,暮年能得著名遗民如冒襄者如此一诗,应该无憾了。

---

① [清]冒襄:《巢民诗集》卷五《寄周静香宪副》,康熙刻本。
② 《易·屯》"天造草昧,宜建侯而不宁";"象曰云雷屯,君子以经纶"。[晋]颜幼明《灵棋经》曰"经纶草昧,开元造始"。结绶指出仕为官。此二句诗隐约指周荃于清初定鼎之际受命安抚使之事。
③ [清]冒襄:《巢民诗集》卷一《访周静香于花溪草堂述寄》。

14

三年后即康熙十一年(1672),六十九岁的周荃"入都,道卒"①。年届古稀的老人,为何奔走于长安道上?莫非有要事须其调停关说?不得而知。邓旭(1609—1683)该年冬撰《壬冬闻周邻霍先生至白门,……承同钱湘灵过晤,追述顾松交、周静香诸亲旧强半物化,夜寒不寐,感而成咏》②。据"壬子入都,道卒"并参见释道忞《寿静香周居士六旬初度》,其生卒得考。

三 "密云弥布"匾诤与周荃

据陈垣《清初僧诤记》考证,《复灵岩储侄禅师》写于康熙元年。"所以为继起罪者",写在纸面上的,除了弘储糊抹"密云弥布"匾之"丧心悖理、欺祖逆天"外,"一为奢侈,一为兀傲"③。如"今尔晚年则一味穷欲极奢,抑人扬己。慢山突兀,高逾须弥,贪壑汪洋,深沦沧海。出入务同卿宰,则丹涂香柏之舟,招摇而过市焉;受用拟埒王侯,则采买定窑之盌,罗列而陈餐焉。靡靡服御游从,事事动求精妙"④。然陈垣先生硬是从文字表面,深刻地看出了内蕴的政治文化内涵:"曩读《鲒埼亭集·退翁和尚第二碑》,知继起为浮屠中之遗民,能以忠孝作佛事,足比宋之大慧杲,不知其为木陈深恶至此也。"大慧杲即宋代僧人宗杲,因主张抗金、反对秦桧而遭流放。释道忞,字木陈,号山翁,则在顺治十六年秋奉诏进京说法,被顺治帝赐号弘觉,并撰《弘觉忞禅师北游集》六卷刊于顺治十八年春,以之为荣,炫于僧俗,且"自赴召后,声势赫奕,识者鄙之",此番乃借助"新朝势力",期冀震慑"遗老之心"⑤。他所竭力诋毁的释弘储(1605—1672),号继起,入清参与抵抗,"南都覆,明之遗臣多举兵,洪储左右之,

---

① 《浒墅关志》卷一四《人物》周之玙传附,道光七年(1837)刻本。
② [清]邓旭:《林屋诗集》卷七,道光刻本。按:前两首分别为《壬子初冬维舟濑上晨起偕马寅公樊又新唐庶咸登永寿塔晤石舸语山两开士即席赋赠聊寓》、《代友人和韵》。顾松交即苏州顾予咸,卒于康熙八年(1669)。
③ 陈垣:《清初僧诤记》卷二《天童派之诤》,第43页。
④ [清]释道忞:《布水台集》卷二二《复灵岩储侄禅师》。
⑤ 陈垣:《清初僧诤记》卷二《天童派之诤》,第56页。

被逮,获免,好事如故"①。顺治六年入主苏州灵岩山寺②,"东南放浪之士皆与交接,翁或为之排难解纷"③。弘储"往还昕夕,率多遗民故老;而所为流连风景、举目山河者,又多殷麦周禾之悲焉"④;每临崇祯皇帝死难日,"必素服焚香,北面挥涕,二十八年直如一日。身为法王,年垂七十,而'明发'之怀,孜孜靡已",此即徐汧之子、著名遗民徐枋(1622—1694)所谓弘储"能以忠孝作佛事也"⑤。一时抗清志士或以遗民而逃禅者,纷纷聚于灵岩山,久废的山寺,庙宇重修,扩为巨刹,"檀施云涌,遂成丛林"⑥。因此而布施丰厚,生活奢侈或有之,然道忞之恨弘储,借端发难,其深层原因必如陈垣所云"盖木陈始与继起竞遗老势力,不胜;继以新朝势力竞继起之遗老势力,亦不胜,乃愤而出此"⑦。《清初僧诤记》一九四一年一月撰"小引"云:"闲阅僧家语录,以消永昼,觉其中逸闻佚事,颇足补史乘之阙……每诤必有一二士大夫点缀其间,酒后茶前,足资谈助";一九六二年三月重版"后记"云:"一九四一年,日军既占据平津,汉奸们得意扬扬,有结队渡海朝拜、归以为荣、夸耀于乡党邻里者。时余方阅诸家语录,有感而为是编,非专为木陈诸僧发也。"据初版小引和重版后记,可知其当年写作此书,是以清初僧家逸闻佚事之考述,以达成针砭汉奸游日为荣之意旨,体现出优秀史学家的学术良知和历史责任感。今已时过境迁,再做此类研究,或可专注于考述"足补史乘之阙"的逸闻佚事和探究"必有一二士大夫点缀其间"的历史缘由。以下即围绕"密云弥布"匾诤,对陈垣先生语焉不详之处给予补述。

陈援庵在叙述争讼缘起时指出"密云者,天童悟号"。圆悟(1566—1642),号密云,曾住持鄞县天童山景德寺。然"密云弥布"的题字,当是

---

① 《清史稿》列传二八八《遗逸》,北京:中华书局1977年版,第45册,第13849页。
② 弘储事迹,详参柴德赓《明末苏州灵岩山爱国和尚弘储》,收入所著《史学丛考》,北京:中华书局1982年版,第372—414页。
③ [清]钱林:《文献征存录》卷二《李洪储》,咸丰八年(1858)刻本。
④ [清]徐枋:《居易堂集》卷一〇《书先文靖公墨刻后赠灵岩老和尚》,康熙刻本。
⑤ [清]徐枋:《居易堂集》卷一九《退翁老人南岳和尚哀辞》。
⑥ 同治《苏州府志》卷一三四《释道》。
⑦ 陈垣:《清初僧诤记》卷二《天童派之诤》,第54页。按:以下征引此书,一般不再出注。

出于《妙法莲华经》卷三《药草喻品》,是以"山川溪谷,土地所生卉木丛林,及诸药草,种类若干,名色各异,密云弥布,遍覆三千大千世界",来譬喻佛法无边及此寺长老的法力广大,与圆悟号密云,或许只是巧合。道忞为了强化弘储"糊抹先师名号"①即欺师灭祖之罪,有意云"当山有扁,标先师徽号,曰密云弥布者,系费隐容兄住持金粟时,属檀越子谷之笔"②。如果顺着"密云弥布"与圆悟之号的关系去辨析,可能就中了道忞的圈套了。

诚如陈垣先生所指出的,后人"可略识此诤之颠末"的基本资料,主要是由周荃来信和道忞复信的两个来回组成。周荃的首封来信为:

> 双白居士于七日过南冈,历言和尚待法侄法孙之宽大仁厚,而噓植继堂头尤深笃。自知孤负老人处甚多,闻督责之语,局蹐无地,惶愧欲死,辞婉意切。其来非泛常,可默会也。荃叨为法嗣,何敢向人一句? 今法战已胜,小杖渠已全受,义无再加大杖之理。学人传语,云有致灵岩一书,欲付梓工。荃清夜思维,似可商略。伏乞以稿见掷。令荃与看,使之感服,尤胜刊刻。即兴朝治天下,抚妙于剿,况同枝共叶乎? 万祈和尚矜宥之! 倘以荃言为不然,亦祈过吴门,面呈一切,商万妥而行可也。总在先师翁一脉,曲全之,幸甚幸甚!③

南冈即南冈草堂,为周荃晚年家居之所;七日,当指康熙二年元月七日;双白居士指常州府武进县的王廷璧(1604—1677),字双白,晚明诸生,"工古文辞,闭门自守。与同里张以谦、杨玾、苏州徐枋善,乡党重之"④。由方志将之列入明代"隐逸"传,可见其入清为遗民。陈垣说其为"灵岩护法"(第38页),即指为弘储的守护者,说法稍嫌宽泛。之所以会由王廷璧来找周荃,让其劝说道忞不要将《复灵岩储侄禅师》私函公之于世,除了"老困逢掖,身为遗民,好从灵岩游栖"⑤当与廷璧的性格或特长有关,

---

① [清]释道忞:《布水台集》卷二二《再复静香周居士》。
② [清]释道忞:《布水台集》卷二四《杜逆说》。
③ [清]释道忞:《布水台集》卷二二《复静香周居士》附周荃"来书"。
④ 光绪《武进阳湖县志》卷二六《人物·隐逸·明》,光绪五年(1879)刻本。
⑤ [清]钱谦益:《牧斋有学集》卷二二《赠双白居士序》,钱仲联标校,上海古籍出版社1996年版,第912页。

即喜欢替友人说项或说情。对其这一特点,有人很受用,有人则拒绝。如同为遗民,魏畊(1614—1662)因"到处迎王子,逢人说魏畊"①而沾沾自喜;入清后"杜门守死"的徐枋,则为王廷璧逢人说徐枋而烦恼痛苦:

> 毗陵王双白,名宿隐居,然其性好交游。每相见,不曰某公倾慕之极,则曰某公欲一奉候而未敢。仆即峻谢之曰:王先生以后凡遇四方知交,只如徐子已死,更不必齿及一字;设使诸公有齿及者,则望王先生申申詈我若何乖僻、若何不近人情,以绝当世之垂念,则受赐多多矣!②

既"隐居"不仕,又好与当世新贵名公"交游",在某类遗民(如方文)身上是可以统一的。柴德赓(1908—1970)先生因研究弘储曾引徐枋《与王生书》,亦对王双白事迹有详细考述,不知何故而省略此段,故于"双白周旋诸遗民之间,调停法门内部斗争,是当时好些公案中有关人物"之现象,虽多有描述③,而未及性格原因的揭示,且通篇回避周荃,令人不无遗憾。黄宗羲(1610—1695)为那些在相争的两派之间善于居间沟通彼此者,当时专门发明了一个词:"骑邮"。如苏州周顺昌之子茂兰(1605—1686),字子佩,入清为遗民,"是时天童、三峰两家纷挐不解,青原、南岳又争其派数之多寡。子佩以调人为之骑邮,不辞劳攘"④。可见是用"骑邮"比喻往来传递书信者,不妨扩展理解为调停人。

王廷璧在弘储与道忞之间为之骑邮,又为何要找周荃呢?从上节的考述中,我们知道周荃官青州道时曾请道忞前去传法而未果,从此节的引文中又知周荃为弘储的在家弟子(嘉庆《直隶太仓州志》云其"得法于弘觉国师"恐误),即与两造皆熟悉;但是,王廷璧之所以找周荃"以调人为之骑邮",亦与后者的兴趣特长有关,即第一节所引王家祯所谓"善关说,

---

① [清]魏畊:《雪翁诗集》卷七《送王廷璧》,民国二十三年(1934)张氏约园刻《四明丛书》本。
② [清]徐枋:《居易堂集》卷三《与王生书》。
③ 柴德赓:《明末苏州灵岩山爱国和尚弘储》,载所著《史学丛考》,第405页。按:柴先生乃陈垣先生高足,于明清史实极其谙熟,仅此篇与《明季留都防乱诸人事迹考》两篇宏文,便已令人佩服不已,不胜追慕之思!
④ [清]黄宗羲:《周子佩先生墓志铭》,沈善洪主编《黄宗羲全集》第10册,杭州:浙江古籍出版社2005年版,第451页。

走声气"和陈名夏云"素狎诸贵人,能钩致其情为居间"对周荃的评价。亦就是说在这一点上,他与周茂兰、王廷璧为同类人。这就是清初各种僧诤中"必有一二士大夫点缀其间"的个人原因。陈垣先生当年不是看不到这一点,只是因为其针砭汉奸的撰述题旨,导致其在周荃这个特殊的人物上,放弃了对"一二士大夫点缀其间"的写作表达。因为在那个"汉奸们得意扬扬……夸耀于乡党邻里"的著述背景下,在《清初僧诤记》"有感而为"的叙述逻辑和评价系统内,实在难以容纳周荃这位至今都难以摆脱汉奸嫌疑的"安抚副使"。正因为此,对之仅以"门下周居士静香名荃者"一笔带过;亦正因为此,在其对周荃来书基本上是全文引述时,省略了可以理解为替占领者和新贵者出谋划策的这么一句:"即兴朝治天下,抚妙于剿,况同枝共叶乎?万祈和尚矜宥之!"可是这一句,却是我们认识周荃当初出任苏南四郡安抚副使内在情怀的重要自白,亦间接地印证了陈名夏所云"子静恒深念吴人,毅然任招抚以行"的内心世界,的确是以"活此一方民"为重的①。只有对苍生百姓的生死安危深怀矜恤之心者,才会在抚妙于剿、剿妙于抚和抚剿并举的诸种选项中,那么自觉地将"抚妙于剿"作为自己的唯一选择,其在安抚苏州过程中的言行和开封府任上"开荒招抚"②的政绩可以为之证明。省略了"抚妙于剿"这一句,正说明省略者是知道周荃的前世今生的。

再看道忞的回信,首句为"季冬承晤佛日后,将返棹天童,俟新春过越,共话平阳佳山水"(陈书未引)。说的是上年岁末,在"佛日"与周荃相会事。佛日即佛日岩,地点在苏州西南郊外灵岩山,"其石壁峭拔者为佛日岩,平坦处有灵岩寺"③。此一开篇颇重要,似乎说明道忞与弘储之诤,或许不仅仅是道忞先发出《复灵岩储侄禅师》一函,两人事先在灵岩寺或有一晤。至于在康熙元年冬两人会晤谈了什么,已经不得而知,然道忞回

---

① [清]陈名夏《石云居文集》卷三《送周子静明府序》。
② [清]顾公燮:《丹午笔记》第二七条《平定姑苏始末》,第55页。
③ 乾隆《江南通志》卷一二《舆地志》"山川二·苏松二府"。按:此处佛日,指苏州佛日岩而非杭州皋亭山佛日寺,还可从其复周荃第二书开篇见出:"来翰," 南冈草堂山僧与檗庵一掌,及居士规谕檗庵之故。"即道忞扇弘储弟子檗庵正志一耳光的地点,在苏州周荃家中。

复周荃"所谕治天下抚妙于剿者"之一大段口诛笔伐,不外是说弘储诸举欺师灭祖,等同"弑君",罪不可恕;如果自己不予鞑伐,"是则山僧于先师为败子,于名教为罪人,有不获戾于上下古今之忠臣孝子、志士仁人者乎?以上下古今之仁志忠孝未有不敦伦而卫义者也"。陈援老因为没有引周荃来信"抚妙于剿"一段,自然亦未引以上此段文字。可是,不引道忞对古今忠臣孝子、志士仁人敦伦卫义之强调,就难以悟透已引回信斥责弘储"陵毁祖翁,必闻山僧督责之语而后局蹐无地、惶愧欲死者,岂不零丁洋里更叹零丁,惶恐滩头重说惶恐乎哉"之恶毒和强势!后两句是化用南宋文天祥抗元被俘后所写《过零丁洋》颈联之著名诗句,其省略掉的自然是更为著名的尾联"人生自古谁无死,留取丹心照汗青"!试想,一个刚刚从清廷京城被皇帝赐号"弘觉"、被世人视为"国师",衣紫荣归的"僧人之钱谦益"(陈著第39页),面对"以忠孝作佛事"、暗行抗清之事的故国僧或遗民僧弘储,不仅没有丝毫的愧色,居然敢念诵什么"零丁洋里更叹零丁,惶恐滩头重说惶恐",强调什么"上下古今之仁志忠孝未有不敦伦而卫义者",足见弘储曾对道忞是否该赴京受封发表过尖锐的意见,或被道忞当面闻听,或经骑邮传闻得知。因为,道忞诸语的潜台词昭然若揭:你弘储少与我道忞谈什么忠孝节义,不要表白什么遗民的惶恐、抗清的零丁,你在新朝已活十八年,为何不像文天祥那样去死去!你至今不是还活得滋润得很?在我面前不配以"忠臣孝子、志士仁人"自诩!在康熙初年,降清者之气焰嚣张,反清者之忍辱负重,仅从方外之道忞回复周荃即间接回应弘储之一信中,便显示得淋漓尽致!只是后人在阅读时,不能忽略了"是则山僧于先师为败子……以上下古今之仁志忠孝未有不敦伦而卫义者也"一段文字。

在周荃与道忞的第一封书的来回后,还有第二来回,事涉檗庵正志即熊开元(1599—1676)因替其师弘储辩护,而在周荃家中被道忞手批其颊。陈垣先生有关引述甚详、评价到位:

> 是年鱼山亦六十五,少木陈三岁耳,老而逃禅,仍不免受辱……夫为道而受棒喝,常也,为事而被掌,前所未闻,此士大夫非常之辱也。(第47—48页)

与研究周荃"善关说"密切相关的是,周荃来书中为熊开元缓颊的一段:"檗公楚人,带性负气。其平日文章施设,全从气骨上发挥;虚衷剂物,以通彼我之意,本非其能。"①明人葛寅亮解释《论语》"子曰:弗如也,吾与女弗如也",有"虚衷善下,亦岂易得"之语②;顾宪成评首辅申时行,有"虚衷雅度,天下共推"之赞③;缪昌期代拟大学士叶向高诰命云"调剂物情,得味酸咸之外;转移宸听,应机呼吸之间"④;姚希孟赞扬尚书张凤翔"所以剂物情,筹国计,调鼎沸之羹,炊尘渍之釜"⑤。凡此,不难理解"虚衷剂物"之含义和作用。有此特长,才能打通"彼我之意",连在隆武朝官至东阁大学士的熊开元皆非其所长,"善关说,走声气"岂是易事?

四　几点感想

研究清初周荃"安抚"苏州始末及其交游众生相,令人颇生几点感想。

如何认识周荃出任清朝"安抚"使者的动机。首先有个是否存在着是投机新朝,还是曲线救国的问题。由其后来官至知府、道员,后者应无可能;而以出任安抚副使来做自己仕途的赌注,风险未免太大。假设最初或许有,当杨文骢连续将正使黄家鼒及亲随四人"斩首剖腹",又将周荃家奴等四人斩首后,周荃也该见机退缩了;就历史实际而言,清军在征服江南之初,因弘光王朝迅速坍塌,造成权力真空,"各府、州、县多缺官,意欲便宜选任",即以苏州为例,"举、贡、庠生"便可授知府、推官之职⑥,何须如此冒险?那么,是否有可能是出于拯世济民的动机呢?顺治二年四

---

① [清]释道忞:《布水台集》卷二二《再复静香周居士》附周荃来书。
② [明]葛寅亮:《论语湖南讲》卷二,崇祯刻本。
③ [明]顾宪成:《泾皋藏稿》卷一《睹事激衷恭陈当今第一切务恳乞圣明特赐省纳以端政本以回人心事疏》,《四库全书》本。
④ [明]缪昌期:《从野堂存稿》卷一《特进光禄大夫左柱国少师兼太子太师吏部尚书中极殿大学士叶向高诰命》,崇祯十年(1637)刻本。
⑤ [明]姚希孟:《响玉集》卷八《石蕊集序》,《清閟全集》本,崇祯刻本。
⑥ [清]佚名:《吴城日记》卷上,第201、202、203页。

月扬州十日之屠后,清军以"抗逆者维扬为例"相恐吓,百姓亦以"难免扬州覆辙"被震慑①。身在南京的南明苏籍官吏,对扬州屠城之惨的感受要更加真切,"兵将抵姑苏,子静恒深念吴人,毅然任招抚以行,兼程至吴",为免千年古城毁于一旦,为救乡梓百姓生灵涂炭,"遭谗畏讥,顾独能奋身使吴"②,以牺牲个人名节为代价出任安抚使,并非完全没有可能。按照陈名夏转述的周荃的表态,就是"吾活此一方民耳"。周荃对普通百姓的悲悯情怀,从其自题画册诗"有田必种禾,禾熟农应息。谁知禾熟时,农家反无食"③便可看出一二;乡后人潘奕隽(1740—1830)认为周荃的画与诗,表现出作者对农家终生劳作饥馑之苦的同情:"谁将乐岁终身苦,绘入《豳风》图画中";此外,释道忞"家无薛券倩谁焚"之句,亦写出了周荃对贫困市民的慷慨施舍。作为画家,周荃有多幅荷叶莲花图传世。姚文然顺治十七年布置家居,"壁上有周静香写乃祖爱莲图"④;法若真(1613—1696)晚年构筑园林小景"莲池",亦因之"拣出周花溪画莲大帧"⑤。可见因对同姓先贤北宋周敦颐《爱莲说》的服膺,周荃喜画"出淤泥而不染,濯清涟而不妖"的莲花,崇尚其"可远观而不可亵玩"的品格,时人却有视周荃为素狎诸贵人之佻客者。"人"的内在与外在的丰富性和复杂性,由此可见一斑。在研究周荃时,不知怎地,脑海里会时时不伦不类地浮现一位西方纳粹党人的名字:辛德勒。

如何看待"骑邮"类人物。在古今社会中,均不乏喜关说、走声气之人。正是他们的存在,才使上下左右正邪善恶黑白之间搭起了沟通的桥梁。在社会秩序正常时,此类人起到的作用,不外乎是串通信息、排难解纷、调节社会矛盾、沟通各方欲求。但是,在非正常的环境中,他们的存在以及相关方面对他们的选择,却有时会导致对历史进程的左右。如晚明东林党与阉党相斗,"三吴君子间出奇计,谓不如援彼党一人,以为两家

---

① [清]佚名:《吴城日记》卷上,第201页。
② [清]陈名夏:《石云居文集》卷三《送周子静明府序》。
③ [清]潘奕隽:《三松堂诗集》卷七《题周静香画册》之十一所引"静香自题句",嘉庆刻本。
④ [清]姚文然:《姚端恪公诗集》卷八《丈室》之二"对面濂溪老,看遂水竹村"注。
⑤ [清]法若真:《黄山诗留》卷一五《莲池屋成……即乞诸君子雅和》之四"犹忆石头白鹭客,轻香送下雨花天"注,康熙刻本。

骑邮,庶放东林出一头地"①,谁知居然选定了阮大铖,最终在某种程度上决定了晚明和南明政局的悲剧走向;再如扬州郑元勋(1604—1644),为晚明进士、江东名流,崇祯十七年五月,江北四镇之一高杰屯兵城下,士绅反对其入城,元勋出面调停,力主迎高,"欲纾难而出语小误"②,以致激怒扬人,"万众俱怒,指元勋为高党",民兵持刀从城上追杀到城下,剁为数十段,"元勋阔于世务,轻犯公愤,自取大祸"③。然扬人自此惹怒高杰,"得城内百姓则杀之,若居城外者,截其右手,杀人甚众。米价腾贵,民不聊生"④。相比阮大铖之居心叵测、暗藏鬼胎,郑元勋之志大才疏、任重力小(即喜而不善),识人老辣的钱谦益所推荐的周荃,既具心系乡梓之怀,又擅虚衷剂物之能,故其对苏州百姓多有"保全",后人赞其"多所存活,其德自不可湮"⑤。调停道忞与弘储之诤,最终效果虽然不佳,但道忞仍能为之写诗贺寿,骑邮各家的渠道尚在。对周荃的评价,其实牵涉到如何认识历史人物的杂色或灰色。在古代人物的色谱中,除了后人显而易见的黑与白或黑与红之外,还大量存在着各种杂色人等,他们在今人的著述中,或者因种种原因而被屏蔽,或者简单化地被划归黑或白(红)。对本属杂色或灰色的人物,我们要具体对象具体分析其何以杂或灰,并试图认知其杂色中掺杂的黑或白,以及灰色中的一抹或几缕亮色;对那些明显趋于黑或白的人物,亦不妨试图体悟其人生中的杂色阶段或性格上的杂色方面。如此,在面对色乱晃眼的历史现象时,庶几可能会触摸到历史肌体的经络血脉,接近历史事件的细节真相;或许,历史和社会原本就是由杂色为主色调构成的,以杂色为背景,才最终凸显了那些彪炳千古或遗臭万年的红与黑。拒绝黑色,应该是人类的善良愿景;是否有时历史更需要杂色,或者说在某些时候杂色是否会接近白色,这都是不妨思考的。

如何面对前辈大师的相关研究。台湾清华大学历史研究所的张元教

---

① [清]黄宗羲:《陈定生先生墓志铭》,沈善洪主编《黄宗羲全集》第10册,第396页。
② [清]徐沁:《明画录》卷五,嘉庆四年(1799)刻本。
③ [明]冯梦龙:《甲申纪事》卷六,弘光元年(1645)刻本。
④ [清]计六奇:《明季南略》,任道斌、魏得良点校,北京:中华书局1984年版,第36页。
⑤ 道光《浒墅关志》卷一四《人物》周之玛传附。

授,在总结陈垣先生"史学书写形式"时曾深情指出:"我们读近代史学大师,王国维、陈寅恪、钱穆诸先生的论著,无不深刻精彩,使人受到撼动,大段引文往往扮演重要角色。"并进而认为:"摆在我们面前的问题,无非是,如何读出数据中的深邃思想与浓厚感情,并在书写中呈现出来。让我们好好地想想吧。"①努力读出古人文字中的"深邃思想与浓厚感情,并在书写中呈现出来",多么好的提倡啊!胡晓明先生在论述《柳如是别传》的撰述主旨与思想寓意时,亦指出"这一文本具有历史发覆与文化想象两种功用,绝大满足了陈寅恪的学术性格与心灵世界,即透彻的客观了解与深沉的主体感受的统一"②,以"透彻"的客观了解与"深沉"的主体感受概括陈著的学术特性和人文风采,亦同样令人拍案叫绝。作为后学,除了对二陈等前辈大师在非常的历史时期内,那份以传承民族文化血脉为己任的学术担当和对独立精神、自由思想的坚韧捍卫,永持仰慕之情和践履之心,在他们做过的学术课题内还能继续做点什么,是否可以接着说、补着说或反着说,亦同样是值得我们好好思考的。譬如,陈垣论熊开元被道忞掴掌事:

> 此诤发生,鱼山亦在调人之列。顾措词切直,触怒木陈,木陈直提:"汝既为灵岩嫡子,便须认得我家宗派,汝非吴江令,我亦非吴江编氓。"遂当机一掌,斯时鱼山啼笑不得,一座纷纭,不欢而散。天启间,鱼山曾任吴江令,故木陈云然。隆武时,鱼山曾授东阁大学士,木陈故作不知也。(第45页)

熊开元崇祯元年由太仓州崇明知县调任苏州府吴江县,四年升吏科给事中,后在寿仅一年的风雨飘摇的南明隆武小朝廷(1646,顺治三年),官至一钱不值的东阁大学士。朱聿键兵败汀州,熊鱼山出家灵岩。道忞在康熙二年仍说"你已不是吴江知县,我户籍亦不在吴江,管不着我",固然是"以新贵骄之",表现出对开元的蔑视;但是其不提东阁大学士,却未必是

---

① 张元:《大段引文——陈援庵史学书写形式的一项选择》,陈勇、谢维扬主编《中国传统学术的近代转型》,上海人民出版社2011年版,第332页。
② 胡晓明:《关于〈柳如是别传〉的撰述主旨与思想寓意》,《文艺理论研究》1997年第3期。

故作不知,可能是骨子里道忞不想说:"汝非隆武宰相,我亦非南明编氓。"因为如果这样说,就公然要站在所有的南明旧臣、抗清志士和遗民隐士的对立面;在永历朝刚刚被镇压两年的历史背景下,尚有检举揭发反清遗党的告密嫌疑。仅仅从布施来源的角度论,道忞就不会亦不敢这样做。只是这种不说(包括辱骂弘储的文字中从不涉及此类事),是新贵的隐忍而非新贵的宽容。再如陈寅恪(1890—1969)先生在著名大著《柳如是别传》中曾不无感慨地指出:

> 夫百史辩宁完我所诘各款皆虚,独于最无物证,可以脱免之有关复明制度之一款,则认为真实。是其志在复明,欲以此心告诸天下后世,殊可哀矣。①

此段话,经由赵园先生在其同样著名的大著《明清之际士大夫研究》首次征引,并含蓄地认为"这不消说只是一种猜测,却不失为有趣的猜测"②,遂广为论清初贰臣文学与心态者所引用。只是当陈先生如此裁断时,不知是否忽略了陈名夏在《送周子静明府序》中对南明诸臣的刻骨怨毒;不知是否关注到黄宗羲有关周子佩(茂兰)之弟子洁(茂藻)因遭吴易抗清案连染,"狱久不解,子佩毁家纾难,无可为计。会溧阳当国,为子求婚于子佩。子佩曰:'吾何难以一女易一弟耶?'子洁始出"的春秋笔法③;至少不应回避福临皇帝在顺治十一年冬那句黯然神伤的"陈名夏终好"④的著名感喟。近来有人竟然将溧阳陈百史列为其喜欢的两遗民之一,并据上引陈寅恪表述得出结论:"盖棺论定,陈名夏依然是一个志在反清复明的奇士。"⑤假如这一观点不能成立,说重一点,寒柳堂老人是或有其责的。固然今天的学者往往"已难读出'资料'中的深意"⑥,但前辈大师亦未必

---

① 陈寅恪:《柳如是别传》,上海古籍出版社1980年版,第1162页。
② 赵园:《明清之际士大夫研究》,北京大学出版社1999年版,第500页。
③ [清]黄宗羲:《周子佩先生墓志铭》,沈善洪主编《黄宗羲全集》第10册,第450页。按:黄宗羲据周茂兰独子周靖提供资料写成的墓志铭,记载着当事人居然将与陈名夏结亲视为舍女救弟之举,可谓诛心之论。
④ [明]谈迁:《北游录》"纪闻下"《陈名夏》,汪北平点校,北京:中华书局1960年版,第391页。
⑤ 杨键:《我喜爱的两位遗民》,《深圳特区报》2011年12月7日第C3版《人文天地》。
⑥ 张元:《大段引文——陈援庵史学书写形式的一项选择》,《中国传统学术的近代转型》,第332页。

穷尽了对所引文献的阐释；当"深沉的主体感受"强烈到主导着对文献史料的审慎抉择和理解时，要想达成与"透彻的客观了解"的完美统一，又谈何容易啊。

（原载于《文史》2016 年第 2 辑）

金圣叹官员交往诗新考

摘　要：金圣叹与当地官员有关的诗作共有九题，向来为研究其政治思想和生平经历者所关注，内容分别涉及晚明李瑞和、吴梦白和清初汪熽南、高文芳、夏鼎、吴明相等。与李、汪、夏诗分别写于崇祯十四年，顺治四年、十二年，而非崇祯十三年，顺治三年、十三年；《下车行》写于顺治十年而非九年，撰述对象是知府高文芳而非御史秦世祯；寿"吴明府"诗分别写于崇祯十七年和顺治十三年间，分属明末、清初两个吴姓知县，而非均为清代吴明相撰；"关使君"是指榷关使而非关姓知府，很可能是顺治十年任浒墅关使的严我公。

关键词：金圣叹；史实研究；今典；官员交往；事迹系年；关使君

金圣叹官员交往诗，是指其《沉吟楼诗选》中所收的与当地官员有关的作品，并非其交游对象具有行政身份的所有诗作。譬如，《送吴兹受赴任永州司理》、《送朱子庄赴任宜春》等送友诗，就不在本文讨论之列。其官员交往诗现存者约九题十四首，多被学者所论及。如陈洪先生《从〈沉吟楼诗选〉看金圣叹》(《南开学报》1982年第6期)虽不以"年谱"、"系年"为题，在金圣叹研究的著述中，却是对此类写作对象和时间考证最多、问世最早并影响最大的成果。此后徐朔方先生《金圣叹年谱》(《晚明曲家年谱》第1册，浙江古籍出版社1993年版)在此基础上，亦不乏新见。他们的观点对晚出的吴正岚女史《金圣叹评传》(南京大学出版社2006年版)颇有影响，并在陈洪出版的《金圣叹传论》(天津人民出版社1996年版)和《金圣叹传》[增订版](人民文学出版社2012年版)中基本保存，笔者《金圣叹年谱简编》(凤凰出版社2008年版《金圣叹全集》附录)

亦多有涉及。陈寅恪先生曾经说过："自来诂释诗章，可别为二。一为考证本事，一为解释辞句。质言之，前者乃考今典，即当时之事实。后者乃释古典，即旧籍之出处。"其研究钱谦益、柳如是之诗，便属于对"今典"的"时地人三者考之较详"的极好实践①。笔者在陈寅恪重视研究"今典"的思路启迪之下，在前人研究的基础上综合各家之说，对相关著述语有歧义处予以商订，言或疏漏处试作补遗。有话则长，无话则短。如有不当，敬请赐教。

一　送李宝弓诗六首

陈洪云"《沉吟楼诗选》收有送李宝弓诗六首"，并引《小腆纪传》和《松江府志》"在郡七年，征拜监察御史"等史料，指出"李瑞和崇祯七年署官，此诗当作于崇祯十三、四年之间。而诗中称'牲璧遍山川'，史载崇祯十三年夏秋江浙大旱。诗中又有'秋风忽作美人怀'语，故可定此诗作于崇祯十三年秋"。徐朔方于崇祯十四年（1641）云"作诗送松江推官李瑞和内召。见《沉吟楼诗选》《送李宝弓司理内召》。诗云：'七年一鹗坐云间。'据《松江府志》……李瑞和字宝弓，漳浦人。崇祯七年进士，八年起任松江推官，今年召为监察御史。"笔者将《送李宝弓司理钦召考选》系于十四年，置《送李宝弓司理内召》于次年，并云"松江推官李瑞和赴京任监察御史，作诗送之"。

1. 析疑。陈洪所云"送李宝弓诗六首"，在出版的著作中具体为"《送李宝弓司理钦召考选》诗六首"②。此六首诗共为两题：《送李宝弓司理钦召考选四律》和《送李宝弓司理内召二章（逸诗）》，但可能是一组诗歌的不同写法。徐朔方及笔者将后题理解为应召赴任监察御史，不确。因为，从诗歌内容看，"终为金署读书仙"、"名动君王已诏求"，均非确知官封御史之言，徐先生注前句为"时或误传升转翰林院也"，其实是表示了圣叹

---

① 陈寅恪：《柳如是别传》，上海古籍出版社1980年版，第7、10页。
② 陈洪：《金圣叹传论》，天津人民出版社1996年版，第82页；《金圣叹传》[增订版]，北京：人民文学出版社2012年版，第98页。

希望友人官拜翰林的愿景,并非实有误传,也恰恰说明不是新职调令已下时的作品;从诗题看,此时如果是履新上任,就不会说"司理内召"了,既然还是送"司理内召",就是送其应"钦召考选",选中何官,尚不得知。所以,还是陈洪理解正确,题目虽异,实为一组。

2. 金诗写作时间。陈洪云李瑞和崇祯七年署官,徐朔方云八年起任松江推官、十四年召为监察御史,都是推论而无实证。在他们所引的嘉庆《松江府志》中,对此没有明确记载。如《职官表·元明府秩表》"推官"一栏,署李瑞和始任之时为"阙年",讫止之年为崇祯十四年,下任林慎起于"十五年",故"在郡七年"当如徐朔方所云从崇祯八年算起,而圣叹送其应召考选之诗,当撰于十四年,季节则如陈洪云在秋天。一路风尘至京后经考试而选官到任,应在下年初了。笔者于崇祯十五年内云圣叹诗送"李瑞和赴京任监察御史",误。此年三月"定考选诸臣",选任官职有各科给事中、监察御史等,李瑞和等被任命为"试监察御史",七月"都察院考定御史",才考中一等"准实授"①,远在苏州的金圣叹哪里得知?进士履历载其崇祯十五年"壬午行取考选陕西道御史、两浙巡盐"②,可证。诗句"三年师弟龙门合",似乎表明两人已相交三载。至于诗中或云"六年冬日为慈父"、"为政云间成六载",或云"七年一鹗坐云间",当如陈洪分析"盖取整数言之则曰六载,约略言之则称七年",即七个年头、满算六年。

3. 关于卒年。陈洪所引《小腆纪传》作"寻擢御史,视盐两浙。丁艰归,家居十四载,竟不出……国变后十二年而卒"。对照原文,"家居十四载"为"家居四十四载"("盐"为"鹾")③。"国变后十二年",即顺治十三年(1656);但是所著《廥东集》最晚纪事为"丙寅"五月即康熙二十五年(1686)(以下所引该集文字,均由侯荣川博士代抄,特此致谢),又不应卒于"国变后十二年"。瑞和为"崇祯十五年两浙巡盐御史"(下任李斑为崇祯

---

① [明]谈迁:《国榷》卷九八"壬午崇祯十五年",北京:中华书局1958年版,第5920、5921、5933页。
② 《崇祯七年甲戌科进士履历便览》一卷,崇祯刻本。
③ [清]徐鼒:《小腆纪传》卷五七《列传》第五十,光绪刻本。

十六年任①),其父亡于三月十日②,杭州至漳浦约两千里,知讯至少一月后,故当在崇祯十六年;另其诗有《癸未九月削籍归里……》(第四册),癸未指崇祯十六年,削籍指革职,是指"先是瑞和为死难左都李邦华纠,削职,以按浙不简也"③,可见《漳浦县志》④和《小腆纪传》所记丁艰归并非实情,当已有所掩饰。如果"家居四十四载"按年头算,则约卒于康熙二十五年(1686),恰为"国变"后四十二年。陈洪看出《小腆纪传》"家居四十四载……国变后十二年而卒"之间的矛盾,以前"四"为衍文而径删,易造成其卒于顺治十三年(1656)的误解。有关清人诗文集工具书或云其"? —约1656",或云"生年不详,卒于顺治十二年(1655)"⑤,皆与"国变后十二年而卒"有关。

4.关于生年。李瑞和,字宝弓,号顽庵,福建漳浦人。著有《学夫诗》、《莫犹居集》、《廲东集》。后者存康熙刻本,分体不分卷,共六册。据《癸卯初度》"五十无闻又过之"(第五册),似生于万历四十二年(1614)。康熙县志云"年八十以寿终"而未及家居多少载⑥,光绪府志云"家居四十四载"⑦而未及享年几何。如据"年八十"推算其生卒:以万历四十二年(1614)生,则卒于康熙三十二年(1693),则与国变后四十二年不合,可基本排除;以康熙二十五年(1686)卒,则生于万历三十五年(1607),又与自述不符。以下根据其母(1584—?)⑧生其年岁、其天启六年(1626)结婚⑨、崇祯六年

---

① [清]延丰:《重修两浙盐法志》卷二一《职官》,同治刻本。
② [清]李瑞和:《廲东集》第一册《三月初十为先子讳日时在三山》,康熙刻本。按:诗云"别来十七载,啜泣如渐忘。……客冬偶告出,远游恕有方。春天震雷疾,儿又不在旁。念此门户计,黾勉为裹粮。裹粮粮亦尽,隔岁滞他乡。"此诗写作时间不详,然不似撰于为宦时,且似未奔丧。
③ [清]李清:《南渡录》卷四,清抄本。
④ 康熙《漳浦县志》卷一五《人物》"丁外艰归……年八十以寿终",康熙四十七年(1708)增修本。
⑤ 李灵年、杨忠主编:《清人别集总目》,合肥:安徽教育出版社2000年版,第826页;柯愈春:《清人诗文集总目提要》,北京古籍出版社2002年版,第5页。
⑥ 康熙《漳浦县志》卷一五《人物》。
⑦ 光绪《漳州府志》卷三〇《人物》,光绪三年(1877)刻本。
⑧ [清]李瑞和:《廲东集》第四册《丙午老母生朝,时在三山,赋此志愧》。按:首句为"八十三龄五代孙",丙午指康熙五年(1666)。
⑨ [清]李瑞和:《廲东集》第六册《丙寅花烛,计乙丑六十年矣,偶忆及戏题》。按:丙寅为天启六年(1626)。

(1633)中举并连捷进士等因素,将其生年的两种记载列表比较如下:

生年	母龄	结婚	举人	进士	卒年	享年
1607年	母24岁	20岁	27岁	28岁	1686年	80岁
1614年	母31岁	13岁	20岁	21岁		73岁

不是说某人不可能生于母亲三十一岁时,或十三岁结婚,或二十岁中举,只是觉得种种并非古人常情之事不该如此高密度地集于一身。故,笔者倾向于《癸卯初度》"五十无闻又过之"或许不当理解为此年五十,或诗题、诗句文字有误,而认为其生卒约为1607至1686年。可为此说做旁证的是:第四册《丙午老母生朝……》后三是《八月初七夜》,后六是《三山生日》,次首为《丙午放榜日作》(秋闱放榜在八月底、九月初)。引这一串诗题,不仅能证明其生日当如履历为"八月二十一日",且《三山生日》首联为"六十年来花甲周,那堪多辱复多忧",康熙五年(1666)丙午为六十岁,其生恰在万历三十五年(1607)。

5. 其他。"进士履历"记瑞和为万历四十四年(1616)丙辰八月二十一日生,瞒九岁,此为晚明常态。朱茂曙生于明万历四十六年(1618),十八岁举人,二十二岁进士,已经是非常优秀了,榜龄却署为天启六年(1626)"丙寅年八月十二日生",结果在履历上就显示为十岁中举。仅此一点,可见当时吏治的无序。"进士履历"载瑞和"丙子应天同考"即其崇祯九年(1636)应天乡试同考官,时人太仓陆世仪记其事:"初丙子南场,《礼记》分房,松郡节推李瑞和才而佻,与华亭诸生潘戾通关节,有定约矣。编号者失检,初场卷号误编太仓增广生孙以敬,二三场则无讹。榜发,以敬魁选,戾落孙山。"①无论此事之真伪,"才而佻"的恶谥,代表着理学大儒对李瑞和、金圣叹之类人的评价。瑞和康熙六年撰《书扇与小优》(尾联"装孤随处满,色艺肯谁同")、《小优一部,经年入侍,自服事他家,

---

① [清]陆世仪:《复社纪略》卷四,清抄本。

蓦然一见,几不能识》(第二册),可见其是有过家庭戏班的,可补当代研究所未及。其卒后,外孙蔡衍锟有《哭外祖李顽庵先生》诗:"山阳一曲泪重重,独向斜晖哭太公。白简驱邪何慷壮,黄冠归路亦从容。碑踣元祐伤司马,星殒将营哭卧龙。无我文章谁独擅,外孙终愧色丝风。"①

二 《贺吴县汪明府涵夫摄篆长洲》

陈洪考此诗云:"汪涵夫,《吴县志》卷六十四有传:'汪燧南,字涵夫,麻城人;举人;顺治二年豫王选知吴县。时兵燹未息,流亡载道。招徕安集,人民始定。……四年,丁母艰去。'……据《苏州府志》,长洲知县沈某于顺治三年二月调升,八月方由田某接任,空缺计半年。汪涵夫摄篆长洲当即此半年中事。圣叹此诗可断作于顺治三年二、三月间。"徐朔方于顺治三年内亦云汪燧南"去年六月知吴县,明年以忧去。诗或今年作。"

清初佚名苏州人撰《吴城日记》云:"长洲县令田本沛,丁内艰去任。四月初旬,吴邑汪令兼署长县事。"由前此有"丁亥新正"云云,可知此四月在顺治四年(1647);旋又记述"是时,长洲田令丁艰去,陈太尊赴常、镇兵宪,吴令汪燧南亦丁母忧谢事,郡无一正印官",接着叙述"丁亥四月下旬"事②,可知汪氏署理长洲知县当不满月,故贺诗必作于该年四月而非顺治三年。汪燧南,字涵夫,一字拜石,湖广黄州府黄冈人,崇祯六年(1633)举人,顺治八年知江西贵溪县,十四年知河南府;"卒年五十二,工诗文,著有《天镜堂遗稿》"③。彭而述《曹疑冢记》:"予以岁乙未秋,携起儿赴武试北上,宿邺北丰乐镇(在今安阳境内——引者注),见壁上题铜雀台诗甚苍壮,诗人为'楚黄汪拜石'。惜其太骂,不足服曹公。"④对曹操持太骂的态度,可见持论偏激而不够通达。作为晚明举人,汪燧南任吴县

---

① [清]蔡衍锟:《操斋集》卷七,康熙刻本。
② 《丹午笔记 吴城日记 五石脂》,南京:江苏古籍出版社1985年版,第224—225页。
③ 乾隆《黄冈县志》卷九,乾隆五十四年(1789)刻本。
④ [清]彭而述:《读史亭文集》卷一八,康熙四十七年(1708)刻本。

令后,对当地士人颇为礼遇。如请徐枋应举书①,言辞恳切,情理备至:

汪爌南来函	徐枋回函
台兄以高华之哲,发琼英之门。弟闻风相思,实于徐子夙系声情。既复从牛鹤老得悉台台素履,意气干云,风雅应世,不减当年南州高士。未及握手,殊云耿悒。因念十余年前弟鸡窗风雨,惟尊翁先生琅篇是佩,谊犹私淑,安在今日不可以通家谊效勤恳也?时奉功令,为诸上公车者劝驾。知台台痛情茕蓼,无心应制。但例当具呈本县、申详藩司,以便汇报仪部。不则恐当事者不察,概以引避相绳,未免触忌,有累明哲耳。祈台兄速裁之,专此以闻。按台卢大人景仰之切,已托田寅翁专致,不尽欲言。	孤哀子徐枋稽颡拜:鲜民之生,仅馀一息,固不能以垂死之身,望尘匍匐。且先人毕节捐生,藐孤义当相从止水,更不敢以应死之身随时俯仰。用是堲户荒庐,屏迹丘墓,不复知有人间世矣!不谓执事以牛父母说项之私,遂致推屋之谊,翰教忽颁,奖誉谬及。不孝诚两间罪人,何以当此?捧楮汗背,无地自容矣!另谕领悉,佩此殊私,惟增铭戢。寻当补牍台端,种种统希丙照。口占率复,伏枕主臣。

徐枋(1622—1694),崇祯十五年举人,长洲人,清初著名三遗民之一。父徐汧以晚明进士官至南明弘光少詹事,乙酉闰六月清军下苏州时投河自尽。在汪爌南来函前,已有苏松兵备道王之晋和长洲知县田本沛(即所谓田寅翁)致书请出,徐枋均已明确拒绝并分别答之:"知执事当不以世法苛垂死之人而罪其不恭矣";"所欠惟一死耳!执事试思鲜民之生也如此,而尚能扶之而起令入世法乎",颇有以死相拒之意。汪书动之以私淑之情,晓之以触忌之理,并邀前明贤令牛若麟(字鹤沙,黄冈人,崇祯十年至十五年吴县知县,丁艰去官),始说服徐枋愿意呈牍有司。田本沛顺治三年七月令长洲,次年四月丁母忧。故徐枋《答吴县知县汪(爌南)书》与圣叹《贺吴县汪明府涵夫摄篆长洲》写作时间仿佛,两人对新朝官员和政权的态度固别若天壤,然以徐枋的家世背景看其虚与委蛇,圣叹作为普通士子在兵燹战乱之际希望新令施以仁政,亦在情理之中。

---

① [清]徐枋:《居易堂集》卷一《答吴县知县汪(爌南)书(附来书)》,康熙二十三年(1684)刻本。

三 《下车行》

陈洪认为金诗七古《下车行》"乃顺治九年为秦世祯按吴事作"①,指出:"秦世祯按吴三年,主要政绩之一是严惩贪官污吏。关于当时吴地吏治情况,《苏州府志》记载甚详……圣叹诗中'虎冠飞择遍诸县,县县大杖殷血流。'正是这种黑暗吏治的生动写照。秦世祯按吴后……'诸冤滥久系者悉清出之,自是民得安枕';'方农时,半月无雨,人以为忧。世祯一日雪数囚,雨大降,民呼为御史雨'(《苏州府志·名宦传一》)。圣叹所云'十年疮痍果苏息','灵雨一至驱畔牛',似皆非泛语,而为实指。"后又云"这首诗对秦某实是颂扬备至,竟以白太傅(香山)、韦苏州(应物)相期许"②。吴正岚《金圣叹评传》也认为"此诗写的是顺治九年(1652),秦世祯按吴,惩办贪官污吏,深得江南民众拥戴的情形"③。徐朔方和笔者未及此诗。《下车行》全文为:

> 君不见,今年春风至今吹不休,百花合沓生长洲。长洲水清照城郭,郭外黄盖亭亭浮。儿童不惊立道周,父老引领垂素发,传呼妇女观诸侯。五马行行复止止,切问小麦能全收。阊阖遗黎去四方,东南岂是无良畴。虎冠飞择遍诸县,县县大杖殷血流。上天阴雨总□阁,日照誊黄满墙头。"我从都门闻,恶卧通夜忧。小臣无廉隅,得非大臣羞。请与父老约,贻汝此来车。且得饘粥聊汝生,灵雨一至驱耕牛。十年疮痍果苏息,然后便宜无不求。"嗟呼下车第一章,仁君之言何宽柔!照临万万沟中人,朗如晶壶悬素秋。儿童合掌妇女拜,三年有成我能讴。白太傅,韦苏州,千秋万岁,盼蠁与俦。④

体味诗意,"且得饘粥聊汝生,灵雨一至驱耕牛",并非是说实际已经下

---

① 陈洪《金圣叹传论》及《金圣叹传》[增订版]又说此诗是"顺治八年"所写,第5页。
② 陈洪:《金圣叹传论》,第115页;《金圣叹传》[增订版],第127页。
③ 吴正岚:《金圣叹评传》,南京大学出版社2006年版,第165页。
④ [清]金圣叹:《沉吟楼诗选》卷五,陆林辑校《金圣叹全集》第2册,南京:凤凰出版社2008年版,第1249页。按:"盼蠁"误作"盼蠁"。

雨,而是该官员与百姓的约定:由其开仓赈麦("请与父老约,贻汝此来牟"),使饥民聊得果腹,一旦下雨,便驱牛耕田。这就是此人"下车"到任伊始的施政计划、约法"第一章"。再看方志所谓"御史雨"的实际情形,顺治九年夏秋间徐增撰《秦御史喜雨歌和王周臣昆仲》有云"娄东三月不肯雨,冤狱一昭天降雨……只今一州先得雨,次第六郡皆有雨"①,看来只是太仓一地的局部雨,江南普降喜雨还有待来日。诗中所用与官职相关的典故,如"传呼妇女观诸侯","诸侯"一词为掌握军政大权的地方长官,最接近秦世祯巡按苏松常镇监察御史的身份,可是各级地方主官均可称"侯",如"郡侯"(知府)、"邑侯"(知县),即此处"诸侯"亦可泛指各级地方长官。其次为该侯"五马行行复止止",古人"以五马为太守美称"②,相当于明清的知府,此典似与巡按御史无关。其三看"白太傅,韦苏州",唐代韦应物、白居易都曾于贞元和宝历初年任苏州刺史(相当于后世知府),而且均以惠政著称;用太傅代称曾任本地刺史的白居易(曾任太子少傅),并非暗指赠诗对象的实际官职,而是带有祝福其将来官运亨通之意。因此,《下车行》非为已经莅任一年的巡按御史作而为刚刚到任的知府作也。那么,此人是谁?"十年疮痍果苏息"之句,指明乃顺治十年上任的苏州知府。据《吴城日记》载:顺治九年十一月,长洲知县李廷秀"以贪酷被拿禁,提往江宁审究";十年正月二十日,"知府王光晋被拿,并及衙役五六十人",同年八月,"知府高文秀[芳]到任"③。据方志载"高文芳,奉天贡生。十年八月任。(按王先[光]晋九年秦世祯奏劾)"④。因此,《下车行》是为高文芳所撰无疑。从长洲知县李廷秀到苏州知府王光晋的贪酷及数十衙役的横暴不法,可能才是"虎冠飞择遍诸县,县县大杖殷血流"的直接所指。

---

① [清]徐增:《九诰堂集》诗卷六,清抄本。
② [清]梁章钜:《称谓录》卷二二,光绪刻本。
③ 《丹午笔记 吴城日记 五石脂》,第235、236页。
④ 民国《江苏省通志稿》第4册《职官志》,南京:江苏古籍出版社1999年版,第287页。

四 《赠夏广文》

　　陈洪首先指出夏广文即夏鼎,并据《吴县志》卷四职官表"(夏鼎)十年正月任,十四年十一月劾去",指出金诗中所咏"十年梦断"、"重来坐","皆指夏鼎修整学宫事。这是他任内的主要政绩之一,也是金圣叹赠诗的直接原因";徐朔方于顺治十三年内云"作诗《赠夏广文》",引用"潦倒诸生久白头,十年梦断至公楼。杏花廊下重来坐,药草笼中实见收"等诗句后指出:"'见收',或指补廪膳生。可见此年前后圣叹犹未忘情科考。据《吴县志》卷四,夏鼎字象也,顺治十年一月任吴县教谕,十四年十一月被劾去职。"笔者在顺治十四年内云"此际作诗给吴县教谕夏鼎",并撰文云在此年"给吴县教谕夏鼎所写的诗句中,已经表现出履新去旧的希冀"①。

　　1. 陈洪所引《吴县志》:"夏鼎,字象也。江浦(人)。……顺治十年为吴县教谕,勤于课士,修整学宫。督捕万,猾吏,侵占学基,伐树筑室。鼎申巡抚,督学卒按其罪,毁其居,基址遂清。"查民国修该县志同卷,"江浦"作"江宁人"(卷四《职官表》作"江浦人",亦不缺"人"字);"督捕万,猾吏"作"督捕厅猾吏";"鼎申巡抚,督学卒按其罪",意似应为"鼎申巡抚、督学,卒按其罪"②(据《东华录》雍正二十三"各府督捕厅专司督缉",似不归学政辖制)。此事康熙县志夏鼎传有更加记载:"学宫颓废,锐意修缮。时刑厅狡胥余茂卿依势侵占学基,伐殿傍树,筑室其址。鼎申巡抚都御史周国佐、督学道张能鳞,檄苏州府推官杨昌龄诣学勘视,卒按其罪,毁其居,基址遂清。"③

　　2. 夏鼎为江宁府江浦(今南京浦口区)人,明崇祯九年举人,十七年任常熟教谕;清顺治十年春赴任吴县教谕,龚鼎孳撰《夏象也之吴县广

---

① 陆林:《"才名千古不埋沦":金圣叹精神风貌和批评心路简论》,《江苏社会科学》2009年第1期。
② 康熙《吴县志》卷四〇《宦迹》,康熙三十年(1691)刻本。
③ 康熙《吴县志》卷四〇《宦迹》。

文》诗送之①。康熙县志、同治府志均云夏鼎顺治"十四年摄长洲县篆,以事去(官)",不确。据顺治十八年江宁巡抚韩世琦奏疏所记"十二年六月十八日行苏松道,六月二十三日转行长洲县……吴县教谕夏鼎于十一月初四日接署"②,可见夏鼎是于顺治十二年十一月就曾以吴县教谕代理长洲知县事(十四年上半年第二次署理)。

3. 由于吴县县学自顺治二年清军下江南以来,因遭受战乱"庙庑堂阁倾圮,敬一亭廨宇斋舍俱颓,射圃、启圣旧址为奸民所侵,伐树筑室,直逼内地,顺治十一年教谕夏鼎申巡抚都御史周国佐、督学道张能鳞,檄苏州府推官杨昌龄诣学勘实,按罪毁居,基址遂清"。夏鼎不仅收复失地,而且"捐俸协修"③,从而恢复旧观,重建吴县学宫建筑,故此事对当地诸生影响很大。陈洪谓"是金圣叹赠诗的直接原因",甚确,由此可断《赠夏广文》当撰于顺治十二年十一月前(如在此后,就不会仅称之为"广文"了),顺治二年至十二年为整整十年,"十年梦断至公楼"当是实指吴县县学有关建筑已经坍毁十年。陈洪从《妙法莲花经》和《旧唐书·狄仁杰传》找出"药草笼"的出处,认为是"意谓夏鼎恩泽广被,己虽不才,亦忝在受惠之列"。有关诗句,可能亦有以吴县诸生的口吻赞颂夏鼎使之重新有了读书求学场所之意;笔者拘泥于至公楼(元曲中常用词,即明清"至公堂")只建于省城贡院内,认为"'十年梦断'或指不应乡试之期;'重来坐'当指为保诸生身份",应不成立。

五 寿吴明府生日诗三首

金氏有《寿吴明府》,因诗中与《赠夏广文》一样亦有"药草笼"的典故,陈洪云"吴明府为吴明相,顺治十二年至十四年任吴县知县,故知《寿》诗与《赠夏广文》同时,可参证",后又明确先后关系而含糊赠诗对

---

① [清]龚鼎孳:《定山堂诗集》卷二二《夏象也之吴县广文》,康熙十五年(1676)刻本。
② [清]韩世琦:《抚吴疏草》卷一八《报陈心垣一案迟误职名疏》,康熙五年(1666)刻本。
③ 康熙《吴县志》卷二三《学校》"吴县学"。

象:"此后不久,金圣叹赠吴县知县的诗中,再用'药草笼'语。"①徐朔方于顺治十三年内将"作诗贺吴县知县吴明相生日"列于"作诗《赠夏广文》"之后,并云"有《吴明府生日》两题,俱为七律,作春景。另有《寿吴明府之一》亦为七律。后诗云:'文字因缘千里合,冰霜怀抱一时开。'《吴县志》卷二云,吴明相字容之,长治人。去年三月任,明年被劾去职。"吴正岚亦云顺治十年至十四年间金氏与吴明相"交往频繁","所作寿诗今存《吴明府生日》二首和《寿吴明府》之一一首"②。

陈洪在论及吴明相时仅引《寿吴明府》,是其谨慎处。《吴明府生日》两首与《寿吴明府之一》虽然均"为七律",赠诗对象恐非一人。从题目看,某某"生日"与"寿"某某便不一致;从时序看,一是作浓郁"春景","朝雨万家催种急,春园百处卖桑齐","菖蒲夜雨平郊坰,桃李春风动学墙"(次首),一似冬春之际,"实爱高寒愿学来……冰霜怀抱一时开";从地点看,一云"西子溪头浪拍堤",一云"文字因缘千里合"。在圣叹生活的明末清初,吴姓任吴县知县者有两人,一是崇祯十七年吴梦白,一是顺治十二年吴明相。吴梦白,字可黄,号华崖,浙江崇德(康熙元年改名石门,今桐乡)人。崇祯十六年进士,次年任吴县知县。其进士履历为"浙江仁和县人。号□霖,治《诗经》,辛亥生"③,可知其约生于万历三十九年(1611),榜籍为仁和(今杭州)。梦白"尚气节,工诗文……知吴县,有惠政,未几明亡。唐藩建号,走闽。闽破,挂冠归……优游林下垂四十年,生平著作甚富,晚年悉取焚之"④,生卒当与李瑞和仿佛。针对仁和籍的浙人,圣叹贺诗"西子溪头浪拍堤"甚合。吴明相为山西长治人,家乡距离苏州约两千里,而苏州与杭州仅隔两三百里,"千里合"只能是指吴明相。笔者虽已将《吴明府生日》两首与《寿吴明府》分别系于崇祯十七年吴梦白和顺治十二年吴明相名下,然所整理《沉吟楼诗选》将清抄原本为《吴明府生日》(中隔四题)、《吴明府生日》(中隔五十三题)、《寿吴明府之

---

① 陈洪:《金圣叹传论》,第94页;《金圣叹传》[增订版],第108页。
② 吴正岚:《金圣叹评传》,第124页。
③ 多洛肯:《明代浙江进士研究》,上海古籍出版社2004年版,第400页。
④ 道光《石门县志》卷一四《人物上》,道光元年(1821)刻本。

一》(逸诗)合并于一处①,未能完全体现年谱编纂之成果,不够恰当,再版时应将《寿吴明府之一》置于原处。

六 《和关使君署桂冬花之作》

金氏有《和关使君署桂冬花之作》:"只道梅花又早开,却看桂子缀珠胎。小山学士忍寒坐,金粟先生赴腊来。灵隐五言虽绝唱,肩吾短赋亦清才。未闻冰雪惊人句,兹日重吟我欲猜。"此诗的倡和对象从无人道及,笔者二十年来亦时刻在念,一直以为"关使君"是指姓关的使君(州府长官),同时又为查不到关姓知府而纳闷。为撰此文才弄明白,在明清时代这是一个职官名词! 廿载疑惑一朝得解,甚快。

"关使君",在明清语汇中并非指姓关的州郡长官,指的是榷关(即钞关)的主官,即榷关的使君。榷使均由户、工部派出,故称"榷部"。古代"持节出使者曰使君"②,所以"榷使"又称"关使君",全称"榷关使君"③。晚明朱长春《朱太复文集》卷一九《冰阻吴门寄太仓陆震卿》诗句有注"关使君李叔玄"、陈继儒《陈眉公集》卷二《护松篇为马仲良关使君作》、邹迪光《始青阁稿》卷八《秋日送关使君张我程还朝》、董其昌《容台集》诗卷二《己巳子月饮关使君浴元林司农署中》、陈仁锡《无梦园遗集》卷五《关使君许平远像赞》、王时敏《王奉常书画题跋》卷上《题自画赠关使君袁环中》,诗中的"关使君",都是指榷关使,他们是李开藻、马之骏、张大猷、林日瑞、许豸、袁枢,分别于万历十七年至崇祯十六年在浒墅关任职④。江南文人与浒墅官吏的交往,远较其他钞关为密,这是与当时"通计天下户、工两部关桥一十有七,浒墅居首,额最重,非他关可比"⑤密不可分的,

---

① [清]金圣叹:《沉吟楼诗选》卷五,陆林辑校《金圣叹全集》第2册,第1226—1227页。
② [清]梁章钜:《称谓录》卷二三《钦差》。
③ [清]屈大均:《翁山诗外》卷五《送榷关使君》,王贵忱主编《屈大均全集》第1册,北京:人民文学出版社1996年版,第313页。
④ [清]孙珮:《浒墅关志》卷八《榷部》,雍正刻本。按:一般著录此书为康熙十二年(1673)刻本,然记事至雍正二年。
⑤ [清]孙珮:《浒墅关志》卷三《建置》。

暗含着江南文人的日常生活与钞关的密切关系。

此位金诗所和的"关使君",很可能是桐城李雅所云"往余晤金圣叹于严生庵司徒署中"之绍兴严我公(一作"躬")。康熙李雅序潘江《木厓集》云:

> 往余晤金圣叹于严生庵司徒署中。圣叹之言曰:古才人皆一枝笔,侬自许是两枝笔。尝观其五种才子书及唐诗前解后解,所评所论,但一枝笔也。

署"竹溪同学李雅芥须撰"(此条史料由邓晓东博士2009年3月提供,特此致谢)。严我公,字端溪,一号生庵,浙江会稽(今绍兴)人。明贡生,永历时任南明右副都御史,顺治六年正月,"江南江西河南总督马国柱奏舟山伪金都严我公率知府许珑等投诚,兼献进剿机宜,愿充乡导"①;同年九月,清军大帅欲对东南反清力量施行招抚,"会稽严我公,鸷猾士也,闻其说,亟造为告身银印,曰:'请自隗始。'遂授都御史"②。顺治十年,"实授户部郎中,榷关浒墅"③。据关志记载,"奉敕招抚舟山,著有功绩。迁户部,折节下士,不遑宁处。且秉性严毅,果于厘剔,关政肃清。署中匾额联对,多所更题"(下任陈襄,十一年任)④。《和关使君署桂冬花之作》颈联言其文才,与严我公擅写匾额联对亦合。随后在京城户部任职,谈迁顺治十二年在京,九月"辛卯,过刘北渔(名世鲲,山阴人,刘宗周侄——引者注),值其居停严郎中生庵(我躬)";十月"癸酉,阴,山阴严户部生庵(我躬)招饮";顺治十三年正月"辛巳……值严生庵,留饮"⑤,此年已任户部主事(参《东华录》"顺治二十六"三月)。李雅称之为"司徒",是对户部官员的雅称。李雅,字士雅(一作嗣雅⑥),号芥须,江南桐城人。南明朝

---

① [清]王先谦:《东华录》顺治十二,光绪十三年(1887)刻本。
② [清]邵廷采:《东南纪事》卷七《王翊》,上海书店1982年影印本,第248页。
③ 康熙《会稽县志》卷一九《选举志·特用》,1936年排印本。
④ [清]孙珮:《浒墅关志》卷八《榷部》,雍正刻本。
⑤ [明]谈迁:《北游录》,北京:中华书局1960年版,第118、122、128页。
⑥ [清]张英《文端集》卷六《东皋草堂诗》诗末注:"李子嗣雅,名雅,一字芥须,同里人,能诗,晚年居东皋。"《四库全书》本。

寄籍广东,为高州籍拔贡生,永历时选授江西崇义教谕,庚寅(顺治七年)归①。"性卞急,诗文沉酣宏肆"②,编《龙眠古文》传世,著《白描斋诗文集》已佚,年八十二卒。同邑潘江"咏李芥须"诗云:"岭峤归来名更高,登车曾许建旌旄。十年一剑肝肠冷,万里孤臣涕泪劳。伏几但知工笔槊,出门不敢近弓刀。满怀奇字无人问,风雨荒村贯浊醪。"③

陈寅恪先生早就指出今人根据当时诗歌研究明末清初文人史实,由于上距"作诗时已三百年,典籍多已禁毁亡佚"④,因而难度甚大。陈洪等人的著述,对金圣叹诗歌官吏交往的行迹给予筚路蓝缕的考索,实属不易。以上六则商订补遗,仅一家之言,不足为定论;且所涉皆为细事,不足修正或丰富各大著的基本观点,只是从事"史实"研究,不得不如此耳。《沉吟楼诗选》另有《吴邑黄明府新婚》,在圣叹生活的万历至顺治间,吴县无知县姓黄者,"黄"字当属抄误。

(原载于《江海学刊》2015年第1期)

---

① 蒋元卿:《皖人书录》,合肥:黄山书社1989年版,第619页。
② [清]马其昶:《桐城耆旧传》卷七《潘木厓先生传第七十六》,合肥:黄山书社1990年版,第270页。
③ [清]潘江:《木厓集》卷二〇《咏怀诗》,康熙刻本。
④ 陈寅恪《柳如是别传》,上海古籍出版社1980年版,第10页。

邓汉仪心路历程与《诗观》评点的诗学价值

摘　要：清初诗歌选评家邓汉仪的幕僚生涯、文学交游及赏鉴识力、人格魅力和"文人有权"的自觉担当，构成了其编选《诗观》的个体因素。而"文柄下移"的诗坛新变和士林"一人知己"的不朽诉求，以及融入新朝、消弭民族隔阂的政治需要，又为其"大观—集成"式的编选宗旨和品评风格提供了舆论先声与独特的时代应合。藉助所具备的诗学眼光、所身处的历史时地，邓氏以个人闻见成就的"一代之书"，呈现明末清初尤其是清初近五十年诗歌创作的总体格局；其中对诗坛风气、诗人事迹的品评记录，反映了明清之际社会变迁和士人心态的多样复杂，形成了《诗观》之兼有诗史、诗话史及诗歌观念变迁史的独特价值。

关键词：邓汉仪；《诗观》；诗歌评点；明末清初；清初诗歌总集

在清初诗歌编选中，邓汉仪以"季札观乐"的历史胸襟和诗学视域，阐释其将所编当代诗歌总集命名为《天下名家诗观》之诗学史内涵，欲以诗歌的选评为核心和媒介，为"适当极乱极治之会"①的一代文人保存其精神影像和心灵印记。历乎兴革理乱、安危顺逆之交，又值诗歌史明清之变，不仅士林群体面临着哲学道德层面或惨烈或微妙的分裂重组，明代三百年复古与反复古、宗唐与宗宋的诗学主张及实践，亦在清初诗坛投下了层叠迷乱的烙痕，从而对评选者之"知人"与"辨体"②的能力提出了新的要求。故"观"之为义，一为观世，一为观诗；凡世变之风息、人心之依违、诗道之精微均系于"一人"之诗，而发明于"一人"之观。昔人云"太史公

---

① ［清］邓汉仪：《诗观序》，《诗观》初集卷首，康熙十一年（1672）刻本。
② 参见左东岭：《明代诗歌研究的几个问题》，《文学遗产》2011年第3期。

胸中固有一天下大势,非后代书生之所能几也"①,邓汉仪以清初人选清初诗,耗时20年编成《诗观》三集共41卷,胸中亦有一明末清初诗坛之"天下大势"。藉助广阔的交游与个人声望的良性互动,他以"在历史中"的亲切和敏锐,记录、呈现了入选者的生平经历、性情气度、家族关系、诗坛地位、家数源流等,达到了对一个时代生命诗学和文化诗学的鲜活把握与深度建构,即所谓"纪时变之极,而臻一代之伟观"(《诗观序》),形成了《诗观》文献和诗学兼具的特色及价值。

一

邓汉仪(1617—1689),字孝威,号旧山,别署旧山农、旧山梅农,晚号钵叟,郡望南阳。祖籍苏州,生于泰州并寓居于此。崇祯八年(1635)诸生,入清以编选《诗观》而闻名于世。其人生大致可以分为三个阶段:一是顺治三年30岁前(1617—1646),即青少年的读书求学阶段;一是31岁至康熙八年(1647—1669)53岁时,即中年的入幕谋生阶段;一是康熙九年至逝世(1670—1689),即中老年的编选诗歌阶段。以下主要介绍其第二、第三阶段的人生经历。

清初的邓汉仪,虽不事科举,却非隐居。顺治二年(1645),济南长山县刘孔中任泰州知州,创建吴陵诗社,"同社数子,披其词藻,鲜不为刮目,而倍才孝威,时招之读书芙蓉署"②。此年,汉仪所撰诗,有《乙酉闻丁汉公登贤书将从白门入燕赋此寄赠》、《刘峄岐师招同丁汉公夜集衙斋送之北上》等。刘孔中字药生,号峄岐,明崇祯三年副榜,顺治初避兵江南知泰州,汉仪顺治四年诗作结集《官梅集》,便是"济南刘峄岐老师鉴定"。丁汉公,名日乾,泰州人,顺治二年举人。邓汉仪于该年寒梅绽放的冬季,撰诗送其赴京参加新朝礼部春闱,不仅没有丝毫劝阻之意,相反表示出一丝对"去路指天中……吹子上幽燕"的歆羡。"使君与诸生,并送孝廉

---

① [清]顾炎武:《日知录》卷二六"《史记》、《通鉴》兵事"条,乾隆刻本。
② [清]方苞:《官梅集序》,《官梅集》卷首,清抄本。

船。……共此师弟好,语默无间然",反映出邓汉仪自幼在泰州入学,与明末清初的当地知州皆有师生关系的实际情形(故其作于崇祯十七年春夏的《寄赠陈上仪师白门》一诗,称离任泰州知州陈素为师,此称刘孔中为师);"感师款款语,谓我当着鞭。同生且同学,草处非英贤",或许也流露出紧步友人后尘,"努力爱岁华"的不甘草处、奋力加鞭的希冀。这在扬州十日的秋坟鬼唱尚不绝于耳,兵燹灰烬且残热未熄之际,至少不能说具有明显的遗民之思。

顺治四年夏,合肥龚鼎孳游泰州,邓汉仪与之交。这是一件决定后者一生走向的大事情。龚鼎孳(1615—1673),字孝升,号芝麓,崇祯七年(1634)进士,顺治三年以太常寺少卿丁父忧,至顺治七年(1650)始回京。在顺治四年至六年,龚鼎孳漫游江南,在泰州与小自己两岁的邓汉仪一见如故,多次宴饮观剧,分韵赋诗。在邓汉仪顺治四年写作的《官梅集》中,就有八首与龚鼎孳的唱和诗。深秋分手时,邓撰长诗《送龚孝升奉常游江南》相赠,其中有两点值得关注:一是"羡君年正少,那复远慕严陵钓;羡君名甚高,那复长栖仲蔚蒿",这是劝慰因服丧期间"歌饮流连,依然如故"①而遭弹劾的龚鼎孳不要沮丧,不会永远像严子陵、张仲蔚那样落魄隐居;一是结尾表示"我恨未从君,踏破万山之青苍,徒守淮南桂树终相望",化用楚辞《招隐士》"桂树丛生兮山之幽……山中兮不可久留",表达了自己希望追随龚鼎孳出游四方而不愿幽栖隐居的心曲。此后的两年间,龚鼎孳主要寓居扬州、南京,邓汉仪多次于其寓所饮酒赋诗。龚鼎孳顺治七年夏季服阕赴京②,次年邓汉仪入京师,至顺治十年春离开京城,顺治十一年再次入京,至十三年春离京,先后两个一年多的时间皆寓居龚府,"余浪游燕都,客龚芝麓先生家"③。期间龚鼎孳亦由太常寺少卿升任刑部右侍郎、户部左侍郎、左都御史。顺治十二年冬,龚鼎孳因执法宽待汉人等事,先后降十一级。十三年四月贬至上林苑,任蕃育署署丞,以部院大臣下放至京郊为皇宫饲养鸡鸭鹅,其心情可想。是年秋季出使广东,

---

① 蔡冠洛:《清代七百名人传》,上海:世界书局民国二十六年(1937)版,第1724页。
② [清]宗元鼎:《芙蓉集》卷七《庚寅夏日送奉常龚孝升丁先生还朝》,康熙刻本。
③ [清]邓汉仪:《定园诗集序》,戴明说《定园诗集》卷首,康熙刻本。

道经江南时,邓汉仪随行赴岭南,次年三月始同归。其《诗观》评龚鼎孳诗云:"昔客京师,及过庾岭,以至荬湾、桃渡之间,仆莫不奉鞭弭以从。"(1:2①)说的就是自己跟随龚氏在京师府邸,以及过大庾岭往返粤东、返江南后在扬州茱萸湾、南京桃叶渡的诗酒幕宾生涯,可谓践行了"从君踏破万山之青苍"的夙愿。友人陆舜在《邓孝威过岭诗序》中,曾说到邓、龚友谊并赞及邓的人品:

  邓子之与先生,可谓道合忘年、倾倒不近者邪?既先生累官京师,则招邓子于别署。委蛇退食之暇,即与邓子吮毫濡墨之会也;忧谗畏讥之日,即与邓子痛哭流涕之时也。先生未几而跻崇秩,复未几而累左迁。一时僚友朝士、门生故吏,趋避聚散之缘,殊有难可道者。邓子萧然一慷慨布衣耳,论交十年,升沉一致,大雅相成,名益海内,可以远追王、孟,近方陈、董。邓子有不为先生重而益以重先生者哉!②

后一句对邓汉仪人品和地位的推赞,是颇有分量的。

  此后,龚鼎孳返京,次年迁国子监助教,直至康熙二年始重官左都御史,从此仕途坦顺,连任刑、兵、礼部尚书,晚年两主会试,门生满天下;"屡招"汉仪,却被其"以亲老为辞"③,不再赴京,然彼此友谊至老不衰。《慎墨堂名家诗品》因序梁清标《使粤诗》而深情回忆:"丙申冬日,仪曾陪合肥先生之岭南,而合肥则从兵革豺虎中,与仪刻烛联吟,夜分不寐,各著有《过岭集》。今合肥已逝……则平津秋闭,红粉楼闲,览斯集者应同泫然矣。"龚鼎孳以明进士遇李(自成)降李、遇清降清,加之狂放不羁、沉溺声色而为人诟病。然其平居惜才爱士,广交下层宾朋,"穷交则倾囊橐以恤之,知己则出气力以授之"④,为清初文学的复兴保存了一批人才,对下层文士与新朝的相容做出了积极努力。

---

① [清]邓汉仪:《诗观》初集卷二,康熙刻本。按:以下凡引《诗观》,均随文括注,如2:3,前一数字表示为《诗观》二集,后一数字表示为卷三。
② [清]陆舜:《陆吴州集》,清刻本。
③ [清]邓劢相:《征辟始末》,清钞本。
④ [清]钱林:《文献征存录》卷一〇《龚鼎孳》,咸丰八年(1858)刻本。

在第二阶段期间，身为布衣的邓汉仪虽主要从龚鼎孳游，亦有入他人幕府的行迹。如吴绮曾于顺治六年撰《客秣陵送邓孝威之寿春》五古诗，有句云："寿春争战场，今古具楼橹。君去得所依，长吟入军府。"①顺治十年（1653）春，邓汉仪随戴明说赴汝南道任。戴氏字道默，号岩荦，沧州人，与龚鼎孳为进士同年，入清官户部侍郎，顺治十年缘事谪河南布政司参政。汉仪自述云："忆壬辰岁，余浪游燕都，客龚芝麓先生家，与岩荦先生邸相对，时时过从。……继先生以少司农出参宛藩，招余同往。"②此即《笔记》所谓"戴岩荦自少司农左迁南阳参政，余在幕中。每于夕置酒谈燕，夜分不辍"。《诗观》评戴明说《宛南秋日慰留邓孝威》曰："癸巳同公之宛南，结又茅庐以居。秋深忽忽欲别，相视和歌。"（1:4）评海宁朱尔迈（字人远）云："癸巳冬，校文吕金事署中，极赏人远作。"（3:8）即此年冬，在浙江杭严道吕翁如官署中任文秘。顺治十一、十二年间入山西巡抚陈应泰幕。康熙四年（1665）邓汉仪入河南汝宁知府金镇幕，并与其次子敬敷交（2:5金敬敷诗评）。康熙六年至七年（1668），客扬州友人吴绮湖州知府幕，曾与之共事《唐诗永》之选（1:7宗元鼎诗评）。康熙十四年（1675）撰诗《送金公长真升江宁观察》有"十年弹铗向天涯"句，是以战国齐人冯谖寄食孟尝君弹铗而歌、期得厚遇的典故，说明自己中年以来浪迹于当朝名公府邸的幕僚生涯。

二

将康熙九年（1670）庚戌开始，列为邓汉仪人生的第三阶段，从经历上来说，是因为母逾七十，汉仪不再远游③（被迫赴试宏博除外），"惟百里负米"（《诗观》二集序），以养慈亲。来往最多的是扬州，足迹亦时涉南

---

① [清]吴绮：《林蕙堂全集》卷一三《亭皋诗集》，康熙三十九年（1700）家刻本。
② [清]邓汉仪：《定园诗集序》，戴明说《定园诗集》卷首，康熙刻本。
③ 邓汉仪评李攀鳞诗云："尊君邺园先生节制两越，舟泊维扬时，招予入幕，情礼隆重。予以母老，未之许也。"（2:10）李之芳，字邺园，康熙十三年任浙江总督，隆重礼聘汉仪入幕，虽未允，亦可见其为当时著名文学幕宾。

京、如皋,偶及无锡;从事业上来说,是因为奠定其一生诗学地位的《诗观》此年便进入了正式编选的进程。"仆历年来浪游四方,同人以诗惠教者甚众,藏之笥箧,不敢有遗。庚戌家居寡营,乃发旧簏,取诸同人之诗,略为评次,盖阅两寒暑而始竣厥事"(初集凡例)。在《诗观》中有明确写于该年十二月的评宗元鼎诗语:"庚戌嘉平,从雉皋雪中归,因呵冻书此数句。不知考功、仪曹论诗京邸,以仆言为何如?"(1:7,考功指王士禄,仪曹指王士禛),而序成于"壬子季秋望日"即康熙十一年(1672)九月十五日。

从《诗观》的编刊凡例,可见诗选是得到当地政府官员的支持的:如初集的资助者为"淮扬当事,主持斯事者,则转运何公云壑_林、李公星河_{景麟},明府孙公树百_蕙,功为甚巨"。何林,宛平籍山阴人,康熙十年任两淮都转盐运副使;李景麟,陕西韩城人,康熙七年任两淮盐运司海州分司运判(年收入:养廉银2700两、心红银20两、薪银60两①);孙蕙,济南淄川人,康熙八年任扬州宝应知县,十一年充江南乡试同考官。二集历时五年而基本成书,"则以刻资维艰之故,观察金公长真首任其事,而转运薛公淄林、何公云壑、别驾卞公谦之、俞公汇嘉、大令许公石园及太史徐公健庵,皆捐资相助,故克有成"。金公长真指江宁分巡道金镇,薛公淄林指盐运同知薛所习,卞公谦之指扬州府管粮通判卞永吉,俞公汇嘉指管河通判俞森,许公石园指仪征知县许维祚,徐公健庵指翰林编修徐干学(时丁忧在籍)。此外,友人的襄助亦是编刊经费来源的重要方面:"捐资最多者,则黄子天涛_{九河}、顾子临邠_{九锡}、范子献重_{廷瓒}"(初集凡例)。黄九河、顾九锡、范廷瓒,都是扬州府人士。不仅《诗观》初集皆选三人诗,黄、顾之诗仍见二集,可推测他们持续支持着邓汉仪的选诗事业。事实上,在初集凡例里,邓汉仪便已启事天下:

> 是编行后,即谋二集。鸿章赐教,祈寄泰州寒舍;或寄至扬州新城夹剪桥程子穆倩、大东门外弥陀寺巷华子龙眉宅上;其京师则付汪子蛟门,白门则付周子雪客。

---

① 《重修两淮盐法志》卷一三〇《职官门·官制下》,光绪三十一年(1905)刻本。

程穆倩是寓居江都的歙县程邃,华龙眉是江都华衮,汪蛟门是江都汪懋麟(时在京官内阁中书),周雪客是南京周在浚(亮工子)。康熙十三年,即初集问世后两年,汉仪复选《诗观》二集,"是编始自甲寅,成于戊午,阅五岁而竣事"(二集凡例);"初、二两集,广搜博采,极廿馀年之精神命脉,成此大部,心力可谓竭矣!"(三集序)然在友人的鼓励下,康熙二十四年寓广陵董子祠,开始三集的编选,又历时五年而三集成,期间忍受着"垂老失偶,孤帐冷衾"的丧妻之痛①。三集序撰于康熙二十八年(1689)三月,逝世于该年秋季,享年73岁。

从54岁开始的第三阶段,邓汉仪在前期积累的基础上,耗时二十年编成巨著《诗观》初、二、三集;思想感情上亦彻底接受了身处其中的新的时代。尤其是进入康熙朝之后,他对新朝的认识早已摆脱了第二阶段的不即不离,而是以平民布衣的身份,努力融入这一伟大的朝代。其编选清诗总集的历程,与康熙朝前期的重大事件,亦存在着千丝万缕的联系。以下依次介绍。

康熙八年玄烨亲政,次年《诗观》初集开始动工,康熙十一年深秋书成,自序中体现了普通士子经历了巨大史实变局后产生的宏阔的历史视野:

> 《十五国名家诗观》之选成,予反复读之,作而叹曰:嗟乎!此真一代之书也已。当夫前朝末叶,铜马纵横,中原尽为荆榛,黎庶悉遭虏戮。于是乎神京不守,而庙社遂移,有志之士为之哀板荡、痛化离焉,此其时之一变。继而狂寇鼠窜于秦中,列镇鸱张于淮甸,驯至瓯闽黔蜀之间,兵戈罔靖而烽燧时闻,此其时为再变。若乃乾坤肇造,版宇咸归,使仕者得委蛇结绶于清时,而农人亦秉耒耕田,相与歌太平而咏勤苦,此其时又为一变。……予才万不逮吴公子,而幸值鼎新之运,俾草茅跧伏之士优游铅椠,以勿负岁时,亦一乐也。而今天子且博学好古,进诸文学侍从之臣,临轩赋诗,以继夫柏梁、昆明之盛事。

---

① [清]孔尚任:《湖海集》卷一一《答邓孝威》,康熙刻本。

"柏梁、昆明之盛事",分别指始于汉武帝的君臣宴歌联句赋诗的柏梁体和唐中宗驾临昆明池赋诗、群臣应制倡和。序者从明末清初的种种战乱,到康熙元年南明永历帝的失败,看到在新朝的统治下,逐渐兵戈靖而烽燧熄,百姓安居乐业,国家统一安定的人心向背大趋势,庆幸自己能够赶上"鼎新之运,俾草茅跧伏之士优游铅椠"的好时光,以此为乐。

康熙十二年十一月,吴三桂举兵云南,肇始三藩之乱;次年二月取常德、澧州、长沙、岳州。"滇闽叛乱,东南震惊,扬人多惑易扰,訑言道听,家室朋奔,城门夜开,填衢泣路"①,此即其友人汪懋麟丁忧在籍时眼中的扬州城内的动乱景象。在"广陵士女,奔窜江上,爨烟为之不举"、城内百姓皆惶惶不可终日之际,邓汉仪以"乱固暂耳,徐当自定;铅椠吾业,敢自废乎"的淡定和自勉,表达了对新王朝的信心。面对这四方震动、人心浮摇之秋,邓汉仪之所以不同于普通扬州人士的"多惑易扰"而心静如水,"坐昭明文选楼,日披四方所邮诗稿,虽困馁不倦",是根源于对天下大势的看法:"七国虽强,岂能越殽渑尺寸?唐时河北诸将虽跋扈,敢终失臣节乎?此予所以当人情骚动时,而选事未尝或辍也。"(二集序言)康熙十七年(1678)正月,康熙下诏,开博学宏词科,敕内外大臣"各举宏词博学之士,齐集阙下,以待策问",要求明年三月来京应试;八月十八日,"大周昭武皇帝"吴三桂病逝于衡州皇宫;九月下旬,邓汉仪撰成二集序。此时,湖南、广西、贵州、四川、云南等地尚在叛军治下,可是序中却充溢着对平定叛乱的信心,编选者以是书之成,积极呼应着国家兴盛之机:"迨戊午,是选告竣。值天子下明诏,命公卿诸大臣各举宏词博学之士,齐集阙下,以待策问。若是书之成,敷扬德化,以助流政教,有适合者。"在某种程度上,是将此书作为诏试博学宏词的献礼之作。

康熙二十二年(1683)八月,清朝收复台湾;同年汉仪自觉"遭遇盛时",复起三集之选,历五年而成书。康熙二十八年春,康熙帝南巡,正月二十七日驾临扬州,"维扬民间结彩欢迎,盈衢溢巷";二月十一日在杭州

---

① [清]汪懋麟:《百尺梧桐阁文集》卷二《赠扬州知府金公序》,康熙刻本。

晓谕扈从诸大臣:江南、浙江为人文萃集之地,入学额数应酌量加增;南巡所经之地,犯错官员及在监犯人俱准宽释,"以示朕赦罪宥过之意"①。同年三月,邓汉仪自序三集云:"余也虽未获登天禄石渠,从诸臣后珥笔承明,著为诗歌,以扬扢熙朝,尚得遂厥初愿,于萱庭承颜之暇,而选一代诗词。"如果说康熙大帝以博学宏词科来选取天下英才,草根士子邓汉仪则是自觉地以《诗观》"俾天下魁奇俊伟之士、鸿才博学之儒,咸登是选,以见圣天子右文好士、敦尚风雅。有此人才辈出之盛,即继汉魏四唐而起,亦庶乎可也"。这种感受到康熙盛世的到来,"试图为自己和同时代的人寻求一种积极合理的代际身份认同"②,借一己之诗选来展示一个时代的诗歌和文化之盛的动机,在其晚年尤为明确和强烈。

邓汉仪在为《诗观》二集撰序时,已知自己被荐举与试,此年62岁。他一方面因母老而无意赴试,一方面因多方荐举而难却盛情;一方面以热情的眼光看待天子下明诏的这一重大举措,一方面以"打酱油"的态度对待自己的赴京之行。故结语云:

  顾予实衰庸浅陋,伏在草莽,惟百里负米,以养八十之慈亲。而群下过举,郡县敦迫,敢不奔趋,以赴盛会?赖国恩浩荡,终放之江湖,以哀集一代之风雅,兼得勉将菽水,以遂乌乌之私情,予也不重有庆幸哉?

他所期待的是:皇帝能最终放之还山,满足其编纂一代风雅的宏愿和照顾老母的眷眷之情。次年三月在太和殿体仁阁笔试《璇玑玉衡赋》及《省耕诗》,邓汉仪有意不用四六文写赋,看来是预先计划好的。后来皇帝特授内阁中书舍人衔,复褒奖其"才学素著,因其年迈,优加职衔,以示恩荣"③,令其终身感念。当其十年后编就

---

① [清]王先谦:《东华录》"康熙四十三",光绪十年(1884)刻本。
② [美]梅尔清:《清初扬州文化》,朱修春译,上海:复旦大学出版社2005年版,第114页。
③ [清]邓劢相:《征辟始末》。按:邓汉仪跋语云:"征辟之役,三男同予抵京,故见闻独详,叙置最确要,是他日年谱中第一段要紧文字。予还山日久,旧事都忘。甲子长至后一日,得见此册,岂不同于《东京梦华录》、《清明上新河纪》耶?旧山叟,时年六十有八。"

《诗观》三集时,自序落款钤印为"臣汉仪",应该可以说明印主对康熙十八年宏博之试的基本态度。

三

邓汉仪一生以诗名,"博洽通敏,尤工于诗,与太仓吴梅村主盟风雅者数十年"①,与大批当代诗歌名家皆有唱酬往来。生平诗歌创作甚富,"游淮有《淮阴集》,居扬有《官梅集》,游粤有《过岭集》,游颍有《濠梁集》,游燕有《燕台集》,游越有《甬东集》,膺荐有《被征集》。皆逐年编纪,手自删定"②。今存有《官梅集》和《慎墨堂诗拾》两种。著名的《题息夫人庙》"千古艰难惟一死,伤心岂独息夫人"一绝,便出自其手。然而,邓汉仪的诗坛地位,主要不是因其诗歌创作,而是得自他对当代诗歌的编选评价。研究清诗总集较有成就的日本现代学者神田喜一郎,甚至认为《诗观》"可能是清初最重要的一部诗文选集"③。早在该集问世之初,李邺嗣康熙十六年即赞扬编选者"自有网罗收一代,肯将坛壝让千春"④;董元恺《绮罗香》推崇邓汉仪"跋扈文坛,独擅长城台辅"⑤;曹贞吉《贺新凉》词寄邓孝威"屈指骚坛谁执耳,羡葵丘、玉帛长干侧。千古事,名山得"⑥,以主持坛壝、跋扈文坛、骚坛执耳等词,肯定其在当代诗坛上的领袖地位。所选《诗观》初、二、三集,"搜罗富而抉择精,同时司选事者无虑十数,皆海内闻人,咸敛手拱服于先生"(《邓征君传》)。所辑评的当代诗歌,除了《诗观》三集,还有《慎墨堂名家诗品》。该书的成书方式具有开放性和间断性的特点,类似今之系列丛书,开始于康熙十四年,"乙卯以

---

① [清]阮元:《淮海英灵集》丁集卷一,嘉庆三年(1798)刻本。
② [清]沈龙翔:《邓征君传》,夏荃辑《海陵文征》卷一九,道光二十三年(1843)刻本。按:沈龙翔,字阊公,苏州府常熟县人,顺治十七年举人。
③ [美]梅尔清:《清初扬州文化》,朱修春译,第130页。按:将《诗观》视为"诗文"选集,恐非出自日本学者。
④ [清]李邺嗣:《杲堂诗钞》卷六《丁巳除夕从友人借得诗观夜读即赋二首寄孝威》,康熙刻本。
⑤ [清]董元恺:《苍梧词》卷一〇《绮罗香·文选楼坐雨酬邓孝威见赠却和原韵》,康熙刻本。
⑥ [清]曹贞吉:《珂雪词》卷下《贺新凉·寄邓孝威》,《四库全书》本。

来,余有《名家诗品》之选,四方同人以集惠教者颇众"①;至康熙十七年七夕时,"《名家诗品》已刻十馀家,皆极精严,无敢滥入"(《诗观》二集凡例)。子目今存三种:彭桂《初蓉阁集》二卷、施闰章《愚山诗抄》二卷、梁清标《使粤诗》二卷。明确刊行过的,还有王士禛《蜀道集》二卷及王熙、王曰高、李元鼎、孙在丰、李振裕、苏良嗣、程瑞禴、丘元武、谢开宠等人的诗选②。其中,孙在丰、丘元武诗约刻于康熙二十五年。

从早年以诗歌创作而闻名,到后期转向以诗歌选评为职业,与邓汉仪中期以来的人生经历密切相关。具体表现在两个方面,一是中期从龚鼎孳等幕主游,一是后期寓居扬州城。

在《诗观》三集自序中,邓汉仪引述友人对初、二集的评价:"广搜博采,极廿馀年之精神命脉,成此大部,心力可谓竭矣!"二集成书于康熙十七年(1678),二十馀年前则为顺治十年前后,此时正是他至京从龚鼎孳游的起始之际。初集自序中,还曾这样回忆自己走上选诗、评诗之路的缘由:

> 予生也晚,然适当极乱极治之会,目击夫时之屡变,而又舟车万里,北抵燕并,南游楚粤,中客齐鲁宋赵宛洛之墟,其与时之贤人君子论说诗学最详,而猥蒙不弃,其以专稿赐教者日盈箱笥。

所谓舟车万里之行,就是王士禛序其诗言及的"邓先生昔尝北游蔡州,南游岭表矣,远或万里,近或一二千里,皆历岁月之久而始归"的入幕从游经历③。这种天涯入幕的过程,不仅是通过行万里路而识山川风物之美,更重要的是他以文学幕宾的身份,结识了各地许多"时之贤人君子",相与"论说诗学最详"。如评龚鼎孳《岁暮喜孝威至都门同赋》曰:"仆壬辰客燕,诸大老多折节敦布衣之好者,今闻亦销歇矣。"评纪映钟《赠阎古古送还沛上次韵》:"与古古别久矣,读此犹想燕京击筑时。"评邓廷罗《燕京

---

① [清]邓汉仪:《慎墨堂名家诗品》施闰章《愚山诗钞》序,康熙十七年(1678)刻本。
② 《慎墨堂名家诗品》还评刻过梅枝凤诗作,梅氏《东渚诗集》(清满听楼刻本)卷首存有《慎墨堂诗品旧叙》一则。梅枝凤诗约评于康熙十六年。——结集补注。
③ [清]王士禛:《带经堂集》卷四一《邓孝威被征八诗序》。

送家孝威南还》曰:"长安赠别,诗可盈箧。"(1:2)评王锐《和长兄觉斯华山诗》曰:"昔客燕京,大愚曾出此诗相示,叹为警绝。"(1:3)评郝浴诗:"顷与环极魏先生论诗京邸,先生以'老'之一字为诗家极境。"(2:1)吴沛诗总评曰:"默岩太史与仆订交京师二十余年,情至渥也,甲寅遇于邗上,出西墅遗诗见示。会拙选将竣,特为录梓,以识高山。"(2:12)正因为顺治十一年在京师与北闱举人吴国对(十五年进士)的交往,才有机缘于康熙十三年看到其父的《西墅草堂集》。与新贵大老交布衣之好,与入幕遗民慷慨击筑论诗,中年的这种游幕经历,使之"有机会结识同时代的名流,开阔自己的眼界,并有可能建立起自己的关系网"①。只是这种关系网并非仅仅用于谋取个人的升斗菽水之需,在后来的诗歌编选事业中更要发挥巨大作用。

扬州府附郭县为江都,作为直隶州的泰州与之毗邻,"州在府城东一百二十里……西界江都"②。长江与运河在此交汇,使之成为南北漕运的枢纽。虽经十日屠城之惨,商业尤其是盐商贸易的需要,仍使这座城市在清初迅速复苏。早在康熙初年,在时人眼中已经是"今日则繁盛极矣"(1:11 评陈瑚《扬州感兴》)。"此间既汇集有大江上下各类名士雅人,又有足够供他们展开沙龙式文学活动的歌楼舞榭",加之顺治和康熙前期任职扬州的官员"大抵既稳健干练而又风雅卓绝"③,如顺治三年任兵备道的周亮工热心资助贫士出版、顺治十七年任推官的王士禛红桥修禊、康熙十二年任知府的金镇重修平山堂、康熙二十五年孔尚任驻扬州参修淮扬水利,皆为主持风雅的著名文官。身为扬州府所辖州人,泰州邓汉仪本来就与府城有着天然的文化和亲缘联系④,加之相距仅百里之遥的地缘优势,使之经常往返两地,中老年的"惟百里负米"(二集序),指的就是寓居扬州的选诗生涯。《诗观》序跋凡例中,多处涉及扬州(维扬、广陵、邗

---

① 尚小明:《学人游幕与清代学术》,北京:社会科学文献出版社1999年版,第45页。
② 道光《泰州志》卷二《疆域》,道光七年(1827)刻本。
③ 严迪昌:《清诗史》,北京:人民文学出版社2011年版,第64页。
④ 江都姚思孝字永言,为南明大理寺少卿,其孙姚谭昉(?—1711)为邓汉仪女婿、江都郑元勋外甥,参《诗观》三集卷七姚谭昉诗总评。

江、邘)与该书的关系:除了上面已经提及的当道资助和友人代收邮寄诗稿,邓汉仪在初集凡例中介绍自己选诗过程时,指出康熙十年"辛亥,久驻维扬,诸公过存,辱以专稿见饷,兼以南北邮筒绎络相望,遂成巨观";"仆至邘,同人即贻以公书,戒以'宁严毋滥'①。仆始终守此盟,一人不敢妄入"。为了编选《诗观》初集,此年邓氏在扬州待了很长时间,并将自己的编诗计划告诉当地友人,不仅得到众人的纷纷荐稿,在编选原则上亦与在邘的友人约定"宁严毋滥",视为盟约。在二集自序中云康熙十三年"甲寅春,予复至广陵……时坐昭明文选楼,日披四方所邮诗稿";康熙二十五年,孔尚任因参修淮扬水利,至"江都董子祠访邓孝威,时选《诗观》三集"②。扬州这一积聚着众多热心文化的官员和追求风雅的富贾的商业都市,亦吸引了各地的落魄文士来此寻找入幕、坐馆或资助的机会。初集凡例介绍的"其客邘面订是选者,则杜子于皇濬、张子穉恭恂、计子甫草东、赵子山子沄、宋子既庭实颖、彭子中郎始奋、魏子冰叔禧、朱子锡鬯彝尊、诸子骏男九鼎",这些客居扬州、参与选订的人士中,杜、计、朱等,皆是清初诗歌创作的一时之选。扬州在当时拥有的区域文化和经济中心的重要地位,为邓汉仪持续二十年编选卷帙浩繁的《诗观》三集,提供了广泛的人脉、便利的地缘和可靠的财源等有利因素。

四

乾隆初期,宜兴瞿源洙在为清初乡贤任源祥诗文集作序时指出:"古未有以穷而在下者操文柄也……独至昭代,而文章之命主之布衣。……闾巷之士,不附青云而自著,此亦一时之风声好尚使然乎。"③可以说瞿源洙敏锐地观察到自清初以来的文坛变化。晚明以来的诗社、文社的繁盛,一些下层文士积极参与选政,得以在一定程度上左右文学风尚。尤其在

---

① 《诗观》初集卷三桑豸总评曰:"近仆谬司选事,楚执极意周旋,而惓惓致书,以滥收为戒,则固同人所共佩也。"
② [清]孔尚任:《湖海集》卷一,康熙介安堂刻本。
③ 钱仲联主编:《历代别集序跋综录》清代卷,南京:江苏教育出版社2005年版,第1323页。

清初,天翻地覆的时局变化,打乱了众多文人的政治生活轨迹。由于种种原因,使得其中一些人弃科举而以诗歌编选为业。"近来诗人云起,作者如林,选本亦富,见诸坊刻者,亡虑二十馀部。他如一郡专选,亦不下十馀种。或专稿,或数子合稿,或一时倡和成编者,又数十百家"①。数量更为众多的诗歌作家,则希望自己的作品能够入选其中,为将来的科考、升迁、入幕或坐馆,带来积极的社会影响,从而形成了一种各有所需的互动关系。对于选诗者的这种文柄在握的文化身份与地位,邓汉仪有着清醒的认识和认同,其评席居中《文选楼》"六朝事业悲流水,千古文章忆旧台"一联云:"亦见得文士有权。"歆羡萧统主编《昭明文选》而成千古事业(1:7)。二集收录莆田刘芳荫十题诗,此人著有《孝友堂集》,"躬行醇笃,未肯以诗名,没而令嗣始梓之"。友人杜濬认为"非登选本,未可以传远而垂后也",于是向邓汉仪推荐(2:14)。经过选评者如此记载,选本之于诗歌传播的重要作用,已与《诗观》在当代诗坛上的执牛耳地位相提并论了。这种文士有权、文柄在握的感觉,至晚年而越发明显,其评孔尚任《文选楼》诗云:"予选《诗观》,借榻楼上,宾客多至者,谁谓笔墨无权也?"②将此语与初集批语对读,已经颇有以当代萧统自居的意味。这大概就是海外学者所谓"通过所编选的文选,邓汉仪建构了一种类似那些置身于晚明科举考试之外的城市文人学士的非官方的公共身份认同"③。

以"骚雅领袖"④身份主持当代诗选数十年的邓汉仪,通过编选《诗观》行使笔墨之权,主要表现在以下几个方面:

在诗学思想上,邓汉仪倡导汉魏盛唐的雄浑阔大的诗风,反对自明末以来的"细弱"、"幽细"、"浮滥"的创作风气。他不仅对晚明竟陵派和华

---

① [清]钱价人:《今诗粹》凡例,《今诗粹》卷首,顺治刻本。
② [清]孔尚任:《湖海集》卷七《己巳存稿》,康熙介安堂刻本。按:此卷所收均为康熙二十八年之作,《文选楼》诗位于《哭邓孝威中翰》之后第九题,所附邓汉仪语,或为生前所云而由参与此卷选评的友人黄云、吴绮、宗元鼎所补入。
③ [美]梅尔清:《清初扬州文化》,朱修春译,第122页。按:不知是作者还是译者的原因,《诗观》这部诗选皆译为"文选"。
④ 雍正《扬州府志》卷三一《人物·文苑》邓汉仪传"尤工诗学,为骚雅领袖",雍正十一年(1733)刻本。

亭陈子龙诗歌创作的消极影响明确表示不满,而且对清初占有主流地位的宗宋诗风直接予以批评。他曾在私家笔记中,明确指出:"今诗专尚宋派,自钱虞山倡之,王贻上和之,从而泛滥其教者有孙豹人枝蔚、汪季用懋麟、曹颂嘉禾、汪苕文琬、吴孟举之振。"①《诗观》初集凡例首条便云:

> 诗道至今日,亦极变矣。……或又矫之以长庆、以剑南、以眉山,甚者起而嘘竟陵已燖之焰,矫枉失正,无乃偏乎?夫《三百》为诗之祖,而汉魏、四唐人之诗昭昭具在,取裁于古而纬以己之性情,何患其不卓越,而沾沾是趋逐为?故仆于是选,首戒幽细,而并斥浮滥之习,所以云救。

汉仪与钱谦益、王士禛、汪懋麟诸人,皆为友人,但是并不妨碍直言批评,此即孔尚任所服膺的邓汉仪的品格:"每于稠人中,服君笑容寡。有时发大言,是非不稍假。"②同样,即便是在凡例中的概而言之,被言者亦是心知肚明的。如汪懋麟康熙十六年撰《孝威、鹤问以诗见简平山堂依韵奉答六首》之二,就声明自己的诗学主张:"自顾欹嵜可笑人,高吟最喜剑南新。王杨卢骆终何物,甘于东坡作后尘。"③视唐诗为无物,而要师法苏轼、陆游,明确与友人邓汉仪、宗观唱反调。只是这种诗学观念的尖锐抵牾,并不妨碍邓汉仪委托其在京代收众人诗作,亦不影响汪懋麟对《诗观》编选的深度参与④,这或许就是康熙前期诗坛人际关系的原生态。

在诗歌编选上,邓汉仪注重"忧生悯俗、感遇颂德之篇"这些传统社会的主旋律题材,反对时人诗选专注于"花草风月、厘祝饮燕、闺帏台阁之辞",提倡"铺陈家国、流连君父之指……追《国》、《雅》而绍诗史"(初集自序)的宏大叙事和家国情怀。其赞颜光敏诗"每于国计民生、安危利弊之大,沉痛指切,是以屈子之《离骚》,贾生之奏疏,并合而为诗者"⑤,都

---

① [清]邓汉仪:《慎墨堂笔记》,民国钞本。
② [清]孔尚任:《湖海集》卷七《哭邓孝威中翰》,康熙刻本。
③ [清]汪懋麟:《百尺梧桐阁诗集》卷一五,康熙十七年(1678)刻本。
④ 《诗观》二集所收梁清标、冯溥、魏裔介、王士禛、饶眉、徐倬、乔出尘等人诗作,皆由汪懋麟向邓汉仪提供或推荐。
⑤ [清]邓汉仪:《乐圃集序》,颜光敏《乐圃集》卷首,康熙刻《十子诗略》本。

是与关注政治时事、家国人生是同一旨意的。"诗史",这一唐人因总结杜甫诗作的创作特点而提出的重大诗学批评概念①,内涵着对反映社会现实、同情民生疾苦的重视。在《诗观》中,约有45处(初集11处,二集21处,三集13处),以"诗史"评价有关作品。如评余峦《蜀都行》"成都被献寇杀刘生灵几尽,此篇逼真诗史"(1:11);林云凤《金陵杂兴》"纪南渡之事,足称诗史"(2:4);彭而述《邯郸行》"犹记北兵破城日,旌阳观里尸如麻"(1:4)、顾岱《出滇杂咏》"协饷至今需百万,西南曾否贡金钱"(2:5)为"诗史";秦松龄《荆南春日写怀》"真是诗史"(3:4)。有关评价涉及晚明、鼎革以及三藩之乱等明末清初重大历史事件②。此外对杜诗的诸多好评中,往往亦包含着对"诗史"创作传统的强调。在诗歌形式方面,邓汉仪较为看重以歌行体为主的古体诗:"诗必以古体为主,今人不会做古诗,只算得半个诗人也。"③较之近体诗,此类作品具有长于叙事的特点。强调"古体"的内在原因,就是这种体裁更加适合表达诗史的内容。友人赞扬其"高卧昭明阁,重编南国诗。齐梁靡曲尽,汉魏古风遗"④。戒幽细而斥浮滥,汰靡曲而存古风,与对杜甫所开创的"诗史"传统的提倡,是互为桴鼓的。

在诗歌编排上,邓汉仪有其一套标准。从其初集、二集的凡例中可以看出,就政治身份而言,"同人不分仕隐,诗到者即为登选","诗篇随到随刻,并不因爵位之崇卑、人物之新旧",即无论是投身新朝的新人、权贵,还是隐居不仕的旧人、遗民,其诗歌创作都在《诗观》的编选视野之内,与清初遗民吴宗汉、陈济生、朱鹤龄、徐崧、陈瑚、屈大均、钱澄之、梵林、黄容、韩纯玉等"以遗民为主题的诗选"⑤,划出了鲜明的界限,亦与《诗观》"选一代诗词。俾天下魁奇俊伟之士、鸿才博学之儒,咸登是选"(三集

---

① 孟棨《本事诗》"高逸第三":"杜逢禄山之难,流离陇蜀,毕陈于诗,推见至隐,殆无遗事,故当时号为'诗史'。"
② 参见王卓华:《邓汉仪诗史观及其诗学意义》,《南京师大学报》(社会科学版)2006年第4期。
③ [清]邓汉仪:《慎墨堂笔记》,民国钞本。
④ [清]李邺嗣:《杲堂诗钞》卷五《丁巳长夏得邓孝威寄诗即韵奉答》之三,康熙刻本。
⑤ 邓晓东:《清初清诗选本研究》,2009年南京师范大学博士论文,第53页。

序)的编选宗旨更加吻合。从而将诗选的目标"指向重建以文化成就为根基的群体,因此也就抹去了服务于新王朝和不服务于新王朝的人的差异性"①。此外,针对当代诗坛"挽近文运衰,选事亦滋弊。利齿巧啖名,所录皆并世。高官枉凌压,盛名见牵缀。汗青须有资,取舍丛谤议。事类捡伍符,情同操赀币。普天竟同流,识者一叹忾"②的选政弊端,《诗观》凡例主要交代了自己在入选与否、地位贵贱、位置先后、收诗多寡等方面的编选原则,如关于入选与否,他强调对质量的坚守,就是与同人"戒以'宁严毋滥',仆始终守此盟,一人不敢妄入"。康熙十七年戚珝以"江左骚坛谁树帜,精严旗鼓独推君"相许③;潘问奇康熙二十五、二十六年间撰《怀邓孝威》,在回顾了晚明以来"众喙徒交讧"的诗坛纷争之后,以"挽流奋一洗,屏翳为之空。选语必矜贵,涣然若发蒙。深心慎甲乙,六义乃昭融。以兹惠后学,孰曰非元功。海内亦风靡,百川知所宗"④的描述,来赞扬邓汉仪的诗坛地位。潘耒(稼山)《读邓孝威诗观选本,喜而有赠》,亦对《诗观》选评成就有高度评价:

  邓公文章老,才力本雄邃。激昂讨风骚,会心存筐笥。钟铎赏奇音,淄渑别真味。清严大冢宰,刻核老狱吏。独柄无旁挠,摆落名与位。高眠文选楼,乐饥以卒岁。抗手对萧君,雅道庶无愧。呜呼三十年,词客如羹沸。赖君刈萧蒿,杜蘅吐香气。

邓汉仪于"清严大冢宰"数句,有侧批"仆岂敢当,然自矢如是",诗末总评曰:"选家林立,仆从未敢轻置一喙,然中有独是,则非稼山不能畅发此旨也。"由于《诗观》从初集到三集的编选,有个漫长的时间跨度,编者本人的学术地位和《诗观》本书的社会影响先后早已不可比拟,势必要影响到选诗标准的一贯性。尤其是到选评三集时,"若迫于所不得已,邮筒竿牍日陈于前,欲婉则违于己,直则忤于人。与其忤于人也,宁违于己。则是

---

① [美]梅尔清:《清初扬州文化》,朱修春译,第125页。
② [清]潘耒:《读邓孝威〈诗观〉选本,喜而有赠》,《诗观》三集卷三。按:潘耒《遂初堂集》诗集卷二《少游草》收录此诗,名为《赠邓孝威》,正文亦有较大异同。
③ [清]戚珝:《笑门诗集》卷一七《赠邓孝威(时客广陵文选楼)》,康熙刻本。
④ [清]潘问奇:《拜鹃堂诗集》卷三,康熙刻本。

人自为政,有非邓子之所得而操焉者矣"①,后世所生"未脱酬应"②的臧否,当即缘此。但是,从邓汉仪对潘耒赠诗的知音之慨中,说明其即便在选评第三集时,至少在主观上仍努力文柄独握,坚持着"清严、刻核"、"宁少毋多,宁严毋滥"③的编选原则。

邓汉仪晚年曾借选评张潮(字山来)诗而发感慨:"同一诗集,经选者心眼一为洗发,顿使作者之精神另开生面,此不可学而能者也。"将评选诗歌的手眼高低,同样视为需要天生灵性、"不可学而能者",并将对诗歌的评选上升到赋予原作新的生命的艺术高度,体现了他对选诗、评诗之于当代创作促进作用的理论自觉。他之所以说"惟山来自知个中,傍人那得领会"(3:3),是因为张潮本人亦是清初著名的诗文选家。已故严迪昌先生在论述"诗史与诗话史、诗的观念变迁史"之间的关系时,指出"诗的流变过程,原是创作实践和理论观念的共振运载历程,诗人与诗论家原属一体"④。有关论断,在邓汉仪评点《诗观》这一典型事例上,得到了充分验证。

五

邓汉仪对当代诗歌的评点,在《诗观》中主要有三种形式:诗句之评、一诗之评和一人之评,即以人系诗,以诗系评,诗有夹批、总批,人有附记、总评。三集共选1800馀人近15000首诗,大多数皆有评价。评语长短不拘,内容丰富。由于选评者所具备的诗学眼光、所身处的历史阶段、所具备的特殊条件、所涉及的作家人数等因素,均赋予《诗观》评点对于研究明末清初尤其是清初近五十年诗歌创作、诗坛风气、诗人事迹的独特性,成为记录明清之际社会变迁和士人心态的重要文献。该书以评点资料为中心的诗学文献价值,主要体现在以下几个方面。

---

① [清]张潮:《诗观》三集序,康熙二十九年(1690)序刻本。
② [清]沈德潜:《国朝诗别裁集》卷一二,乾隆二十五年(1760)刻本。
③ [清]张潮:《诗观》三集序。
④ 严迪昌:《清诗史》,第10页。

（一）提供了清初诗人的小传资料。《诗观》的作者小传，文字虽极简略，仅涉及字号、里居、诗集等，然多可以弥补现有文献之缺失。《清人室名别称字号索引》等为我们提供了大量的清人字号及籍贯等资料，但因未参考《诗观》，故造成许多疏漏。如清初义士侯性，与钱谦益、归庄、曹溶、叶奕苞、徐崧、王邦畿、胡介等皆有交往，钱谦益与之唱和诗，在《诗观》中名为《赠侯月鹭》（1:1），在《有学集》中为《赠侯商丘若孩》，知此人为商丘人，字号月鹭、若孩。《清人室名别称字号索引》不载其人，本名缺失。钱邦芑《送侯若孩从军》有云："渔阳烽火昨来惊，倚剑遥看太白明。大帅龙堆朝卷幔，书生虎帐夜谈兵。墨磨铁盾飞新檄，箭射蛮书下故城。会见降旗迎马首，铙歌高唱阵云平。"① 可见其人曾参与抗清活动。《诗观》小传为"侯性，月鹭、若孩，河南商丘人"（1:8）。据此查方志，始得其传记："侯性，字若孩，邑人侯执介之养子。执介妻，田通政珍女。田无子，少育性为子。及长，状貌魁梧，脑后有异骨，人目之为封侯相。为人豪放博达，补博士弟子，铮铮诸生间。尤善骑射，自负有文武才。明末从军于南，累功拜爵。后弃官养母，隐于吴之洞庭山。母终，遂葬焉。性在吴，与故明之逋臣遗老如钱尚书谦益、杜将军弘域、姜给事采蕐共相引重，称遗民寓公。殁于吴，其子北还，徙鄢陵，今亦泯然矣。"② 再如二集先后收入"彭桂，爱琴，江南溧阳人。《初蓉阁诗》"（2:3）和"彭椅，原名桂，爱琴，江南溧阳人。《谷音集》"（2:5），可以大致推断彭桂改名椅的时间。再如"叶舒胤，学山，江南吴江人"（2:8），足见后人将《叶学山诗稿》的作者署作"叶舒颖"，是因避"胤禛"讳。三集著录杜濬号"茶星"（3:10），亦不见他书记载。

（二）记载了清初诗人的生平事迹。有关评语关涉其生活、交往情况，有助于考生齿、辨亲缘（如某为某之令嗣、令兄弟、大小阮之类），关系到家学师承、经历交游等史实。如程先达总评：

> 东庐先生幼时浮家景陵，遂登楚之贤书。继遭寇乱，家业尽落，

---

① ［清］卓尔堪：《遗民诗》卷九，康熙刻本。
② 康熙《商丘县志》卷一〇《隐逸》，民国二十一年（1932）石印本。

不得已,司铎随州,萧然难给。幸直指聂公有特达之知,荐拔国博,历转部曹,竟荣登晋阳五马。性不好荣,飘然归里。今年已八十有五,著述不倦,所吟咏最多。程君禹门索其稿见寄,值余三集之选将竣,敬采数章,载诸卷帙,并示孚夏,用共欣赏。(3:13)

小传载其字质夫,号东庐,湖广景陵籍,江南休宁人,著有《天香阁新旧诗集》。《诗观》三集将竣的时间在康熙二十八年(1689),先达时年八十五岁,可推知生年约为明万历三十三年(1605)。此人为崇祯十二年举人,康熙四年至六年为山西平阳知府。评语中所涉"禹门"为程化龙,为康熙九年进士,官内阁中书,《诗观》载其字禹门、念蒿,江南休宁人,青浦籍,有《开卷楼近什》(《清人室名别称字号索引》于其名下仅有籍贯松江、室名开卷楼的记载)。"孚夏"指程瑞禬,为休宁率口人,程化龙为塘尾人①,两人似为堂兄弟。瑞禬父端德(午公、鼎庵),长子瑞初(旦伯、讷庵、松轩),次子瑞禬(孚夏、云峰),三子瑞社(次郊、澹园),四子瑞祊(宗衍、碧川)。汉仪指出:"畴昔结社山茨,得鼎庵先生为领袖。……回忆先生执耳,已如隔世。不图今日复见长君旦伯此编";"程君孚夏者,乃鼎庵令似,作诗有家法,声满吴越间者也";"自鼎庵先生得诗之嫡传,而孚夏绍其家学,一洗铅华,独标正始。令弟次郊、宗衍拈笔吟咏,秀骨妍思,一时骈集"。正是在这样的评语中,交织起休宁程氏父子、昆仲的亲缘关系和诗学家风,鲜明地体现出邓汉仪"有一些不同寻常的社会网络,这个网络的大体脉络都保存在他对《诗观》诗词的评论之中"的评点特点②。有的评语,涉及清初著名文士的晚年际遇,如高咏"授徒京师,行将得县令,忽擢词林,修《明史》,称荣显矣。以资斧不继,抱病南还,遂尔穷死"(3:1);乔莱"性不喜饮酒,每夕阳骑款段归邸舍,则开阁翻书,漏数下不辍";王昊"戊午弓旌之役,维夏仅授中翰,非其志也。乃铨部疏未上而维夏死,部遂除其名"(3:5);沙钟珍"万里从军,论兵悉中窾要,仅得佐郡,复而遭逸,今已昭雪,则奇才终大显也";李中黄"力学砥行,诗歌古文辞皆卓荦

---

① 程化龙、程瑞禬所居村名,参见道光《休宁县志》卷九、卷一一,道光三年(1823)刻本。
② [美]梅尔清:《清初扬州文化》,朱修春译,第123—124页。

不群。癸卯闱中拟元,因索后场弗得,竟致放废。子石孤愤,遂焚弃生平著作,片字不存"(3:8),均可为有关传记补充诸多细节。

(三)描述了清初诗人的人生志趣、挫折遭际、品格风范。《诗观》评点的特色之一,就是既评诗亦评人,既评诗艺又评人事。在评人评事的诸多言论中,揭示了清初诸多诗家的内心世界和人生遭际。如评龚鼎孳《题孙沚亭太宰山雨楼,和陶公韵》:"畴昔之岁,予曾作招隐之书致之合肥,蒙其赋诗寄答,不以仆为狂诞,固知归田之志有素也。观此赠太宰数章,情绪萧恻,意岂须臾忘江东莼鲙者乎?"(1:2)评万寿祺《赠胡彦远》"荷锄归去田庐闭,莫向人间学问津"为"良友之言",并指出胡介"历年游京洛,交贵游,尚未能体贴年少此语"(2:1),对了解分别以贰臣、遗民著称的龚、胡二人不无裨益。评张盖"自甲申后,久脱诸生籍,以母夫人馈粥不继,间授徒自给;或为故人招致幕中,旋皆弃去。近闻筑土室于村外,绝不与世人往还,虽妻子亦不见,其殆古袁闳之流与"(1:8);韩魏"尊人文适先生,合家死扬州之难,而醉白以复壁仅存,乃能锐意古业。诗歌秀宕之中,复兼英迈,为一时同人所共推。天之所以报有道仁人者,固不爽。而醉白之克绍家风,不尤称卓绝哉"(2:7);乔出尘"侠肠豪气,使黄金如粪土。今一旦囊空,顾视世人较量金钱,不差毫发,始而愤,终而平"(2:13);李永茂"起家浚令,为名给谏。当召对时,上亲移玉烛审视,风采大著。潼关之役,孙督师治兵关中,方欲养锐,以图大举。秦士大夫之在京者,促战甚力。先生方掌谏垣,屡驳之,遂拂执政意,奉差出。追郏县师创,大厦难支。先生跋涉蛮荒,婴疾而卒"(3:1);方淳"爱古嗜洁,所居斗室,自书册彝鼎、茗香琴砚之外,未尝移怀。每至佳辰令节,素友相过,觞酌数行,继以刻烛,盖一代之韵人、吾党之高士也"(3:4);张韵"卜筑邛城之外,杂莳花树,惟事读书。家虽屡空,而未尝以干时。然喜结贤豪,每见义形于色"(3:5);田秉枢"时而论兵,时而学佛,时而酒社诗坛,盖异人也。年已迟暮,事业无成,类避地之田畴,托登楼之王粲。相逢江上,感慨为多,出其吟篇,光焰夺目。昌黎所云'诗穷后工',殆君之谓耶"(3:9)。无论是名臣要员、下僚佐吏,还是畸人寒士、逸民隐者,其生平事迹、出处心曲,在邓汉仪的笔下皆有生动描述。至于《初集》闺秀卷中对当时女性作家的介绍,多数堪称声情并茂、传神写照的传纪,可与钱谦益《列朝诗集》小传媲美。

(四)品题了清初诗人的创作特色和文坛影响。由于邓汉仪与《诗观》入选者大多存在着密切关系,对他们的诗歌创作特点的揭示亦往往一语中的。如评黄云"二十年前屏迹村舍,于汉魏四唐之诗,靡不穷讨源流,综其至变。已而从孟贞、与治、伯紫诸君子论诗,益复臻于醇备"(1:2);彭尔述"晚年诗虽极秀润,终带英气"(1:4);徐芳"诗以空微巉峭为尚";陈玉璂"诗清劲老靠,独立时靡中"(1:6);吴绮"最爱刘沧诗,此作固堪骖靳";徐籧诗"皆岸然绝俗,不屑一字近唐,律体尤为峭刻"(1:8);金敞"诗坚苍深峭,一字不近时人,而复轨于古法,是特立于群流者"(1:9);徐乾学"诗以汉魏四唐为主,不杂宋人一笔,是能主持风气、不为他说所移者"(2:2);朱彝尊"诗气格本于少陵,而兼以太白之风韵,故独为秀出"(2:7);冯云骧"边塞诗奇情旷致,有沙砾飞扬之势;而入蜀诸吟则又险奥苍古,与雪岭栈阁争胜"(3:2);曹溶诗"以深老生硬为主,不屑入时趋一字"(3:3);田雯"学唐而不袭乎唐,学宋而不囿于宋,古雅奇郁,正变皆踞上流"(3:4);缪肇甲"精于风雅,迩来每进,益工古体,一洗尘氛,独臻渊雅;而近体则风神秀脱,辞旨妍和,几于钱、刘、许、杜之间遇之;绝句殊得风人讽叹之遗";叶燮诗"以险怪为工"(3:12)。有些评点往往别具只眼,与时论唱反调,如认为宋之绳诗"平淡中饶有静气,正得之韦、陶,浅人以为皮、陆耳"(1:8);程邃诗"苍老者往往入少陵之室。时人但以险涩目之,非通论也"(1:11);亦有对当时诗坛创作风气的明确针砭,如认为当时的五言诗创作"学六朝者失之缛丽,效韩愈者流于径莽"(1:5评赵进美),借评景陵谭篆诗指出"历下、公安,其敝已极,故钟、谭出而以清空矫之。然其流也展转规摹,愈乖正始。不有大雅,谁能救乎?……世奈何复举寒河之帜,而思易天下之风尚也"(1:7)。亦不乏对有关诗家的委婉批评,如指出方文"诗专学长庆,仆昔与之论诗萧寺,颇有箴规,尔止弗善也。要汰其俚率,存其苍老,斯尔止为足传矣";赵而忭"诗意主新艳而未能稳妥"(1:5);李文纯"喜作五言近体,每苦尖刻"(1:8);侯方域"其诗世罕推之,要其阔思壮采,皆规模杜家而出者,但未免阴袭华亭之声貌"

63

(2:7);陈维崧"近诗脱去成语熟句,纯以老致清气相引,是其杆头进步处"(2:10)。诸多点评,对研究相关诗人的创作特色,均极具启发性。

(五)保存了清初诗人的诗学评论。《诗观》的评点虽以邓汉仪自己的话语为主,同时亦大量引用时人的诗学意见。所引诸家诗论,多不见本集。如引杜濬论诗"诸妙皆生于活,诸响皆出于老。至极之地曰玄曰穆,而根抵在于闻道。不然,见识一卑,即潘江陆海圈牢中物耳"(1:1);杜濬评李赞元曰:"今之为诗者,大饰其外则内乏神情,刳心于内则外无气象,所以两失。而素园先生独内外兼胜,所以卓然推为诗伯。"(2:9)评龚鼎孳《送歌者南还,用钱牧翁韵》引钱谦益语云:"往岁吴门歌者入燕,过余言别,有龟年湖湘之叹,为书断句以赠。龚孝升在长安倚而和焉,传写至济上,卢德水酒间曼声讽咏,泣下沾襟。坐客皆凄然掩泪。"(1:2)钱谦益评张若麒:"初与伯兄宿松同时以进士宰燕赵,宿松治河间以宽,天石以果,并茂循绩。别几二十年,各备历艰虞。余归田匿影,公跻华膴,为纳言名卿,令子俱以文噪世,次公登馆局,取士最得人,直声震天下。公年未艾,忽请告归,有牢溟渤之奇,徜徉笑傲,宜爽籁发而雅风存,洋洋乎东海雄矣!"(2:8)王士禛评彭而述之女诗作云:"宋叶石林先生每晨起,集诸女子妇为说《春秋》。近武林黄夫人顾氏若璞,好讲河渠、屯田、边防诸大政。予读其书,未尝不自惭须眉也。青立见示蝶龛近诗,如种桑、问织诸篇,仿佛《豳风》遗意;而哭母、忆妹、课儿之作,尤有《河广》、《载驰》风人之志焉。因叹禹峰先生之教,其被于闺阁者如此,殆不减石林;而夫人之才,亦讵出黄夫人下耶?"(3:闺秀)以上所引,均不见杜濬《变雅堂文集》及今人整理之钱谦益全集、王士禛全集。

(六)总结了清初诗人对古代诗歌的广泛接受。邓汉仪诗学主张宗法汉魏四唐,主张"汉魏四唐人之诗昭昭具在,取裁于古而纬以己之性情,何患其不卓越"(初集凡例)。在具体评点中时时指出古代诗歌对时人创作的影响或时人诗歌与古人的异同,是邓汉仪诗评的重要方式。仅以《诗观》初集第一卷为例:在古代作家中,其最喜杜甫。该卷共14处提到杜甫,如评王铎《安邑有怀》"于少陵,学其深厚,不学其粗疏,故墨光浮动纸上";评孙廷铨《挽船行》"哀楚痛切,以拟少陵《无家别》诸篇,可谓神似";评周亮工《百丈岩瀑布同公蕃赋》"气完力厚,此从沉酣少陵得来。以为摹拟王、李,未免管见";评杜濬《送王孙茂之广陵,于一子也》"朴处、拙处,神似少陵";评季振宜《病马行》"此等诗,极有关风教,不仅规摹少陵,称为奇伟"。有关评语,既指出少陵风调的影响,又指出清人对少陵的超越。此外便是王维,如评王铎《送客入延绥》"在摩诘、嘉州之间"(嘉州指岑参);评孙枝蔚《插秧》"古雅详晰,与储、王《田家》诸咏正堪颉颃"(储指储光羲),《京口酒家送张牧公归临洮》"情文宛转,在摩诘、龙标之间"(龙标指王昌龄);评黄九河《张家湾晓发》"摩诘七律一味和润,却不流入轻滑"。作为一位选家,邓汉仪对各种流派的诗歌创作,持有较为宽容的态度,对其中的优秀之作,能做到兼收并蓄。如卷中评钱谦益《读梅村宫詹艳诗有感书后》"如此跋艳诗,便有绝大关系。不得轻议温、李一辈",《霞城累夕置酒,彩生先别,口占记事》"韩致光香奁诗,每托于臣不忘君之义",对创作过艳情诗的温庭筠、李商隐、韩偓不无好评。再如评季振宜《舟中》"前段写舟景,空微澹渺,后以情事找足。细玩康乐诸篇,方知结撰之妙";评王铎《三乡过连昌宫址》"公极叹折空同,此诗可谓神似",则分别涉及南朝谢灵运和明朝李梦阳。"作为扬州选家群的领军人物,邓汉仪不仅年齿最长,经历最富,而且几乎与该地区所有选家均有联系,并与南北诗人亦有交往,因此他的诗学观颇能体现集成色彩"[①],这种集成色彩,在其评价时人对前此创作的接受中亦有充分体现。

作品被选入《诗观》二集的姜宸英,曾用"知交日亲,名日闻,而诗亦渐积"的描述,揭示了文人交游与文化资本的生成关系及后者对个体文学声名的反哺效应,指出"文章之道,古人虽谓有得于山川之助者,而朋友往来,意气之所感激,其入人也更深","本之于意气之盛,而发之为和平之音,殆近于孔子之所谓可以群者也"[②],并由此号召:"吾辈人人有集,

---

① 邓晓东:《清初清诗选本研究》,2009年南京师范大学博士论文,第77页。
② [清]姜宸英:《湛园未定稿》卷二《陈君诗序》,康熙刻本。

宜互相附见姓名于其集中,他日一友堪传,而众友幸传矣。"①姜氏"多情笃旧"的言论背后,隐现着明清之际文人对精英文化及其独立性、权威性的充分自信。《诗观》以聚焦式的姓名"互见"方式,挟裹着丰富的文化信息和巨大的文化资本,为个人在历史长空中留下身影作出了保证,呼应着文人个性觉醒后强烈的不朽诉求,正是上述舆论语境下的产物。自古以来"一人知己"的个体价值实现模式,与明末清初盛行的诗文选评方式的结合,不仅为富有个人魅力和赏鉴眼光的杰出批评家提供了掌控文坛的生成土壤,并吊诡性地为清初消弭民族鸿沟的国家意识形态需要提供了舆论先声。邓汉仪与贰臣龚鼎孳"论文十年、升沉一致"的交谊,以及其藉助广泛的文学交游充分凝聚一切可能的文化资源、成就"一代之书"的评选行为,均以超越一朝一姓之家国存亡与庙堂臧否的别样"忠贞"和"选政"学术为支点及依归,亦可以视为姜氏所云"诗可以群"在特定历史时期所达到的"极致"境界。百年之后,这部因自身"可以群"而具有了弱化民族隔阂和道德界分作用的大型选集,在进入统治稳定期时,却因其含混的情感倾向性隐含了解构性危险而遭禁。成与败、流播与禁毁的命运转变,凸显了其作为"一代之书"和时代精神印记的典型价值。

(原载于《中山大学学报》[社会科学版]2015年第5期)

---

① [清]邱炜萲:《菽园赘谈》卷之七"'金圣叹批小说'说"引姜氏语,光绪二十七年(1901)排印本。

朱用纯诗文题解

说　明：朱用纯(1627—1698)，字致一，号柏庐，明末清初苏州昆山县人。晚明诸生，入清隐居，潜心研究程朱理学。康熙十七年坚辞博学宏词之荐，著名遗民、理学家、教育家。所著今存《大学中庸讲义》、《删补蔡虚斋〈易经蒙引〉》、《愧讷集》、《柏庐外集》、《毋欺录》等。《治家格言》是其代表作。江苏古籍出版社2002年版《朱柏庐诗文选》，由本人负责选篇、点校、题解、注释，友人吴家驹、许伯卿承担各篇的评析。全书选入文章55篇和诗歌18首，以下汇集本人为相关诗文篇目所撰的题解。

一　文选题解

1.《治家格言》　《治家格言》一名《朱子家训》，或名《朱子治家格言》，文字通俗而简明，内容扼要而赅备，是有清一代家喻户晓、脍炙人口的有关教子治家的短篇家训。对于作者所处的时代而言，此文的特点诚如后人所云"其言质，愚智胥能通晓；其事迩，贵贱尽可遵行"（陈弘谋《养正遗规》）；"物理人情之朗鉴，昏衢黑夜之清灯"（德保《翻译治家格言》）；"作挽回世道之语，皆人情对病之药"（金吴澜《朱柏庐先生著述目》）。问世不久，其弟子顾易即著《朱子家训演证》四卷，阐释其义；乾隆三十年(1765)，时任礼部左侍郎的满族人德保将之译成满文，以教八旗子弟；光绪十五年(1889)，湖州戴翊清著《治家格言绎义》二卷，全面评析每句的含义。同时各种家训选本无不选入此篇。只是或以为出自南宋朱熹之手，则是对"朱子"一词的误解。同治九年(1870)四川巴州廖纶兼任新阳（昆山分县）知县，于城中建专祠纪念朱用纯，撰对联云："讲学法程朱,欲讷毋欺,义理直同性命;治家承节孝,困心衡虑,格言悉准人情。"可见在昆山当地,对此是没有疑问的。

2.《答李映碧书》 李映碧即明末清初大名鼎鼎的李清(1602—1683),字心水,号映碧,扬州兴化人,明崇祯四年(1631)进士,明末历官刑、吏、工科给事中,南明弘光时任大理寺丞。清顺治二年(1645)南都溃败,遂隐居家乡枣园。该年七月六日(公历8月26日),清兵攻陷昆山城,朱用纯父亲投河自尽。不久李清遣使来唁,并致函相慰。作者答书,表现了深切的感谢之情和坚定的气节之志。信当写于此后不久,是现存朱氏文字中,写作时间较早的一篇。

3.《祭舅氏仁节陶先生》 陶先生名琰(1597—1645),字圭稚,号别峰,昆山鸡鸣塘(今花家桥)人,以明诸生而抗清死难,门人私谥仁节先生。《四库全书总目提要》赞其"捐生殉国,节概凛然"。所著《仁节先生集》和《仁节遗稿》,今存。对于朱用纯来说,陶琰既是其舅父,又是其岳父,且与其父同时自尽而亡,故感情可谓深矣!

4.《题李忠毅公〈狱中教子书〉》 李忠毅者,名应昇(1593—1626),字仲达,江阴(今属江苏)人。万历进士,天启初年官至御史,性格刚毅,疾恶如仇,支持杨涟弹劾奸宦魏忠贤,为珰人所忌恨。天启五年(1625)罢官归里,次年被魏党逮捕入狱,寻被害,南明弘光时追谥忠毅。李应昇治家极严,身陷囹圄之际尚不忘教子,所撰《诫子书》被后人视为家训名篇。朱用纯此题跋写于清顺治十七年(1660),颇有家国身世之感。

5.《书如皋二烈士事》 如皋,旧县名,宋至清初属泰州,雍正二年(1724)始隶通州。今为如皋市,归南通市辖。文中所记两位烈士的抗清事迹,一武一文,一激烈一慷慨,生动感人。其中尤以许元博影响较大,稍后泰州张符骧(1664—1727)在《依归草遗文》中亦曾为之作传。

6.《致徐俟斋》 长洲徐枋(1622—1694),号俟斋,为明崇祯十五年(1642)举人。其父汧,官南明朝少詹事,清军下苏州时投河死。徐枋从此隐居吴县天平山麓,与世隔绝。学政刘果遣使饷以钱粮,闭门不纳;巡抚汤斌独身访之山中,避而不见。与杨无咎、朱用纯并称"吴中三高士"。此信约写于清顺治末年(1661),作者郑重向其介绍自己的好友、同为节义之士的徐开任先生前去拜访。朱柏庐之热心友道,徐俟斋之不妄交结,于此并见。

7.《与徐俟斋书》 徐俟斋即长洲徐枋,为作者亡父集璜的门人,入清后两人遭遇相似、志同道合。此信写于清康熙元年(1662)。上一年中,苏州士民刚刚经历了奏销案、哭庙案、通海案的劫难,徐枋亦颇受牵连。通过看似絮叨罗嗦的话语,此文深情地流露出在传言纷起、音讯难通的境况下,两人情感上的相濡以沫、互相萦怀。

8.《与徐俟斋书》之二 此信约写于康熙初年。徐枋入清以后,品节自励,孤高谢世,生活难以为继。当地贤达以画社的方式,资其钱粮,仅历时两载,徐枋便"并此谢却"。他致信作者,云:"人固自有造物,造物自有定限,总无须营营者。吾兄以为然否?"此回信肯定其清高,但希望不必过分苦己。

9.《与顾省公》 顾省公其人待考,当为昆山人士,曾从作者问学,后又肄业者。此信约写于康熙三年(1664),作者因其退学后沉溺于游艺而荒废学业,遂予以严肃批评,言辞剀切,语重心长。结尾两句,尤可惊顽起懦,使迷途知返。知微见著,即景生教,作者可谓善诲人者。

10.《与四弟》 所谓四弟,乃作者幼弟用商(1645—?),因父亲集璜殉难那年遗腹而生,故生而无父。成人后不仅家道困窘,且不思进取。作者身为长兄,借因事分手之际,痛陈心语,针砭和期待交织,鞭策与怜爱并书,勉励其振兴家道,修炼人品,成为一个有用的人。从内容判断,当写于其弟二十五岁左右时。

11.《题胜公画马》 胜公是对释诠修(?—1665)的敬称,此人字二胜,号蒙泉道人,昆山平乐浦人,俗姓李,明代魏校(本姓李)的族孙,明诸生。清顺治二年(1645),听说昆山城破时被杀数万民众,念母老不可以殉,遂出家为僧。后说法于莆田灵岩,康熙四年(1665)九月见菊花盛开,有叶落归根之叹,旋化去。诠修以画名世,工人物及花卉、翎毛,《国朝画识》卷一四有传。朱用纯独赞其画马,寄寓了无限的感慨。

12.《致叶廷玉》 叶廷玉名振斑,号确斋,昆山人。康熙元年(1662)诸生,出身望族,为崇祯进士、广东参政叶重华(1588—1655)三子方至之子。朱用纯弟子,侍师恭谨。曾大雪夜陪之夜饮,用纯忽置酒兴叹,廷玉起问:"先生何叹?"答曰:"忆及友人贫甚,值此严寒,无以为赠。"廷玉慰师不足忧,明日以白米十斛相送。时人以朱用纯于欢饮时不忘故交之困、叶廷玉仰体师意慨赠素不相识之人为"两贤"。此信约写于清康熙初年,为廷玉再入其门之早期,可见作者之不轻为人师。

13.《**赠张圣成序**》 张圣成,长洲(今苏州)人,画家张蟾(约1607—?)次子。此文约写于清康熙十年(1671)左右,圣成年始二十岁。作者大段引述其画论,旨在借以褒贬当世学风,并进而希望圣成由绘画之道而悟治学之道。

14.《**戴耘野先生六十寿序**》 寿序为祝寿的文章,明中叶以后开始盛行,据云自归有光始编入所撰文集。戴笠(1614—1682),字耘野,原名鼎立,字则之,苏州吴江人。明诸生,入清后出家秀峰山为僧。后还俗,居同里镇朱家港,教塾自给。勤于著述,杂采朝报野史,参之所见所闻,所撰晚明杂史十馀种,当时海内史家服其精博。此寿序撰于清康熙十二年(1673),朱用纯亦已四十七岁,他以一种乐观向上的笔调,歌颂了明遗民身处艰难困苦之时的"相与之乐"。

15.《**徐瞻明表兄寿序**》 徐瞻明(1615—1674),其名待考,苏州府长洲县人。明末诸生,入清隐居陆墓。为昆山朱云锦友人,用纯表亲。此寿序撰于清康熙十三年(1674)春,瞻明不幸于当年即去世。在文中,作者时时将徐瞻明与朱云锦互相映照、互相烘托,是此类文章的别样一种写法。

16.《**金孝章先生诗序**》 金孝章(1602—1675),名俊明,号耿庵,苏州吴县人。少从其父宦游宁夏,驰骑行猎,任侠自豪。后归里,从朱集璜学,补诸生。入清隐居,以诗、书、画为"吴中三绝"。书、画传世者众,诗集则有《耿庵诗稿》稿本流存(今藏台北中央图书馆)。此文约写于清康熙十三年(1674),感叹欲为末世之隐士而不得,表达了屈辱于新朝治下的不言之伤。

17.《**答李映碧书**》之二 此信约写于清康熙十三年(1674),从列入《愧讷集》首卷首篇,可见朱氏文集的编选者对此文的重视。李映碧即李清,以崇祯进士历任明末和南明官吏。明亡后闭门著书,顺治十二年(1655)寓居昆山,著述甚丰,是清初影响很大的明遗民。朱用纯在信中表述了对编纂文集的观点和对李清的敬慕。

18.《盛逸斋六十寿序》 盛逸斋(1618—?),昆山人,盛名世次子,淡泊功名,擅长绘画,年七十尚在世。此文写于清康熙十六年(1677),作者年已五十一岁。文中从"心"与"迹"两个方面区别时人对"纷华"与"淡漠"的态度,认为盛逸斋是心、迹合一的真正隐者。

19.《〈吴中往哲图〉序》 《吴中往哲图》,是长洲(今苏州)画家张蟾所画当地明代先贤画像集,今已不传。张蟾(约1607—?),字永晖,生活于明末清初,善人物画,长于写真,曾绘有吴门黄向坚等七孝子像。作者此序写于清康熙十七年(1678),肯定其以画代史、有功于世的创作用心,希望观其画者见贤思齐,与古人相颉颃。

20.《与陶康令》 康熙十七年(1678),清廷为网罗英才、消弭异己而诏令内外官员举荐学行兼优、文词卓越者,此即清朝著名之首次博学宏词之试(次年举行)。陶康令即昆山陶鄄,作者妻兄加姨表兄,情同骨肉,此年赴同邑友人叶方恒山东兖州官署游玩。从其来信中,作者知叶氏欲荐己参加宏博之试,于是写下这封辞荐书,颇有几分以死相拒之意。

21.《〈养蒙要箴〉跋》 《养蒙要箴》为《学仕要箴》这部书中的一个分类,是有关教养童蒙幼学的格言汇编。纂辑者张圻,字邑翼,一字白源,昆山人,明末诸生,入清后致力于身心性命之学。该跋约写于康熙十七年(1678),论述了教育学术与吏治政绩的关系,对朝政世风多有针砭。

22.《叶敷文〈半樗草〉序》 叶敷文,名方蔚(1631—1696),出身望族,为明代昆山著名文人叶盛七世孙,崇祯进士叶重华第五子。方蔚淡泊于名利,异于其兄方恒、方蔼。《半樗草》是其康熙十八年(1679)所写诗集,今已不存。当时他因力辞博学宏词之荐而外出避之,取名"半樗"有深意焉。樗为树名,一名臭椿,因材质较差而不堪大用,古人视为"恶木",故《庄子·逍遥游》云其"立之途,匠者不顾"。后人遂以樗比喻无用之材。整树且无用,半樗更可想其价值了。朱用纯在序中肯定其以志节自守,有挽回世风之功。

23.《〈雍里世德录〉序》 《雍里世德录》是昆山顾氏先祖家训集,光绪《昆新两县续修合志·著述目》著录,今则未见流传。编辑者顾升辅,字伊仲,为明代弘治十八年(1505)状元、礼部尚书、大学士顾鼎臣(1473—1540)的裔孙,幼丧父母,明末诸生,入清以授徒为生,德高望重,享年八十七岁。朱用纯为序此书,强调子孙应弘扬祖德,继承忠贞义烈之美好传统。

24.《苍雨〈和陶集陶诗〉序》 和陶,是指写诗与陶渊明唱和;集陶,是指选择陶渊明诗句组合成新诗。陶诗的思想境界和艺术水准之高,和之固不易;陶诗现存作品较少,集句而成新作亦为难事;而以集陶来和陶,更是千古稀见,故朱用纯乐为之序,惜其集今未传。作者朱苍雨[①],昆山人。序中所谓和陶之难,其实反映了对陶渊明其诗其人的深刻认识。

25.《〈金薤集〉序》 《金薤集》是一部晚唐诗歌选集。薤为蔬菜作物,古人以金薤(一名倒薤)指称一种篆书书体,此处比喻诗歌文字的优美。辑者郑儒,字鲁一,号醇庵,清初昆山人,明代进士郑文康五世孙。朱用纯由此集的编辑而提出一个值得探讨的诗学论题,即今人与古人虽生不同时,但境遇上的相似性,会左右对古代诗歌的不同爱好和选择。

26.《祭丘近夫表兄文》 丘近夫(1621—1680),名钟仁,字显若,昆山人,是作者的姑表哥。幼受学于舅舅朱集璜,治《春秋》、《孝经》,多所发明。明末诸生,入清后颇有意于功名。康熙十八年(1679)于京应博学宏词之荐,以老不与试,特赐内阁中书舍人,次年死于归途。作者与表兄,既同血脉情深,又异人生旨趣。这两点在文中始终紧密交织,显示出作者既重情感又讲原则的处世态度。

27.《与叶渊发孝廉》 此信写于康熙十九年(1680),当时其族有一不肖子弟,卖身投靠宦家豪门为奴。作者视此为宗族的奇耻大辱,疾言厉色指斥收纳其人的叶某是助凶逆之气焰、与良善为仇敌。叶渊发名渟,昆山人,康熙十四年(1675)举人(孝廉为其俗称),是朝廷新贵、康熙宠臣叶

---

① 朱翼垣,字苍雨,康熙《杏花村志》卷七收录其《过池阳怀古题杏花邨舍次涎溪韵》一首。——结集补注。

方蔼之子,后成康熙二十七年(1688)进士,官至翰林院检讨。由叶湻之子均禧后来曾从朱用纯学《易》,并于朱氏死后为撰《三贤祠记》(所祀者为朱集璜、陶琰、朱用纯,文载于《愧讷集》卷末),叶家收朱佳为奴之事当于此后圆满解决。县志称叶湻"性谨厚,未尝以门第炫乡里",或许大致不差。

28.《徐季重先生七十寿序》 徐季重(1611—1695),名开任,号愚谷,昆山人。明万历进士、太仆寺少卿徐应聘孙,明诸生。入清避居太仓,绝意进取。长于明史研究,著《明名臣言行录》一百卷,今存康熙刻本。当时大儒黄宗羲序其书,认为于"近时伪书流行"之际,"此录庶几收廓清之功"。当代史学家谢国桢先生《晚明史籍考》亦评价此书"为持平之论,不作偏私之见,足称信史"。朱用纯此文撰于清康熙十九年(1680),借论史书之编纂须无私无党,指出明亡于党锢门户之争。

29.《广信郡丞胡公传》 广信是明清江西所辖府名,治所在今上饶市;郡丞是秦汉时官名,明清时是府同知的别称。胡公者,名甲桂(1583—1646),字秋卿,昆山人,以贡生官至南明广信同知。南明初年(1645)黄道周至此地募兵抗清,甲桂以疲卒千人竭力相助。次年城破被执,招降不从,自缢而死。此传约写于清康熙二十年(1681)前后,歌颂了一位处则以理学教人、出则以节义立身的儒者形象。

30.《〈外史摘奇〉序》 外史,相对于正史而言,指记载民间琐闻异事的史书,明末此类著述最多。此书作者李清,入清后隐居著述,长于史学,所撰《正史新奇》二十六卷和《诸史异汇》二十四卷,均有抄本存世。惟《外史摘奇》未见流传,或与《诸史异汇》为同书异名者,书此以待后考。朱用纯序此书,将李清与屈原相提并论,突出前者编撰《外史摘奇》"俳侧愤懑、悲歌慷慨"的苦心孤诣,彰显其借奇抒愤的著书心态。

31.《试后示诸生》 诸生指众弟子。此处所示对象,当是跟从作者求学问道之人。既写于考试之后,内容便着重于如何看待考试的成功和失败、什么是真正的成和败、做人和功名何者更为重要等问题。

32.《与吕德焕》 吕德焕名廷章,号孚三,昆山人,康熙十八年(1679)诸生,作者及门弟子。作者去世后,为梓其遗集,世传所谓"严心斋"刻本《愧讷集》即出自其手;为师建祠于昆山城西北马鞍山麓,捐田致祭,毕生言行悉遵师训。卒年七十一,所著《严心书屋文集》今存抄本。此信约写于康熙二十年(1681),作者告诫弟子,做学问要在做人上下功夫,要正确对待别人的过失。

33.《与唐履吉》① 这是一封教人如何写诗的书信。如果说建议有才气者学李白,还是一个具体意见,那么作者对唐代诗歌大家的批评态度,对明代诗歌创作地位的历史评价,对后来者又能胜于明人的殷殷期盼,则是既有辩证思想,又有发展眼光的。至于以"发乎情止乎礼义"为诗学本旨,是那个时代理学家的必有话头,不足为重。

34.《与顾德芳》 得意门生因事远行,朱用纯作为老师,谆谆嘱咐,切切叮咛,一者强调于学问之事要努力进取,二是强调于性格之缺要注意避免。古云良师严父,观此信然。顾德芳,名世荪,昆山人,康熙二十五年(1686)诸生,顾锡畴后人。

35.《与柴艺循》 作者两位弟子因小事而心存矛盾,故写此信以开导其中一位。如何看待友情,如何对待朋友之间非原则性龃龉,人非圣贤,安能没有嫌隙?然有矛盾应当面批评、当面劝解,始能友谊长存。柴艺循,昆山人,作者弟子。用纯曾应其请,撰《题柴艺循小照》(见《愧讷集》卷七,本书未选)。

36.《与陈钦念书》 此信因人请作者批改作文而起,故陈述自己对文章之道的基本看法:文章不以奇胜而以理胜,儒家经典为文章根本,读书要用心体察。此信写作时间不详,陈钦念其人待考。

37.《辞诸子听讲》 这是一封婉拒弟子听自己讲学的书信,当写于作者晚年。一名《辞及门诸子》,并收入《柏庐外集》卷二,亦即有关朱用纯的传记中所云之《辍讲语》。信中强调,对圣贤道理的学习,关键不在听讲,而在反躬自省,在身体力行,在日常生活一举一动中的孜孜以求,在摆脱庸俗、仰慕高尚的精神追索。

38.《许致远诗文序》 作者自康熙二十二年(1683)秋执教于吴县太

---

① 俞长城《俞宁世文集》卷四有《祭唐履吉文》,康熙刻本。——结集补注。

湖东山席氏,次年夏而撰此文。许致远名潛,号懦庵,太湖东山人。读书刻苦,博甘旨以养母,性沉静少言,不妄交游。所著有《许子诗存文存》各一卷,有康熙刻本,该文亦见卷首①,《七十二峰足征集》收其诗四十六首。在序中作者赞许其为人谦虚谨慎而学养深厚,诗文创作不趋世用而关注人生。

39.《书许致远词后》 许致远即吴县东山许潛,作者于康熙二十三年(1684)与之初交,曾撰《许致远诗文序》嘉许之。此文当写于稍后不久,简明扼要地阐述了词与诗、文在创作上不同的美学追求。

40.《顾亭林先生集序》 亭林先生,即清初大儒、一代名贤昆山顾炎武(1613—1682)。朱用纯小其十四岁,此文约写于康熙二十三年(1684)间,用纯年近六十时。文章以恢廓的气势、宏大的视阈和深厚的感情,扼要而全面地评价了这位去世不久的乡贤淹贯经史百家、博通古今人文的崇高学术地位,堪称对顾氏最早的盖棺定论。

41.《先室陶氏事略》 事略是传记文的一种,记述人物事迹的梗概,有别于正式传记。此文写于康熙二十四年(1685),老年丧偶的作者,以感伤沉重的笔调,概略地回忆了亡妻陶端(1626—1685)艰难困苦、贤淑仁德的一生。

42.《陆鸠峰诗序》 此序写于康熙二十四年(1685)九月,作者时年五十九岁,尚在太湖东山席家授徒为业。陆鸠峰,名燕喆,字大生,苏州城里人。明末诸生,博通古今。入清隐居东山之锦鸠峰下,教塾为生。诗集今佚,《七十二峰足征集》收诗三十三首。作者借序其诗,表述了自己对诗歌创作中性情与格律关系的看法,并批评了言必称"三唐"的诗学观念。

43.《王不庵先生六十寿序》 此文写作对象是一位明遗民,姓王名炜,不庵为字,改名艮,原籍徽州歙县,寓居苏州太仓。少从父学理学,以"毋自欺"示人。明亡时年约二十,略长于朱用纯。入清后持节甚严,人称"事苟不必为者断不为,友苟不必交者断不交"(黄容《明遗民录》)。

---

① 此三句原作"所著有《许子诗存文存》,今已不传",误。——结集补注。

文章约写于康熙二十四年(1685),赞美王炜如云如风的处世风格和超乎时地的大隐风范。

44.《书醇叔〈日记〉》 醇叔为王喆生(1648—1728)之字。此人号素岩,昆山人,是朱用纯最器重的弟子。喆生为康熙二十一年(1682)进士,二十四年以翰林编修为会试同考官,撰《乙丑礼闱分校日记》,记载自己有关道德修养的思想言行。当年腊月遂乞归养母,从此居乡四十年,不复出仕。沉潜于理学,当时名儒张伯行赞其学为"精深博大",所著《懿言日录》、《素岩文稿》、《纪年诗》今皆存。朱用纯此文写于康熙二十五年(1686)初,他在所著《毋欺录》中郑重记下此事,并认为喆生"处极喧嚣之地、极得意之遇、极尘杂之务,而能步步收摄、刻刻检点;即其所记,详密端严,不间一日,不草一字",极言其长;而此书是直接寄示弟子,则多有商榷:于此可悟教育之法和为人之道。

45.《致徐俟斋》之二 此封书信约写于清康熙二十五年(1686),作者正在吴县太湖洞庭东山席家任塾师。徐俟斋即吴县徐枋(1622—1694),著名节义之士。对于作者来说,既为挚友,又属表亲,然为代友人求其一篇序言,却需多方解说,可见两人乃君子之交、道义之友。

46.《许希侠先生墓志铭》 许希侠(1602—1645),名士俭,苏州府常熟县(今常熟市)人,明诸生。清顺治二年,江南已降清,士俭坚不剃发以效忠明朝。奸民欲邀功于清军守帅,逮而杀之。墓志铭指置于墓里镌有死者事迹的石刻,包括志和铭两部分,分别用散文和韵文,叙述其事迹、赞扬其品德。作者此文写于康熙二十五年(1686),距希侠之逝已四十一年。

47.《徐子威六十寿序》 此文写于清康熙二十五年(1686),作者与所祝寿者同为六十岁。文中以平静舒缓的笔调,描写出两人四十年心相契合的道义之交和平淡如水的君子之谊。徐子威(1627—?),名与岗,昆山人。诸生,无意功名,置书数千卷,闭户校雠,旁批侧注,朱黄烂然。

48.《祭叶二泉文》 叶奕苞(1629—1686),字九来,号二泉,昆山人。出身名门望族,家业富有,才华超众。幼师葛芝、叶弘儒,工诗善书。康熙十八年(1679)应博学宏词不中,归而流连诗酒、徜徉林壑。急公好义,曾赠贫友张恕良田五十亩;热心乡邦文献,历多年终成县志二十二卷。所著诗文词曲今存者甚众,以文学名著于清初。朱用纯祭文写于康熙二十五年(1686),于感伤悲惋之中,描述其品格风范,缅怀其道德文章。

49.《〈听松图〉后记》　《听松图》是昆山叶奕苞请邑人冯翊所画友人雅聚图,所描绘的是大约康熙十八年(1679)间各地朋友于其家半茧园欢会之事(参钱澄之《田间诗集·客隐集》)。朱用纯所撰《后记》,是因为先已有了南昌彭士望的《听松图记》。用纯此文写于康熙二十六年(1687),半茧园主始逝世周年,故文末流溢着思念故人的浓浓伤感。

50.《题西庄陈先生画梅册》　陈西庄名兰征,西庄为号,昆山陆家浜人,为明诸生,崇祯十三年(1640)忽弃去举业。在明代,与用纯父集璜和用纯岳父陶琰最相善;入清后,足迹所至惟佛寺禅院,或偕溪翁山僧坐荒村孤冢间仰天啸歌。所著《遗民阅清录》、《西庄笔记》、《壁观斋诗》、《林籁集》多种,惜与其画皆未见传世。此文撰于康熙二十六年(1687),作者借题其画册而赞颂已故父执的"长者之风"。

51.《游西金山小记》　西金山为吴县太湖武山之主峰,武山位于洞庭东山之东,旧时水断桥连,今则不知成为一体否。此文约写于康熙二十七年(1688),作者正在东山席永劼家任教。二百年后(1880年)嘉兴金吴澜补编《朱柏庐先生编年毋欺录》,将该文系于朱氏康熙八年(1669)四十三岁时,不足为据。

52.《游西洞庭山记》　西洞庭山即洞庭西山,俗称西山,位于今苏州市吴中区西山镇境内,距苏州市区三十七公里。康熙二十七年(1688)十月,六十二岁的朱用纯在弟子席永渤等人的陪同下,首次(当亦是惟一的一次)畅游了此山。前后历时七天,可谓尽兴。这次经历,算得上是其后半生的一段美好时光。

53.《甓斋陶表兄像赞》　像赞是为人物画像所作的赞辞。此文写于康熙三十五年(1696),是作者垂暮之作。所赞对象陶鄄(1620—1692),号甓斋,昆山人。明崇祯十五年(1642)诸生,自父陶琰于清初殉难后,遂遁世隐居。陶鄄之于作者,既是其表兄,又是其妻兄,志节、经历亦近全同。故面对遗像,回首彼此平生遭际,少小之欢乐,成年之悲感,不禁同时涌上笔端。

54.《不捕鼠猫说》 "说"为古代文体之一种,是以阐述某种道理为主的文章,近于今之论说类杂文。作者利用不捕鼠之猫而借题发挥、别出心裁,反对人类以贵杀贱、以黠杀愚,对清初统治的残忍暴戾,颇含褒贬之机锋。

55.《劝言四则》 《劝言》是一篇以普通人为对象的劝世文,分为《敦孝弟》、《尚勤俭》、《读书》、《积德》四节,虽分四篇,实有密切的内在关联。孝亲敬长是人之本心,勤俭治家是人之本业,读好书是为了做好人,行善事始能有益于社会。正如其小序所言,这只是一个"乡党自好之士"所应遵循的生活之道、为人之道,以四者为基础,则德业无量;若并此而不能,则将归于下流。《劝言》本于修身律己,切近世态人情,说理恳挚,言浅意深,可与其《治家格言》参看,是将《治家格言》的最基本思想提出详论,两文互为一体,实为姊妹篇。此文在后世影响颇大,乾隆时陈弘谋将之收入《训俗遗规》,并评之曰:"其义则该括而无遗,充其量可以希圣贤,否也不失为寡过。"同时指出,读之可以了解朱用纯"制行之笃而教人之切"的风范。

二 诗选题解

1.《答友》 此诗所答之友和所写之时均已不详,但从内容来看,约写于明清鼎革之际,对象当是一位有志守节而意尚彷徨者。江都人卓尔堪康熙末年辑刻明代《遗民诗》,于朱氏仅选此一首。在小传中称用纯"能于岩岩气象中不失风味",可谓得其神似。

2.《粘壁告亲友诗》 顺治二年(1645)清兵下江南,攻下昆山城后,作者之父投河死难。年仅十七的作者本人,因上要养寡母、旁有诸幼弟,而不得随父殉节,故十五年来一直生活在生与死、孝与节的生命矛盾中。顺治十六年(1659)写此诗贴于住所墙壁,再次公然向世人表白与新朝廷的决绝态度。此题诗共四首,今选其二。

3.《赠别武陵诸远之》 诸远之,明末清初武陵(今湖南常德市)人,是以卜筮为生的术数之士,康熙四年(1665)一月来昆山,遂驾船沿长江西去。朱用纯此际与之过从甚密,并留下深刻印象,他在所著《毋欺录》中,于二十二年后尚清晰记下此事的始末。

4.《寿李映碧先生》 此首祝寿诗的赠予对象是著名明遗民李清(1602—1683),映碧乃其字,直隶兴化(今江苏市名)人,在明末以进士历任崇祯、弘光两朝官员,抗清失败后拒降新朝而隐居著述,活至康熙二十二年。当时前朝的贤公名卿多已凋零,惟映碧先生老且寿,故以德高望重而为海内交相推赞。诗或写于康熙十年(1671)李清七十寿辰时。此题共二首,今选其一。

5.《夏景初八十寿诗》 此诗写于康熙十年(1671)。夏元圭(1592—1680),字景初,明末诸生,入清隐居,精于《易》学,以孝义称于乡里。性情鲠直,是非不苟,遇人兄弟龃龉者,必委屈调解,以扬善励俗为己任。作者另于《愧讷集》中撰有《夏景初先生像赞》(卷七)、《祭夏景初先生文》(卷八)。

6.《题〈东湖钓隐图〉赠张无待》 张应宿(?—1672),号无待,字月鹿,别署东湖钓隐,浙江鄞县人,东湖即绍兴镜湖,乃张应宿所居处。此人乃明嘉靖兵部尚书张邦奇之后,负气谊,不苟然喏。清初游江淮南北,偶来昆山,寓景德寺,邑人葛芝、朱用纯、叶奕苞与之为挚友。后病卒于此间,众人敛金葬之于城内马鞍山南麓,题曰"浙东义士无待张先生之墓",可见亦为鼎革后而匿迹江湖者。朱用纯《毋欺录》于康熙十一年(1672)记曰:"探月鹿之丧。月鹿来昆,即病于粒民斋中,竟不复起。"故暂定此诗写于该年。粒民为昆山李稷臣之字,一姓魏。

7.《赠袁重其》 重其为吴县袁骏(1612—?)之字,此人父亲早逝,以孝母著称于清初。康熙十一年(1672)曾来昆山,请朱用纯为吴江戴笠作寿序。故暂定此诗约写于此际。

8.《至日同重其岳心访德下留饮作》 至日指农历每年的夏至和冬至。从诗中"披薜萝"看,此处似为夏至日(农历五月)。重其指吴县袁骏,当时著名孝子;岳心指昆山叶弘儒,明诸生,为作者父执辈,家居安亭镇(在今市郊东南,与嘉定接壤);德下乃昆山呼谷,为作者父亲的门人。

三人皆为清初的隐士。此诗约写于康熙十一年（1672）前后。

9.《乙卯人日招及门诸子过话即以当简》　乙卯是清康熙十四年（1675）的干支，人日为正月初七日，及门诸子指其门人弟子，当简意为以此诗当作召唤弟子前来聚会的书简。作者扣住"人"和"日"下笔，可谓寓教于诗。

10.《丘近夫应博学宏词之举口占赠别》　清王朝为网罗天下英才、收服四海异己，于康熙十七年（1678）特旨下诏，令各地荐举参加博学宏词之试者。当时明遗民多抵制此事，朱用纯便是其中的一位。丘近夫乃其表兄丘钟仁（1621—1680），是其姑之子。细体诗味，作者对表兄这番举动，是有些微词的。此题共两首，今选其一。

11.《酬陶康令表兄归葺书斋见示之作》　陶鄩（1620—1692），字康令，是朱用纯的姨表兄和妻兄。入清后因父陶琰自缢于昆山城破时，遂终身不事科举，云游四方。与乡人叶方恒相善，方恒官山东时，曾两访之。此诗题所谓"归葺"书屋，诗句所谓"萍踪"浪迹，当与齐鲁之行有关。因叶氏康熙二十一年（1682）卒于济宁运河道任上，故定此诗约写于此际。

12.《将赴洞庭故里诸公赠别次韵奉酬》　洞庭者，包括洞庭东、西山，在太湖之中，均在今苏州吴中区境内。此处指东山，即今东山镇所在地，莫厘为其主峰，在苏州市区西南三十公里处。朱用纯于康熙二十二年（1683）应席永劼之请，至东山教其幼弟永渤。临行前，以此诗奉答故乡昆山友人送别诗作。其友徐履忱（徐开任侄子，顾炎武外甥）撰有《送朱柏庐之洞庭》，从诗句"送君去作授经人"、"莫厘峰下应东望"等，可证此次所赴洞庭具体的时和地。

13.《感旧次韵》　感旧指怀念故旧，次韵指依次用原作本韵酬和。此诗写作时间不详，从诗中典故来看，所怀之旧友为平生知音，似已亡故；所处之时代，已是物是人非、物换星移的清初了。

14.《同吴兴公徐季重葛瑞五东山玩月限赋十韵》　此诗约写于康熙二十二年（1683）应吴县东山席氏之聘，为其家庭塾师之后。吴、徐、葛当即为其"将赴洞庭"时为之送行的"故里诸公"中的三位。徐季重名开任（1610—1694），葛瑞五名芝（1618—?），皆为昆山人，明诸生，入清为隐士,作者的挚友;吴兴公,其人不详①。

15.《**怀止白和上**》 释止白(和上即和尚)名心静,吴江人,俗姓张,脱白于吴县东山翠峰寺。一生多病,闭户焚香,所作诗偈有《古雪居草》,未见传世。康熙初年,当地人席启图(1638—1680)兄弟于寺后为其建庵舍,取"古雪光无际,照君清素心"之诗意,命名为古雪居。朱用纯自康熙二十二年(1683)起,在东山执教,诗约写于二十四年(1685)。用纯《毋欺录》此年记有"访止白上人,即同至甫瞻处,涧水淙淙可听,不虚昨之见招",可参看。

16.《**击壤草堂看桂**》 击壤草堂为吴县东山席氏园林的堂号,此园林原为明代户部尚书王鏊之子王延陵的招隐园,至清初归富商席本祯。朱用纯自康熙二十二年(1683)起,在此教其孙永渤(启图幼子)近十载,诗当写于前几年。

17.《**洞山**》 洞山在今苏州市吴中区西山镇西洞庭山之东,即林屋洞所在地。清康熙二十七年(1688)十月四日,朱用纯在弟子席永渤的陪同下,首次游赏此地。

18.《**题表被甥〈濯足万里流图〉**》 表被是昆山胡钦之字。其父溶时(1642—?),乃朱用纯族婿。故诗题所谓"甥",是指同族姊妹之子,而非亲外甥。胡钦其家族于清初昆山被占时死难惨烈,故其少时极其贫困,力学攻文,发奋上进,康熙三十二年(1693)中副榜贡生。此诗约写于稍后,勉励其要志向远大、品格美好。濯足,语出《孟子·离娄上》"沧浪之水浊兮,可以濯我足",古人多以此比喻清除世尘、保持高洁。胡钦后来果然不负其望,选授直隶清丰知县,修学宫,设义学,立书院,政绩甚佳,官至工部郎中。

(原载于《朱柏庐诗文选》,江苏古籍出版社 2002 年版)

---

① 邓汉仪《诗观》初集卷八载"吴振宗,兴公,浙江钱塘人",康熙慎墨堂刻本。潘衍桐《两浙輶轩续录》补遗卷一载"吴振宗,字兴公,钱塘人。《缉雅堂诗话》:'兴公磊落多才,纵其豪气,不可一世。燕南代北,剑客奇才多与为偶,潜夫词语可以相赠矣。'"光绪十七年(1891)浙江书局刻本。——结集补注。

《王渔洋事迹征略》拾遗补缺

说　明：蒋寅先生新著《王渔洋事迹征略》(人民文学出版社2001年10月版，以下书名简称"征略")，以四十馀万字的篇幅，在大量阅读第一手资料的基础上，汇集了丰富的文献史料，通过发掘排比、辨异存真，对清初一代文坛领袖王士禛有关交游、创作、批评、编选等文学事迹，进行了较为细致准确的考订、编年，以求全面展示"这位诗学史上集大成人物的毕生经历和对诗坛的影响"("征略"p.3，以下括注省去书名)。然就其序言介绍的著述目的之一"考证王渔洋及其集团的文学活动"(p.2)和凡例交代的有关"交游、酬唱等内容均不惮详细"(p.4)的体例来衡量，该书尚有一些未臻至善或语焉不详之处。对该书涉及王氏之有关人物、事迹言而未详、未备处，笔者仅就知见所及，择其要者予以补充，希望能有助于对王渔洋其人其事的了解，而不被视为赘举。如有不当，敬请蒋先生和学界方家指正。为便于行文，对所述之文大致以在书中出现先后为叙述顺序，同类问题一并及之。

第45页，言"汪楫于友人<u>虚中</u>处闻吴嘉纪诗名"，于"虚中"无考，且仅以字号相称亦非该书体例。查《清人室名别称字号索引》(以下简称"清人字号索引")有四人以此为字号，然皆非汪楫、吴嘉纪之友。此人姓汪名舟，江南歙县人，著《岸舫斋诗》。《诗观》三集卷六收所作八题，辑者邓汉仪按曰："吴子野人数言虚中之为人，质直多古谊；诗篇清矫，如乔松直上，如澄潭绝尘。"吴嘉纪(号野人)有《晏溪送汪虚中》、《寄汪虚中》。汪舟与汪楫为徽州同乡，同寓扬州。

第47页，言顺治十六年冬彭孙遹就其宿，"逢刘体仁、<u>潘进也</u>"，引诗为《夜就贻上宿逢刘公勇比部潘进也国博有赠》。刘氏用其名,潘氏仍其旧。进也乃潘世晋之字(未见"清人字号索引"著录),江南兴化人,顺治十二年进士(王氏会试同年),后官吏部郎中,康熙三年任会试同考官。

第54页,引其《高邮舟次逢绳东表兄归淄川米紫来归京师》诗,仅言"将因公事赴江南……逢友人米汉雯归京"而未及"绳东表兄"。高玮(1609—1668),字握之,号绳东,顺治三年进士,官河间府推官,有《留耕堂遗诗》,今存。事迹载王氏所撰《墓表》,见《带经堂集》卷八三。高玮是高珩兄,其父为士禛伯祖父象乾女婿,故应属谱主的重要友人。

第55页引《拜陈少阳先生祠》诗,言谱主"过丹阳拜陈少阳祠"。陈少阳乃宋人陈东,力主抗金、请诛蔡金、乞留李纲,因忤高宗被杀。"征略"涉及前代人士常常未能提及朝代和本名,其实对此类人物略加考证,或有助于对谱主思想和学术的了解,或可避免一些叙述上的失误。如第174页言其问孙承泽"吕氏《读诗纪》、严氏《诗缉》如何"而未及作者全名和时代。《读诗纪》指《吕氏家塾读诗纪》,为吕祖谦撰;《诗缉》为严粲撰,两人均为宋代人士。第203页言其"次开封府襄城县"(按:河南襄城县明清属许州府,至民国初年始属开封道)吊李元礼墓。李元礼名膺,东汉襄城人,反对宦官专权,人称"天下楷模李元礼"。第234页言其"向宋荦借观明沈文端公家书"。文端为沈鲤谥号,此人为嘉靖进士,官至礼部尚书,为商丘人,是宋荦的乡前辈(这或许便是为何要向宋荦借观的原因)。第314页言其过江西新淦县,"知县贻邑人练中丞《金川集》、胡祭酒《颐庵集》、朱中丞《湖上楮谈》等书"。从前两部书名,可知一为练子宁,名安,以字行,官御史大夫(中丞),因不从明成祖,被断舌磔死;一为胡俨,南昌人,成祖时官国子祭酒。新淦(今吉安市辖新干县)清属临江府,与南昌(清江西省治及南昌府治所在县),既不同府,亦非毗邻,故不宜称之为"邑人"。"朱中丞"名字的查找稍有麻烦,先用书目类工具书检索《湖上楮谈》无结果,只好根据其大约为明人、所著大约为子部小说类或杂家类等猜测,去逐条翻检《千顷堂书目》,果在卷一二"小说类"中发现"朱孟震河上楮谈三卷……新淦人"诸字,此人字秉器,隆庆二年进士,官至副都御史。官职、籍贯皆对得上,可知"湖"乃"河"之误植(否则亦是

83

极易查出作者的)。第337页言其"读乡前辈许襄敏公赠岳蒙泉诗"。襄敏为明代大臣许彬谥号,山东宁阳人,永乐十三年进士;蒙泉为同时岳正之号,顺天潦县人,正统十三年进士,官至兴化知府。宁阳县,明清属兖州府;新城县,明清属济南府。说许彬为王士禛"乡"前辈,略显宽泛,宜云"读明许彬赠岳正诗"。第349页言其"借得吴草庐《书纂言》抄本",并云其"甚喜吴氏经说",家有所著《礼纂言》、《易纂言》诸书,而未及其名。此吴氏乃元人吴澄,入元后屏乡里,筑草屋著述其中,人称草庐先生,后奉诏为官,迁翰林学士,所著各种"纂言"今皆存。第382页言其"跋《童子鸣集》"。明代童佩,字子鸣,浙江龙游人,尝受业归有光,喜作诗,因世为书贾,诗选或名《童贾集》。第401页言"门人李瓒抄韩五泉《朝邑志》相寄,有跋"。韩氏名邦靖,字汝庆,号五泉,朝邑人,名臣邦奇弟,主纂[正德]《朝邑县志》,该志的万历刻本附有《韩五泉诗》四卷。第423页言其抵陕西华阴"谒关西夫子杨伯起墓"。杨伯起名震,东汉华阴人,明经博览,时儒称"关西孔子杨伯起",曾以"天知神知我知子知"拒贿。第508及512页言其两次托山西范鄗鼎"访乔白岩、王虎谷集"。前者为乔宇,乐平人,有《乔庄简公集》;后者为王云凤,和顺人,有《博趣斋稿》,均为明代山西人,与王琼并号"河东三凤"。

第68页,言其顺治十八年五月至镇江,引为此行所作之《京口遇季霖北归》诸诗。查"清人字号索引",有两人以"季霖"为字号,并皆与谱主同时,一为翁澍(即"征略"征引书目所署《胥毋[母]山人诗集》作者翁季霖者),一为李鸿霖,为谱主同乡,后三年成进士,康熙十七年以内阁中书为浙江乡试副考官。《诗观》三集卷二选其诗二十一题。邓汉仪云其"留心经国大业,不屑屑以吟咏见长;而诗则清雄老健,一洗时流粉泽,同里王詹事阮亭深知之",可见王、李二人交谊。加之诗题言季霖"北归",当指李鸿霖无疑。

第73页,言其经兴化"舟中读闺秀徐幼芬遗诗",引诗为《昭阳舟中读闺秀徐幼芬遗诗兼寄李季子》。由《历代妇女著作考》知诗题中徐氏名尔勉,江都人,为兴化李淦(1626—?,号季子)妻。淦因父长倩南明死难,遂终为遗民。

第74页，言其九月初九"有诗怀彭孙遹、魏子存、西樵"。此处彭氏所用为名（字骏孙），魏氏当为嘉善魏学渠，字子存，号青城山人，顺治五年举人，曾任湖广提学道（《清秘述闻》记为顺治十八年任，《清代职官年表》记为康熙八年任，待考），官至湖西道。彭孙遹、魏学渠在顺治十六年秋冬时即与谱主过从甚密，见"征略"引曹尔堪《己亥九日黑窑厂登高同王贻上魏子存彭骏孙》诸诗（p.45）及谱主将本年作诗属"魏学渠序之"（p.47），然于其人皆无介绍。至于为何时将彭、魏二位一并唱和思忆，或许与当年三人比邻而居有关（《阮亭诗选》卷八己亥诗自序："是冬，与海盐彭孙遹、嘉善魏学渠卜邻宣武门外。"）。及此，对那年王、魏何以"晨夕过从"，彭氏何以时常"夜就"王宿或"夜过"王宅，可能会多一层理解。

第89页，王仲儒小传为"字景州，江南宝应人。与弟熹儒均有诗名。有《西斋集》"，并署其生卒为"？—1698"。如此介绍虽无不可，然如放眼整个清代文化史、文学史及诗歌史，其身后遭遇不妨一提：因所作颇具故国之思，死后83年仍被掘墓戮尸、著作遭禁，是乾隆文字狱中的要案之一。至于其生年，邓之诚《清诗纪事初编》首次据《西斋集》康熙三十三年（1694）《秋感》诗"六十支离白头翁"，定其"卒年当为六十有五"，即生卒为1634—1698，《明清江苏文人年表》、《中国文学家大辞典》、《清人别集总目》（王氏条出自笔者之手）皆相沿不疑。可是如据古人算法，1694年60岁人，其生当在1635年。

第93页，曾王孙小传无生卒、仕履、著作。此人生卒为1624—1699（《清代碑传文通检》p.255），康熙三十三年官至四川提学道，所著《汉川集》、《清风堂文集》等今存。

第112至113页，言其康熙三年在金陵游瓦官寺，引游记云"邓太史元昭招余结夏万竹园"；越二日又登木末亭，引诗有《六朝松石歌赠邓简讨》，均未交代邓氏其人。其实此人与第91页引《邓简讨招饮梅园》者为一人，乃江南寿州邓旭（1609—1683），字元昭，居江宁，顺治四年进士，授检讨，官至洮岷兵备道按察副使，有《林屋诗集》传世。其裔代有名人，抗英名臣邓廷桢、藏书家邓邦述为其显者。

第141页沙澄小传，言其为山东蓬莱人，无字号、仕履。查《明清进士题名碑录索引》乃莱阳人（另有沙长祺为蓬莱人）；据手头资料仅知其字会清（"清人字号索引"无此人），顺治四年以庶吉士任会试同考官，顺治十五年为詹事府学士，十八年由礼部左侍郎迁尚书，康熙二十五年休致。

第146页，载康熙五年立冬与崔老山、綦松友诸人集滴翠园诗宴，言"崔老山、綦松友名未详"。崔氏名谊之，字子明，号老山，山东平度人，顺治八年举人，联捷成进士，由河南新野知县洊历直隶通永道（道光《平度州志》卷一九）；綦氏名汝楫，字松友，山东高密人，谱主会试同年，任顺治十五年会试同考官，康熙五年官秘书院侍读学士，次二年以弘文院学士解职。

第159页，言"汪琬有题文与也画诗赠公"，从汪诗"渔洋之诗化工手……今得文郎设色画"云云，与也所画当为士禛诗意，故亦为其友人，应予介绍。据"清人字号索引"知其为长洲文点（1633—1704），震孟孙，入清以气节自励，卖书画为生，朱彝尊为撰《墓志铭》。由其为苏州人士，不妨推测所画渔洋诗或为《入吴集》中游苏之作。

第160页，言"于友人程翼苍处得宋刊本《沧浪吟卷》"，此事在蒋先生《王渔洋与康熙诗坛》中亦曾提及（中国社会科学出版社2001年9月版p.157），而对程氏均无介绍。程翼苍在"康熙六年"条中多次出现，分别见于第151、153、154页，可见在此两年间二人过从甚密，且交谊非同寻常（否则不会以价格至昂的宋版书相赠）。翼苍为程邑（1630—?）之字，此人一字幼洪，为江南上元籍徽州休宁人，顺治九年进士，选庶吉士，散馆外转苏州府学教授（是哭庙案中重要角色），康熙二年升国子监助教，旋官翰林，《渔洋山人感旧集》有传。

第163页，引丘象升《己酉三月再泛红桥同宋牧仲汪季用乔石林韩醉白兼怀王阮亭诸君》，在叙述时宋、汪、乔诸人皆称其名，惟有韩氏仍旧。醉白乃扬州江都韩魏（1643—?）字，此人为监生，所著《东轩集》由王晫序（未见传世），与王士禛交往不止一次，康熙二十一年曾以《上巳图》征题，《渔洋续诗集》卷一五记其事（参《明清江苏文人年表》，"征略"似未载）。

第188页，记其康熙十一年赴四川乡试主考官道中，七月二十五日有《渭南望瀑园寄南鼎甫金宪》。南廷铉，字尔玉，陕西渭南人。金宪是明人对佥都御史的美称,为都察院官员;清初当亦尊称按察司佥事之类(参"征略"p.195"曹节民张澜柱两佥宪")。《汉语大词典》释"佥宪"仅及前义,未涉其清初的词义变化。南氏为渭南望族,廷铉(1618—1683)顺治三年举人,官柳州推官,入为户部员外郎、礼部郎中,官至分巡松威道按察司佥事。王士禛为撰《墓志铭》。

第191页,引其《怀朱人远》诗。朱人远名迩迈(一作尔迈,1632—1693),海宁人,诸生,黄宗羲为撰《墓志铭》。其妻葛宜亦以诗名,有《玉窗遗稿》今存。

第198页,引《江津县晚泊寄李绥阳公凯》。公凯为山阳李铠之字,绥阳为其时任县令之地名。此人号惺庵,顺治十八年进士,历任绥阳等地知县;康熙十八年举宏博,官至内阁学士,"所著有《读书杂述》、《史断》,王士禛称为有本之学"(《清史稿》本传),故与渔洋非泛泛之交。

第201页,记其过荆州府江陵县,"入城晤川湖制府、兵部侍郎蔡显斋及分巡上荆南道副使王鸣石、郡丞张秀升同年"。如果说后两位尚需翻检方志始有可能得其名、事,"显斋"虽"清人字号索引"无载,然"制府"即总督,此际任川湖总督(驻荆州)者为蔡毓荣(?—1699),字仁庵,汉军正白旗人,官至兵部左侍郎,正史有传。

第203页,言其"宿新乡县",引诗有《新乡望苏门山怀孙钟元先生》。孙氏名奇逢(1585—1675),字启泰,号钟元,直隶容城人,清初隐居河南辉县苏门之夏峰,为一代大儒、著名征君,有《夏峰先生集》今存。

第204页,言"金孝章画梅欲寄公兄弟"。吴县金俊明(1602—1675),字孝章,号耿庵,明诸生,入清隐居为遗民,擅书画,诗集有《耿庵诗稿》(稿本藏于台北中央图书馆,另有台北学生书局影印《历代画家诗文集》本,国家图书馆似有藏)。

第237页,言康熙十七年"翰林编修翁叔元、户部员外郎高龙光典山东乡试",前者有小传,后者无。高龙光字紫虹(一作紫虬),福建长乐人,顺治十六年进士;康熙十九年官镇江知府,二十三年任山西提学道。

第238页,言其有和汪琬为姜学在赋《艺圃杂咏十二首》,从引文可知为姜如农(1607—1673,名埰)仲子,而无小传。学在名实节(1647—

1709），寓居吴县，不事科举（可否视为明代遗少？），著《鹤涧先生遗诗》今存。

第244页，言"有诗怀施闰章、梅庚"，然引诗为《二月二日大雪晨起怀愚山渊公耦长》。愚山为施闰章号，耦长为梅庚字，渊公则是梅清（1623—1697）之字，顺治十一年举人，士大夫多与之交，"新城王士禛、昆山徐元文尤倾服焉"（《清史列传》卷七〇），著《瞿山诗略》等今存。三人皆为江南宣城人，故怀念时一并及之。宣城梅氏为著姓，梅清辈分较长，梅庚为其"同族"（《清史稿》卷四八四）。但如说庚为清"从孙行"（《清诗纪事初编》卷五）或庚为清之弟（《中国美术家人名辞典》）则未见记载。

第266页，言康熙二十年七月"送友人孙蕙、秦松龄、汤斌、施闰章出使"，引诗为《送孙树百给事使福建》《送汤荆岘侍讲于赤山礼部使浙江》等四题。此年，孙蕙、秦松龄、汤斌、施闰章分别为福建、江西、浙江、河南乡试主考官。据诗题而言，"出使"虽无大碍，然究竟与赴乡试主考官之任的事实稍有差距，宜直言"送友人……典乡试"。另未及"于赤山"其人，于氏名觉世（1619—1691），字子先、赤山，与王渔洋同邑，顺治十六年进士，该年以礼部郎中为浙江乡试副主考，次年任广东提学道。王士禛为撰《墓志铭》。

第266页，言"吴江顾樵水取公平山堂旧诗意为图相寄"，顾氏无传。顾樵（1614—？）字樵水，号若邪，与顾有孝（即所引诗题中"兼寄"之茂伦）并称高士，人称诗、书、画三绝。

第267页，宋炌小传云："字介山，河南商丘人。宋荦季弟，年四十一卒。"据宋荦撰《行略》，字介子，号介山；生卒为1643—1683。此人以胄监中举人，有《西湄草堂诗》今存。

第274页，言其"招梁佩兰、蒋景祁、冯廷櫆、白子常宴集"，所引为蒋景祁《雨后阮亭先生招同梁药亭冯大木白子常宴集……》。于梁、冯二位皆将诗题中的字号转换为名，独"白子常"依旧。"清人字号索引"著录有六位"子常"，惟独没有白姓者。偶翻《施愚山集》诗集卷四二，有《白子常归江宁》七律诗，题注曰："故人仲调廷评之子。"江宁白梦鼐（？—1680），字仲调，康熙九年进士，官大理寺评事，十九年任福建乡试副主考。以此为线索检《金陵通传》卷二六,于梦鼐传内查得"子眉,字子常,官国子学正"十字。

第278页,言其康熙二十二年"有诗送翰林编修孙予立、礼部员外郎周灿使安南",从引诗看,孙氏仍以字号相称,周氏则易"星公"之号为名灿;从介绍看,前者无传,后者有传。孙氏名卓(1648—1683),字予立,号如斋,康熙十八年榜眼,奉使安南,道卒。为江南宣城人,故所引渔洋诗有《挽孙予立编修因怀愚山侍读》,与施闰章为同乡也。

第280页,言其"招蒋景祁、钱介维、刘山蔚、冯廷櫆、陈生洲宴集",蒋、钱(名柏龄)、冯三位前此皆有介绍,刘氏名榛(1635—1690),字山蔚,号事庵,河南商丘人,诸生,与睢州田兰芳齐名,著《虚直堂文集》今存。清初有陈氏名具庆者字生洲,为直隶元城人,天启二年(1622)进士,顺治五年以翰林秘书学士卒,故必非康熙二十二年(1683)尚与人宴集唱酬之"陈生洲",其人待考。

第283页,言其康熙二十二年"送陈维崧弟赴任安平知县",引诗题《九日慈仁寺送陈子之安平》及诗注"将较刊令兄其年太史遗集"。陈维崧弟即陈贞慧(1604—1656)子,只是贞慧除长子维崧外,尚有三子。欲查此"陈子"之名字,最好是去图书馆检《安平县志》的职官表,然试翻《中国地方志联合目录》,发现有康熙二十六年患立堂刻《安平县志》,纂修人为陈宗石,常理一般由知县主修邑志,诗题所谓陈子必指宗石无疑。此人为贞慧季子(1644—?),字子万,号寓园(《国朝耆献类征初编》卷一四一传误作"寓国"),国子监生。据《明清江苏文人年表》记载,康熙十七年始官山西黎城县丞,王士禛《渔洋续诗集》卷一一有诗,"征略"此年未载。二十二年十月任安平县令,见《县志》卷五。

第284页,言"顾茂伦、吴兆骞同选绝句选,本朝收钱谦益、汪琬及公三家",未及书名。茂伦为顾有孝(1619—1689)之字,此人乃著名的明遗民、清初大选家;所谓"绝句选",或即《贩书偶记续编》卷一九著录"约康熙间刊,吴江顾有孝吴兆骞江都蒋以敏同纂"之《名家绝句钞》六卷。王士禛之作的编选刊行是"征略"的著述重点之一,故有关书籍不宜放过。

第289页,汤右曾小传言其生卒为"?—1722",据《清史列传》卷九载,为"六十一年正月卒,年六十有七",则为1656—1722(《清人别集总目》汤姓为笔者所撰,沿陈乃乾《清代碑传文通检》引方苞撰《墓志铭》,作1655—1721)。

第298页,言其过兖州磁阳县,"知县高其任来见,示其父殉节录",语焉不详;次页又言其过宿州"门人"知州高其佩来见,亦无传。从姓名判断,其任、其佩似为兄弟行。在一般工具书中,其任无介绍,然其佩之传却甚常见(参《三十三种清代传记综合引得》)。从其佩传中,知二高为昆季,其父为汉军镶白旗人江西建昌知府高天爵,康熙十五年死于耿精忠叛乱。所谓"殉节录",当即是记载其遇害过程之文。天爵有六子:其位、其仕、其任、其佐、其佩、其仪,多为官吏(参黄百家撰《神道碑铭》)。其中以其佩(1660—1734,字韦之)在后世最享盛名,并非因官至刑部侍郎,而是擅长指头画以至"海内珍之"(《国朝先正诗略》),有诗名,著《且园诗钞》,有抄本存世。

第304页,言其康熙二十四年过江西吉安,"东望青原山,有诗并寄陈廷敬、李天馥、彭孙遹",引诗涉及交游者先后是:《望青原山有怀药地愚山二公》、《泰和道中寄说岩都宪容斋少宰羡门编修》,可知陈、李、彭只是后一诗题所及者。但是,在前一诗题中有一位人物是不能不提的,这就是药地大师,即鼎鼎大名的志士、遗民、学者、诗人方以智(1611—1671),披剃后法号药地、愚者等,康熙初年居青原山,时施闰章(号愚山)分守湖西,在山中净居寺聚徒讲学,两人过从唱和甚密,人称"二愚"(参任道斌《方以智年谱》)。此时两人均已前卒,渔洋作诗怀念"二公",当是即景生情之作。

第334页,言其康熙二十七年正月被"兵部侍郎张箬汉邀饭"。此际张可前任兵部左侍郎,张氏字箬汉,湖广江陵人,顺治九年进士,康熙十二年由吏部郎中任会试同考官,历官太仆、太常寺卿,左副都御史,刑部、兵部侍郎。

第334页,言其康熙二十七年二月一日"晤前副都御史吴铜川";第336页,又言"吴铜川过访,流连话别"。铜川为吴琠(1637—1705)之号,字伯美,山西沁州人,顺治十六年进士,官终保和殿大学士兼刑部尚书,所著诗文集尚存,以今人辑校《吴琠文集》(山西人民出版社1990年版)收罗最丰。"前副都御史"当指其二十一年任左副都御史,次年因丁艰归里,除服又告病在籍。二十七年春,因太皇太后崩而进京谒梓宫,故很快与友人"话别"回籍。

第335页,言其康熙二十七年二月六日被"吏部张、李侍郎邀饭"。此际任左侍郎的是李天馥(五天后迁工部尚书),右侍郎为张鹏(八天后迁左侍郎),皆为渔洋友人。

第336页,言其康熙二十七年二月被"舍人桐城吴冰持邀饭,吴为同年河南督学五厓之弟"。清代此前只有吴子云官河南提学道,吴氏字五崖(厓、崖通,未见"清人字号索引"),一字霞蒸,江南桐城人(《清秘述闻》作婺源人,此据《明清进士题名碑录索引》),顺治十二年进士(渔洋同年),康熙十五年以礼部员外郎任会试同考官,十八年官河南提学。冰持本名待考(县志有其传否?)。

第337页,王源小传未载生卒、功名。据《清史列传》卷六六,乃"康熙四十九年客死山阳,年六十三",即生卒为1648—1710,为康熙三十二年举人。

第337页,言其"晤前奉天府丞姜定庵"。姜希辙(?—1698),字二滨,号定庵,浙江会稽人,明崇祯十五年举人,入清历官温州教授、元城知县、奉天府丞,有诗集《两水亭馀稿》今存。

第337页,言其被"翰林编修李紫澜邀饭",次日谢重辉邀饭,紫澜复在座。李涛(1645—1717),字紫澜,一字述斋,先世江西赣人,明初徙山东德州卫,涛为康熙十四年解元,联捷成进士,官至刑部右侍郎。"清人字号索引"将其与浙江平湖同名者(字云谷)混为一人。

第339页,言其在平原县,分巡兖东道佥事"李浣庐"来见。查"清人字号索引",有一直隶武清李炜字峻公、浣庐。此人生卒为1643—1702,乃康熙二年举人,二十五年授东兖道,次年即升任广东按察使,历湖北、安徽布政使,康熙三十五年官至山东巡抚,应与渔洋还有联系。此人《大清畿辅先哲传》卷三、《颜李师承记》卷六有传。

第357页,言其康熙二十九年"送徐胜力典贵州乡试,有诗送行兼寄田雯"，引诗乃《送徐胜力宫谕典试贵州兼寄田纶霞中丞》，可知胜力为字号，田雯所用为名。徐氏名嘉炎（1631—1703），字胜力，号华隐，浙江秀水人，康熙十八年宏博，此年由右谕德出典乡试，后官内阁学士兼礼部侍郎，著《抱经斋诗集文集》今存。时田雯任贵州巡抚，故有"兼寄"之举。

第 362 页，言玄烨欲召见渔洋因时未果，"后兵部侍郎李厚庵为公述其事"。厚庵乃李光地（1642—1718）之号，字晋卿，福建安溪人，康熙九年进士，二十八至三十三年任兵部右侍郎，官至文渊阁大学士，著有《榕村全集》今存。

第 369 页，言"门人盛符升自吴中寄古文正集十卷、续集二十二卷，昆山葛端调刊本"。端调为葛鼐（《四库全书总目》作鼎，言为吴县人，皆误）字，为明崇祯三年举人，与兄鼏合辑《古文正集》十卷、《古文正集二编》二十二卷今存（参《中国古籍善本书目·集部》总集类）。"二编"为"四库总目"收入"存目"，当为今人辑入《四库全书存目丛书》。

第 439 页，言"甘国璧贻其尊人忠果公谕祭文"。忠果为甘文焜（1633—1674）谥号，字炳如，汉军正蓝旗人，国子监生，官至云贵总督，吴三桂反，兵败自杀。

第 462 至 463 页，言其康熙三十七年八月与"吴涵、赵吉士散步，国子祭酒特识庵、孙树峰招于讲堂茶话"，引诗为赵氏《戊寅八月六日丁祭社竣王阮亭总宪招副宪吴容大及予散步庙门大司成特识庵孙树峰少司成张寄亭相邀讲堂茶话……》。特默德，满洲镶白旗人，康熙三十六年任国子祭酒，四十一年于吏部左侍郎任上革职；孙岳颁（1639—1708），字云韶，号树峰，江南吴县人，康熙二十一年进士，康熙三十四年任国子祭酒，四十一年以礼部侍郎兼任（《清代职官年表》失载），擅书法。另"少司成"指国子监司业，寄亭乃张豫章之字（或作寄庭、既亭，"清人字号索引"未载），江南青浦人，康熙二十七年探花，三十七年任司业，四十二年以翰林编修官贵州学政（参光绪补刻本《钦定国子监志》）。

第 464 页，言其将林佶所说"明黄石斋异事"即赴举人试时"堕水见江神"载之笔记。此黄石斋即明末黄道周（1585—1646），天启进士，南明时由礼部尚书任隆武帝首辅，抗清兵败被杀。"堕水"异事见载于《黄子年谱》万历三十七年二十五岁时。

第476页,言武进徐永宣"其父为渔洋同年进士",未及其名。据所引张延[廷]枢撰永宣《茶坪诗钞序》"尊甫中丞先生",可知其父名元珙(? —1688),字辑五,一字荆山,渔洋会试同年,官至左副都御史(明代设副都御史以当中丞之任),《碑传集》有传。

第490至491页,言陕西康乃心"托亲戚张景峰"寄李来章诗文请渔洋论定;第529页,引康乃心诗"太史西归还寄语"说明王氏与其有"谭诗之约",并按曰:"太史即康乃心亲戚张晴峰。"张廷枢(? —1729),字景峰,陕西韩城人,康熙二十一年进士,此际官翰林侍读(太史),官至刑部尚书,著《崇素堂诗稿》今存。"晴峰"或为"景峰"之误。

第492页,言其题诗赠"周燕客赴任扬州府同知",引诗为《题卢沟送别图送周七燕客之扬州》。周在都(1655—?),字燕客,亮工第五子,所著《卢沟送别诗》等六种今存。言周七者,或是包括亮工弟亮节所生子在内。

第496至497页,言其康熙四十年入山东,"巡抚、兵部王侍郎遣人来迎,布政使刘公、按察使王公亦遣使至";第502页,言其复"与山东巡抚王东侯、提学徐章仲"会晤;第518页,言其次年执笔山东水灾公启与"山东巡抚王侍郎、布政使刘",共涉及省级大吏四人。他们分别是:王国昌(? —1728),汉军正白旗人,三十七年由督捕侍郎任山东巡抚;刘暟(一作曒),顺天大兴人,三十六年由西宁道任山东布政使。从《满洲名臣传》载王国昌事迹,可知他与刘暟皆因于山东任内赈灾不力而被革职。王然(? —1710),顺天大兴人,崇简子,荫生,三十八年由江南驿盐道任山东按察使,官至浙江巡抚;徐炯,字章仲,江南昆山人,乾学次子,二十一年进士,三十八年由工部员外郎任山东提学道,所注《李义山文集笺注》今存。

第499页,言"隋昆铁饷公《琅邪诗人诗选》并求序,公属张侗代笔"。此书据王绍曾主编《山东文献书目》载,有《琅邪诗人诗第一编》今存,为(清)冯昆锳辑,清抄本;然查《贩书偶记》,有"古诸冯隋平辑"《琅邪诗略第一编》刻本(今山东博物馆有藏),所谓"冯"昆锳,当是由此而来。诸冯,古地名,传说为舜生之地,即后之山东诸城。"清人字号索引"有隋昆铁其人名号:隋平,字无奇、昆铁,号半舫。事迹不详,邑志或载。

第504页,言康熙四十一年"宋荦有题吴荆山《吹剑集》诗"寄王士禛。吴士玉(约1655—1733),字荆山,江南吴县人,四十五年进士,官至礼部尚书,有《吴士玉诗选》今存。据《贩书偶记》著录,《吹剑集》有该年刻本。

第515页,言其"送吴铭道随孙菊思视学赴滇"。孙缵功,字鞠思,顺天昌平人,康熙二十一年进士,四十一年十二月由刑部员外郎改云南提学道,则为时任刑部尚书的王渔洋原属官(其人"清人字号索引"无载)。

第521页,言其康熙四十二年诗送"国子司业鲁留耕告假归建昌",并为鲁撰诗序。鲁"留耕"未见"清人字号索引",从时间、籍贯、官职等判断,当为鲁瑗,字廷玉(一作建玉),江西新城(属建昌府)人,康熙二十四年进士,两任国子司业,有《砚贻堂诗钞》今存,不知是否为渔洋所序者。

第525页,言其因"故人子许不弃将之陈留",为许氏父子题诗送行。但是只介绍了许友的情况,而未涉"不弃"其人。许不弃名遇(?—约1720),一字真意,顺治岁贡生,受诗于王士禛,"之陈留"乃是赴知县任,康熙五十三年调长洲,卒于官,由此可知其约卒于五十九年,著《紫藤花庵诗钞》今存。此人或即第485页引《王贻上与林吉人手札》所云"未暇写数行候不弃兄"(林佶亦为侯官人)之"不弃兄"。

第550页,言康熙四十九年"程正揆后人刊《清溪遗集》成,来求公序",序云先与正揆"嗣君汝南太守同官于朝",至"康熙己丑,则先生集已告成。君不远二千里来征予序",故此"程正揆后人"当即康熙中叶任汝南(清代指河南汝宁府)太守者。程正揆共有九子,据光绪《孝感县志》卷一四《人物·臣林》载,其五子大毕"字简可……由贡生拔典籍,历郎中,出为汝宁府知府,擢两广盐法道"。

在结束本文之前,需要着重说明的是,其一,由于"征略"一书于王士禛交游各人,或有传、或无传;有传记者,或先出,或后出,几无一定之规。加之全书缺少一个人名索引,欲知某人有无介绍,极难查找。因而给笔者的补遗亦带来一些不便,一方面对有的人因不知书中前后是否已经有传而放弃进一步查找,另一方面拙文所作"补遗"者难免有个别人物其实在"征略"中已有介绍而成蛇足之举。如有后一现象,敬请蒋先生给以谅解。其二,在以上拙文所谓"拾遗补缺"之处,有一些其实是蒋先生已知的,只是不知何故,取字、号而舍名。如第499页"隋昆铁饷公《琅邪诗人诗选》并求序"条,引文言及张崇深先生《王渔洋与诸城人士交往考略》,按"考略"之文的常规,必涉及昆铁其人其事。再如第516页,言渔洋"阅明隆庆间内乡李子田辑《宋艺圃集》"。经查所引《香祖笔记》,此人乃明确写为"李子田衮",可证"征略"书为李子田,不是不知,而是不为。然以年谱体例而言,在著者叙述语言中,应宜以本名出之。其三,在以上的拾遗补缺中,对考出本名后人物诗文创作的介绍,笔者主要是根据李灵年、杨忠先生主编的《清人别集总目》(参编者是陈敏杰、王欲祥先生和我)而进行的,该书详细著录了有清一代两万一千馀人的诗文创作的传世情况,有此在手,使考索清人别集创作这样原本十分困难的事情,变得相对容易得多。而此书2000年7月刚刚问世,蒋先生在"征略"交付出版时是绝无可能参考。指出这一点,是希望读者诸君能够更多地体会蒋先生编撰"征略"的不易。另外,在撰写拙文的过程中,亦间或发现《清人别集总目》的失误之处。因书出众手,在行文时只指出责任在我者。

[主要参考文献]

(1)陈乃乾编《清代碑传文通检》,北京:中华书局1959年版。

(2)朱保炯、谢沛霖编《明清进士题名碑录索引》,上海古籍出版社1980年版。

(3)邓之诚著《清诗纪事初编》,上海古籍出版社1984年版。

(4)张慧剑编著《明清江苏文人年表》,上海古籍出版社1986年版。

(5)钱实甫编《清代职官年表》,北京:中华书局1980年版,1997年2次印刷。

(6)[清]法式善编《清秘述闻》,北京:中华书局1982年版,1997年2次印刷。

(7)杜连喆、房兆楹编《三十三种清代传记综合引得》,北京:中华书局1987年影印民国排印本。

(8)[清]钱仪吉等编《清代碑传全集》,上海古籍出版社1987年影印本。

(9)杨廷福、杨同甫编《清人室名别称字号索引》,上海古籍出版社1988年版。

(10)袁行云著《清人诗集叙录》,北京:文化艺术出版社1994年版。

(11)钱仲联主编《中国文学家大辞典·清代卷》,北京:中华书局1996年版。

(12)《中国古籍善本书目·集部》,上海古籍出版社1996年版。

(13)李灵年、杨忠主编《清人别集总目》,合肥:安徽教育出版社2000年版,2001年2次印刷。

(原载于《中国诗学》第八辑,人民文学出版社2003年版)

清初戏曲家龙燮生平、剧作文献新考

摘 要：根据《燮公年谱》，可以准确认定龙燮的具体生卒；其字理侯，号石楼、雷岸、改庵、雷岸居士、石楼主人、蘧蘧道人、寓兰居士，其他记载多不可信；杂剧《芙蓉城记》约写于康熙十三年（1674）冬，今存乾隆四十二年（1777）蒋士铨序《江花梦》合刻者与两种近现代抄本，文字差异很大；传奇《琼花梦》写于康熙十四年，乾隆四十二年（1777）刻本改名为《江花梦》，另有抄本多种，近代古吴莲勺庐抄本的祖本当比乾隆刻本和笔者家藏抄本年代为早。

关键词：龙燮；《芙蓉城记》；《琼花梦》；《和苏诗》

在清代文学史和戏剧史上，江南安庆府望江县之龙燮具有一定的地位。其少负"神童"之誉，屡赴秋闱不第，由"恩例北监"[1]荐举康熙十八年宏博，官终工部员外郎。诗有《和苏诗》三集，现存康熙刻本和抄本，民国徐世昌以"诗多逸趣，而不掩其神骏之气"相许[2]。所作戏曲知有杂剧《芙蓉城记》和传奇《琼花梦》两种，至少后者曾在当时多次演出，康熙中叶甚至出现过"都下梨园争演之"的盛况[3]。关注龙燮的现代戏剧学者，首先是卢前、孙楷第和赵景深等先生，他们在有关著作或文章中，对龙燮及其剧作都有所介绍。进入1980年代，先父陆洪非先生根据家藏文献资料，首次较为深入全面地研究了龙燮生平及剧作[4]。此后，庄一拂《古典

---

[1] ［清］龙燮：《望江县志》卷七《选举》，康熙十二年（1673）刻本。
[2] 徐世昌：《晚晴簃诗汇》卷四二，北京：中国书店1989年影印本，第572页。
[3] ［清］田雯：《冬夜招揆哉石楼鲁玉彦来文子小饮》之四诗注，《古欢堂集》卷一四，《四库全书》本。
[4] 陆洪非：《龙燮及其〈江花梦〉与〈芙蓉城〉》，《艺谭》1982年第3期。

戏曲存目汇考》、周妙中《清代戏曲史》、邓长风《明清戏曲家考略》、齐森华等《中国曲学大辞典》、郭英德《明清传奇叙录》、李修生等《古本戏曲剧目提要》等,也都有所著录或考述。以下围绕龙燮及其剧作的相关史实,就学界至今语焉不详或以讹传讹的问题给予辨考。

一 龙燮生卒和字号辨析

关于生卒。民国时赵景深在安徽学院执教期间写成《龙燮的江花梦》,因撰述的重点在评述剧本,未涉作者生卒,但首次引述了龙垓所著其父年谱多条①,从"某某年府君某某岁"的原始资料中,读者可以得出龙燮生于1640年的准确结论。此后,先父根据《燮公年谱》,准确记载龙燮"明崇祯十三年(1640年)出生……康熙三十六年死于任所"。这一成果,经邓长风的引述②而被学术界多数学者采纳。另有影响者,是张慧剑据《过日集》卷一五著录生年为崇祯十六年(1643)③,钱仲联主编《中国文学家大辞典·清代卷》同此。经阅清初诗歌总集《过日集》,该卷仅有龙燮《丁未初度》七律:

> 敲针骑竹浑如昨,破帽青衫忽到身。榆荚囊空难使鬼,梅花赋就尚惊人。独为南阮惭群从,安得西华慰老亲。时未举子。笑问山妻钗典未,且须沽酒过兹辰。④

无论是诗题还是诗句,皆无指示生年的有用线索,更不要说具体到某年了。至于周妙中记载为"万历四十七年,1619—康熙三十一年,1692"⑤,未云出处,故已无从辨析致误之由。为了取信并便于学界引用,现将先父所据《燮公年谱》抄本文字录下:"公生于崇祯十三年庚辰正月十七日子

---

① 赵景深:《明清曲谈》,上海:古典文学出版社1957年版,第222—223页。
② 邓长风:《十位清代戏曲家生平考略》,《明清戏曲家考略》,上海古籍出版社1994年版,第567页。
③ 张慧剑:《明清江苏文人年表》,上海古籍出版社1986年版,第576页。
④ [清]曾灿:《过日集》卷一五,康熙十二年(1673)刻本。笔者所见本,书名签另端有"63.5.19 张慧剑"钢笔字迹。
⑤ 周妙中:《清代戏曲史》,郑州:中州古籍出版社1987年版,第96页。

时,卒于康熙三十六年丁丑八月十一日戌时"①。可知其具体生卒公元为1640年2月8日—1697年9月25日,享年五十六岁。江庆柏据田雯《挽石楼》确定其卒年无误,惟云"赵景深撰'年谱'卒年作康熙三十三年(1694),不确"②,则属未验原文之论。赵氏从未撰过龙燮年谱,其文所引年谱最迟为康熙三十三年事,不能因此误解龙燮卒于此年。关于其生年,还有一条资料未见前人披露,即清抄本《康熙十八年鸿博履历》"乙酉年正月十七日生",则为清顺治二年(1645),虚减年龄五岁。"官年"与"实年"有差,自宋以来已然如此③,在明末清初的科举履历中乃常见现象,亦不足为据。但此类履历中记载的出生月日还是可信的,可据以补充一般传记只载生年之不足;故应将龙燮《丁未初度》诗的创作时间定为康熙六年(1667)正月十七日,时年二十八岁。

关于字号。龙燮字号,见于记载的有:字理侯,号石楼、雷岸、改庵、雷岸居士、石楼主人;见于戏曲创作的,还有"蓬蓬道人"④、"寓兰居士"⑤;晚因戏曲《琼花梦》闻名,友人称其为"琼花主人"⑥。《燮公年谱》对主要字号的命名时间有记载:康熙十一年(1672)"别号石楼"、十九年(1680)"更号雷岸",三十一年(1692)"又号改庵",可供参考。但是,自民国时谭正璧的龙燮介绍、赵景深《安徽曲家考略》说"一字二为"⑦,以及卢前《明清戏曲史》和孙楷第的龙燮剧作解题云"字二为"⑧以来,当代各家皆相沿不疑,差别也就是"字"或"一字"而已。惟先父文章曾指出"龙燮胞兄字'二为'",惜未引起注意。龙光(约1637—约1726)为燮胞兄,康熙六年

---

① [清]龙垓:《燮公年谱》,家藏旧抄本。
② 江庆柏:《清代人物生卒年表》,北京:人民文学出版社2005年版,第102页。
③ [宋]洪迈:《容斋随笔》"四笔"卷三"实年官年",长沙:岳麓书社1994年版,第438页。
④ [清]龙燮:《江花梦》卷首,乾隆四十二年(1777)刻本。
⑤ [清]龙燮:《芙蓉城记》卷首,乾隆四十二年(1777)刻本。
⑥ [清]王顼龄:《廿四日同人集雷岸斋用前韵》注曰:"阮亭司农作绝句十首,赠琼花主人。"《世恩堂诗集》卷一二,康熙刻本。
⑦ 谭正璧:《中国文学家大辞典》,上海:光明书店1934年版,第1377页;赵景深:《读曲小记》,中华书局上海编辑所1959年版,第37页。
⑧ 卢前:《明清戏曲史》第六章,上海:商务印书馆1935年版;孙楷第:《戏曲小说书录解题》,北京:人民文学出版社1990年版,第361页,《后记》云文皆成于1934—1938年之间。

(1667)进士,历官太原、台湾同知,能证明其字"二为"的史料不烦赘引,义出《诗经·蓼萧》:"既见君子,为龙为光。"有关龙燮其字,还有两种著录,一是"石栖"①,一是"中允"②。前者沿袭了赵景深《龙燮的江花梦》的错误引文,该文两处引用《燮公年谱》"别号石棲"、"编为《石棲藏稿》",一处引用蒋士铨《江花梦》序"石棲先生有神童之誉"③,"棲"乃"楼"之形讹;后者则是误将官职视为字号,"中允"指詹事府左春坊左中允,或简称为"詹允"、"宫詹",是龙燮于康熙三十年(1691)由翰林迁转之职,方志云其"由编修开坊"即指此。龙燮早年还有一号"桂崖",各家从未著录:康熙望江知县刘天维曾撰《石楼峰》诗,题注曰:"皖山形如楼观,龙桂崖取以名集焉。"④刘氏为龙燮撰写过《石楼四集序》⑤,此处指龙燮无疑。在龙燮主修的《望江县志》卷一二《艺文》中,收有溧水黄如瑾《过大雷赠龙桂崖》和金坛张大心《将归金沙赠别大雷龙桂崖》。后者诗云:"飞兔不家有,和玉非人摭。龙螭实间兴,麒麟可亢轭。石楼擅藏编,焜耀贵盈尺……"大心于康熙初任望江训导,"学问该洽,尤善诗赋"⑥。龙燮《送张天放先生还金沙》⑦便是为其所作。龙燮受刘天维之聘修撰县志,于康熙十二年(1673)十二月撰新志序,落款曰"嘉平月望日邑国子生龙燮题于万卷堂"。万卷堂,或为龙氏堂号。

二 《芙蓉城记》版本及创作时间考

《芙蓉城记》杂剧,今存刊本与两种抄本。唯一刊本即与乾隆四十二年(1777)蒋士铨序《江花梦》合刻者,一册七出不分卷,首为自撰《芙蓉城记引》,次为蒋氏《题词》七绝六首,次为目录,正文大题下署"石楼主人填

---

① 齐森华等主编:《中国曲学大辞典》,杭州:浙江教育出版社1997年版,第161页。
② 郭英德:《明清传奇叙录》,石家庄:河北教育出版社1997年版,第737页。
③ 赵景深:《明清曲谈》,上海:古典文学出版社1957年版,第221页。
④ 《望江县志》卷一二《艺文》,康熙十二年(1673)刻本。
⑤ 《望江县志》卷一二《艺文》,康熙十二年(1673)刻本。
⑥ 《望江县志》卷六《官师》,乾隆三十三年(1768)刻本。
⑦ [清]曾灿:《过日集》卷八"七言古",康熙十二年(1673)刻本。

词"、"寓兰居士评校"。抄本所知有两种:一为先父所藏旧抄本,封面题"芙蓉城",首为"莲池渔隐"撰《题芙蓉城感石楼公作》七绝四首,乃刻本所无,次为目录,另行下署"龙雯手抄",正文大题下署"望江龙燮石楼著";一为《和苏诗》附抄本,正文大题下署"望江龙燮石楼",无序跋和题诗,正文曲词与龙雯抄本基本一致,宾白科介则与前两个版本各有异同。该本《和苏诗》"丘"作"邱","弦"字无缺笔,或为民国晚近抄本。

关于此剧的创作时间和地点,向无记载。自撰《芙蓉城记引》交待,是客居"兰水"之地、"拥炉呵笔"之时写下的作品。文中自叙友人央求作剧时所云"先生之《四集》,诗赋文词已具,而传奇独缺",似是龙燮其诗文集已经编就而尚未染指戏剧时的口吻。据年谱载,康熙十四年(1675),"夏客扬州"著《琼花梦》传奇。故《芙蓉城记》的时间下限只能在康熙十四年初春之前。周妙中在引述龙燮小引后,认为"此剧是作者老年的作品"。这一判断,可能源于她对"四集诗赋文词已具"和方志有关记载的理解。由其任责编的《方志著录元明清曲家传略》载有乾隆县志龙燮传,其中言及"有和苏诗文赋,亦多传者"[1],周氏不辨其误,亦云"著有《和苏诗文赋》"[2]。因为《和苏诗》三集的确成于作者晚年(初集有康熙二十九年[1690]嵇永福序),故其认为《芙蓉城记》亦作于老年。其实,县志中的那两句,应标点为:"有《和苏诗》,文赋亦多传者。"与考证杂剧创作时间无关。所谓"诗赋文词已具"的"四集",亦名《石楼四集》,县令刘天维称誉其水平是"赋自西京以下,诗自大历以还,文自欧、苏以上"[3]。《燮公年谱》载龙燮康熙十二年(1673)"肆力于诗赋古文,编为《石楼藏稿》"。从时间和文体看,"四集"与"藏稿"乃一书之先后名。龙燮本人康熙十二年底尚在纂修县志,该志卷一二《艺文》之部,已收入刘天维撰《石楼四集序》和谈志撰《读龙石楼文集》诗,故《芙蓉城记》写作时间只能是在康熙十三年(1674)冬(或次年初春),作者三十五岁。"兰水",古人多以之代称兰溪和莆田。从龙燮履历看,没有到过浙江和福建的记载。此处是指

---

[1] 赵景深、张增元编:《方志著录元明清曲家传略》,北京:中华书局1987年版,第246页。
[2] 周妙中:《清代戏曲史》,郑州:中州古籍出版社1987年版,第96页。
[3] [清]刘天维:《石楼四集序》,《望江县志》卷一二《艺文》,康熙十二年(1673)刻本。

"茹兰溪",乃与望江毗邻的建德县城南之著名风景,故以此代称建德(今安徽东至)。高寅《八景记》云:"邑号茹兰,始信古人锡名之意不谬云。"参见乾隆《池州府志》卷一二《建德山川》。该县王尔纲(1643—1694)于康熙二十七年(1688)辑刻《名家诗永》,金佐序称其为"兰溪王子绍李",自序落款"兰水王尔纲撰",可确证"兰水"指建德。《名家诗永》不仅收入龙燮《寄怀江武子先生》等三首诗①,据有关评语,王尔纲对其早期诗歌创作十分了解。如评其兄龙光诗云:"此先生晋阳怀古之作,意致遥深,兼有经济在内。谢家康乐,固不让惠连也。"(卷六)评龙燮《南陵石壁画马》云:"缾斋叙雷岸集,谓其宗太白,而此篇则居然子美矣!"缾斋,乃建德江桓之号,即龙燮曾写诗寄怀的江武子,诗有《答龙理侯》(卷三)。《名家诗永》成书时,江桓已逝世多年②,所叙"雷岸集"之语及王尔纲所录龙燮诗,或均出自已佚之《石楼四集》。只是不知龙燮写剧时所"寓王氏一小楼"③,与王尔纲是否有关系。

《芙蓉城记》乾隆刻本存世者极稀,读过的学者可能不是太多。庄一拂认为"本事见施注《苏文忠公诗集·芙蓉城诗》下引胡微之《王子高芙蓉城传略》"④,固然是未见作品的臆断;《中国曲学大辞典》在概述剧情之后,正确指出"与胡微元芙蓉城传所记王子高事不同"⑤,也未必看过原作。因为所述剧情似与《古本戏曲剧目提要》一样,均转录自周妙中《清代戏曲史》,周氏则是根据孙楷第民国年间为《续修四库全书总目》所撰提要。因为,除了叙述文字的基本一致外,诸位还众口一词地说石曼卿是"以许廷辅、孙秀、武承嗣、元稹、李益等五案奏帝"⑥。看过剧本的孙先生可能因疏忽而漏写了第一案,即毛延寿"嫁汉妃于绝域"案(第五出《宣谕》),阎罗罚其变马,"在边城上,也等他受些风沙之苦"(第六出《惩奸》)。此外,各家对情节的叙述都省略或忽略了第三、四出,内容大致是

---

① [清]王尔纲:《名家诗永》卷一二,康熙二十七年(1688)刻本。
② 建德孔尚大《梦亡友江武子》:"自作吞声别,遥遥忽数年。"《名家诗永》卷一〇。
③ [清]龙燮:《芙蓉城记引》,《芙蓉城记》卷首,乾隆刻本。
④ 庄一拂:《古典戏曲存目汇考》,上海古籍出版社1982年版,第701页。
⑤ 齐森华等主编:《中国曲学大辞典》,杭州:浙江教育出版社1997年版,第459页。
⑥ 孙楷第:《戏曲小说书录解题》,北京:人民文学出版社1990年版,第362页。

南唐陶榖、唐代武公业、《名媛集》中徐必用、《孟子》中乞墦齐人,分别来芙蓉城寻秦若兰、步非烟、朱希真、齐人妾,欲重归旧好。不料那些曾是他们姬妾或妻子的女性,在这座仙境中变得独立自强,对这帮假道学、无出息或不谙风情者,极尽奚落调侃之能事。研究作者的男女观或爱情观,这两出戏不可忽视。

无论是曲牌、唱词、宾白、科介、舞台说明,乾隆刻本与抄本都差异明显。尤其是第二至四出,文字异同之大令人诧异。如第三出《乞诮》,乞丐齐人(丑扮)讽刺商人徐必用不知怜香惜玉,唱其妻朱希真〔满路花〕《风情》原作①,明明标注"(丑学妇人妖态,唱《风情》原词介)",刻本曲牌却是〔商调·梧桐半折芙蓉花〕,除了前四句外,后面诸句与〔满路花〕原作无关,只有抄本的曲牌和唱词是与"唱《风情》原词"的表演提示相同。再看第四出《索偶》,共九支曲子,除了〔尾声〕无差异外,前八曲由四女性依次各唱两曲,从曲牌到文字都迥然不同。为省篇幅,仅以秦若兰、步非烟所唱为例:

乾隆刻本《芙蓉城记》	抄本《芙蓉城记》
〔南江儿水〕你停车骑来扳路柳烟花,平白的为云为雨向邮亭下。说甚么翰林学士真无价,道学先生由来假。闻你实录书成潇洒,可也拈毫记载这风流佳话?	〔寄生草〕想着你停车骑,凑着俺堕烟花。平白的为云为雨向邮亭下,说甚么翰林学士真无价。却原来道学先生都是假。则问你修实录几朝书,可也曾载这段风流话?
〔前腔〕听你言堪诧,俺当初偶玷瑕。老葫芦休想仙娥画,游丝漫引芙蓉架。书生骑着将军马,劝你把邪心收架。雪水煎茶,抵得过羊羔杯斝。	〔东瓯令〕你说的来堪笑诧,俺白璧当初也是偶玷瑕。老葫芦怎还想仙娥画,空傍着芙蓉架。你书生骑着将军马,且消受雪煎茶。
〔前腔〕岂是鸾依镜,真惭凤逐鸦。可也是天公月老丝绳挂,还亏尘颜俗状把烟云踏。全不记兰摧玉折鞭棰下,杜宇冤禽立化。刺血污游魂,悔不了当初偷嫁。	〔寄生草〕不料你来骖凤,转恨着旧随鸦。可也是天公月老丝绳挂,还亏你尘颜俗态把烟云踏,全不记兰摧玉折鞭棰下。莽男儿虽则是世间多,恶因缘只悔的当初嫁。

---

① 周邦彦《片玉词》卷下收录此词,题目作《冬景》,惟《草堂诗馀》卷二署作朱希真《风情》。

续表

〔前腔〕相配怜儒雅，你村沙怎似他？卓文君难守临邛寡，些儿罪过风流煞。做神仙不报你冤仇罢，可记当时打鸭？看银汉文鸳，岂与你山鸡相亚？	〔东瓯令〕俺伴庸愚逢俊雅，惜貌怜才怎放的他？卓文君也守不住临邛寡，这罪过风流煞。做神仙不报你冤仇罢，好别处觅生涯！

乍看起来，无论刻本抄本，文字各有千秋，难以判断孰优孰劣、孰先孰后。作者逞才使气，才华横溢，居然能够为一场戏写出两套曲词，真可谓以文为戏，与小引自述"以其为游戏"的创作态度恰为呼应。然仔细体味角色关系和人物矛盾，抄本的语句似更犀利、恰切些。鉴于刻本有作者初稿自序，而抄本莲池渔隐题诗有"早知鸿博赋朱笺"句，即题写于康熙十八年（1679）以后，加之第三出丑唱《风情》是否"原词"的佐证，可以推测两个近代抄本所据的祖本乃修改稿。至于具体改动时间，当与初稿间隔不久。龙燮康熙三十四年（1695）撰《看演〈琼花梦〉剧漫书六首》，之六云：

> 《芙蓉》直与《四声》齐，徐文长有《四声猿》。脱稿知谁袖底携？老觉江淹才思尽，水东流去那能西。

诗末自注："曩客兰水，撰《芙蓉城记》，本石曼卿事，音节极悲壮可观，稿竟为某窃去。常拟续之，辄阁笔而罢。"后有同年李铠评语："六首各有妙绪可寻，但恨不见《芙蓉城记》。然宝物自在人间，吾将访而求之。"①可见《芙蓉城记》修改"脱稿"后不久，便被熟人窃取；直至其晚年，不仅自己未再染指，且友人也无缘目睹。不能仅据作者晚年诗、注，便认为修改者另有其人。

三 《琼花梦》版本与题名考

从现有资料分析，传奇《琼花梦》康熙刻本就有两种，一由大学士冯

---

① ［清］龙燮：《和苏诗三集》，抄本。

溥出资于康熙十八九年间刊行①;一由赵士麟于康熙三十五年(1696)"捐俸重刊"(《燮公年谱》),惜皆未见。乾隆四十二年(1777),龙燮从曾孙"鹤柴廉使"(此人当即曾任江苏按察使的龙承祖)以"旧刻漫漶,将重锲之",请曲家蒋士铨"校勘而序之"。此便是迄今仅传的刻本,题名《江花梦》,《古本戏曲丛刊》第五集据以影印。凡二卷二十八出,首载序两篇,分别为"仙湖弟赵士麟"和"乾隆丁酉夏五馆后学铅山蒋士铨"所撰,次为高珩、冯溥、施闰章、郑重、尤侗、彭孙遹、彭定求、尹澜柱、归孝仪、王士禛、田雯、王顼龄、袁佑、毛际可、苏伟、殷誉庆等题诗。至清末光、宣之际,沈宗畸《晨风阁丛书甲集》收入该剧,作者署名、序文、题诗均与刻本相同(仅蒋序在赵序前)。惟正文大题作:琼花梦 一名江花梦,下署"合肥李靖国可亭藏本"、"江都童闰补萝校刊"。此本乃现存唯一题名《琼花梦》之印刷本。但该丛书编印甚为粗疏,仅排至第九出《套笺》〔字字双〕"明年三十尚儒童,没用;除非提学积阴功,白送;攀高近",以下竟付阙如!

该剧另有抄本多种:一为赵景深旧藏抄本《江花梦》,据其《龙燮的江花梦》引述,底本出自望江龙氏家藏,卷首有乾隆蒋序和诸家题诗;一为先父所藏旧抄本《江花梦》,与龙雯抄写《芙蓉城记》字体相近,底本当亦出自望江龙氏,无序文题诗;一为"古吴莲勺庐抄存本",末有宣统二年(1910)饮流斋主人许之衡跋:"是编板已久佚,偶于沈祠部太侔处得见抄本,为之狂喜,爰录而存之。"可见其祖本即是晚清沈宗畸(字太侔)所见之同时李靖国(李鸿章侄孙)藏本,故题名亦为《琼花梦》。其作者署名、序文、题诗与晨风阁本相同,从剧名题作"琼花梦"、蒋士铨序比刻本多出一句(见下)以及正文的具体文字出入判断,古吴莲勺庐抄本的祖本当比乾隆刻本和笔者家藏抄本为早。

应该指出,现当代学者评述或著录该剧时,均以《江花梦》为本名(谭正璧例外),这是错误的。其一,当时涉及该剧的所有文献,最早为尤侗

---

① [清]赵士麟:《詹允龙雷岸琼花梦剧序》:"《琼花》之梓,自益都相国。"《读书堂彩衣全集》卷一三,康熙三十五年(1696)刻本。冯溥,山东益都人,康熙二十一年(1682)致仕。

康熙十七年（1678）写①，最晚为孔尚任康熙三十六年（1697）写②，皆作《琼花梦》；其二，乾隆刻本《江花梦》卷首所录各家《江花乐府序》和《江花梦诗》，凡能在本集中找到原文者，皆作《琼花梦》，如赵士麟和王士禛的别集中，便分别有《詹允龙雷岸〈琼花梦〉剧序》、《观演〈琼花梦〉传奇柬龙石楼宫允》；其三，龙燮自己提及该剧时，皆称《琼花梦》，见其诗《澄江少宰招集诸君于寄园观演〈琼花梦〉剧即事二首》③等；其四，该剧大要是写荆州江霖，因扬州蕃厘观琼花仙使持诗笺、宝剑托梦，始得与各自物主袁餐霞、鲍云姬成就姻缘，"琼花"之名顺理成章，"江花"之梦则难以解释。改为《江花梦》，当为作者身后之事。

　　《琼花梦》或《江花梦》各本之间，在文字上存在一定差异。表面上看，抄本鲁鱼亥豕之处较多，而刻本经过蒋士铨校勘，文字较为整饬。但仔细辨析，刻本内容多有不如抄本者。如与莲勺庐抄本及家藏抄本比较，第七出《触热》唱词"只赢得南柯入梦"，"柯"，刻本作"枝"；第十五出《谍问》僧人王嵩受命入敌营行反间计，故意被擒，假云："空死了，不能成将军之事，深可恨（家藏抄本作"惜"）也！"此三句，刻本作"空死不了将军事矣"；第十七出《平贼》生"集唐"上场诗："伏波横海旧登坛"，句出张谓《杜侍御送贡物戏赠》，末字刻本作"场"；第二十出《侠露》"休怪小生唐突，这是老夫人的主意"，刻本无后三字。凡此，似以抄本为优。亦有家藏抄本和乾隆刻本文字相同，而与莲勺庐抄本有异者。如第六出《寇起》开场曲〔北粉蝶儿〕，家藏抄本和乾隆刻本为西夏两员大将唱："虎帐屯沙，赛长城驼峰围匝，貂双插。绣帽蛮靴，侍龙庭，班豹尾，一人之下。"然后由西夏王接唱"要收罗锦绣中华，请看俺英雄西夏"；莲勺庐本则全曲均由西夏王元昊唱，"侍"作"敞"，"一人之下"作"贺兰山下"。第七出《触热》"惭愧无才营厦栋"，莲勺庐本作"愧才庸，无术营梁栋"。第二十

---

① 〔清〕尤侗:《龙石楼金陵纳姬》之三诗注："石楼感梦，曾制《琼花梦》乐府。"《于京集》卷一，康熙刻本。
② 〔清〕孔尚任:《燕台杂兴三十首》之三诗注："龙改庵作《琼花梦》传奇，曾于碧山堂、白云楼两处扮演，予皆见之。"《长留集》卷六，康熙刻本。
③ 〔清〕龙燮:《和苏诗三集》，抄本。

出《侠露》"只怕我这女娘还是假装"后,莲勺庐本多出"只怕我这保姆也是假装"一句。第二十二出《闺谑》"姻缘两字真奇异",前四字莲勺庐本作"红丝绾合"。第二十五出《倩合》〔上林春〕"郁坐无聊正嗟叹,则待整衣衫款洽",在两句之间,莲勺庐本有"这哑谜儿将人坑杀,漫将就里支吾"两句。故从整体来看,莲勺庐本文字似胜一筹。

再如赵景深《龙燮的江花梦》引述的版本,有学者认为"系据刻本抄录"①。比勘之后,发现未必如此。如第八出《焚冠》,才子江霖因受进士卓子然冷嘲热讽,愤而焚弃儒冠、投笔从戎时,刻本和其他抄本有如下道白:"那顶方巾儿,如今既用他不着,不若取将出来,别他一别,一把火先送了他的行。"赵引本却无"如今"和"取将出来,别他一别"十字。如果说此处还存在引者有意省略的可能,第七出《触热》,江霖痛斥"自古科名不尽公"的唱词"不过是金银势要,援引钻营,情面关通。看文章出手面先红",接下来的一句,刻本、抄本及晨风阁本均作"便云霄捷足人争痛",惟赵引本作"便云霄捧足人争诵"②,于意似长;而且所录蒋士铨序文,亦与刻本有重要出入:

> 夫江郎,有文之士也,至焚弃儒冠、远从戎伍,岂不曰斯世之大,终无知我者欤?乃英华未泄,而袁氏知其文;功名未立,而鲍氏知其略。③

其中"乃英华未泄"五字,惟见莲勺庐抄本和赵氏引文本,刻本竟脱漏无踪,以致文意难通,对仗落空。这五个字的有无,又带出一个问题:这两个版本固然决不可能是抄自刻本,所据是否可能是乾隆刻本之祖本、这两个本子之间究竟差别有多大?可惜复旦大学图书馆编《赵景深先生赠书目录》中已查无此目,暂时尚无法深究。

据《燮公年谱》记载,龙燮康熙八年(1669)三十岁丧偶(十一年后始

---

① 郭英德:《明清传奇综录》,石家庄:河北教育出版社1997年版,第738页。
② 赵景深:《明清曲谈》,上海:古典文学出版社1957年版,第219页。
③ 赵景深:《明清曲谈》,第222页。

继娶）、康熙十一年弃绝科考，而《琼花梦》是康熙十四年"夏客扬州"时的产物，时年三十六岁。本文又考出《芙蓉城记》约写于上年冬，即两剧都是其中年时的作品。丧偶、弃考，这两件人生大事，不妨作为理解其剧作内容的情感和思想背景；经过短篇杂剧的演练后，迅即写作了长篇传奇，则体现了其戏剧创作艺术形式的延展过程。史实考证与文本研究之关系，或许可以由此而建立。至于近代的普通抄本比乾隆时的名家刻本在内容上更为丰富，则再次印证了从事文本研究离不开繁琐细致的版本考证；不能因刻本较早问世而忽视晚出的抄本，这是研究龙燮剧作版本这一个案本人的一点收获。

（原载于《文献》2010年第2期）

从文学研究的角度浅谈家谱文献的整理编纂

摘　要：从古典文学研究的角度看问题，家谱可谓是家族关系史。在"专人研究"中，对研究对象家谱的利用，在学术界已有许多成果；但是就整个研究领域而言，还缺乏对家谱资料的"文献查找的系统性和学术利用的自觉性"。从金圣叹史实研究这一个案中，便可以看出家谱文献的重要作用。对于古典文学史实研究来说，迫切需要全国性的家谱人名信息库，家谱人名字号索引，家谱序跋、碑传、诗文的作者、传主、篇名综合索引和家谱碑传文全编等类型的信息库、工具书和资料汇编。

关键词：家谱；明清文学；史实研究

近日在《文献》2004 年第 1 期拜读了国家图书馆分馆卓连营先生《家谱中新辑冯梦龙佚诗》大作，对卓先生最近"与事'中国家谱资料汇编'"十分感兴趣。在古典文学研究领域里，我不敢说自己是阅读家谱最多的学人，但是围绕一个小小的"金圣叹史实研究"的课题，已经查阅了五六十部家谱，并且还有数十部家谱待查——对家谱资料这种文献查找的系统性和学术利用的自觉性，在古典文学的专人研究中尚不多见。所谓专人研究，指的是以某位著名文学人物为对象，研究其家世生平、社会关系、思想发展、创作经历和著述版本，它以年谱编纂和交游考证为主要形式。在进行有关的研究时，努力搜求研究对象的家谱，其重要性已为大多数研究者所认识。如冀伏先生利用民国重修《暇堂周氏宗谱》，解决了向所悬疑的戏曲音韵学家元代周德清的生卒年（1277—1365）问题[①]；叶德均先

[①] 冀伏：《周德清生卒年与〈中原音韵〉初刻时间及版本》，《吉林大学学报》1979 年第 2 期。

生和赵红娟女史分别据嘉庆修和光绪重修的《凌氏宗谱》,对明代通俗小说家凌濛初的身世和家族迁徙情况作出了详尽的考察①;徐朔方先生据上海黄裳先生独藏的苏州《甫里高阳家乘》,研究出明代戏曲家许自昌的生卒起讫(1578.11.10—1623.7.7)②;邓长风先生从宣统修《吴中叶氏族谱》挖掘史料,使得对清初戏曲家叶时章、叶奕苞、叶堂的研究有较大的深入③;孙致中等学者据嘉庆修《景城纪氏家谱》,对清代著名文学家纪昀自八世祖以下的世系和同祖父的子孙关系,了解得清清楚楚④;台湾中正大学王琼玲女史利用光绪修《江阴夏氏宗谱》研究清代小说《野叟曝言》作者夏敬渠,"发现不少夏氏先祖、夏敬渠本人和《野叟曝言》的重要资料"⑤;笔者也曾借助国家图书馆藏光绪修《荥阳潘氏统宗谱》,对清代文言小说《道听途说》作者潘纶恩的生卒起讫(1802.12.5—1858.1.7)予以准确考订,并纠正了自己先前推论的错误⑥。

  但是,这些成果尚未体现出我所说的对家谱资料的"文献查找的系统性和学术利用的自觉性"。在古典文学的史实研究或文献研究中,对家谱的利用尚处在单一性或偶然性的阶段。仅以年谱编纂为例,通过寻找谱主的家谱来理清其世系、亲友和姻娅等关系,已经成为许多学者的共识;但却很少有人有意识地广泛利用旁族别姓的家谱,对所撰年谱的谱主的其他社会关系,进行系统、全面的考察,更多地只是在正史、碑传、别集、总集、方志、笔记等常见文献类型中寻找谱主其他交游的传记资料。体现在成果的征引书目上,能有一种与谱主同姓的家谱书目,就已经相当不错了。由于缺乏对家谱的"文献查找的系统性和学术利用的自觉性",有关

---

① 叶德均:《凌濛初事迹系年》,《戏曲小说丛考》,北京:中华书局1979年版,第577—590页;赵红娟:《凌濛初考论》,合肥:黄山书社2001年版,第1—57页。
② 徐朔方:《许自昌年谱》,《晚明曲家年谱》,杭州:浙江古籍出版社1993年版,第453—482页。
③ 邓长风:《〈吴中叶氏族谱〉中的清代曲家史料及其它》,《明清戏曲家考略》,上海古籍出版社1994年版,第276—300页。
④ 孙致中、吴恩扬、王沛霖、韩嘉祥:《纪晓岚年谱》,《纪晓岚文集》第三册,石家庄:河北教育出版社1995年版,第244—258页。
⑤ 王琼玲:《由〈江阴夏氏宗谱〉看夏氏先人对夏敬渠与〈野叟曝言〉的影响》,《明清小说研究》2003年第3期。
⑥ 陆林:《清代文言小说家潘纶恩生卒定考》,《明清小说研究》2003年第1期。

年谱的编纂和史实的考证,其研究结果之事倍功半往往还在其次,有关成果的准确性和彻底性也是令人怀疑的。譬如晚清大吏、安徽泾县的潘锡恩,此人由进士涖官兵部、吏部侍郎,官终江南河道总督,谥文慎。今人编写的《中国历史大辞典·清史》①和《中国历代人名大辞典》②皆据《清史稿》同治"六年,卒"等记载③,注其生卒为"？—1867",字芸阁。据《荥阳潘氏统宗谱》著录,潘锡恩"字纯夫,号芸阁,晚号芸谷老人";"生乾隆乙巳四月十一午,卒同治丙寅腊月十四卯,寿享八十有二",即生卒起讫为乾隆五十年(1785.5.19)至同治五年(1866)十二月十四日(1867.1.19)。可见各辞典之标注卒于1867年看似正确,实际错误。

我自1990年代之初即开始留心于明末清初文学批评家金圣叹的史实研究,内容侧重于事迹系年和交游考证。开始几年,虽然在史传、方志、笔记、别集、总集等方面掌握了较多的史料,虽然也使用了一些一般学者很少使用的文献(如史部的登科录、青衿谱、乡镇志等,以及利用参加编纂《清人别集总目》而了解到的集部的稿本、钞本等),但是由于见于记载的金圣叹的交游,大多是没有功名官职的普通人士,在事迹考察上难度很大,因此在研究成果上并没有取得全面的突破。至1990年代中期,偶然获得一本内部印刷的《苏州市家谱联合目录》。这是一份仅有83页篇幅的小册子,却著录了苏州市图书馆、苏州博物馆、苏州大学图书馆和常熟、吴江、吴县图书馆收藏的诸多家谱,而且大多出于旧时苏州府所辖各县的著姓望族,并且在正文第一条便有如下记载:

丁氏宗谱二十四卷　题清丁有铭纂　清光绪刻本　存二十三卷(一至十五、十七至二十四)苏州丁氏　有哭庙案(苏图)④

由于在此之前,已经知道在金圣叹《沉吟楼诗选》中有《丁蕃卿生日》七律

---

① 荣孟源主编:《中国历史大辞典·清史(下)》,上海辞书出版社1992年版,第777页。
② 张㧑之、沈起炜、刘德重主编:《中国历代人名大辞典》,上海古籍出版社1999年版,第2528页。
③ 《清史稿》卷三八三,北京:中华书局1977年版,第38册,第11658—11661页。
④ 苏州市图书馆古籍部辑:《苏州市家谱联合目录》第4页,苏州市地方志编纂委员会办公室1986年编印。

二首①,并已知道在哭庙案中被杀头的十八诸生中有丁子伟、丁观生两人,于是心生疑问:金圣叹贺其生日的丁蕃卿是何许人,家谱中是否有丁子伟、丁观生的详细资料,三人之间是否存在着某种关系呢?带着这些问题,我在南京图书馆古籍部(现为历史文献部)查阅了相同版本的《丁氏宗谱》。其结果是令人满意的:不仅发现丁蕃卿的本名(汝宣)以及三位丁氏的准确生卒(具体到日,如蕃卿的生卒起讫为1603.10.11—1673.6.3),发现蕃卿为子伟之父、观生季叔,而且有三人及其妻女的小传,对了解哭庙案的详情和影响,提供了新的史料②。首战告捷,让我尝到了家谱文献的甜头。于是,将所收集到的与金圣叹有关系的近百位人士,按照姓氏予以编排,凡是已知籍贯的,便去查该地的该姓家谱;未知籍贯的,便系统翻阅苏州府有关各县的该姓家谱。加之《中国家谱综合目录》的很快出版③,更令这项工作如虎添翼;至于三年后问世的《上海图书馆馆藏家谱提要》④,提供了相关书目内容上的描述,使用起来犹如锦上添花了。经过多年的努力,虽然已有若干姓氏的家谱已经亡佚(如圣叹挚友韩贯华,亲家韩孙鹤,门人韩藉琬、韩魏云,均是苏州人,我历时一年,始得阅[苏州]《云东韩氏家谱》,却未及此支),还有数十部家谱待查,但是在金圣叹史实研究领域里已经取得了显著成果,如利用南京图书馆藏《莫厘王氏家谱》,一下便解决了王子文、王其仲、王公晋、王道树、王勤中、王轮中等六人⑤,其中王其仲便是那位在金批《水浒传》中向圣叹口述"京中口技"、在《西厢记》中与圣叹赠说"快事",人称"一日以三千金与"圣叹而"一笑置之"的王斫山⑥;200 年岁末,乘开会之机,在国图分馆翻阅了光绪重修《唯亭顾氏家谱》和乾隆修民国抄本《吴江沈氏家谱》等,了解到与

---

① [清]金圣叹:《沉吟楼诗选》,上海古籍出版社1979年影印出版,第135—136页。
② 陆林:《金圣叹与"哭庙案"中的"二丁"——从金诗〈丁蕃卿生日二章〉谈起》,《中国典籍与文化》2000年第2期。
③ 国家档案局二处、南开大学历史系、中国社会科学院历史所图书馆编:《中国家谱综合目录》,北京:中华书局1997年版。
④ 王鹤鸣、马远良、王世伟主编:《上海图书馆馆藏家谱提要》,上海古籍出版社2000年版。
⑤ 陆林:《金圣叹与王鏊后裔关系探微》,《江海学刊》2002年第4期。
⑥ [清]廖燕:《金圣叹先生传》,《二十七松堂文集》卷一四,上海远东出版社1999年版,第341页。

圣叹有密切关系的五位顾氏①和十位沈氏②的身世情况。再如,圣叹有位友人名朱茂曒,与柳如是也有交往③,我从国图所藏《秀水朱氏家谱》中找到其生卒起讫(1618.9.30—1647.9.26)和家世的记载,可以补充陈寅恪先生有关著述的语焉不详之处,对研究明清之际的士人风尚也颇有帮助④。

近五年来,围绕着"金圣叹史实研究"这一小课题,我已经发表系列论文十篇左右,得到了有关专家学者的好评。浙江大学的徐朔方先生肯定我所撰的商榷文字讨论的是"金学大事";复旦大学的章培恒先生在为谈蓓芳教授翻译的美国斯坦福大学王靖宇教授有关金圣叹研究论著写序时,对我有关"金圣叹生平、交游所作的一系列考证"也多有勉励⑤。这些来自学术前辈的提携和奖掖,更增加了自己高标准、严要求地去完成此一研究的责任感和自信心,而迄今为止在学术上的最大收获便是较为充分地认识到对家谱的"文献查找的系统性和学术利用的自觉性"之于以作家为中心的明清文学史实研究的重要意义。

作为一个主要是抱着收集人物资料、研究人物关系的目的,翻阅和使用过较多家谱资料的古典文学研究者,以下从古典文学研究的需要出发,略谈一些个人对如何整理编纂家谱文献的粗浅看法;或者说作为古典文学研究者,可能需要什么样的家谱资料的整理研究成果。

一　简说馆藏家谱卡片的著录

对于读者来说,到图书馆查阅家谱对书目的需要有其特殊性。譬如要查找张王李赵某位具体人物,就一般而言,只需要调阅与该人谱籍相同的某县的该姓家谱;超出谱籍所在地的同姓家谱,对于研究该人而言,基

---

① 陆林:《金圣叹与唯亭顾氏交游考》,《艺术百家》2002年第4期。
② 陆林:《金圣叹与吴江沈氏交游探微》,《复旦学报》(社会科学版)2003年第2期。
③ 陈寅恪:《柳如是别传》中册,上海古籍出版社1980年版,第354—356页。
④ 陆林:《〈晚明曲家年谱〉金圣叹史实研究献疑》,《文学遗产》2002年第1期。
⑤ 王靖宇:《金圣叹的生平及其文学批评》,谈蓓芳译,章培恒《序》第7页,上海古籍出版社2004年版。

本上毫无用处。因此,当读者到某一图书馆去看家谱资料时,非常希望有关的书目卡片上能在书名、卷数、编者、版本等项常规著录之外,再能注明"谱籍"这一家谱书目卡片的重要成分,这样就能省去许多不必要的麻烦。其实,**注明某部家谱所记录的是何方该姓人士即"谱籍",从一开始就应该是古籍著录中对宗谱类书目的基本要求之一**。可惜连《中国古籍善本书目》这样权威性书目[①]、《中华族谱集成》这样出于专家之手的大型总集[②]和南京图书馆历史文献部这样重要的古籍收藏单位,有关家谱的著录均是照抄原来书名而不附注谱籍的。当然,著录谱籍是家谱整理中的一个较为麻烦的工作,它需要著录者对古代地名学较为熟悉,并具有一定的考证能力,已有图书馆学界的学者对此问题予以关注[③],而且近年来出版的《中国家谱综合目录》和《上海图书馆馆藏家谱提要》在这方面已经做出了较好的尝试,使我们可以利用这两部书来甄别相同书名、版本的家谱的谱籍。但是像南图这样有着丰富和独特的家谱馆藏,并且主要书目未被《中国家谱综合目录》收入的藏书单位,仅靠这两部家谱书目,还是不能完全解决馆藏家谱的谱籍问题,故此我们期待着真正意义上的"全国家谱联合目录"(如《中国地方志联合目录》)或"中国家谱总目提要"能够早日出版。

二 略议新编家谱书目的体例

说到家谱提要,顺便以《上海图书馆馆藏家谱提要》为例,谈两点有关家谱书目的谱籍著录和排序的小意见,希望能对由同一单位主持的"中国家谱总目提要"具有参考性。

其一,关于谱籍的标注问题。该书《凡例》5—8条均是与此有关的,

[①] 顾廷龙主编:《中国古籍善本书目》史部,上海古籍出版社1991年版,第578—628页。
[②] 中国谱牒学会、山西省社会科学院家谱资料研究中心编纂:《中华族谱集成》,成都:巴蜀书社1995年影印出版。
[③] 陈宁宁:《家谱"谱籍"的确定与著录》,《中国谱牒研究——全国谱牒开发与利用学术研讨会论文集》,上海古籍出版社1999年版,第121—130页。

如第5条云"家谱书名均须标题谱籍(谱主居地)。谱籍以县名为标准",县名不可考者,再依次著录州、府、省名;第6条云"编者拟加之谱籍,一般为常见的地名","个别地名或依旧题",举例为"遂安"、"长洲"、"金匮"、"华亭";第7条云"原题谱籍为古地名并能正确反映谱主居地,仍因旧题,不改作今地名",并列举了徽州、新安、东安、暨阳、乌伤、吴宁、阳羡、义兴、荆溪、浦阳等。这里有两个问题,凡例第6条"个别地名或依旧题",其标准是什么?是根据编纂者熟悉与否还是其他什么标准,在具体编纂时是如何操作的?凡例第7条从举例来看,"原题谱籍为古地名并能正确反映谱主居地"的地名并不太多,因为同样的一个地名,不仅古今(指先秦两汉与元明清)之间多有重名出现,而且同一朝代亦有两地或多地一名的现象。比如"新安",既为郡名,又为县名。作为郡名,先后有晋朝置,在今浙江;南朝梁置,在今四川;后魏置,分别在今河南(三处)、山西;北周置,在今河南;隋朝置,在今安徽。作为县名,先后有西汉置,故城在今河南渑池县东;东汉置,故城在今浙江衢县;东晋置,故城在今广西合浦县等20个县,仅旧置而元明清皆存的便有河南河南府新安县(今属洛阳)、元明河北有新安县(今安新县)、明清广东有新安县(今东莞市)。加之古人喜欢用古地名称呼自己的籍贯,明清乃至民国标注为新安某某的家谱,其谱籍的实际归属可能就是山南海北之别了(虽然主要是指当时的徽州)。再如乌伤,秦朝所置,早在唐武德七年(624)便已改名为义乌,即便是浙江人,知道两者沿革关系者也不多(《辞海》"乌"字条内也无"乌伤"义项),因此很难"正确反映谱主居地"。从科学性、实用性和操作性等方面考虑,建议**今后对某部家谱谱籍的添注,应以该谱最后修谱时居住地的县级行政区划名称为准**,而不宜笼统地说"或依旧题"、"仍因旧题,不改作今地名";同时对是否标注今地名应有明确说法,考虑到当今时代的行政区划变化得太大也太快,我的意见是可不标注。

其二,已知谱籍的同姓家谱的编排是依据什么原则?上图"馆藏家谱提要"是"以谱籍的笔画画数排列"(凡例第19条),这样的排序方式有其操作上的方便性(抑或是因为此举可以保证"上海"始终位居前列,一笑,松江、南汇、华亭怎么办?),但是对于使用者来说却很不方便了。譬如说旧时苏州府所辖吴县、长洲、元和、昆山、新阳、常熟、昭文、吴江、震泽,字头少者四画,多者十五画,即便是同城而治的长—元—吴、昆—新、常—昭、吴—震四城九县,按照笔画编排则相距甚远。因此在实际检索时,便一般要将某一姓氏的家谱从头至尾翻检一遍。相比之下,《中国家谱综合目录》**按照全国、各省、地区、县的顺序编排谱籍不同的同姓家谱**,十分顺应研究者查阅家谱往往是从某一具体地方入手的学术需求,而且也避免了按照笔画排序会将同城(如上举例的长—元—吴、昆—新、常—昭、吴—震)的某姓家谱被排在多处的不便,同时在很大程度上解决了上图馆藏家谱提要《凡例》谱籍"个别地名或依旧题"和"原题谱籍为古地名并能正确反映谱主居地,仍因旧题,不改作今地名"等问题。在各省、地区、县的先后顺序方面,《中国家谱综合目录》的编者巧妙地依据国家民政部编纂的全国行政区划图册,避免了可能会有的纠纷。此外,谱籍与原题书名的关系,是按照"综合书目"那样列于书名之首,还是像"馆藏提要"那样列于书名之后?从个人使用感受出发,似以谱籍在前更加醒目和便于检索。

三 浅谈家谱资料的整理编纂

随着国家财力的逐渐增加,近年来经常会有一些大型古籍丛书影印出版,作为读者当然是一概欢迎。但是看到一些丛书选题不当或者是选目不当,也不禁为之感到可惜,因为毕竟是占用了人力、物力而对学术研究效益不大。譬如巴蜀书社影印出版的《中华族谱集成》16开精装100册,共计收入李姓17种、王姓20种、张姓22种、刘姓20种、陈姓14种。要知道就这几个大姓而言,在全国范围内选个一二十种同姓家谱予以出版,最多只能起到为当代家谱的编写提供一个样本的作用;如果从查找人物资料的角度出发,能够百中遇一,便已属侥幸了。换言之,对于家谱这种特殊文献,如果没有惊天的财力,出版全国性的集成类丛书,很难不挂一漏万;即便缩小至省一级,也不会有很大的改观。从选题角度看,可以精选一些世家望族的家谱,因为这样的家族所包含的文化因子可能更加丰富和典型;还可以选择一些有助于专门史研究的家谱,如《吴江沈氏家谱》之于明清家族文学创作的研究,[歙县]《虬川黄氏宗谱》之于明清雕版印刷的研究①,都是十分重要和稀见的史料。至于整理出版家谱时如何选择版本的问题,我的阅读感受是**同一宗支的家谱如果有多种版本,一般而言宜选择最晚出的一种**。如在明清近代历史上产生过许多重要人物的苏州太湖王氏家谱,现存有乾隆三十八年(1773)王世钧(1742—1802)三修本、嘉庆七年(1802)四修本②、道光六年(1826)王仲鎣等续修本、宣统三年(1911)叶耀元等纂修本、民国二十六年(1937)王季烈等纂修本。《中华族谱集成》选印的是宣统三年本,我个人以为民国二十六年(1937)王季烈本最佳,至少这一产生过明代探花(王鏊)、清代状元(王世琛)的苏州望族在现代的演化以及昆曲曲学大师王季烈的亲友关系,非民国本而不得其详。这就是整理家谱与其他古籍的不同之处,即便是方志,不同时代纂修的同一行政区划的志书,内容皆不可互代,因其具有详今略古的特点,而家谱是在完全保存原书内容的基础上不断增修的。

围绕整理、编纂家谱文献资料,我个人觉得比影印出版家谱更重要也更有用的工作还有很多。首先要做的是,编纂一部真正意义上的全国家谱联合目录或总目提要,据云上图正在主持此事,希望能早日问世。在此基础上,**将现存的同一宗支、同一家族的家谱的递修关系梳理清楚,选择其最后成书者**(修谱时间一般截止于1949年建国)形成"基本家谱书目"(这样可以较大规模地减少现存家谱的数字)。然后围绕这一"基本家谱",组织全国的力量,做这样几件事情:其一,**将"基本家谱"或其中的稀见之本制成缩微胶卷**(可以只复制世系图、表、小传、碑传、墓志等,对于大同小异的家训、宗规和已无现实意义的墓图、祠产之类的记载等,可忽

---

① 刘尚恒:《〈虬川黄氏宗谱〉与虬村黄姓刻工》,《中国谱牒研究——全国谱牒开发与利用学术研讨会论文集》第177—192页。刘先生云该谱"在大陆公私藏书中,唯北京图书馆和安徽省博物馆各有一部"(第179页)。然据《中国家谱综合目录》第403页著录,收藏单位有"北图(两部) 北京大学 复旦大学 安徽博 浙江图(残)";另据《上海图书馆馆藏家谱提要》第678页著录,该馆有合肥新光印刷厂据原本油印本。
② 《中国家谱综合目录》第13页著录此本为"王皖壑 王熊伯等重修"。"皖壑"当为"晚壑"误,乃世钧之号。王芑孙序云:"吾家谱一修于文恪公,再修于从高祖尔承先生畀,三修于族祖晚壑先生世钧。及是嘉庆七年,晚壑先生家居老寿,又更修焉。"

略,有特殊研究需要者可看原书);其二,**构建一个全国家谱人名信息库**,对家谱世系小传中记载的人物,录入其人名、字号、谱籍、生卒、功名、官职、父子、妻女、姻娅、家谱出处等信息,可以供人上网查询;其三,**编纂一部全国基本家谱人名及字号索引**出版,字号索引对于古典文史的人物研究来说是非常重要的(如金圣叹有诗《送维茨公晋秋日渡江之金陵》①,我用了五年的功夫才搞清楚维茨为申垣芳,生卒年为 1589—1652,公晋为王希,生卒年为 1610?—1646);其四,**编纂一部全国基本家谱序跋、碑传**(墓志②、传记、年谱③)、**诗文**(含家谱的艺文及外人为该族所撰的作品)、**画像的作者、传主(像主)、篇名综合索引**;其五,**编纂一部全国基本家谱碑传文全编**,序跋、家训类文字不太有必要编纂"全编",分别有一选本足矣。无论是信息库、索引还是碑传全编,自身都要有详备的检索功能,同时务必注意对女性人物资料的著录。

一旦有了以上设想的诸种全国性基本家谱的信息库和工具书(退而求其次,可以先行以某些大馆的馆藏为单位进行编纂,但应互相协调,避免重复,便于最终的合成),对于明清近代文学的史实研究,对于古代文学诗文总集的编纂,对于家族、妇女文化的研究,都将会提供极大的便利。可以毫不夸张地说,家谱资料是古代近代文学研究的最后一座文献宝库,打开其门的钥匙,便是相关的各种索引。如果这些索引能够早日问世,对于家谱"文献查找的系统性和学术利用的自觉性",在古典文学研究中将不再只是少数人的学术努力,而将成为人人驾轻就熟的基本方法了。

甲申年处暑至七月十四日初稿于金陵鬼脸城西岸

(原载于《2004 地方文献国际学术研讨会论文集》,
北京图书馆出版社 2006 年版)

---

① [清]金圣叹:《沉吟楼诗选》第 17—20 页。
② 《吴中叶氏族谱》戌集载魏禧撰叶国华《墓志铭》,未见《魏叔子文集》。
③ 如明代王鏊年谱见相关《王氏家谱》中,清初陆文衡年谱见《松陵陆氏宗谱》,国家图书馆均有藏,惜未收入《北京图书馆馆藏珍本年谱丛刊》。

胡适《〈水浒传〉考证》与金圣叹研究

摘 要:《〈水浒传〉考证》是胡适为亚东图书馆出版《水浒传》撰写的前言。文章基本否定金圣叹评点的文学和文化价值,又高度赞扬金批七十回本享有"定本"的光荣,实与友人汪原放整理《水浒传》的学术选择存在着桴鼓之应。有关提法,不仅架空了胡适本人对金圣叹文学观念的高度评价,对于金批研究亦可谓釜底抽薪。在现代学术史上,该文推动了《水浒传》的研究,却滞碍了金圣叹文学批评研究的展开。

关键词:胡适;《〈水浒传〉考证》;金圣叹研究;现代学术史

1919 年,中国爆发了五四运动。经此事件之后,整个中国思想文化均发生巨变。打倒"孔家店"与宣扬新文化的并存,左右着此后中国长时期的思想文化走向。具体到古代小说研究领域,次年 8 月,上海亚东图书馆排印出版了徽州汪原放新式标点的《水浒传》,胡适(1891—1962)为之撰写了题为《〈水浒传〉考证》的前言(脱稿于 7 月 27 日凌晨两点)。在这篇版面字数近三万的长文中,作者秉持着"历史进化的文学观念"[①],论述了《水浒传》故事衍化的过程,并对金圣叹的评点进行了批评。胡适似乎从来没有写过专论金圣叹其人的文章,这篇《〈水浒传〉考证》却在古代小说的现代接受史和现代金圣叹研究史上发生了重要影响。关于此文的学术史作用,如今可谓好评如潮,甚至有许多学者认为"假如以后沿着这条道路走下去,可能对金圣叹文学观点与《水浒》评点的研究能更好地引向

[①] 胡适:《〈水浒传〉考证》,郁鹏程编《中国章回小说考证》,大连:实业印书馆 1943 年版,第 62 页。按:为避免注释的"繁冗和喧宾夺主",以下凡引此文,仅括注页码。

深入"①。在金圣叹研究的历史回顾中,甚至被评价为"开启了现代科学意义上的研究金圣叹的风气"②。尤其是胡适有关"金圣叹是十七世纪的一个大怪杰"的论断以及赞许其"能在那个时代大胆宣言"《水浒》与《史记》等书"有同等的文学价值",施耐庵、董解元与庄子、屈原、司马迁、杜甫"在文学史上占同等的位置","这是何等眼光!何等胆气!"一段(第1—2页),更是折服了21世纪以来绝大多数金圣叹小说批评研究史的总结者。像陈洪在肯定此文"首开风气"的同时,能够兼指胡适"称赞(金圣叹)其小说观'何等眼光,何等胆气!'但对于金批的具体内容则斥为'八股'、'理学'、'极迂腐'。这典型地表现出'五四'后一代学人受西方观念影响下的学风"③,应该算是最有分寸、最为矜慎的归纳了。

其实在上个世纪,早在文革末期,已有论者更加明确地指出胡适对金圣叹的矛盾观点:"胡适评《水浒》,屡屡提起金圣叹。但他对金圣叹的态度非常特别:一方面,好象对他意见大得很……;另一方面,他又盛赞金圣叹对《水浒》的评论……讲的是同一个人对同一本书的评论,为何态度悬殊若此?"④固然该文作者对问题的解答今天已难以认同,固然所引"盛赞"语亦并非全部出自《〈水浒传〉考证》,却不能否认他指出了一个有意思的现象。在梳理古代小说尤其是金圣叹的现当代传播研究史时,这其实是一个不容回避的问题,其中包含着对胡适此文之于金圣叹研究价值的重估。

一

讨论胡适对金圣叹及其著述究竟持有怎样的态度,不能仅仅就这篇长文中的某段文字来立论,而要整体把握其文章结构。在《〈水浒传〉考

---

① 黄霖:《近百年的金圣叹研究——以〈水浒〉评点为中心》,章培恒、王靖宇主编《中国文学评点研究》,上海古籍出版社2002年版,第331页。
② 黄霖:《近百年的金圣叹研究——以〈水浒〉评点为中心》,《中国文学评点研究》,第331页;吴子林《金圣叹小说评点的研究与反思》,《东方丛刊》2003年第2期。
③ 陈洪:《金圣叹文论研究百年》,《锦州师范学院学报》2000年第4期。
④ 余秋雨:《评胡适的〈水浒〉考证》,《〈水浒〉评论集》,上海人民出版社1976年版,第78页。

证》中与金圣叹密切相关的论述,是论金批《水浒》得失的第一节和考《水浒》版本的第四节。先看第一节,胡适在用开篇语交代了"我的朋友"汪原放用新式标点整理古籍的历史地位和现实意义之后,以一句话作为楔入正文的第二段:

> 这部书有一层大长处,就是把金圣叹的评和序都删去了。(第1页)

这一提法非同小可,是提纲挈领地表述了胡适对金批价值的基本态度。可是,就在读者期盼着看他如何阐述自己的观点时,偏偏在下面荡开了一笔,写下了"金圣叹是十七世纪的一个大怪杰"的一段,肯定其文学眼光的大胆和小说意识的超前。在胡适,观念上不过是清末民初以小说"开启民智"说的重申,笔法上则不过是"欲抑先扬"的套路。因为,接下来他只用了一个"但是",就将此节乃至全文对金圣叹主观方面的评价,扭转到彻底否定的轨道上来了。不妨仅就第一节,略去举例之后,看看他的那些著名"裁断"[①]:

> 金圣叹用了当时"选家"评文的眼光来逐句批评《水浒》,遂把一部《水浒》凌迟碎砍,成了一部"十七世纪眉批夹注的白话文范"!……这种机械的文评正是八股选家的流毒,读了不但没有益处,并且养成一种八股式的文学观念,是很有害的。(第2—3页)

> 金圣叹的《水浒》评,不但有八股选家气,还有理学先生气。(第4页)

> 金圣叹《水浒》评的大毛病也正在这个"史"上……把《春秋》的"微言大义"用到《水浒》上去,故有许多极迂腐的议论。……这种穿

[①] 顾颉刚《古史辨第一册自序》认为胡适"虽没有伯弢先生读书多,但在裁断上是足以自立的"。徐雁平引此后,认为"读书不是很多,但有眼光和胆量、能裁断,这就是胡适学术研究上的短处和长处"。见《胡适与整理国故考论——以中国文学史研究为中心》,合肥:安徽教育出版社2003年版,第59—60页。

凿的议论,实在是文学的障碍。(第6—7页)

> 这种无中生有的主观见解,真正冤枉煞古人!圣叹常骂三家村学究不懂得"作史笔法",却不知圣叹正为懂得作史笔法太多了,所以他的迂腐比三家村学究的更可厌!(第6页)

应该说在《〈水浒传〉考证》中,全面否定金圣叹小说批评是主干和宗旨①,空洞肯定其文学观念是枝节和铺垫,这就是彼时胡适对于金圣叹小说评点的基本看法。

如果说第一节主要是谈自己对金圣叹小说批评的认识,属于评价主观"好坏"的范畴;那么,第四节主要是谈自己对金批《水浒》的版本认识,属于考证客观"是否"的范畴。对于金圣叹"把前七十回定为施耐庵的《水浒》,又把七十回以后,招安平方腊等事,都定为罗贯中续做的《续水浒传》"(第33页)是否有版本依据,胡适拈出第七十回"大书'天下太平'四个青字"的圣叹批语:"古本《水浒》如此,俗本妄肆改窜,真所谓愚而好自用也。"由此入手提出"大胆的假设":"我们对于他这个断定,可有两种态度:一,可信金圣叹确有一种古本;二,不信他得有古本,并且疑心他自己假托古本,'妄肆窜改',称真本为俗本,自己的改本为古本。"(第34页)然后便写下一大段文字,进行"小心的求证"。有关分析是:

> 第一种假设——认金圣叹真有古本作校改的底子——自然是很难证实的。……即使我们得着一部明版《水浒》,至多也不过是嘉靖朝郭武定的一百回本,就是金圣叹指为"俗本"的,究竟我们还无从断定金圣叹有无"真古本"。但第二种假设——金圣叹假托古本,窜改原本——更不能充分成立。金圣叹若要窜改《水浒》,尽可自由删改,并没有假托古本的必要。……圣叹引据古本不但用在百回本与七十回本之争,又用在无数字句小不同的地方。以圣叹的才气,改窜一两个字,改换一两句,何须假托什么古本?(第34、36页)

---

① 按照《〈水浒传〉考证》第二节的导语所言,即"我既不赞成金圣叹的《水浒》评",《中国章回小说考证》,第6页。

尽管对有关金批《水浒传》是否依据"古本"的研究后来已有定论,我们还是要佩服胡适的辩才无碍,他不仅用别人难以证伪的逻辑来论证自己的观点,还用同样难以证伪的圣叹本人的实例加以佐证:"在明朝文人中,圣叹要算是最小心的人。……他有一种长处,就是不敢抹杀原本。即以《西厢》而论,他不知道元人戏曲的见解远不如明末人的高超,故他武断后四出为后人续的。这是他的大错。但他终不因此就把后四出都删去了,这是他的谨慎处。他评《水浒传》也是如此。"(第35页)通过这样一番不太费工夫的逻辑推理,他得出了"一个可用的答案",这个答案有六个层次,第一是"金圣叹没有假托古本的必要。他用的底本大概是一种七十回的本子",第五、第六是"七十回本是明朝中叶的人重做的",施耐庵"也许是明朝文人的假名,并没有这个人"(第36、37页)。这样一来,他就可以顺理成章地进入收煞全文的第五节,去畅谈"不懂得明朝中叶的文学进化的程度,便不懂得七十回本《水浒传》的价值。不懂得明末流贼的大乱,便不懂得金圣叹的《水浒》见解何以那样迂腐"了(第61—62页)。

经过以上大段不厌其烦的引述,想必可以得出这样一个"答案",即胡适对金批《水浒》的考论,在主观的"好坏"方面,他对金圣叹小说批评的贬斥占主要成分;在客观的"是否"方面,他对金批七十回乃假托古本的说法坚决反对。至于这种否定的对与错,以及有关"古本"的考证是否能成立,并不在本文的讨论范围。此处更关注的是形成这一抵牾的个人原因和当下目的。

二

在现代金圣叹学术史上,《〈水浒传〉考证》是第一篇以现代科研论文的形式撰写的论文。时年未及而立的北大教授胡适,在为绩溪小老乡汪原放(1897—1980)以新式标点分段整理的《水浒传》作序时,一方面热情赞扬金圣叹的文学观如何超前,一方面又决绝地否定金批存在的价值;一方面大赞金批七十回本如何享有"定本"的"光荣"(第49页),一方面又一再表达对金批的鄙夷。产生这一现象的原因,学界多从政治、文化、文学等宏观方面去总结,其实亦可从其个人因素寻找关联。首先,显然与其学术研究的关注点、兴奋点有关,如其第一节结语和第二节导言分别云:

> 这部新本的《水浒》把圣叹的总评和夹评一齐删去,使读书的人直接去看《水浒传》,不必去看金圣叹脑子里悬想出来的《水浒》的"作史笔法";使读书的人自己去研究《水浒》的文学,不必去管十七世纪八股选家的什么"背面铺粉法"和什么"横云断山法"!(第8页)

> 我最恨中国史家说什么"作史笔法",但我却有点"历史癖";我最恨人家咬文嚼字的评文,但我却有点"考据癖"! 因为我不幸有点历史癖,故我研究什么东西,总希望研究他的历史。因为我又不幸有点考据癖,故我常常爱做一点半新不旧的考据。(第8—9页)

可见现代洋博士胡适似乎从来就不喜欢古代文学评点的那套话语体系,而且金批美学价值的研究又非其"历史癖"和"考据癖"的用武之地,"他对难以把握的小说之美不太关心,而对小说作者版本等客观化的考定充满热情"①。对自己的这一学术兴趣,胡适很明白:"我既不赞成金圣叹的《水浒》评,我既主张读书的人自己直接去研究《水浒传》的文学,我现在又拿什么话来做《水浒传》的新序呢?"要想扬长避短,只有走"历史癖与考据癖"的熟路(第8—9页)。有此两癖,来审视金批的价值,是很难得其好评的。

实际上,另一个现实原因也在左右着他的评价,并且或许更为重要。即《〈水浒传〉考证》主要不是为了研究金圣叹及其批点而作,而是为了宣传其友人对《水浒传》的整理和介绍自己对该小说历史演变的考证;也就是说,他的写作目的并非专门研究金圣叹的生平著述、文学评点及历史地位,而是介绍亚东版《水浒传》新式标点本的长处和考述该小说的成书、版本、作者。按照常理来说,序言中涉及金圣叹的部分,就要与汪原放选

---

① 徐雁平:《胡适与整理国故考论——以中国文学史研究为中心》,第95页。

择金本、删除金批的小说整理相一致,就要说明选择版本的根据和删除金批的理由。为朋友作序的胡适因此要代为解答两个问题:一、为何要选择金批本,二、为何要删除金批。前者造出一个金批确有"古本"为依据的创见,后者便是催生出大贬金批之无用的八股"流毒"之论。胡适的做法,没有悖于常理。然其论文撰写的当下目的,对于金圣叹的研究而言,至少不够纯粹。因此,《〈水浒传〉考证》中表现出的对金圣叹的看法,实际上是实用主义的写作目的所导致的一种阶段性结果,未必是胡适深思熟虑的终极认识。

关于胡适与亚东图书馆的密切关系,也可以置于这种现实目的的考量当中。他曾亲切称亚东为"我们的出版商"或"我的出版商"①,可见学术与出版之间的互动。据时人1930年10月23日访问胡适的记载,"小说之有新式标点本,始于汪原放君。汪君于版本、句读,研究煞费心力,非率尔为之者,并经胡君之指导,故大体精审,有裨学子"②。可见有关《水浒传》新式标点本之问世,胡适是有"指导"之功的。对于现代学者与出版业的关系,今人颇有诗意地这样描述过:"文人在此时投身出版业,很容易让人联想到元代不以科举取士,大批失魂落魄的读书人转向瓦舍勾栏,而于无意中创造了中国戏剧的黄金时代;而二十世纪的这批文人心态可能要明朗得多,弥散着青春气息。他们是主动出击,要改变这个黯淡的现状。"③身非腰缠万贯的现代学者,胡适主动出击的好处是显而易见的,如1921年1月31日汪原放请胡适"代购木刻本《水浒传》、《儒林外史》、《红楼梦》、《西游记》、《镜花缘》",6月9日"亚东又筹了乙百元给我(胡适——引者按),更不愁过节了"④,《胡适文存》"亚东图书馆1921年12月初版,1925年11月8版,1940年8月19版"⑤……经济的补贴,资料的

---

① 唐德刚译注:《胡适口述自传》,上海:华东师范大学出版社1993年版,第230、231页。
② 徐凌霄、徐一士:《与胡适之博士一席谈·论新式标点》,《凌霄一士随笔》,太原:山西古籍出版社1997年版,第324页。
③ 徐雁平:《胡适与整理国故考论——以中国文学史研究为中心》,第257—258页。
④ 徐雁平:《胡适与整理国故考论——以中国文学史研究为中心》,第272、273页。
⑤ 北京图书馆编:《民国时期总书目》"文学理论·世界文学·中国文学"卷,北京:书目文献出版社1992年版,第270页。

购买,成果的出版,都是现代社会制度下的学者、教授所需要的。对于胡适而言,这一切皆得益于"我的出版商"。明乎此,就不难理解为何到1931年5月汪本《水浒》印至第13版①,胡适始终没有修订过他那赞金本、否金批的序言。因为,无论胡适学术思想有着怎样的变化,对于亚东版《水浒》而言,金本是最好的定本、金批是无用的赘疣,这是不能动摇的基石。当然,作为一家"小出版商",亚东与胡适等人的联姻更是获益巨大,胡适"说服了他们来出版我们的'整理过的本子'"②,陆续刊行了一批由汪原放标点分段、胡适等著名学者撰写介绍文章的古代小说。尤其是继《水浒》之后整理的《儒林外史》,胡适为之撰写《吴敬梓传》和《吴敬梓年谱》,加上陈独秀、钱玄同序言的宣扬,"竟然一纸风行,深为老幼读者所喜爱",亚东图书馆这家"我的出版商也相信这也是个生财之道"③。从胡适晚年的这一回忆中,不难看出当年他在"说服"亚东出版古典小说之初,必曾动之以利,事实也证明了他关注市场、预测市场的敏锐眼光。

三

《〈水浒传〉考证》推动了《水浒传》的研究,却滞碍了金圣叹文学批评研究的展开。前者应该不难理解。此文一出,引发诸多学者研究该小说内容演变和版本沿革的兴趣。仅就1920年代而言,重要的成果便有鲁迅《中国小说史略》(1923)的有关考论、李宗侗《〈水浒传〉故事的演变》、文华《〈水浒传〉七十回古本问题》(1925)、潘力山《〈水浒传〉之研究》(1926)、俞平伯《论〈水浒传〉七十回本之有无》(1928)、郑振铎《〈水浒传〉的演化》(1929)等,使得学术界有关《水浒传》衍化、版本和作者的认识渐趋明晰和深入。说其滞碍了金圣叹研究,在今天或许会被认为是过甚之词。其实,这可以从1920至30年代前期"接受"金圣叹的三个重要方面得到证实:一、专题研究,以金圣叹为对象进行全面研究的学术论文,

---

① 北京图书馆编:《民国时期总书目》"文学理论·世界文学·中国文学"卷,第688页。
② 唐德刚译注:《胡适口述自传》,第230页。
③ 唐德刚译注:《胡适口述自传》,第231页。

几无一篇①；二、作品整理，许多整理本删除批语，仅存白文；三、社会舆论，多数学者对作为文学批评家的金圣叹，评价不高。如若不信，请看一位初出茅庐的学者对当时现状的描述与针砭：

> 金圣叹的名字，之所以能留存到现在，并且许多人还都知道他，最重要的原因，便是因为他评释过《水浒传》及《西厢记》。但是自从文学革命以后，旧小说和戏曲都陆续的被标点出来，标点本大半都是把"评释"删了去，而在新序或考证之中，照例又都要把旧日的"眉批夹注"讥讽斥责；金圣叹的评释，当然也在所不免，因此一般人往往对他很轻视了。②

其中"在新序或考证之中"一句，在当时语境下，是会被读作"在'新序'或'考证'之中"的。因为胡适所撰与《水浒传》、金圣叹有关的两篇重头文章，就是分别为七十回本和百二十回本的新刊本作序的产物，并在篇名中便有"考证"、"新考"或"序"之类的字眼③。仅仅根据这段评述，便不难看出当时学术界和出版界对金圣叹评点著述的基本态度，以及有识之士对造成这一现状的始作俑者的不满。

隋树森（1906—1989）的这篇《金圣叹及其文学批评》，发表于1932年6、7月间。全文约二万二千字，分"圣叹小传"、"圣叹之文学评论"、"圣叹评释之研究"、"馀论"四大部分。此际作者刚毕业于北京师大国文系，从时间推测，或系其毕业论文。在中国现代学术史上，该文应该被评为专门探讨金圣叹生平和文学思想的首篇论文，而且在很长时间内都不失其学术分量。之所以认定其为国内研究金圣叹专题论文之第一篇，不仅在于其文章内容和结构的如何全面、细密，关键在于它有意识地打破了

---

① 〔日〕井上浩一《金圣叹研究论文目录》（Web版），2008年3月5日。按：网上检索"贯华庵〉金圣叹研究室〉金圣叹研究论文目录（Web）"可见。http://www.003.upp.so-net.ne.jp/haoyi/guanhua/jst...2011年3月28日。
② 隋树森：《金圣叹及其文学批评》引言，1932年6月《国闻周报》第9卷第24期。按：全文分三次在该刊第24至26期连载，后收入中国人民大学古代文论资料编选组编《中国古代文论研究论文集》，上海古籍出版社1989年版。
③ 胡适另一篇重要文章是《水浒传新考——百二十回本〈忠义水浒全书〉序》，发表于1929年9月《小说月报》20卷第9期。

前此研究的模式或视角——在内容上,或在政治上对金圣叹死于哭庙案而深表同情,或在文法上纠缠于以八股眼光评价小说的得失;在命题上,或侧重于小传简况的概略介绍,或因研究《水浒传》版本而连带涉及——20世纪经过三十余年,中国学者继东邻学者之后①,终于将金圣叹从对哭庙案的殉难者、《水浒传》的删节者(或"古本"《水浒》的造假者)的研究中剥离出来,也不仅仅再局限于其小说评点的研究,终于还原其文学评论家的本来面目,给予金圣叹生平史实和文学思想的研究以独立的学术地位。没有这一点,在这一课题内任何深入、专业的探讨都无从谈起。

文学青年隋树森的专题论文和史学家陈登原(1900—1974)的《金圣叹传》专书②先后问世,在当时初步解决了金圣叹可否作为文学家进行正面研究的问题。但是,胡适《〈水浒传〉考证》之于金圣叹研究的消极影响并未到此结束。套用文革语言,该文的最大"流毒"或"馀毒",就是对金批小说戏曲整理深远的错误导向,即隋树森所言从此的"标点本大半都是把'评释'删了去"。如1930年出版的两种七十回本《水浒》分别申言:"现在翻印这部《水浒》,把历来各家对于《水浒》的眉批评语,一律删去不刊"③;"盖金圣叹之评,多迂腐臆断之说,固不若由读者直接研究之为愈也"④,可见风气之一斑。

新中国成立,国民党逃台,海峡两岸关于金批本的整理出版,却格局相近,如有共识。在1950至1980年代中期的二十余年间,毛宗岗评《三国志演义》(1950、1981)、脂砚斋评《石头记》(1955、1962、1974、1975、1980、1981)、余象斗评《水浒志传评林》(1956)、汇评本《聊斋志异》(1962、1978)、李卓吾评《水浒传》(1965、1973),在大陆均有出版;唯独金

---

① 隋树森日语较好,就读大学期间就翻译过日本文学博士儿岛献吉郎的《中国文学概论》。日本学者1932年前发表的有关成果,应该为其有所借鉴。如幸田露伴(1867—1947)《水浒传の批评家》,《帝国文学》大正七年(1918)第24卷第7号;《金圣叹》,《文艺春秋》昭和二年(1927)6月号。两文后收入《露伴全集》,日本东京岩波书店昭和五年(1930)版。辛岛骁(1903—1967)《金圣叹の生涯とその文艺批评》,《朝鲜支那文化研究》,日本东京刀江书院昭和二年(1927)版。参见井上浩一《金圣叹研究论文目录》(Web版)。
② 陈登原:《金圣叹传》,上海:商务印书馆1935年版。
③ 李逸侯:《水浒新序》,《水浒》卷首,上海:新文化书局1930年版。
④ 周瘦鹃:《水浒传序》,《水浒传》卷首,上海:三民公司1930年版。

批著述,不仅其批古文、唐诗著作不得一见,除了1975年为了政治需要而影印的《第五才子书施耐庵水浒传》之外,所出《水浒》、《西厢》也一律没有金批。同时,居住台湾的大学者如钱穆(1895—1990),1970年代亦慨叹在当地"圣叹批已成死去,最近在坊间要觅一部圣叹批的《水浒》,已如沧海捞珠,渺不易得",更遑论其他有关诗文戏曲的评点了。自然而然,评点者本人在"近代爱好文学者心底,逐渐褪色,而终于遗弃",不禁令八十老人为之感伤和愤懑:"三百年来一部畅行书,则终是在默默中废了。时风众势,可畏可畏。"①诚如张国光(1923—2008)所指出的:"追源溯本,此大错的铸成者乃是胡适之。"②

金批著述的作品荒、阅读荒,直到1985年7月,才由江苏古籍出版社版《金圣叹全集》的问世打破(5月《金瓶梅词话》删节本出版)。考虑到1979年已公开影印《沉吟楼诗选》,金批著述刊行之迟,更多的原因当在因《〈水浒传〉考证》的巨大影响而形成的阅读好恶、整理思路和出版惯性。自1920年以来这种作品出版的长期荒芜,使得整整数代人无缘阅读或不便阅读金批才子书。这一被钱穆视为中国文化"真生命之渊泉"的涓滴③,几乎干涸在那段特殊的岁月中。

四

作为现代著名学者,胡适因提倡文学革命而成为五四新文化运动的领袖之一。他为友人整理《水浒传》所撰的《〈水浒传〉考证》,虽然主要

---

① 钱穆:《中国文化与文艺天地——评施耐庵〈水浒传〉及金圣叹批注》,《中国文学论丛》,生活·读书·新知三联书店2002年版,第148、147—148、151页。按:文中云"以上随手举例,都是我在二十岁前后,由圣叹批《水浒》进而研读古文辞之片段心得。到今五十多年……余之追忆,则如白头宫女,闲话天宝遗事。六十年前事恍如隔世"(第147—148页),可推写于1970年代中期,时居台北。该文结尾自谦所论"固知无当于当前谈《水浒》者之群见,亦不合于当前治考据学者之务求于详密"(第159页),可见其"时风众势"之所指。
② 张国光:《历史正在为金圣叹作出公正的评价——读钱穆先生〈评施耐庵〈水浒传〉及金圣叹批注〉一文的感想和补充、商榷意见》,《湖北大学学报》(哲学社会科学版)1988年第3期。
③ 钱穆:《中国文化与文艺天地——评施耐庵〈水浒传〉及金圣叹批注》,《中国文学论丛》,第140页。

目的不在研究金圣叹,有关史实的见解也还可以商榷①,但是以撰写者的特殊身份和文章问世的特殊时间,无疑会对今后的研究产生深远的影响,尤其是对《水浒传》的研究功不可没,其借"整理国故"宣传新文化的良苦用心亦值得高度肯定。只是,如果在金圣叹研究的视野下考量此文的学术史作用,应该说胡适固然在学术方法上开启了有关《水浒传》现代意义的研究,在具体观点上却不利于金圣叹研究的展开和深化。因为他的基本思想是"不赞成金圣叹的《水浒》评"的,金批对于现代读者也是不需要的(第8页),故首先肯定汪原放整理本"有一层大长处,就是把金圣叹的评和序都删去了"。在评点思路上,认为金圣叹对《水浒传》的批评有僵化机械的八股特点,应予否定;在评点形式上,认为采用了新式标点和文意分段之后,金式评点便成多余:"这部新本《水浒》的好处就在把文法的结构与章法的分段来代替那八股选家的机械的批评。"(第1—3页)且不说其观点是否成立,仅就金圣叹研究而言,如果从此以后整理《水浒》、《西厢》乃至其古文、唐诗选评本,均删除金批,皮之不存,毛将焉附?故,此种观点不仅架空了胡适本人有关金圣叹文学观念的高度评价,对于金圣叹文学思想研究真可谓釜底抽薪之举。从某种意义或某种角度上说,他是《水浒传》研究的功臣,也是金圣叹研究的罪人。

但是,我们不能因为最初的实用主义的写作目的和对金圣叹"后果很严重"的片面评价,而否定胡适半生对《水浒传》尤其是其版本异同和内容演变的倾心探讨。身为一位在哲学、史学、教育学、伦理学等领域和文学的其他方面都有深入研究和丰硕成果的大学者,胡适在近二十年时间里,先后写出了五六篇有关《水浒传》的重要论文,可见其还是践行了

---

① 如第41页"雁宕山樵的《水浒后传》是清初做的,那时圣叹评本还不曾很通行"云云,陈忱《水浒后传》最初付梓于康熙三年(1664),在此之前,不仅金批"贯华堂"本《水浒传》至少有四个版本,而且顺治十四年(1657)还刊行了王仕云评点本《第五才子书》。参马蹄疾《水浒书录》,上海古籍出版社1986年版,第117—120页。按:指出这一点,绝非苛责胡适限于历史条件而不知,只是觉得有趣:这种无论知不知,却不妨碍其"还不曾很通行"的学术判断,与其一贯提倡的"小心的求证"的"科学方法",还是存在距离。如此而想"一拳打倒顾亭林,两脚踢翻钱竹汀"(胡适《治学的方法与材料》,1928年9月撰,载11月10日《新月》第1卷第9号),可能还要假以时日。

自己的"'为真理而求真理'的态度"①。尤其令人敬佩的是,在亚东版《水浒》出版的次年6月,他便撰写《水浒传后考》修订自己的考论:

> 这十个月以来发现的新材料居然证实了我的几个大胆的假设,这自然是我欢喜的。但我更欢喜的,是我假定的那些结论之中有几个误点现在有了新材料的帮助,居然都得着有价值的纠正。此外自然还不免有别的误点,我很希望国中与国外爱读《水浒》的人,都肯随时指出我的错误,随时搜集关于《水浒》的新材料,帮助这个《水浒》问题的解决。

并真诚地表示自己小说研究的结论"也许都是错的",但是为真理而求真理的"这一点研究态度,是绝不会错的"②。可以说胡适在自己的《水浒》考证中,很大程度上践行了这一学术追求。1929年6月,他又借着为上海商务印书馆影印百二十回本《水浒传》写序的机会,对六七年来有关学者的商榷意见给予讨论,在详细引证了鲁迅、李宗侗和俞平伯的观点之后,一再表示"很佩服"③;同时,对自己不赞同的意见,也能心平气和地摆事实讲道理。"这种服从真理的光明磊落的态度,是值得称道的",由此可见其"尊重客观的证据、平等待人、服从真理的科学态度"④。

在这篇《忠义水浒传》序的结尾部分,胡适硬是在讨论"百二十回本的性质"(第146页)的文章中,插入对金圣叹及其小说批评的总体评价:

> 圣叹的辩才是无敌的,他的笔锋是最能动人的。他在当日有才子之名,他的被杀又是当日震动全国的一件大惨案。他死后名誉更大,在小说批评界,他的权威直推翻了王世贞、李贽、钟惺等等有名的批评家。那部假托"圣叹外书"的《三国演义》尚且风行三百年之久,

---

① 胡适:1919年8月16日致毛子水的信,毛子水《驳〈新潮〉"国故和科学的精神"篇订误》附,1919年9月《新潮》2卷1号。
② 胡适:《水浒传后考》,1921年6月11日写,《中国章回小说考证》,第94、95页。
③ 胡适:《水浒传新考——百二十回本〈忠义水浒全书〉序》,1929年9月《小说月报》20卷第9期;改题为《百二十回本〈忠义水浒传〉序》,收入《中国章回小说考证》,第111、117页。按:以下凡引此文,仅括注页码。
④ 欧阳健:《重评胡适的〈水浒〉考证》,《学术月刊》1980年第5期。

何况这部真正的圣叹评本的七十回本《水浒传》呢？无怪乎三百年来，我们只知道七十回本，而忘记了其他种种老版本的存在了①。（第148页）

应该说，这段话简明扼要地表达了对圣叹文学才华的肯定、不幸遭遇的同情、批评地位的褒奖和金批本盛行不衰的赞美。与当年出于鼓吹友人新整理本的需要而对金批的全面批判相比，这段文字应该更能代表胡适对金圣叹的基本认识，或许这是他的一种有意识的观点修正和评价补偿吧。

在诸多《水浒传》的版本中，他对金批七十回本的偏爱可能延续其一生，至少在其五十七岁时，还撰写了一篇考证该版本对明代皇帝避讳的文章，也是其专门研究金圣叹著述的唯一成果。他发现在明崇祯十四年刻本《第五才子书水浒传》中，除了不避万历帝名字中的"钧"之外，该书"处处严避明朝皇帝名讳，可说是明末刻书避讳的一种样本或范本"②。可惜包括笔者在内的几乎所有的今人整理本金批《水浒传》，都没有注意过该文的重要意见。考虑到胡适当时正忙碌于北大校长之任，此文的撰写或许是由其提出核对明代诸帝名讳的方案，而请人分劳近八十万字小说原文的比勘，否则在无法"全文检索"的时代，工作量是巨大的。

（原载于《文学遗产》2011年第5期）

结集补记：

胡适对金圣叹的兴趣可以说是多方面的。邬国平先生《作家史实研究的硬功夫——评陆林〈金圣叹史实研究〉》（《文艺研究》2015年第12期）一文，据胡适1935年6月4日的日记"偶读钱谦益的《初学集》，其卷四三有《天台泐法师灵异记》，忽忆叶天寥年谱中所记'泐公'，我当时误认为一个和尚，即是这个附讬在金采的乩坛上的'女鬼'"、"书角有折叠之处，其角直指'卜所冯者金生采也（即金圣叹）'一句，可见我当时初读

---

① 此句中"老版本"之"老"字，是收入《中国章回小说考证》时所增加。
② 胡适：《记金圣叹刻本〈水浒传〉里避讳的谨严》，天津《大公报》1947年11月14日。

时曾注意。日久忘了,读天寥年谱时竟不记起此记了"等语,说明:"可见在金圣叹研究史上,胡适所做的工作不仅是写了一篇《〈水浒传〉考证》,他对金圣叹的史实也是有所发现的。"

鲁迅、周作人论金圣叹

——明末清初文学与现代文学关系之个案考察

摘　要：1930年代前期，因着个人好恶的制约和政治、文学论战的需要，鲁迅、周作人先后发表多篇谈论金圣叹的文章。作家与学者的身份缠夹，对待基本史料的实用态度，造成了各取所需的文献取舍和有意无意的细节改篡。鲁迅以杂文笔法来解构周作人的文学史建构，周作人则试图用文学思路消解鲁迅提出的现实问题。相异的人生取向、文化趣尚和文学提倡，左右了两人对金圣叹的臧否毁誉；史料征引上的缺陷，限制了各自论说的学术史价值。以史实为准绳衡估周氏兄弟评价金圣叹的是是非非，为研究明末清初文学与现代文学之关系提供了一个特殊视角。

关键词：金圣叹；鲁迅；周作人；《谈金圣叹》；明末清初文学；现代文学论战

在中国古代文学家中，如果说哪一位与现代的文化思潮、文学创作与论争关系最密，我以为当属明末清初金圣叹（1608—1661）。从文本传播看，汪原放以金批《水浒传》为底本进行新式标点，可谓五四新文化运动在古籍整理方面的最早成果，阿英标点《贯华堂才子书汇稿》收入施蛰存主编《中国文学珍本丛书》，则是对提倡晚明小品文给予资料支持①；从文学创作看，散文大家周作人早年写作便受金圣叹影响，年近不惑的林语堂仍"日见陷没"于圣叹文风，以致被讥为"病亦难治"②；从学术论争看，由

---

① 林语堂《记翻印古书》："翻印明末清初珍本，于中国文献上，有特别贡献，于《人间世》所提倡明朝小品，给以阐扬的实证。"《宇宙风》第7期，1935年12月16日。
② 鲁迅：《340621致郑振铎》，《鲁迅全集》第13卷，北京：人民文学出版社2005年版，第158页。如无专门说明，本文所引鲁迅之文均出自2005年版。

胡适为亚东版《水浒传》作序催生了对金批及其"古本"的褒贬商榷,到鲁迅有关杂文引发的对金圣叹的冷谈热议,诸如郑振铎、俞平伯、隋树森、陈子展这些现代文学史上赫赫有名的学者,甚至历史学家顾颉刚、陈登原和墨子学家栾调甫,都发表过论说金圣叹的文字。凡此,不仅彰显了民国学术的波折和演进,亦体现了与当时的文学思潮、社会动向的关联。其中尤以发生在鲁迅和周作人之间的争论,最为错综微妙且影响深远,左右了金圣叹现当代接受史的进程和格局。本文尝试以周氏兄弟的金圣叹评论为聚焦中心,以金圣叹基本史实为准绳,以"注重过程"①为研究理路,深入到现代文学史画卷的经纬肌理,分辨并解剖这一典型文化事件,重估现代经典人物对同样具有经典意义的古人之评价的历史和学术效应,并藉以体会个人色彩在学术史演进过程中的重要作用。

一 学者与作家的"冲突":鲁迅的金圣叹论

在鲁迅(1881—1936)的皇皇巨著中,最早提到"金圣叹"三字的,可能是1920年问世的短篇小说《风波》。作者为描写封建遗老赵七爷的不学无术,设计了一个细节:"他有十多本金圣叹批评的《三国志》,时常坐着一个字一个字的读。"当时稍有文化者都知道《三国演义》乃毛宗岗评点,只有"将原书各卷毛氏题名看不明白"者,才会"恍惚误以《三国志演义》亦谓为圣叹所批"②。可见,鲁迅是用金圣叹《读第五才子书法》所谓的"绵针泥刺法",讽刺身为"学问家"的无知和可笑。当代《鲁迅全集》的编注者在解释"金圣叹批评的《三国志》"时,煞费苦心地说此书"经清代毛宗岗改编,卷首有假托金圣叹所作的序,并有'圣叹外书'字样,每回前均附加评语,通常把这评语认为金圣叹所作"③,刻意回避"毛宗岗评点"的事实,不仅没有读懂《风波》这篇小说,也将鲁迅在常识问题上降至"通常"人的水准。究其原因,或者是当代阐释者试图统一鲁迅"学者"与

---

① 钱理群:《返观与重构:文学史的研究与写作》,上海教育出版社2000年版,第100页。
② [清]邱炜菱:《金圣叹批小说说》,《菽园赘谈》卷七,光绪二十三年(1897)排印本,第20页a。
③ 《风波》注释[3],《鲁迅全集》第1卷,第499页。

"作家"两种身份时陷入的两难处境。以下对此后见于鲁迅著述的"金圣叹大事记"略加梳理,试图澄清其所勾画的这位古人面目背后的史实问题,并在此基础上分析其动因。

(一)《鲁迅全集》"金圣叹大事记"

1923年12月,《中国小说史略》上卷出版。在谈及清代《三国演义》版本时,明确指出是毛宗岗"评刻":"迨清康熙时,茂苑毛宗岗字序始师金人瑞改《水浒传》及《西厢记》成法,即旧本遍加改窜,自云得古本,评刻之,亦称'圣叹外书',而一切旧本乃不复行。"并从改、增、削三方面论其"改定"之"大端",又从"一者整顿回目,二者修正文辞,三者削除论赞,四者增删琐事,五者改换诗文"等角度考其"改窜"之"小节"。可见鲁迅做过详细比勘,其见解已远远超出"通常"水平(这可以看作"金圣叹批评《三国志》"不是误用而是有意为之的铁证)。在谈及《水浒传》版本时,引周亮工语以证金圣叹批点的七十回本之作伪,同时讨论金批"成法"的具体表现,对其价值只以"字句亦小有佳处"①一语带过。

1924年7月,鲁迅至西安讲学,归纳金圣叹的观点是"说《水浒传》到'招安'为止是好的,以后便很坏;又自称得着古本,定'招安'为止是耐庵作,以后是罗贯中所续,加以痛骂"②,语气已显严厉。在此前后,鲁迅曾分别撰文,指出汪原放的"标点和校正小说,虽然不免小谬误,但大体是有功于作者和读者的"③;"标点只能让汪原放,做序只能推胡适之"④。嘉许汪、胡在小说整理、评介工作上的首当其选,表达了对汪氏整理《水浒传》删除金批、胡氏《〈水浒传〉考证》否定金批的间接认同,这与其在《中国小说史略》中对金批的不以为然相吻合。拘泥于《水浒传》版本演变的单一视角,对金批七十回本在反映晚明小说创作及美学价值上的认识不足,应该是作为小说史经典的小小缺憾。这一学术范围内的保守结论,对其后来杂文中有关金圣叹的情感倾向和人格评价,或许存在着一定

---

① 鲁迅:《中国小说史略》,《鲁迅全集》第9卷,第138、143、152页。
② 鲁迅:《中国小说的历史的变迁》,《鲁迅全集》第9卷,第335页。
③ 鲁迅:《望勿"纠正"》,1924年1月24日发表,《鲁迅全集》第1卷,第431页。
④ 鲁迅:《为半农题记〈何典〉后,作》,1926年6月7日发表,《鲁迅全集》第3卷,第320页。

的互动关系。

1926年4月,杂文《空谈》发表。在继小说《风波》之后,首次在议论文中使用了"金圣叹批评"《三国演义》的说法。当时刚刚发生"三一八"惨案,鲁迅撰文告诫善良的人们,要善于使用"别种方法"与"阴毒"的敌人战斗:

> 正规的战法,也必须对手是英雄才适用。汉末总算还是人心很古的时候罢,恕我引一个小说上的典故:许褚赤体上阵,也就很中了好几箭。而金圣叹还笑他道:"谁叫你赤膊?"①

许褚战马超的故事见《三国演义》,批语自然是来自毛宗岗。"谁叫汝赤膊"之评虽有调笑之意,然马超当时虽非蜀将,能伤曹营上将许褚,一向尊刘抑曹的读者(评者),自然于心窃喜,对这种有勇无谋的鲁莽汉调侃一句,算不上刻薄;从描写的美学性看,喜"恶战"、被曹操赞为"虎痴"的许将军,因杀得性起,脱衣卸甲,胸毛猬张,露着浑身疙瘩肉,裸奔来战②,虽"臂中两箭",于性命无忧,读者(评者)亦自当喜剧观,谈不上人心不古。然经过鲁迅在特定语境中的使用,这一批语给予读者的美学感受已经发生了颠覆性的变化,并连带改变了金圣叹的形象,赋予其浓烈的丑角色彩。

1933年5月,杂文《不负责任的坦克车》发表,文中再次使用上一典故。针对张若谷(1904—?)嘲讽杂文乃"不敢负言论责任的文体",鲁迅认为当"高等人"以强大的武器镇压"下等人"时,受害者要善于保护自己:

> 如果你上了他的当,真的赤膊奔上前阵,像许褚似的充好汉,那他那边立刻就会给你一枪,老实不客气,然后,再学着金圣叹批《三国演义》的笔法,骂一声"谁叫你赤膊的"——活该。总之,死活都有罪。

开篇第一句"新近报上说,江西人第一次看了坦克车",便将文章写作的时事背景交代得清清楚楚,抨击统治者开着坦克车围剿苏区,"躲在厚厚

---

① 鲁迅:《空谈》,1926年4月10日发表,《鲁迅全集》第3卷,第298页。
② 《毛宗岗批评本三国演义》第59回《许褚裸衣斗马超 曹操抹书间韩遂》:"许褚性起,飞回阵中,卸了盔甲,浑身筋突,赤体提刀,翻身上马,来与马超决战。"南京:凤凰出版社2010年版,第386页。

的东西后面来杀人"而不必"负责"①,自是题中应有之意。后缀的"活该"二字,更使语意增加了原批所无的恶毒成分。

1933年7月,《谈金圣叹》发表;同年9月,《"论语一年"》发表。《谈金圣叹》全面表达了对金圣叹文学史地位的否定性评价,依其叙述次序是:1.文学观念,"他抬起小说传奇来,和《左传》《杜诗》并列,实不过拾了袁宏道辈的唾馀";2.评点价值,"经他一批,原作的诚实之处,往往化为笑谈,布局行文,也都被硬拖到八股的作法上";3.历史影响,"这馀荫,就使有一批人,堕入了对于《红楼梦》之类,总在寻求伏线,挑剔破绽的泥塘";4.版本整理,"自称得到古本,乱改《西厢》字句的案子且不说罢,单是截去《水浒》的后小半,梦想有一个'嵇叔夜'来杀尽宋江们,也就昏庸得可以";5.政治思想,"他是究竟近于官绅的,他到底想不到小百姓的对于流寇,只痛恨着一半:不在于'寇',而在于'流'"②。可见在鲁迅眼中,金圣叹的文学地位一钱不值,其文学评点一无是处。《"论语一年"》在谈及为何"反对"林语堂"提倡"的幽默时,引圣叹临难家书,将其"幽默"定性为"将屠户的凶残,使大家化为一笑,收场大吉"。这句富有文学张力的精彩之论,列入鲁迅十大名言亦毫不逊色,无怪后人在议论林语堂时,无不加以引用,以致在特定的时代成为"脍炙人口的名言"③。如果说之前鲁迅对金圣叹的恶感,还带有"针刺画影而邻女心痛"④的间接特点,那么,这两篇气势凌厉、其锋难撄的文章则可称直接痛击、全面诛杀。

(二)鲁迅论金圣叹的史实问题

经过上述梳理,不难看出,鲁迅对金圣叹的厌恶感逐渐加深,至1933年为最甚,且在学术著作和杂文创作中不仅情感态度明显不同,史实结论亦出现不一致的现象。大致说来,其对金圣叹史实的有意篡改、为己所

---

① 鲁迅:《不负责任的坦克车》,1933年5月9日发表,《鲁迅全集》第5卷,第139页。
② 鲁迅:《谈金圣叹》,《鲁迅全集》第4卷,第542页。
③ 子通:《无门户的幸与不幸——有感于林语堂的"何人出卖旧家园"》,《出版广角》1996年第3期。
④ [清]金圣叹:《第五才子书施耐庵水浒传》第18回总评,陆林整理辑校《金圣叹全集》第3册,南京:凤凰出版社2008年版,第345页。

用,在许褚"赤体上阵"的典故中,表现较为明显;在《谈金圣叹》和《"论语一年"》中,则相对隐蔽。试分析之。

首先,撰写过《中国小说史略》、熟悉金批的鲁迅应该知道,《水浒传》也有"赤体上阵"的典故,如李逵"但是上阵,便要脱膊",也曾被射过一箭,金圣叹自有批语:"妙人,只用八个字活画出来。"①之所以弃而不用,选择《三国演义》里的故事和批语,应该是后者更符合其所要表达的人生含义而前者只不过是从美学角度来评说的。钱理群在分析鲁迅杂文的思维方式时,指出其借助违反"常规"的联想力和嫁接历史与现实的巨大穿透力,达到对某一"类型"追魂摄魄的效果②。如果说,"赤体上阵"的典故及批语是针对陈源(1896—1970)评论三一八惨案的"闲话"③,经过鲁迅的巧妙截取而产生的间离效果,的确强化了此人一贯的"理智的态度和傲慢的神情"④之残酷冷漠。令人困惑的是,抨击凶恶残暴的北洋军阀政府,为何要拿"金圣叹"说事?这句评点明明出自毛宗岗之手,为何要将著作权派给金圣叹?如果在小说《风波》中尚有笔法的考虑,即使其中包含了对旧文化诡异性的不以为然,其矢的也只是不学无术的封建遗老,其实与金圣叹无涉。那么,在杂文中的这种强派,到底有什么言外之意呢?"放冷箭"是鲁迅与"现代评论"派论争中的一个关键词,而其所受"冷箭"中创痛最深的恐怕要数顾颉刚与陈源用唱"双簧"方式制造出的《中国小说史略》抄袭盐谷温的"流言"⑤。鲁迅在此拉上善于伪作"古本"的金圣叹,是否因对同为苏州人的顾颉刚的痛恨⑥,以致不惜留下学

---

① [清]金圣叹:《第五才子书施耐庵水浒传》第67回,陆林整理辑校《金圣叹全集》第4册,第1203页。
② 钱理群:《适合自己的文体——鲁迅杂文论》,《走进当代的鲁迅》,北京大学出版社1999年版,第46页。
③ 陈西滢:《闲话》,1926年3月27日发表,参见《空谈》注释〔3〕,《鲁迅全集》第3卷,第299页。
④ 肖索均:《民国十大奇女子的美丽与哀愁》,北京:中共党史出版社2009年版,第84页。
⑤ 鲁迅:《不是信》,1926年2月8日发表,《鲁迅全集》第3卷,第243页。
⑥ 顾颉刚先祖顾予咸是"哭庙案"中重要人物,参顾潮《我的父亲顾颉刚》第一章《故乡的熏陶》"家世",北京:人民文学出版社2010年版。顾颉刚《经与文的隔绝》:"到了金圣叹,遂以《左传》、《楚辞》、《史记》、《杜诗》、《西厢》、《水浒》并作一类书看……竟会把向来隔绝的几部真文学书汇集在一起,这确是可以佩服的。"《小说月报》10卷10号,1923年10月10日。

术硬伤,以影射其"古史辨"有作伪的嫌疑呢①?至少流露出对"放冷箭"者之阴毒的深深憎恶。可笑为打笔仗而忙着到处找材料的英文教授陈西滢,由于只具备通常人的小说史知识,没有发现此中破绽,以致被别一种战法击中而不觉。但不管真相如何,鲁迅对顾氏喜爱的古人金圣叹的恶感却一发不可收拾,以致一而再、再而三地曲解文意、调换评者、抨击对手,甚至成为习惯,在不需要的场合,也要自觉不自觉地使用这一有问题的例证。如其1935年写信告诫萧军、萧红"上阵要穿甲",举的又是"金圣叹批道:谁叫你赤膊!"②的拿手好例。对于鲁迅这样的大文豪,一个虚假的事例使用了三四次,足见其厌恶圣叹之深和对这一例子表现力的偏爱。

  其次,衡之于史实,鲁迅在《谈金圣叹》中所谓"实不过拾了袁宏道辈的唾馀",与历史实际并不相符。在重视戏曲小说方面影响金圣叹者,古今评价均首推李贽(1527—1602)而非袁宏道(1568—1610)。将对前人进步思想的继承、发扬视为"拾人唾馀",属一家之言,固无不可,但是将可作祖辈的李贽换成孙辈的袁宏道,便很难令人信服了。以致1958年版《鲁迅全集》于此加注:"这里袁宏道应为李卓吾。"③而后来版本的注释则改为以"袁宏道"出注:"他在《觞政》等文中肯定了小说、戏曲、民歌的地位,在《狂言》里的《读书》诗中,把《离骚》、《庄子》、《西厢》、《水浒》和《焚书》并列。"④其实都是没有读懂此文,没有明白作者的深心!以鲁迅之渊博,不应不知道李贽在《焚书》中对小说戏曲的如潮好评,也不应不知道署名袁宏道撰的《狂言》不过只是坊间的伪书⑤;这里以袁宏道为圣

---

① 陈寅恪1939年为刘文典《庄子补正》撰序,用金圣叹注《水浒传》之"古本作某,今依古本改正"的方法,比拟"今日治先秦子史之学,著书名世者"之"改订旧文,多任己意"(《刘文典全集》第2册,合肥:安徽大学出版社、昆明:云南大学出版社1999年版,第1页),即是对顾颉刚的"含沙射影"(朱渊清:《书写历史》,上海古籍出版社2009年版,第469页),可以作为本文这一揣想的旁证。
② 鲁迅:《350313致萧军、萧红》,《鲁迅全集》第13卷,第408页。
③ 《谈金圣叹》注释3,《鲁迅全集》第4卷,北京:人民文学出版社1958年版,第560页。
④ 《谈金圣叹》注释〔3〕,《鲁迅全集》第4卷,北京:人民文学出版社2005年版,第544页。
⑤ 袁中道《游居柿录》卷一〇载万历四十三年(1615)"得《中郎十集》,内有《狂言》及《续狂言》等书,不知是何伧父刻画无盐,唐突西子,真可恨也"。钱伯城《袁宏道集笺校》(上海古籍出版社1981年版)即未收此类文字。

叹鼻祖,实乃夹枪带棍地批评早已彼此阋于墙的其弟周作人当时对晚明公安派的推重①。1930年代初期的文坛,因着知堂的扬誉,一般文人"嘴巴边不吐出袁中郎、金圣叹的名字,不读点小品散文之类,嘴巴好像无法吐属风流"②。鲁迅如说"拾了李贽辈的唾馀",便失去了此文顺带打击周作人等热捧晚明公安派的作用。枪扫一大片,是鲁迅杂文的特点,也与其"创作家不妨毫不理会文学史或理论"③的观点相吻合。

再次,《"论语一年"》中所引临难家书,在史料选择的方式上亦颇可疑:

> 我们有唐伯虎,有徐文长;还有最有名的金圣叹,"杀头,至痛也,而圣叹以无意得之,大奇!"虽然不知道这是真话,是笑话;是事实,还是谣言。但总之:一来,是声明了圣叹并非反抗的叛徒;二来,是将屠户的凶残,使大家化为一笑,收场大吉。我们只有这样的东西,和"幽默"是并无什么瓜葛的。④

"不知道这是真话,是笑话"云云,可谓意味深长。关于金圣叹的临难家书,版本甚多,真实文字应该是《哭庙记略》、《辛丑纪闻》所载:"杀头至痛也,籍没至惨也,而圣叹以无意得之,不亦异乎?若朝廷有赦令,或可相见,不然死矣!"⑤至于其他说法,或经后人改窜,或为小说家言,不足取信⑥。鲁迅不用《哭庙记略》等记载"哭庙案"的最常见史料,却采用并压缩了经过乾隆时王应奎为突出"一笑受刑"而改写的"闻圣叹将死,大叹诧曰"云云⑦,究竟是有意还是随意?我意当为前者,理由有三:1.《哭庙记略》、

---

① 有关周作人对于公安派的解读与接受,可参黄仁生《论公安派在现代文坛的多重回响》,《复旦学报》2006年第6期。
② 陈子展:《不要再上知堂老人的当》,《新语林》第2期,1934年7月20日。
③ 鲁迅:《读书杂谈》,《鲁迅全集》第3卷,第459页。
④ 鲁迅:《"论语一年"》,1933年8月23日写,《论语》第25期,1933年9月16日,《鲁迅全集》第4卷,第582页。
⑤ [清]无名氏:《哭庙记略》,上海:商务印书馆1911、1917年排印《痛史》本;无名氏:《辛丑纪闻》,1920年刻《又满楼丛书》本。
⑥ 有关金圣叹临难家书的真伪辨析,参:黄霖《读金圣叹的〈沉吟楼诗选〉》,《古典文学论丛》(复旦学报[社会科学版]增刊),上海人民出版社1980年版,第217—218页;钟来因《关于鲁迅论金圣叹哭庙案的辩证》,《鲁迅研究》第13辑,北京:中国社会科学出版社1988年版,第450—451页。
⑦ [清]王应奎:《柳南随笔》卷三,嘉庆刻《借月山房汇钞》本,第6页a。

《辛丑纪闻》乃了解哭庙案的基本文献,在当时也非稀见之书,严谨如鲁迅者,研究金圣叹时必看;2.从《谈金圣叹》"至于杀头,则是因为他早被官绅们认为坏货",可知鲁迅是研究过《哭庙记略》等书对哭庙案的记载的,供出"丁、金二人,足以塞责"①,正说明早被统治者认为是坏货;3."虽然不知道这是真话,是笑话……",恰恰显示出说话者的留有馀地,知道真实情况究竟如何。有意思亦正在此处:明明知道自己所引是笑话、是谣言,却非要按照真话、事实去往下推理,殊不知一旦是笑话、谣言,还怎么能得出"但总之"的"一来"、"二来"呢?而不当作真话、事实,就更不能得出"总之"来了。对于真实家书,稍早的邱炜蔓(1874—1941)的读后感是"寥寥数语,悲抑之情,见于言外"②,鲁迅也难以将此与"幽默"扯上什么瓜葛,所以只能是弃之不用。可见,论战的客观需要和"一来"、"二来"的自我偏爱,左右了鲁迅对原始资料的特殊选择。只是这一选择,再次委屈了古人金圣叹,且影响久远。直到今天,在一些明清史研究者眼中,仍把"'将屠户的凶残,使大家化为一笑,收场大吉'式的幽默",依然视为"金圣叹(?—1661年)式"的"实在是有害于世道人心"的货色③。

面对鲁迅留下的"难题",《鲁迅全集》编撰者在指出毛宗岗"冒称'圣叹外书'"④的同时,不得不在其小说和杂文的注释中多次用"通常认为"是圣叹所作的这样含糊的表述,为鲁迅移花接木的战术作无谓的辩护。其实,否认鲁迅对金圣叹史实的有意篡改,是混淆了其"学者"身份和"作家"身份:"研究文章"的是"学者","做文章"的是作家;前者"要用理智,要冷静",后者"至少总得发点热"⑤。出自战术的考虑和自觉的选择,作为"作家"的鲁迅笔下的金圣叹,往往以一种与史实相扭错的似是而非的面目出现,与其作为"学者"时对于史实的冷静判断(尽管亦有个人好恶),判若两人。当代阐释者为贤者讳,其实显示了对既清醒又挣扎

---

① [清]无名氏:《哭庙记略》,第5页b;无名氏:《辛丑纪闻》,第7页b。
② [清]邱炜蔓:《金圣叹死时语》,《菽园赘谈》卷四,第10页b。
③ 王春瑜:《中国人的情谊》,西安:陕西人民出版社2007年版,第36页。
④ 鲁迅:《中国小说史略》,《鲁迅全集》第9卷,第143页。
⑤ 鲁迅:《读书杂谈》,《鲁迅全集》第3卷,第460页。

于"学术"与"文学"冲突之中的鲁迅①的隔膜。

(三)学术争鸣和政治批判交错下的杂文战术

在鲁迅杂文有关金圣叹的文字中,出于论战需要而扭错史实是一种常态。只不过1933年之前,其对金圣叹的抨击更多出自私人恩怨的需要,1933年的两文,则具备更多的现实针对性和全面批判性。要弄清这位古人在1933年为何突然走了厄运(下次是1975年),有必要回顾上一年问世的两种文学评论性质的著述,一是6、7月间发表的隋树森《金圣叹及其文学批评》,一是9月出版的周作人《中国新文学的源流》。

在中国现代学术史上,隋树森(1906—1989)《金圣叹及其文学批评》,可视为专论金圣叹生平和文学思想的首篇学术论文。该文的现实针对性十分明显,如文章的"引言"开宗明义第一段：

> ……自从文学革命以后,旧小说和戏曲都陆续的被标点出来,标点本大半都是把"评释"删了去,而在新序或考证之中,照例又都要把旧日的"眉批夹注"讥讽斥责;金圣叹的评释,当然也在所不免,因此一般人往往对他很轻视了。②

这些观点,一针见血地指出了胡适所提倡的古籍整理对古代小说、戏曲研究的消极影响,一方面明确与当时那些包括鲁迅《中国小说史略》在内的津津于《水浒》究竟有几种版本以及七十回"古本"之有无的实证型学术研究叫板,另一方面至少在客观上与鲁迅首肯汪原放和胡适在古典小说整理研究方面的观点相抵牾。

周作人(1885—1967)《中国新文学的源流》之所以提到金圣叹,主要是以其为例说明"以袁中郎作为代表的公安派"的"势力"在清初文学的体现："金圣叹的思想很好,他的文学批评很有新的意见,这在他所批点的《西厢》《水浒》等书上全可看得出来。他留下来的文章并不多,但从他所作的两篇《水浒传》的序文中,也可以看得出他的主张来的,他能将《水

---

① 钱理群：《跋："学者"与"作家"的互补与冲突》,《鲁迅学术文化随笔》,北京：中国青年出版社1996年版,第307页。
② 隋树森：《金圣叹及其文学批评》,《国闻周报》第9卷第24—26期,1932年6—7月。

浒》《西厢》和《左传》《史记》同样当作文学书看,不将前者认为诲淫诲盗的东西,这在当时实在是一件很不容易的事。"①此外在论及曾国藩、俞樾、梁启超时,也都提到了金圣叹的影响。

隋树森因强烈不满"时常有人对于他(金圣叹)的评释很表轻视"("结论"),使其文章具备了对胡、鲁等人有关研究表示异议的显要特质。故当代学者多认为鲁迅次年(1933)5月撰写的《谈金圣叹》一文是由隋文"引出"的②;黄霖则进而补充指出鲁迅此文是在"读了周作人的《中国新文学的源流》、隋树森的《金圣叹及其文学评论》之后所写的"③。隋文的开篇语及文中的意见,固然完全可能惹恼已对金圣叹抱有恶感且一贯维护亚东版《水浒传》出版思路的鲁迅;而林语堂在其主持的杂志上新近对金氏文章艺术水准高度夸张的评价,"真正豪放自然,天马行空,如金圣叹之《水浒传序》,可谓绝无仅有"④,也应该刺激了鲁迅的神经⑤。《谈金圣叹》一笔抹杀金圣叹的文学批评成就,对于刚刚发表的隋树森《金圣叹及其文学批评》中的价值论证以及周作人、林语堂对金氏思想和创作的提倡,可谓针锋相对的当头一棒。也正是在这一点上,不妨认为是隋树森、周作人以及林语堂的有关论述引发了《谈金圣叹》的写作。

但正如《谈金圣叹》并不是一篇严格的学术论文一样,其撰写似乎也不仅仅是为了文学,而应该包含了更为重要的题旨。《谈金圣叹》共有七段,前三段主讲金圣叹,后四段主讲小百姓对"流官"、"坐寇"之憎恶。与结束语"仅存的路,就当然使他们想到了自己的力量"的号召相呼应,首段的文字是这样的:

讲起清朝的文字狱来,也有人拉上金圣叹,其实是很不合适的。

---

① 周作人:《中国新文学的源流》,《周作人散文全集》第6卷,桂林:广西师范大学出版社2009年版,第73—74页。
② 陈洪:《金圣叹文论研究百年》,《锦州师范学院学报》2000年第4期。
③ 黄霖:《近百年的金圣叹研究——以〈水浒〉评点为中心》,章培恒、王靖宇主编:《中国文学评点研究》,上海古籍出版社2002年版,第331—332页。
④ 林语堂:《论文(上)》,《论语》第15期,1933年4月16日。
⑤ 鲁迅《杂谈小品文》:"小品文中,有时也夹着感愤,但在文字狱时,都被销毁,劈板了,于是我们所见,就只剩了'天马行空'似的超然的性灵。"1935年12月7日发表,《鲁迅全集》第6卷,第431—432页。

他的"哭庙",用近事来比例,和前年《新月》上的引据三民主义以自辩,并无不同,但不特捞不到教授而且至于杀头,则是因为他早被官绅们认为坏货了的缘故。就事论事,倒是冤枉的。①

将被封建正统人士视为离经叛道之异己的悲情人物,用"被官绅们认为坏货"的非学术字眼相描述,倒不是作者本人与封建官绅在政治、文艺思想上自觉地保持一致,而实在是出于情感上对金圣叹为人的鄙夷和为文的轻视。套用《谈金圣叹》的表述风格而评价之,所谓"布局行文,也都被硬拖到八股的作法上",实不过拾了胡适辈"八股选家的流毒"之牙慧②;"不特捞不到教授而且至于杀头",将原本是反对贪官污吏、反映民众呼声的正义之举,变成一出维护朝廷和官绅利益,借哭庙以求荣,因投机而被杀的闹剧。读此一文,金圣叹为人为文的诚实、才华横溢的精彩,顿时化为负案累累、昏庸愚昧、机关算尽、反误性命的闹剧。文章不仅用语犀利,而且或是超历史的评价(封建士子哪个不近于官绅),或与史实未必尽合(根本与捞不捞教授无关),缺乏学术的严谨性和严肃性,政治针砭远远超出了文学考量。

此文开篇所谓"引据三民主义以自辩"的近事,历版《鲁迅全集》均无注释。其实,事主乃现代人权运动领袖罗隆基(1896—1965),时为上海光华大学教授。其因在《新月》杂志上发表大批有关人权理论的文章③,1930年11月被国民党上海公安局拘捕,出狱后撰写《我的被捕的经过与反感》,刊于12月出版的《新月》,因此被教育部"电令"解除教职④。即便在已经能说罗隆基倡导人权、主张法治等思想"仍有时空穿透力"⑤的今天,还是应承认主张推翻体制的革命者远较在体制内争取民主的人权

---

① 鲁迅:《谈金圣叹》,1933年7月1日发表,《鲁迅全集》第4卷,第542页。
② 胡适:《〈水浒传〉考证》,《中国章回小说考证》,大连:实业印书馆1943年版,第3页。黄霖《读金圣叹的〈沉吟楼诗选〉》云:"在胡适之前,还有个叫燕南尚生的在《新评水浒传叙》中也提到过。"《古典文学论丛》(《复旦学报》[社会科学版]增刊),第219页。
③ 具体篇名,见刘志强《中国现代人权论战——罗隆基人权理论构建》,北京:社会科学文献出版社2009年版,第92—93页。
④ 刘志强:《中国现代人权论战——罗隆基人权理论构建》,第90页。
⑤ 刘志强:《中国现代人权论战——罗隆基人权理论构建》,第3页。

者,在当时要冒着更大的危险,并代表着更广泛的利益,故而应当获得更充分的敬重。所以,我以为鲁迅这篇文章的政治意图是借谈金圣叹"哭庙"之不反皇帝,影射以罗隆基为代表的人权运动非从根本上反国民党统治,主张"小百姓"要想改变被"刮尽筋肉"的悲惨境遇,就必须依靠"自己的力量"①,总之是提倡革命。不过,他对罗隆基的批评可以理解,借金圣叹说事则流于牵强。

如果说《谈金圣叹》的题旨主要是批评提倡人权之"昏庸",倡导百姓反抗"坐寇",那么,《"论语一年"》同样体现了鲁迅作为"体制外的批判者"的犀利和决绝。看似不合逻辑的"总之"推论,其被省略的推理环节或许是:虽然不能要求圣叹为后人改写其绝命书负责,然而种种附会,恰恰因为其立身行事的方式,留下了可资利用的余地。所以鲁迅要金圣叹为他未曾说的话负责,也不奇怪。这或许是告诫提倡"幽默"的周作人、林语堂等人,要他们警惕被改窜和利用、以淡化暴政的血腥气的可能。

二 作家与学者的"互补":周作人的金圣叹论

周作人对金圣叹的喜欢可谓与生俱来。1941年初,已经沦为汪伪政府"教育总署督办"的他,在回忆十一二岁开始读小说的经历和感受时,认为现今记得的部分"大抵不是小说本身而是小说的有些批注",而小说的批"第一自然要算金圣叹",并说自己读金批《水浒》时,对于"本文与批同样的留意,如吃白木耳和汤同咽才好,《西厢》亦然,王矶山出来时尤其有相声之妙"②。可见,他自幼就是把金批当作文学作品来欣赏而非文学批评来看待的。这一习惯,持续久远。不仅其弱冠就读于南京水师学堂时写的文章,"所受的影响,旧的方面有金圣叹"③,晚年还说过自己青年

---

① 鲁迅:《谈金圣叹》,《鲁迅全集》第4卷,第543页。
② 周作人:《小说》,1941年1月20日发表,《周作人散文全集》第8卷,第541—542页。
③ 周作人:《旧日记抄》,《周作人散文全集》第7卷,第167页。

时期颇受"金圣叹梁任公的新旧文章的影响"①。只是这种文章式的欣赏和写作上的影响,并未导致其撰写专门研究或谈论金圣叹的著述,直到1935年。

(一)"一篇半"专论的现实指向

1935年,周作人发表了一篇半专门谈论金圣叹的文章,这在周氏是空前绝后之举。所谓"一篇半",便是《谈冯梦龙与金圣叹》(只算半篇)和《谈金圣叹》。之所以说"空前绝后",指的是对金圣叹喜爱与欣赏由来已久的周作人,在其1935年之前发表的各类文章中,虽曾不下十余次表示对圣叹的好感②,1932年出版的《中国新文学的源流》中,更将其视为继承晚明公安、竟陵派之长的清初代表性人物之一,但除此两篇"谈"文外,他并没有也再没有专论金圣叹的著述问世。而且,与鲁迅用杂文笔法解构周作人建构文学史的学术思想、以致"作家"和"学者"身份之间发生不可避免地冲突不同,一直从文学创作的角度推重金圣叹的周作人,在所撰关于金圣叹的专论中却有意采用了文献考证的思路,强调自己"述而不论"的学者姿态,用别样的方式为自己作为小品文作家的美学选择和文学好尚辩护。

这一篇半以史料述评为主的文章,绝非心血来潮、一蹴而就的产物,应该说文献储备已久。尤其是后一篇,即便在今天的学术条件下,也很难在一两个月内完成。有些后来的学者长期专门研究金圣叹,都没有看过周氏所涉的那么多材料。选择在这么一个时间段(1934年11月—1935年6月),连撰两文,并发表在同一杂志《人间世》上,还是有着强烈的目标指向,即针对近两年前鲁迅发表的同题之文及相关文章。

按照写作、发表顺序,周作人首先问世的是《谈冯梦龙与金圣叹》③。

---

① 周作人:《知堂回想录·五年间的回顾》,1961年2月26日写,《周作人散文全集》第13卷,第325页。
② 鄢琨:《周作人散文全集·索引》,第344页。
③ 《人间世》第19期,1935年1月5日。按:文末自注写作时间为"民国念三年十一月念四日"。

这半篇专论颇有意味:明明副标题是"墨憨斋编山歌跋"①,却偏偏要扯上金圣叹;明明首先用了近一半的篇幅大谈清人廖燕、刘献廷对金的评价,却偏偏在文章取名时要把晚明冯梦龙放在"谈"的第一位。或许会以为这只是作者随心所欲的无意之举,待看过半年后发表的《谈金圣叹》这篇专文的"附记"②,遂一切恍然:"一两个月前语堂来信,叫我谈谈金圣叹及李笠翁等人。"(专谈金圣叹时又扯上李渔,与前同一笔法)"语堂"者,即同样大名鼎鼎的林语堂(1895—1976),《人间世》是其在上海主编的刊物。对于约稿,周的反应是"这事大难,我不敢动手,因为关于文学的批评和争论觉得不能胜任"③,此话大有名堂!固然这种不屑争辩的态度乃其一贯④,但是因在《中国新文学的源流》中认为"很好"的金圣叹的文学观念被鲁迅嘲为"拾人唾馀",故先用对文学争论的"不能胜任"虚晃一枪;然一方面说"不敢动手",一方面又说因为日前看了福庆居士来信"雨中无事,翻寻唱经堂稿为之叹息。讲《离骚》之文只是残稿,竟是残了。庄骚马杜待何如,可叹息也",因此使其"记起金长文序中所说的诗,便想关于圣叹死时的话略加调查,拉杂写此"。临了还不忘解释数句:

> 算是一篇文章,其实乃只几段杂记而已。对于圣叹的文学主张不曾说着一字,原书具在,朋友们愿意阐扬或歪曲之者完全自由,与不佞正是水米无干也。⑤

福庆居士即俞平伯⑥,信中所谓"唱经堂稿"即《唱经堂才子书汇稿》

---

① [明]冯梦龙辑:《山歌》,上海传经堂1935年出版,顾颉刚、胡适、钱南扬、周作人、郑振铎等撰序。
② 《人间世》第31期,1935年7月5日。按:文末[附记]后自注写作时间为"六月八日"。收入《苦竹杂记》,增加[附记二],自注写作时间为"七月二十五日"。
③ 周作人《谈金圣叹》,《周作人散文全集》第6卷,第679页。
④ 周作人《中国新文学的源流小引》:"我本不是研究中国文学史的,这只是临时随便说的闲话,意见的谬误不必说了……。万一有学者看重我,定要那样的鞭策我,我自然也硬着头皮忍受,不敢求饶。"《周作人散文全集》第6卷,第49页。
⑤ 周作人《谈金圣叹》,《周作人散文全集》第6卷,第679—680页。
⑥ 周作人1944年撰《女人的禁忌》有云"福庆居士所著《燕郊集》",见《周作人散文全集》第9卷,第450页。《燕郊集》乃上海良友图书公司1936年版,作者即俞平伯。陈玉堂《中国近现代人物名号大辞典》没有著录。

(一名《贯华堂才子书汇稿》),由圣叹堂兄金昌(字长文)收集刊行;"庄骚马杜待何如",是金昌《叙第四才子书》所引圣叹"临命寄示"的绝命诗中的一句。

周作人此文,从题目《谈金圣叹》看,是直接回应鲁迅1933年同题之作对金圣叹的批判;从附记"关于圣叹死时的话略加调查"看,所回应者还包括乃兄同年发表的《"论语一年"》对林语堂和自己提倡幽默的讥讽;甚至在文末特地去说林语堂的约稿,也与鲁迅文章开头"说是《论语》办到一年了,语堂先生命令我做文章"相映作对,可谓绵里藏针、伏怨遥深。鲁迅文章中,曾明确表示对以林语堂为代表的"论语派"的批评态度:"老实说罢,他所提倡的东西,我是常常反对的",所举之例证,按照周作人的说法,就是未经"略加调查"的圣叹"死时的话"(鲁迅的说法是"不知道这是真话,是笑话;是事实,还是谣言")。由此可见,周作人为了回答鲁迅两年前对自己提倡幽默散文、宣扬公安三袁和金圣叹文学地位的讽刺和批判,至少酝酿了半年多时间,并先用半篇"谈"文来试水。

《谈冯梦龙与金圣叹》是这样开头的:"明末清初文坛上有两个人,当时很有名,后来埋没了,现在却应当记忆起来,一是唱经堂金圣叹,二是墨憨斋冯梦龙。"接下来的第二段,就是"关于金圣叹的事迹"的新介绍。他虽认为孟森(1868—1937)《心史丛刊》"说的颇详细",却指出在后世佩服圣叹的人中,"应以清初的刘继庄与廖柴舟为代表"。言下之意,对孟心史忽略了刘献廷(1648—1695)《广阳杂记》和廖燕(1644—1705)《二十七松堂集》的有关评价略有不满。刘氏学问正大、洁身独行,为人为学皆属古今均无争议之名门正派,引其认同圣叹之文字,无疑有利于说明问题;廖氏亦是慷慨耿介之士,摘其《金圣叹先生传》跋语中"予读先生所评诸书,领异标新,迥出意表。觉作者千百年来,至此始开生面。呜呼,何其贤哉"和"然画龙点睛,金针随度,使天下后学,悉悟作文用笔墨法者,先生力也"两段,用来抬举金批具有"揭发'文章秘妙',有功后学"[1]之作用,目的性也是明显的。

---

[1] 周作人:《谈冯梦龙与金圣叹》,《周作人散文全集》第6卷,第503页。

饶有深意的是,在廖燕所撰的跋语这两段之间,原文还有对圣叹死于哭庙案深表同情的一段:"虽罹惨祸,而非其罪,君子伤之。而说者谓文章妙秘,即天地妙秘,一旦发泄无馀,不无犯鬼神所忌。则先生之祸,其亦有以致之欤!"①缘于对现代统治当局的畏惧以及个人文化兴趣的偏好,周作人有意回避了这一话题,与其兄《谈金圣叹》开篇就说"讲起清朝的文字狱来,也有人拉上金圣叹",写作主旨迥异。鲁迅是从政治入、从政治出,其中兼谈文学;周作人则只谈文学而不及其他,这一宗旨贯穿其一生对金圣叹的谈论。只是略去了这一段,便使自己文中带有引号的"文章秘妙",出处难寻,秘妙难悟,更别说会发现"秘妙"其实是"妙秘"的倒文。在这半篇专论由金向冯的过渡段落中,亦即谈金的最后部分,作者通过比较两人的异同,认为就"文学上的功绩"而言,冯梦龙"可以雄长当时而未足津逮后世,若与圣叹较,盖不能不坐第二把交椅了"②,间接地重申了金圣叹足以"雄长当时"并"津逮后世"的文学地位,亦是在与鲁迅的有关评价暗中较劲。

(二)《谈金圣叹》的微言大义

此篇探路之作发表后,鲁迅并无反响,于是在鲁迅发表《谈金圣叹》两年零四天之后,终于有了周作人同题之作的问世。此文约四千字左右,主要由原始资料组成。从谈孟森对圣叹事迹的"收辑"开始,旁征博引,夹叙夹议,看似拉拉杂杂,其实一共考证了四个问题:临死家书、著述次第、鬼神附身、佚诗佚文。其写法大多是先述《心史丛刊》已引过的文字,再辅以自己所搜罗的种种新史料。占篇幅最多的,是与回应鲁迅文章关系较密的头尾两事。

先看第一事:乾隆王应奎《柳南随笔》所记"闻圣叹将死,大叹诧曰:'断头至痛也,籍家至惨也,而圣叹以不意得之,大奇。'于是一笑受刑。"流传甚广。针对鲁迅《"论语一年"》"不知道这是真话,是笑话;是事实,还是谣言"的讥讽,周作人花了大力气说明其是真话、是事实。他在孟森

---

① [清]廖燕:《金圣叹先生传》,《二十七松堂文集》卷一四,上海远东出版社1999年版,第342页。
② 周作人:《谈冯梦龙与金圣叹》,《周作人散文全集》第6卷,第505—506页。

所引《柳南随笔》、《豁意轩录闻》之外，又连续引用柳春浦《聊斋续编》、毛祥麟《墨馀录》和廖燕《金圣叹先生传》，更通过考证"生于清初"的廖燕至苏州的具体时间，指出"自当以廖说为近真耳"①，又以传中记载的说明圣叹字号含义及不可解说《古诗十九首》等事"皆未见他人记述"，来佐证廖说之可靠。然后再引金昌《叙第四才子书》"临命寄示一绝"和徐增《天下才子必读书》序"其人之不可方物"，来证明"圣叹临死乃仍拳拳于其批评工作之未完成，此与胡桃滋味②正是别一副面目也"，其结论是："圣叹之为人盖甚怪，在其临命时，与同学仍谈批书，故亦不妨对狱吏而说谐语欤？"引的证据不可谓不丰富，拐的弯子不可谓不多，不外乎是要证明金圣叹天性幽默，临难诙谐家书实有其事。只是即便在其所涉史料范围内，亦有难以自圆其说的逻辑破绽：绝命诗"且喜唐诗略分解，庄骚马杜待何如"是以遗著托付堂兄金昌，这种置生死于度外、视学术甚于性命的郑重严肃态度，与以"不意"获死为"大奇"的自我调侃、"一笑受刑"的没心没肺和"胡桃滋味"的谐谑戏弄，自是迥然有异的两副"面孔"。固然，不能说人在临难前就不能有决然相反或不同的面目，但是不能说"与同学谈批书"和"对狱吏说谐语"，就是"一副面孔"，就是情感一致的"不妨"。为了证明己言有理，竟将十分庄重，甚至有些悲怆（以致俞平伯读后"为之叹息"，隋树森此前也因此而叹"他也是很饮恨而终了！"③），至少是毫无怪异可言的临难托书，作为"圣叹之为人盖甚怪"的典型例证，不能不说是善于体会世道人情的周作人的有意曲解！

再看第四事：**先谈佚诗**，在据《心史丛刊》引袁枚《随园诗话》所录圣叹《宿野庙》后，按曰"圣叹所著之文皆存于所批书中，其诗仅见随园称道一首"；接着披露刘继庄《广阳杂记》引"唱经堂于病中无端忽思成都"诗和圣叹《杜诗解》自引"幼年有一诗"，因均不见《沉吟楼借杜诗》，故推测

---

① "廖说"指廖燕《金圣叹先生传》所记圣叹"临刑叹曰：'砍头最是苦事，不意于无意中得之。'"
② "胡桃滋味"指《豁意轩录闻》所记圣叹"弃市之日，作家信托狱卒寄妻子……上书曰：'字付大儿看，盐菜与黄豆同吃，大有胡桃滋味，此法一传，我无遗憾矣。'"
③ 隋树森：《金圣叹及其文学批评》，载《国闻周报》1932年6月第九卷第二十四期。

"刘袁二君所引不知又系何本,岂唱经堂诗文稿在那时尚有写本流传欤"。周作人虽不擅考据,然其学术感觉很好,他的推测均为事实。在当代始重现于学界的金圣叹《沉吟楼诗选》抄本中,刘、袁所引均赫然在目,一是题为《病中无端极思成都忆得旧作录出自吟》的七绝,一是五律《佛灯》前四句的改写①。**后谈佚文**,周作人认为"圣叹的散文现在的确只好到他所批书中去找了,在五大部才子书中却也可找出好些文章来,虽然这工作是很不容易"。所谓"五大部才子书",当是指已经刊行的金批《杜诗解》、《水浒传》、《西厢记》、《唐才子诗七言律》和《天下必读才子书》。从这些常见书中寻找美文,何以会是"很不容易"的事?从他接下来的话中,或许可以体会一二:

> 我觉得他替东都施耐庵写的《水浒传序》最好,此外《水浒》《西厢》卷头的大文向来有名,但我看《唐才子诗》卷一那些谈诗的短札实在很好,在我个人觉得,还比洋洋洒洒的大文更有意思。《杜诗解》卷二,自《萧八明府实处觅桃栽》至《早起》,以四绝一律合为一篇,说得很是别致,其中这段批语,也是一首好文章。

从他的具体引文中,读者终于悟出,原来他刻意挑选出来、隆重推荐的,不仅是金圣叹代替古人所撰之长篇大序以及《水浒》、《西厢》卷首的"读法"和总批,他更喜欢的,实际是那些言简意赅、冲澹隽永的短札和简评。看来,他"谈"金圣叹,用的正是金批所云"目注彼处,手写此处"②之法,是为自己的小品文写作风格、文学提倡甚至是生活态度辩护。这也就是为何在圣叹 25 首《借杜诗》中,周作人唯独说"我却喜欢最末一首",即"今春刻意学庞公,斋日闲居小阁中。为汲清泉淘钵器,却逢小鸟吃青虫"。这首小诗,与周作人在 1930 年代初期,面对残酷的社会现实,希望躲进象牙之塔,请朋友"且到寒斋吃苦茶"③的隐士心态,何其相似乃尔。要使别人尤其是左翼文人认同这种一致,即承认他选出的文章为好,当然

---

① 陆林:《金圣叹佚文佚诗佚联考》,《明清小说研究》1993 年第 1 期。
② [清]金圣叹:《读第六才子书西厢记法》,陆林整理辑校《金圣叹全集》,第 2 册,第 857 页。
③ 周作人:《五十自寿诗》,"民国二十三年一月十三日偶作",《周作人散文全集》第 6 卷,卷首手迹。

这工作是"很不容易"做的。由此可知,从金批著作中寻找及考证诗文的存佚,只是周作人写作《谈金圣叹》的目的之一或表面目的,展示自己对圣叹诗文尤其是评点文字美的独特欣赏,从而证明将金圣叹视为晚明文学与五四新文学中的一环是可以成立的,或许是更重要的写作宗旨。

(三)成绩与弊病

在事迹资料收辑方面,周作人这一篇半专论成绩显著。两文共征引文献近20种(篇),有许多是首次披露或引用的。如《广阳杂记》引述的刘献廷对金圣叹的积极评价和新发现的金氏诗作,释戒显著《现果随录》"昔金圣叹馆戴宜甫香勋斋,无叶泐大师附圣叹降乩,余时往叩之,与宜甫友善",赖古堂《尺牍新钞》卷二嵇永仁《与黄俞邰》书眉批云"圣叹尚有《历科程墨才子书》,已刻五百叶,今竟无续成之者,可叹"等,都是前此学者没有看过的史料。譬如《与黄俞邰》,虽然俞樾、孟森、陈登原都引用过,但是他们或者所见为后世翻刻本,或者是据前人转引,都没有提到过眉批的内容。周作人没有沿袭前人记录,而是从康熙元年初刻本《尺牍新钞》中,找到了可供研究圣叹评点著述和时人对其态度的重要文献(后此各种版本均无眉批)。其他的重要发现是,在《谈金圣叹》发表后,他从弟子沈启无(1902—1969,号闲步庵)处见西泠赵时揖序刻本《第四才子书》,卷首《贯华堂评选杜诗总识》十馀则,多记圣叹事,于是7月25日又补写了[附记二],当年十月收入《苦茶随笔》出版。此[附记]首次引用"总识"三则,介绍了"先生善画,其真迹吴人士犹有藏者"和"先生之称'圣叹'何义"等说法,由于消息源自圣叹友人"邵悟非、兰雪昆季暨金长文诸公处"①,其可信度不言而喻。

周作人在介绍资料的同时,对有关文献的史料价值,亦有简要的学术判断。如认为徐增《天下才子必读书》序"其记圣叹性情处颇多可取",此言甚是;指出释戒显著《现果随录》所记戴宜甫子星归事,"这可以考见圣叹少时玩那鬼画符的时和地",如能发现周庄戴氏族谱,此说亦不难坐

---

① [清]赵时揖:《贯华堂评选杜诗》序,陆林整理辑校《金圣叹全集》,第6册,附录第95页。

实①；根据刘献廷、袁枚所见佚诗，推论"岂唱经堂诗文稿在那时尚有写本流传欤"，更是为后来《沉吟楼诗选》抄本的发现所证明；有关金氏晚年事迹和取号"圣叹"含义的最早文献记载，周作人经过比较得出结论："赵晴园生圣叹同时，所言当较可信，廖柴舟著传中说及《古诗十九首》与圣叹释义，盖即取诸此也。"洵为确论，弥补了论证"圣叹"内涵材料的单薄。有关赵时揖序刻《贯华堂评选杜诗》极稀见（笔者所知现仅存世康熙原刻和乾隆翻刻本各一部），在现代金圣叹研究史上似乎只见此篇［附记二］提及。至当代，周采泉（1911—1999）因研究历代杜甫诗集而得览此书，可惜仅过录赵序，对"资料极丰富"的《贯华堂评选杜诗总识》十则，却"文长不具录"②。直到笔者新近整理《金圣叹全集》出版，才根据周采泉提供的线索，辑录了赵序和总识的全部文字。

在史料搜集方面，周作人的贡献固不可没，然作为一位过于感性的文人，缺陷也在所难免。诸如金清美撰《豁意轩录闻》、柳春浦撰《聊斋续编》、《尺牍新钞》眉批"当系周雪客笔"等，皆有史实方面的瑕疵③。最重要的问题是，他与乃兄一样，同样因为论战或反击的需要，有意无视《辛丑纪闻》、《哭庙记略》所载"寄狱卒家书"这一研究圣叹临难的基本史料。先周作人《谈金圣叹》数月出版的陈登原《金圣叹传》，已明确引此"《与家人书》"及邱炜萲"悲抑之情，见于言外"的评价④，可见周作人的视而不见、闭口不谈，实非无意为之。因为即便他再有本事、再会游戏文字，也难以将充满"悲抑之情"的遗书，说成与"胡桃滋味"同"一副面目"。为此，他可是费尽心机，如当谈及"圣叹少时玩那鬼画符……各才子书批评里却看不出一点痕迹"时，他非常突兀地说"我不知道刻《西厢》的年代"。从行文的表面逻辑看，这是一句完全没有必要的交代，同时也没有必要甘

---

① 陆林：《金圣叹与周庄戴氏交游探微》，《文史哲》2005年第4期。
② 周采泉：《杜集书录》卷八《非评考订类》，上海古籍出版社1986年版，第481页。
③ 《豁意轩录闻》作者乃金清美曾祖金宗楚，柳春浦《聊斋续编》乃宋永岳《亦复如是》之假托，《尺牍新钞》眉批当出自周雪客父周亮工手，金批《西厢记》年代在《辛丑纪闻》有明确记载。此外，将徐增《天下才子必读书》序"圣叹无我，与人相与，则辄如其人"，标点作"圣叹无我与人相，与则辄如其人"，亦是小误。
④ 陈登原：《金圣叹传》，上海：商务印书馆1935年4月版，第70页。

冒孤陋寡闻之诮。因为在那人人皆知,且"谈"金圣叹者必须一看的《辛丑纪闻》中,早已记载着顺治十三年"丙申批《西厢记》",时人陈登原也先其明确指出了这一点①。但周作人不得不这样说,他必须装着自己不知道天下还有《辛丑纪闻》这样的常见书和陈登原新近出版了《金圣叹传》这样的新鲜事,否则,他费心搜罗的体现圣叹诙谐幽默的临难家书,就会随着古人、今人的相关记载和邱、陈等人的相关评价而灰飞烟灭了。只是,与鲁迅多说了一段"我不知道"一样,他多说了一句话"我不知道刻《西厢》的年代",反而成了此地无银三百两的自白。与周作人用全文近三分之一篇幅(约1200字)的旁征博引,加以曲意周旋、刻意回避不同,乃兄霸气十足地仅以区区十八字"不知道这是真话,是笑话;是事实,还是谣言",便撇开了所有史实妄断的干系,直接进入"但总之:一来……二来"的自说自话。然而,无论周氏两兄弟如何逞才使气、运笔如刀,借用周作人的话头,"愿意阐扬或歪曲之者完全自由,与不佞正是水米无干也",只是这个"不佞"已是不能为己辩护的古人金圣叹了。

三　被逼为"箭垛":金圣叹现代接受史反思

鲁迅、周作人1930年代评论金圣叹的你来我去和前因后果,关涉了两兄弟的政治取向、文化趣尚和文学提倡。本文以与历史事实具有怎样的契合度为学术视角,努力不因当今政治氛围的宽松,而对鲁迅妄加非议;亦不因时下学术评价的多元,而对周作人滥施溢美。希望能秉持实事求是的学术追求,梳理当时文坛因金圣叹而生的是是非非,探寻现代名人对古代名人的变形处理及其原因的丰富性。由于论争双方独特的亲缘关系以及在现代文学与文化史上举足轻重的地位,探讨鲁迅、周作人对金圣叹的好恶毁誉以及相关评价与文化、学术的桴鼓之应,对认识二人各自学术及创作得失以及民国学术的生态景观,或有裨益。具体而言,有以下几点。

---

① 陈登原:《金圣叹传》,第55页。

(一) 文学批评的复杂性不仅仅来自对象

鲁迅与周作人,一母同胞,共同的家庭出身,均有留学日本的海归背景,在后者落水失节之前,有着近似的谋生方式(教书、撰文),甚至在交游方面也有着很多的重叠或交叉,面对同一古人,竟然有着与生俱来并且渐形水火不容之势的抵牾,可谓奇观。造成这一现象的原因,首先与他们所评对象自身的复杂性有关。金圣叹,即便在其生活的年代,就已是著名的争议人物。既有像徐增那样对活圣叹就崇拜得五体投地者:"吾尝于清早被头,仰观帐顶,圣叹宛然;尝于黄昏灯畔,回看壁影,圣叹宛然;尝于梁溪柳岸,见少妇艳妆,圣叹宛然;尝于灵岩雨窗,闻古塔鸟声,圣叹宛然;乃至风行水活、日暖虫游,圣叹无不宛然者"①;亦有如归庄那样视死圣叹亦"未可以其为鬼而贷之"者:"其人贪戾放僻,不知有礼义廉耻;又粗有文笔,足以济其邪恶。……以小说、传奇跻之于经史子集,固已失伦;乃其惑人心,坏风俗,乱学术,其罪不可胜诛矣!"②此即所谓"称圣叹善者,各举一端;不与圣叹交者,则同声詈之"③。这种褒贬共存、毁誉俱烈的评价现象,自圣叹中年开始,三百多年来无时无之。只是到了周氏兄弟这里,竟演化成为针尖麦芒般的同室异趣。这一现象,实在是为我们惯用的时代、地域、家族、个人经历等背景研究的适用性和针对性,加大了难度。古人云:"龙生九子不成龙,各有所好。"④谚语云:"龙生九子,连母十样。"⑤一切都需具体问题具体分析、具体人物具体对待。

以对圣叹死因的评价为例,在现代被常人视为"反抗贪官污吏的合

---

① [清]徐增:《送三耳生见唱经子序》,《九诰堂全集》,清抄本。
② [清]归庄:《诛邪鬼》,《归庄集》卷一〇,上海古籍出版社1984年,第499—500页。
③ [清]徐增:《天下才子必读弓序》,《九诰堂全集》,清抄本。按:康熙刻本《天下才子必读书》卷首亦有此序,文字略异。
④ [明]李东阳:《记龙生九子》,《怀麓堂集》卷七二,上海古籍出版社1991年版,第760页。
⑤ 台湾师范大学陈芳教授2014年1月10日发下一组哲理小故事,其中一则为:"一户人家有三个儿子,他们从小生活在父母无休止的争吵当中,他们的妈妈经常遍体鳞伤。老大想:妈妈太可怜了!我以后要对老婆好点。老二想:结婚太没有意思,我长大了一定不结婚!老三想:原来,老公是可以这样打老婆的啊!〔悟到〕即使环境相同,思维方式不同,也会影响人生的不同。"——结集补注。

法运动"①、甚至可与现代学潮相比附②的诸生抗粮哭庙案,在鲁迅眼里却是毫无意义的行为。这并非是其思想落后于陈子展、陈登原等进步学者,而是他认为向反动统治者要人权必须采取革命的手段。周作人对哭庙案的避而不谈,自与其1930年代对待政治的消极态度及其懦弱的性格有关,"当他的兄长选择了继续战斗的姿态时,他却选择了逃避,变得内敛,要请人们'且到寒斋吃苦茶',将世事冷漠地关在门外,开始闭户读书,俨然一副'隐士'的架势"③;鲁迅对哭庙案的嗤之以鼻,却体现出他对国民党统治的绝望和认识的深刻。1934年8月,他在致曹聚仁的信中说:

> 语堂是我的老朋友,我应以朋友待之,当《人间世》还未出世,《论语》已很无聊时,曾经竭了我的诚意,写一封信,劝他放弃这玩意儿,我并不主张他去革命,拼死,……他能更急进,那当然很好,但我看是决不会的,我决不出难题给别人做。④

这段话可视为《"论语一年"》写作意图的一种解释,同时也有助于理解其在《谈金圣叹》中对争取人权所持的激进态度和鼓励"小百姓"去革命的主张。但是,他的这种希望友人"更急进"的人生态度,在《谈金圣叹》中是否曾出难题给古人,是否会超时代地要求古人呢?鲁迅出于抨击或批评当代政治和文艺思潮的需要,多次利用古人金圣叹作为反面话题,只是此人并非是借题发挥的最佳选择。鲁迅曾就杂文的当下功用表达过这样的意见:

> 在风沙扑面,虎狼成群的时候,谁还有这许多闲工夫,来赏玩琥珀扇坠,翡翠戒指呢。他们即使要悦目,所要的也是耸立于风沙中的大建筑,要坚固而伟大,不必怎样精;即使要满意,所要的也是匕首和

---

① 陈子展:《我也谈金圣叹》,《申报》1933年11月27日,第5版"自由谈"专栏。
② 陈登原《金圣叹传》:"亦可谓之学生运动,即系书生对贪污之决斗也。"1935年版,第63页。
③ 陈漱渝、宋娜:《胡适与周氏兄弟》,武汉:湖北人民出版社2007年版,第126页。
④ 鲁迅:《340813 致曹聚仁》,《鲁迅全集》第13卷,第198页。

投枪,要锋利而切实,用不着什么雅。①

在风雨如磐的白色恐怖之际,其面对成群来袭的虎狼,无论何种对象、何种话题,更习惯于以斗士的思维和反应方式,操持匕首投枪以迎敌,他需要以这样的方式为自己"杀出一条生存的血路"(同上)来。以致在根本用不上这些利器的地方,也毫不犹豫地施以辣手,《谈金圣叹》便是如此。他人先其发表的有关论述,犹如鲁迅自己写作《中国小说史略》一样,更多的是从学术出发、从文学出发考虑问题、阐发观点,即便存在过犹不及之处,也没有必要如此重锤猛击,致古人、今人于绝地。他强烈反感别人尤其是与己反目的兄弟带头侈谈金圣叹的优长,于是,在一片盛赞声中写下了彻底否定金圣叹的檄文,便在情理之中了。

周作人对金圣叹幽默一面的强调,固然与其对于"趣味的嗜好"这一"与生俱来的习气"有关,也受制于 1930 年代"政治的逼迫、时事的变迁"以及"人性的脆弱"而促成的为人为文由"犀利向着闲适"的转变②,同时与其对批评方式的独特欣赏不无关系。早在 1922 年,周作人已指出文学批评"是印象的鉴赏,不是法理的判决,是诗人的而非学者的批评"③。次年,他继续着批评家的思维必须是诗人的提倡,认为"学问范围内的文艺研究,如文学理论考证史传等"属于"科学式的批评"和"理智的分析",只能根据"学理"看出文艺作品的"方圆",并容易流入"偏执";而"文艺性质的文艺批评",便是"趣味的综合",能欣赏出作品的"巧"④。对两种本来应该并行或兼容的批评或研究方式,言下的轩轾之意是跃然纸上的。周作人对于"这种主观的印象、鉴赏式的批评"的偏爱,"与中国传统的批评取得了内在联系"⑤,使其天然地易于接受金圣叹的文学评点。同时,在批评方法和学术档次上,已经先验地将乃兄该年岁末(此际已经失和)

---

① 鲁迅:《小品文的危机》,1933 年 10 月 1 日发表,《鲁迅全集》第 4 卷,第 591 页。
② 金军华:《从"老吏断狱"到"名士清谈"——论 30 年代周作人小品散文的幽默风格的转变》,《语文学刊》2009 年第 10 期。
③ 周作人:《文艺上的宽容》,1922 年 2 月 5 日发表,《周作人散文全集》第 2 卷,第 513 页。
④ 周作人:《文艺批评杂话》(一),1923 年 2 月撰,《周作人散文全集》第 3 卷,第 88 页。
⑤ 邓利:《试论周作人的文学批评》,《北方论丛》2001 年第 5 期。

出版的《中国小说史略》视为等而下之的产物。其学术旨趣,已与鲁迅畛域分明、疆界自划。

《人间世》是一种在世不到两年的短命刊物(1934年4月—1935年12月),在现代学术史上,本不应有什么重要影响。之所以会被人时常提及,就本论题而言,是因为它曾发表了周作人的那一篇半文字;就新文学史而言,是因为它的创办人是"论语"派首座林语堂。关于林语堂、关于《人间世》尤其是关于"论语派",由于主张文风清淡、隽永和甘美,提倡作品具有"性灵"、"闲适"和"幽默"的特点,故一向被认为"在民族矛盾、阶级矛盾日益尖锐的30年代前期,实际起了麻痹人民群众、导致青年逃避现实斗争的不良作用"①。其实,《人间世》也有不无聊的举动,如在1934年第9期,该刊为了纪念刚刚病逝的刘半农(1891—1934.7.14),"只见素白的首页上赫然刊印着李大钊夫妇的墓碣拓本",此乃刘半农一年前为李大钊所书。在当时社会的政治条件下,"这样做显然要冒一定的风险,《人间世》没有一定的勇气也是不敢做的"。难怪有学者感慨道:"半个多世纪过去,世事变迁却常不能盖棺论定。如今相看《人间世》,难借一双慧眼识得其中奥妙,却看到《人间世》与刘半农及李大钊的一段情谊,不禁让人唏嘘……"②。现代文坛人际关系的错综,是非评价的缠夹,以及因此带来的衡估金圣叹批评的复杂性,由此可见一斑。

(二)文学批评的生命与慎用文献

关于理论与文献的关系,学术界早已有了前者为指导、后者为基础的共识。在此共识引领下,应该可以进而讨论文学批评和研究的生命所在。毫无疑问,理论的先进性、进步性和创新性,对于文学批评和研究的价值,是具有前提意义的存在。否则,人云亦云、老调重弹,这样的文学评论在没有下笔之前,便丧失了问世的必要。以此衡量鲁迅、周作人有关金圣叹的文章和著作,他们的理论倡导,至少在今天已无太大的学术争议。即便是周作人,作为"五四"文学的先驱之一,他"在积极批判正统派文学的同

---

① 王景山:《论语派》,《中国大百科全书·中国文学卷》,北京:中国大百科全书出版社1988年版,第496—497页。
② 何民:《另眼相看〈人间世〉》,《中华读书报》2000年10月19日,第8版。

时,也注重发掘非正统文学如公安、竟陵等的积极因素",他提倡"言志"、反对"载道"的文学思想[1],以及蕴含其中的对"人的文学"的宣传[2],置之于中国文学思想发展的历史长河中,都是积极意义大于消极作用的文学见解。

然而,也还存在这样的问题:即理论指向具备先进性和进步性的文学评论,在文献史料的运用方面是否可以为所欲为。今人不可,上个世纪的学人其实也不该如此。可以看到,毛冠金戴(如"谁让汝赤膊"),去真存伪(如临难家书),过甚其辞,实用主义地对待、选用历史资料,诸如此类的现象,在鲁迅笔下虽较明显,在周作人的文章中也不同程度地存在着。如他一再强调金圣叹为人为文的"幽默"[3],且不说在金批著述中同样有着许多义正词严的与幽默无关的文字,且不说引发其撰写《谈金圣叹》的俞平伯的短札中竟有两处为《贯华堂才子书》终为残稿而感伤"叹息",且不说自己由此"记起金长文序中"[4],在引圣叹绝命诗"庄骚马杜待何如"之前,正为圣叹身死书残而"悲夫"[5],即便在周作人发表一篇半专论文字的当年4月,史学家陈登原已指出圣叹亦有"见义勇为"的一面[6],并引邱炜菱评价金圣叹"遇理所不可事,则又慷慨激昂,不计利害,直前蹈之"的文字为证[7];两个月后,同样以"清淡流畅"的散文小品闻名于世的江寄萍(约1907—1942)[8],撰写了同样意味深长的《谈金圣叹》,在据陈登原《金圣叹传》引述了哭庙惨案后,不禁感慨道:"处在现在这年头,真得'为人不说人间事,方是人间无事人'。"[9]不由自主地来了个时空穿越,直指当下的社会现实。可是,周作人在写作《谈金圣叹》之前必看的这两种著

---

[1] 吴承学、李光摩:《"五四"与晚明——20世纪关于"五四"新文学与晚明文学关系的研究》,《文学遗产》2002年第3期。
[2] 郭春萍、石钟扬:《一个被遗忘的"红学家"——周作人与〈红楼梦〉》,《南京师大学报》(社会科学版)2011年第2期。
[3] 周作人:《关于焚书坑儒》,1935年9月16日发表,《周作人散文全集》第6卷,第766页。
[4] 周作人:《谈金圣叹》,《周作人散文全集》第6卷,第679页。
[5] [清]金昌:《叙〈第四才子书〉》,陆林整理辑校《金圣叹全集》附录,第94页。
[6] 陈登原:《金圣叹传》,第66页。
[7] [清]邱炜菱:《金圣叹死时语》,《菽园赘谈》卷四,第10页b。
[8] 张泉:《沦陷时期天津四作家论》,《天津师大学报》(社会科学版)1994年第5期。
[9] 江寄萍:《谈金圣叹》(下),《天津益世报》1935年6月10日。按:罗隆基时任该报主笔。

述,似乎消失在他那无所不包的视野中。同年7月,即在撰写《谈金圣叹》约一个月后,周作人又发表文章议论明初孙蕡绝命诗之真伪:

> 这正如金圣叹临刑的家信一样,可以说是应有而未必实有的。这当然是属于传说部类,虽然其真实性与历史有殊,其在文艺上的兴味却并无变动,往往反是有增而无减也。①

可见,他对自己在《谈金圣叹》中引述的《柳南随笔》等著述的性质和历史真实性,是有清醒认识的,只是因着强化自家文学兴味和回击其兄文学批评的需要,而左右了他的主观采择。

无独有偶,在同年,鲁迅也曾谈过杂文尤其是讽刺小品的真实性问题:

> "讽刺"的生命是真实;不必是曾有的实事,但必须是会有的实情。所以它不是"捏造",也不是"诬蔑";既不是"揭发阴私",又不是专记骇人听闻的所谓"奇闻"或"怪现状"。②

一强调兴味,一强调真实,境界之殊了然,然对文学"真实性"的解释,两兄弟却有惊人的一致:或云是"应有而未必实有",或云"不必是曾有的实事,但必须是会有的实情"。作为文学的基本理论,这都没有错。只是衡之论者自己的写作,未必尽合,应该存在着为我所用的文献取舍和有意无意的细节捏造。另外,如果牵涉到真实人物,哪怕他是早已去世的古人,无论是正角还是反派,都应该实事求是地弄清其生平、创作的实际情况,以"曾有的实事"为基础,这样才能赋予文学评论以真实的生命。如果跳过这一基础,直奔"会有的实情",那么,无论其理论见解如何高明深刻,有扰于政治和文学批评的基本规范,其学术生命和力量都是值得怀疑的。

即以对金圣叹临难家书的选择为例,鲁迅先以《柳南随笔》版来讽刺

---

① 周作人:《孙蕡与大津皇子的诗》,1935年7月13日发表,《周作人散文全集》第6卷,第687页。
② 鲁迅:《什么是"讽刺"》,1935年9月发表,《鲁迅全集》第6卷,第340页。按:此文撰于5月3日。

林语堂等人在"炸弹满空,河水漫野"①之际提倡幽默,不过是化屠夫的凶残为大家一笑的伪劣货色;周作人继续用种种"传说"来论证此类家书乃天性幽默的金圣叹应有的实情;而被鲁迅点名批评的林语堂,直到晚年(1967)记述古今中外"名人临终时的雅谑"时,仍将金圣叹"狱中发出的信"——"花生米与豆腐干同嚼,大有火腿滋味"——归于"历史上从容就义"的"这一派"②。可见,当年鲁迅在《"论语一年"》中借伪家书对金圣叹的讽刺,从来就没有令批评对象心服;更加可笑的是,周作人、林语堂锲而不舍地坚持以幽默"家书"来论证金圣叹的幽默,同样从来是不能成立的。对待已逝的前辈学人,我们不能要求他们的学术观点一定要符合当今的看法,却有权利以那个时代普通学者均能知晓的事实为准绳,来评估其观点的正确程度和适用范围。在金圣叹的评论中,他们对待基本史料的这种随意态度是否合适,按照现在的学术规范,答案应该是明确的。就文章的写作而言,周氏兄弟有关金圣叹的评论,与周作人1920年代初期对"近来三百年的文艺界"创作上"两种潮流"的概括正合:或如"老吏断狱,下笔辛辣,其特色不在词华,在其着眼的洞彻与措语的犀利",或如"名士清谈,庄谐杂出,或清丽,或幽玄,或奔放,不必定含妙理而自觉可喜"③。只可惜均在史料的使用上有亏,一旦读者明白真相后,自然会影响对其"飘逸与深刻"的价值判断和美学接受。

(三)名人"谈金圣叹"的学术史效应

与建国后的前30年相比,在1930年代,在文学批评领域里尚能存在正常的学术讨论。1933年11月,一向耿直的陈子展(1898—1990)以"我也谈金圣叹"为题发表不同意见,明确指出鲁迅观点是片面的,而金圣叹的"好处一面却也有不可埋灭的地方",概括言之,即"抬高了小说戏曲的文学价值,反抗文学上的传统主义";其晚年"究竟是因反抗贪官污吏而死,似乎也值得有志之士的同情",认为所谓"拾了袁宏道的唾馀"说是不

---

① 鲁迅:《"论语一年"》,《鲁迅全集》第4卷,第585页。
② 林语堂:《论解嘲》,《无所不谈》,海口:海南出版社1993年版,第178页。
③ 周作人:《地方与文艺》,1923年3月22日发表,《周作人散文全集》第3卷,第102页。

成立的,讽刺因参加"反抗贪官污吏"而被杀是"厚非"古人①。次年,刘半农将所得明刻贯华堂本《第五才子书》影印,"这件事的本身,就是对于研究金圣叹小说评点的有力推动"②,就是对否定金批存在价值的反驳举措。刘半农在6月14日所撰的序中,从三个方面赞扬金批本的长处:就版本的整体性而言,"就文学上的价值说,最好的也是这七十一回本。其馀诸本,只是学究们考究'水浒史'有些用处";就文字删改而言,"金圣叹对于《水浒》之功,第一在于删改;他把旧本中要不得的部分削去了,把不大好的部分改好了";就文学评点而言,"有许多人以为圈点和批语很讨厌……对于初学,我却以为正当的圈点和批语,是很有帮助的"。故其结论是:"他对于《水浒》只是有功,不是有罪,他的《水浒》总比其馀一切的《水浒》都好。"③陈、刘之论之举,均未见鲁迅有直接回应。对于陈子展,可能是其说得实在有道理且语气平和;对于刘半农,可能因着这就是故人的最后言行。7月14日,刘氏病逝;8月1日,鲁迅应约写了一篇回忆文字。题目是"忆"而非"悼",已显十足的怪异;文曰"我爱十年前的半农,而憎恶他的近几年"④,更是罕见的尖锐。或许这就是包括对其刚刚主张金批之优并讽刺"学究"之考的不答之答吧。

论争推动研究,接下来的1935年成为金圣叹研究前所未有的丰收之年。1月,周作人《谈冯梦龙与金圣叹》发表;4月,陈登原撰《金圣叹传》出版⑤;6月,江寄萍《谈金圣叹》发表,史料主要据陈著⑥;7月,周作人《谈金圣叹》发表;同月,开明书店出版根据金批七十回本删削而成的《洁本水浒》,整理者宋云彬(1897—1979)赞许金圣叹"是有文学天才的人,他把《水浒》删剩七十回,梁山泊大聚义后,就戛然而止,这是何等高妙的

---

① 陈子展:《我也谈金圣叹》,《申报》1933年11月27日,第5版"自由谈"专栏。
② 黄霖:《近百年的金圣叹研究——以〈水浒〉评点为中心》,《中国文学评点研究》,第333页。
③ 刘复:《影印贯华堂原本水浒传叙》,《贯华堂原本水浒传第五才子书》卷首,上海:中华书局1934年影印本,第1页b,第3页a、b,第4页a。
④ 鲁迅:《忆刘半农君》,1934年10月发表,《鲁迅全集》第6卷,第75页。
⑤ 王云五主编:《国学小丛书》本,上海:商务印书馆1935年版。
⑥ 江寄萍:《谈金圣叹》(上、下),《天津益世报》1935年6月8、10日。按:江寄萍《谈金圣叹》(上)云:"在这篇文章中我所引的笔记,都是陈登原《金圣叹传》上的。"

文学技术"①。11月,陆树楠发表《金圣叹生涯及文学批评》,肯定其"透辟的见解"、"大胆的议论"和"思识的超越"②。此外谢苇丰标点《金圣叹全集》③、阿英标点《唱经堂才子书汇稿》④也次第刊行,次年1月,栾调甫撰《金圣叹生年考》发表,已据圣叹致嵇永仁书信"弟年五十有三"而精确考出其生年⑤;3月,相继出版了沈亚公校阅《圣叹选批唐诗》、《圣叹选批杜诗》⑥;12月,韩庭棕《金圣叹在中国文学批评史上的地位》发表⑦。在这两年的成果中,尤以陈登原和周作人的著述对后世研究发挥的作用最大。如果说后者主要是在提供史料和提倡幽默方面影响了后人,那么,前者在现代学术史上却基本解决了金圣叹可不可以、值不值得进行正面研究的重要问题。该书成稿于鲁迅《谈金圣叹》问世的一年后⑧,旗帜鲜明地为这位颇有争议的历史人物树碑立传,以较为丰富的史料征引和较为翔实的史实论证,首次将金圣叹生平和思想作为一个独立的学术课题进行专门探讨,推动了其全面研究在现代学术语境中的正常展开⑨。

在金圣叹的20世纪接受史上,就反面作用而言,有两人的影响既大且远。一是胡适,一是鲁迅。胡适1920年撰《〈水浒传〉考证》,认为金圣叹评点没有价值,鼓励整理本删除金批文字,对于金圣叹批评思想的文学研究,可谓釜底抽薪⑩。1932年发表的隋树森《金圣叹及其文学批评》和周作人《中国新文学的源流》,本可稍微振兴正面研究之势,旋即于次年

---

① 宋云彬叙订:《水浒》卷首导言,上海:开明书店1935年版。
② 《江苏研究》1卷7期,1935年11月15日。
③ 东方文学社1935年9月初版,次年6月再版。卷首及书口署《金圣叹奇书》。
④ 施蛰存主编:《中国文学珍本丛书》第一辑,上海杂志公司1935年12月初版。按:据邓广铭云这套丛书是施蛰存、阿英雇用张春桥等人标点的。见邓可因《关于〈四库全书存目丛书〉的一场争论》,《文汇读书周报》2008年12月9日,第5版。
⑤ 《华北日报》1936年1月20日,第7版《图书周刊》第64期。
⑥ 中央书店1936年3月初版。署"金喟批选"。按:两书分别即《贯华堂评选唐才子诗甲集七言律》和《唱经堂杜诗解》。
⑦ 《西北论衡》4卷9期,1936年12月15日。
⑧ 陈登原《金圣叹传》自叙落款为"民国二十三年五月二十九日",鲁迅《谈金圣叹》写于上年"五月三十一日"。
⑨ 陆林:《陈登原〈金圣叹传〉的学术贡献及缺憾》,《文艺研究》2011年第8期。
⑩ 陆林:《胡适〈〈水浒传〉考证〉与金圣叹研究》,《文学遗产》2011年第5期。

受到鲁迅《谈金圣叹》和《"论语一年"》的打压,遂使对金圣叹从文学到政治的评价均再度跌入低谷。而且,由于鲁迅当时的左翼文坛旗帜和后来的民族精神领袖的特殊身份,他对金圣叹的消极评价影响是深远持久的:或者使一些学者放弃既有的学术兴趣而转务他事,或者使许多后起的学者将聪明才智用于批判而非建树、否定而非建设。隋树森或许就是前类学者的一个典型例证,从此不再涉足金圣叹,埋头于元曲整理研究数十年,成为曲学专题文献的一代大家。而后类以批判为能事的学者,则在第二年就出现了拾鲁迅"近于官绅"之牙慧,认为金圣叹"反对招安"是受其"典型的士大夫"身份限制的周木斋(1910—1941)。此人真正读懂了鲁迅在文学上反对金圣叹的深意,指出金圣叹"算得真道学了,他的性命就丧在真道学里面,道学原来不能当真的。近人似乎也把他派作'言志派'、'性灵派'、'自我派',诚然这样,他也不会被杀了",这里是直指周作人《中国新文学的源流》对金圣叹的归类;同时在政治评价上,也模仿鲁迅"坐寇"的说法,认为金圣叹"憎恶渎职的坐官,正因为憎恶流寇。渎职的坐官不铲除,流寇是不会绝迹的。这也可说'歼厥渠魁之意'。不过,流寇可击,坐官却不可击。看罢,他还不曾击,只不过一哭,自己就被击了"①。但是此类作者在当时仍然较少,要到民国结束之后才会群起而出。只是《谈金圣叹》开篇"讲起清朝的文字狱来,也有人拉上金圣叹",却一语成谶,其文"就成为后半世纪人们批判金圣叹为'反动文人'的重要依据"②,在新的政治文化环境下促成了新的文字狱,这可能是鲁迅所始料不及的。至于新中国成立后至新时期前的30年间(1949—1978),鲁迅的独家荣显和周作人的销声匿迹,亦同样造成了两人有关金圣叹评价之当代影响的天差地别。个中的种种现象与原因,尚且记忆犹新或不难寻觅,此不赘言。

研究鲁迅、周作人对金圣叹批评的贡献与缺陷,可谓是现代学术史上

---

① 周木斋:《金圣叹与七十回本〈水浒传〉》,《文学》第3卷第6期,1934年12月。
② 黄霖:《近百年的金圣叹研究——以〈水浒〉评点为中心》,《中国文学评点研究》,第332页。

颇具代表性的个案之一。新世纪初,吴承学、李光摩在论及"五四"新文学与晚明文学关系时,曾指出:

> 20世纪关于"五四"新文学与晚明文学关系研究的显隐起落、云谲波诡,典型地折射出政治、文化、意识形态的风云变幻、人事代谢。这种研究的时代色彩、研究者的个人主观色彩、政治色彩都非常强烈。在许多研究中,对于价值判断的关怀往往超出而且先于对于历史真相的追求。历来这种研究,更多地是在宏观层次上讨论的。在我们看来,还应该从更具体的、更实在的文学现象上去研究。

并列举了诸如晚明文学中的各类文体、文学批评和各位作家,分别对于"五四"新文学产生何种具体影响等课题,希望对此都应该"有更多实证性的研究"[①]。转瞬之间,十年已过,意识形态的偏见应该更趋淡化和消弭,基于文本坚实分析的实证性研究却仍在热切的期待中。实事求是之学不仅需要观念的倡导,更有待于对文献和文本的沉潜之功与浸润之劳。只有做好研究真相的基本功,当我们尝试着打通古代文学与现代文学研究的疆域时,才能烛照古人之迹在后人笔下的扭曲与变形,以及这种扭变的个人主观的政治、文学和性格色彩,才能在宏观考量的视域之外,描述出一个因人而异的、更为具体或许也更为接近真相的历史。

(原载于《文史哲》2013年第1期,有所删节;同年人大复印资料《中国古代、近代文学研究》第4期、《新华文摘》第10期转载)

---

① 吴承学、李光摩:《"五四"与晚明——20世纪关于"五四"新文学与晚明文学关系的研究》,《文学遗产》2002年第3期。

也谈《给青年二十四封信》是否朱光潜作

——兼议章启群、商金林先生对其作者的"考证"

摘　要:《给青年二十四封信》的确不是朱光潜先生所作,作者自有其人:林萍;该书又名《个人与社会》,在上个世纪的三四十年代曾由上海长风书店多次印行,算得上是畅销书了——这在1991年出版的权威性的大型断代书目类工具书《民国时期总书目》中早有明确著录。由于未检这部工具书,章启群先生认为"二十四封信"为朱光潜作固然是误鹿为马,商金林先生论证非朱光潜所作亦略显事倍功半;此外,章先生的第五个看法确是一个可以给予注意的问题,商先生的某些具体辨析则或有未必尽妥之处。至于"林萍"何许人也、与朱光潜有无关系、"二十四封信"为何会署上后者之名、此后的数十年间朱先生是否知道此事等,尚属有关此书的不大不小的疑点。

关键词:《给青年二十四封信》;朱光潜;林萍

章启群先生是我在大学本科时的同窗学兄,向以对美学和哲学的研究令同学颇为叹服;商金林先生虽尚无缘相识,然其在朱光潜的文学研究和文献整理等领域里的地位亦人所共知。前几年,给他们分别出过著作的某出版社编辑电话告知,启群兄在美国访学时发现了朱光潜先生的一部佚书,名为《给青年二十四封信》,国内似无收藏。我记得当时便随口说道,国内有无藏书,不能仅看是否见载于《朱光潜全集》,至少要查一下权威性的某某"书目"(具体名称见下文)才能为算。因为这只是正题之外的一段插话,说过便忘了,自然未与启群兄通气(我这人懒得很)。后来,听说他发文对此事予以介绍。只因朱光潜有无佚书发现与我个人学习兴趣(不敢说"研究课题")关系实在太远,自然没有想到找来看看。后来,又听说商先生撰写了批评文章,就刊登在今年某期的《北京大学学报》上。不知怎的,竟然产生了好奇心,于是找来拜读。

商先生大作题为《〈给青年二十四封信〉非朱光潜所作——评章启群先生对该书作者的"考证"》①(以下简称商文),直截了当地表示了对章启群《新发现朱光潜〈给青年二十四封信〉的考证》(据云载于《北京大学学报》1998年第6期,以下简称章文)一文的不同意见。好一个北大人,剀切陈辞,直抒己见;好一个北大学报,兼容并纳,倡导争鸣。洋洋洒洒九页整,真能写(指作者),真舍得(指刊物),引得我这一纯粹的局外人也忍不住欲就《给青年二十四封信》的考证问题饶几句舌。本人虽与北大无关,亦与朱学无涉,但学术乃天下公器,想来启群兄和商先生不会见怪。

在介绍我对《给青年二十四封信》(以下简称《信》)作者的独家发现之前,先谈谈对章、商文章的一些"直感"(老实交代,此种写法是模仿商文的开篇,"版权"不归我所有):

首先,从基本观点看,仅就商文所引,章文虽然是从五个方面论证《信》为朱作,但其中具有唯一性的看法不多(只有第五点"从《信》的发表时间来看"云云尚可算是一个否定朱作者难以回避的问题),加之章文并未引及上云权威性的某某"书目",故我虽至今仍然没有拜读启群兄大作(惭愧!亦只有对同窗学兄才敢如此放肆),但是在现有史料的前提下,我倾向于认为章文对《信》是朱作的考证难以成立,而完全同意商文的"非朱光潜所作"的观点。

其次,从"义理"角度论,商文对朱光潜经历、学术、思想的评说有其独立存在的价值,使我们这些不甚熟悉朱先生的普通读者,对老一辈学者"处世尚诚实厚道,治学惟从容严谨"的大家风范,有了更加深刻真切的了解;尤其是从朱氏档案中摘录的有关个人文献,即便对于许多"研究朱

---

① 商金林:《〈给青年二十四封信〉非朱光潜所作——评章启群先生对该书作者的"考证"》,《北京大学学报》2001年第2期。

先生的学者"来说,当亦是难得见到的珍稀史料;而章文的有关分析,如果撇开其直接目的是否妥当不论,至少也可作为研究朱先生学术思想的一家之言而存在,当然,凡以《信》为例证者应该除外。

第三,从"考据"角度看,如果说章文的考证要时常被商文加引号而成为"考证",窃以为商文的商榷、辩说或直感有时也未必尽妥。换言之,我完全赞同他的结论,而对其具体论述有时却斗胆不以为然。

比如其四大直感之一"关于上海长风书店"。1. 鲁迅1929年说上海有40馀家书店,而其中无长风,这何助于说明1946年前后是否有此家呢;2. "著名出版家"某先生说长风"可能"是"空头",出版家与出版史家是有很大区别的,无论其"著名"与否,事实上亦说明他对有关长风的存在和《信》的出版并不了解(该先生在私下里说什么并无问题,但是作为作者不宜轻易借以自重);3. "按《中国现代文学总目书》(陆案:"目书"当为"书目"误植)提供的资料,1946年上海没有长风书店",我不懂逻辑学,但已直感到其中必有逻辑问题(手头有一本中华书局版《古籍整理图书目录》[1949—1991],如据此书证明期间全国无一家少儿出版社,恐怕无人相信),我亦不懂目录学,但已直感到其中必有分类问题(无论是"十二封信"还是"二十四封信",奈何今日图书馆界竟有人不视之为"文学"书籍;在文学书目中查找,有时虽非南辕而北辙,结果却是缘木以求鱼);4. 既然对长风一无所知,何以见得"即使上海真的有长风书店,朱先生也不会把《信》交给……出版",万一这是其落魄友人所开无名小店,按照商文所写的朱先生为人的珍情重义,他会怎么做呢——当然,由于事实上的不可能(即《信》确非朱作),故笔者这里只是说说而已。但是,倘若没有确凿事实为靠山,实不知怎能排除朱光潜"把《信》交给上海长风书店出版"的可能性,何况朱先生并非所有的著作均交开明出版,何况"十二封信"与"二十四封信"在内容或文字上完全不重复。

再比如对章文第五个"看法",商文认为是"尤为天真",并从几个方面予以说明:

1. "假如这《信》是朱先生写的,那一定是畅销书;假如是畅销书,而且是1946年又印过'增订版',则个人和国内图书馆一定会收藏,则《信》

的'发现权'大概轮不到启群,发现的日期也决不会拖延到 1997 年 8 月之后"——遗憾的是,金林先生的这段话,除了第一句外,都不是"假如",现将商文根据事实略改数字如下:"这《信》的确是畅销书;因是畅销书,而且是 1946 年又印过'增订版',则国内图书馆已收藏,然则署名朱光潜著的此《信》的'发现权'却属启群,发现的日期在 1997 年 8 月之后。"(笔者下面自会说明改动理由)

2. "国内外有一批研究朱先生的学者,做研究大多是从寻找资料入手的,'书'是寻找的主要对象。单篇文章可能会遗漏,成本的书是很难遗漏掉的"——这段话就《朱光潜全集》的编纂来说,至少在目前是能站得住脚的,但是对于《信》的"考证"(从商文的立场出发,即是如何发现资料证明不是朱作)来说,却颇有令人生疑之处:章文发表两年多来,是否已引起"国内外"研究朱先生的学者的注意?这些"大多是从寻找资料入手"的研究者是否仅仅走的均是商先生撰写此文的入手门径?他们真的没有提供什么新线索吗?如果是的话,在有关《信》的作者考证问题上(仅限于此),我会略感失望的,因为只是这样"做研究","成本的书"有时真的很易遗漏掉的。

3. "《信》藏匿在美国伊利诺伊大学图书馆,这就从一个侧面说明这《信》的印数很有限,其中就有猫腻",我不了解域外各家图书馆的藏书特色,不知道何以只要知道是收藏在伊利诺伊大学图书馆,就能从"一个侧面说明这《信》的印数很有限"?莫非这是一家以专收印数"很有限"的"有猫腻"之书而闻名于世的图书馆,以致在学界只要提到该馆之名,即可从"一个侧面"证明某书"印数很有限,其中就有猫腻"?(建议:能否在学术争鸣类论文中回避使用'猫腻'一类的字眼;另《信》非本·拉登,可否不用"藏匿"这样贬义十足的词汇)没想到某人著作被国外图书馆收藏,一般用来说明其流传之广、水平之高或影响之大的说法,在这里竟有完全相反的理解。

4. 章文以《朱光潜给朱光潜》为例,说明朱先生向来对假冒己作之类的事情"疾恶如仇",并据比推测如果《信》"是别人伪造,他绝不会熟视无睹",这可以说是唯一的稍有力量的旁证(当然只是我个人这样认为),商文对此并未正面回答,仅仅以朱先生并不"一定知道"《信》的出版为由,去说明章文的考证"太随意了"。虽然我已明知《信》非朱作,但仍要不得不承认这个问题就史实而言,的确不太好回答,硬去解释会流于主观猜测。同时对我本人也颇有触动:争鸣时要尊重对方,要注重对真相的探求,而不要硬性强行反驳所有的不同意见,争的不是意气而是事实——得此启迪,真令人感到不仅开卷(读书)有益,开机(撰文)亦有益。

"直感"说罢,该亮出底牌了:数年前脱口而出的权威性的某某"书目",其全名为《民国时期总书目》,此部书署名"北京图书馆编",始编于1961年,成稿于1985年,由北京的书目文献出版社于1986年开始陆续出版,至1995年出齐,为16开精装,共20余册,总篇幅约2000万字。该书收录从1911年到1949年9月止我国出版的中文图书约124,000余种(编后记),主要根据"北京图书馆、上海图书馆和重庆市图书馆"的收藏,"基本上反映了这个时期出版中文图书的面貌";对于所收书目,逐项著录其书名、编著者、出版地、出版者、出版年月、各种版次、页码、开本、藏书处,并多附内容简介。这套书目按照学科予以分类,具体分为"哲学、宗教、社会、政治、法律、军事、经济、文化教育、语言文字、文学、艺术、史地、理、医、农、工、总类"等(出版说明)。每册卷首有著名出版家叶圣陶、吕叔湘序,叶先生盛赞其书的出版"是我国文化界、学术界、出版界的一件大事","将对研究者查考民国时期的各种资料提供极大的方便"。由于这是一部由权威部门编纂、权威机构出版、权威人士推荐的大型断代总书目,是寻找民国各种图书资料的必查、首选、最全的工具书(亦有不足,下面再谈),故一旦有人问及民国某人著作时,自然而然地我脑子里首先蹦出的就是它了,因为它的确是以现代文化、学术为研究对象者寻找资料时难以忽略的书目;在看重书目文献资料者的心目中,它的出版的确是值得关心的"一件大事"。

由于知道此书的存在,且对朱氏著作多为美学之类有所预知,我很快便在其中的《哲学·心理学》分册的哲学类中,不仅查到其《给青年的十

二封信》,不仅查到被排作"朱光潜著"实际当即"朱光潜"的《致青年》①,还不出所料而又略感意外地发现了如下的资料:

第2521号:

个人与社会(给青年的二十四封信)　林　萍著

①上海　长风书店　1939年12月再版　160页　32开(青年丛书2)

②上海　长风书店　1946年增订再版　147页　32开

谈论青年进修、修养等方面的问题。(B.S.)

第2522号:

给青年的二十二封信(个人与社会)　林　萍著

成都长风书局1942年10月出版,1945年出版143页36开(青年丛书2)

谈论青年修养问题。(B.C.)②

之所以稍感意外,是因为有关著录根本无"朱光潜"三字,而是仅仅表明了这样的事实:一位叫"林萍"的作者,于上个世纪三十年代末撰写过一部名为《个人与社会》的读物(又名《给青年的二十四封信》),很快便多次再版,并于四十年代前期删去两封信,以《给青年的二十二封信》为名出版了成都版。括弧中的汉语拼音字母B.S.C.分别代表北京图书馆、上海图书馆、重庆图书馆,即这两种书今国家图书馆均有收藏。

由于恰巧我所在的城市图书馆藏有林萍的《给青年的二十二封信》1942年版,故可以对此一版本做出如下描述:

封面:上方横题"青年丛书之二",正中双行竖题"给青年的二十二封信\个人与社会",右上方竖题"林萍著",左下方竖题"长风书店

---

① 北京图书馆:《民国时期总书目(1911—1949)哲学·心理学》,北京:书目文献出版社1991年版,第251页。《民国时期总书目》著录此书一名《给青年的十三封信》,由上海一心书店于1936年3月出版,内容为"论文学,作文方法,学习方法,思想改造和生活改造,消除烦闷和控制情绪的方法,升学和选择职业"等,当是出自朱光潜之手、由《民国时期总书目》编者以为"潜"乃"潜"之误而径改成"朱光潜著"者。此书国家图书馆有藏,有心者可予以核查。

② 北京图书馆:《民国时期总书目(1911—1949)哲学·心理学》,第255页。

出版"(均为美术字)。

扉页:文字多同于封面,除了在"长风书店出版"前多出"上海"两字(均为铅字横排)。

序言:落款为"林萍一九三九,六,上海"。

目次(即篇名):一、"知识"与"人生",二、读书的目的,三、怎样克服自己,四、科学的人生观,五、谈修养人格,六、一条光明的大道,七、追求真理,八、时代与青年,九、我们的思想,一〇、怎样建设新社会?一一、"个人"与"社会",一二、再谈"个人"与"社会",一三、社会的进化,一四、关于学习"社会科学",一五、从"科学"到"哲学",一六、民族哲学的看法,一七、"精神"与"物质",一八、文艺通俗化,一九、"艺术"与"人生",二〇、"民众运动"与"政党运动",二一、关于农村宣传,二二、怎样才算是爱国?

正文行文格式:各篇开头都是"朋友"两个字,"朋友"下面均用冒号(包括《关于学习"社会科学"》,只有第二篇冒号误排作".");信末问候语多为"祝你好"、"祝你进步"、"祝你努力"、"祝你成功"、"祝你前进"等字样,落款为"你的朋友林萍"。

版权页:中华民国三十一年十月蓉版\给青年的二十二封信\又名"个人与社会"\每册定价国币二元五角\著作者 林萍\出版者 长风书店编辑部\发行者 长风书店①\川纸本代印及总经售处 成都北新书局(均为另行竖排)。

封底:有"四川省图书杂志审查处审查证图字第二四三号"诸字(竖排)。

通过与商文所引章文所引的"二十四封信"中的十二封篇名相比较(文字如此别扭,实在不好意思),除了《研究历史的方法》和《我们需要自由》两篇未见于"二十二封信"(当是因此两篇颇有左派倾向,被"四川省图书杂志审查处""审查"掉了),馀皆载于此本"蓉版"中(个别篇名或有小出入);为商文所引章文所引的《追求真理》、《再谈"个人"与"社会"》

---

① 《民国时期总书目》著录此版本出版者为"长风书局","局"为"店"字误植。

及《"艺术"与"人生"》等三段,亦分载于《给青年的二十二封信》的第41、71和第121至122页(文字有小出入,或由原作排错,或由引者抄错,恕不举例)。凡此皆可间接证明由同一家出版社出版的林萍所著《给青年的二十四封信》(此书的"发现权"在我——一笑)与1946年印行本题作"朱光潜著"的《给青年二十四封信》(此书的发现权属章启群先生,发现时间在1997—1998年间,发现地点为美国伊利诺伊大学图书馆)为同一书。后者书名比前者少一个"的"字,似乎更可说明所谓叶圣陶题签的"给青年二十四封信"中的"二十四"确为模仿假托。经商先生法眼鉴定,笔画如此简单的这三个字尚且"摹仿得不太像",笔画较多的"的"字,干脆省略藏拙为妙。至于此举是出版者所为还是出自著者林萍之手,"林萍"究竟为笔名还是真名、一人还是多人①,他(她)与长风书店是何关系,他(她)及长风与朱光潜有无瓜葛、"二十四封信"为何会署上朱氏之名,此后的四十年间(1947—1986)朱先生是否知道此书,都还是与所谓"朱光潜著"《信》的考证或有一定关系的研究疑点,有兴趣者不妨留心此事;亦希望熟稔旧时上海滩文坛掌故和文人室名别号的老者(如已故的纸帐铜瓶室主郑逸梅和尚健在的紫琅山民陈玉堂等先生,便是这方面的著名专家)能指点迷津,同时不无奢望地期待着"林萍"或其后人能注意到我对此书的有关"考证",出来说明事实真相。尽管再雄辩的考证在事实面前往往都难免可能会变成"考证",但每一位个中爱好者对事实期盼之强烈,都是远远胜过害怕出现考证变成"考证"的尴尬的。

最后我想再赘述四点:

其一,若说发现某书是某人的佚作,这种发现的前提一般都是"某人"已有全集、总集出版,至少亦有著述总目被人整理发表;换言之,提出"佚作"的本身便是在主观或客观上肯定了全集、总集或总目的学术价值。正是有了商先生、朱陈、朱世蓉先生用力十年编成《朱光潜全集》,才使得旁人能较为容易地对照出署名相同的著作是否已为学界所知,才使

---

① 《民国人物大辞典》(河北人民出版社1991年版)、《中国近现代人物名号大辞典》(浙江古籍出版社1993年版)查无此人。

得辑佚、补遗成为可能,否则一切何从谈起。对这些真正下过工夫的著述,编纂者所做的贡献,是永远应予尊重和珍视的。这一态度的诚恳性,不会因为后世是否有佚作发现而有所减少。

其二,历史上曾经有过署名"朱光潜著"而作者为"林萍"的《信》,这一事情的发现对于朱光潜研究应该有其一定的价值。它至少再次说明朱先生在民国后期的青年学子中的巨大影响,至少可在《朱光潜年谱》(有无该书?)1946年条添上"有署名先生著之《给青年二十四封信》出版,原作者为林萍"一事;有关版本,亦可补权威性的《民国时期总书目》著录之缺。对该书的保存之功,在伊利诺伊大学图书馆;发现之权,归北京大学章启群先生。对此不宜有轻视之心。

其三,就现有资料和常理分析,《给青年的二十四封信》变成《给青年二十四封信》、"林萍著"变成"朱光潜著",应与原作者关系不大;其书在此之前至少印过五版,亦说明林萍之著颇受当时读者欢迎。为了论证不是出自朱先生之手,而说其看法"极其浅薄"、"浅薄无知",表述"思想混乱、概念模糊"、语言"疙疙瘩瘩、胡编乱造",是否略显严厉;对极有可能是无辜者并也同样是受害者的林萍,是否有些委屈。

其四,我不敢说章、商两位先生均不知《民国时期总书目》的存在,估计他们都只是翻检了该书的《文学理论·中国文学》分册,而未查《哲学·心理学》分册。这固然是因为没有想到图书馆界的学者们会将有关书目放在"文学"类之外所导致,但与该书缺少一个总的书目索引(只有各分册的分索引)不无关系。此外,如能编出一个总的编著者索引和出版者索引与总的书目索引合册单行,小而言之对于考证林萍其人和长风其店,大而言之对于研究民国著述和民国出版,可能都要方便得多。希望这不会被视为是对《民国时期总书目》的苛求,希望在不久的将来能看到"总索引"的问世。

(原载于《学术界》2002年第6期)

附：试论元明清戏剧中包拯形象的演变[①]

摘　要：包公戏的创作及包拯形象的塑造，是我国戏曲史上应该引起关注和深入探讨的艺术现象。包拯在元杂剧中的形象清廉智慧、刚硬无畏；在明传奇中或保守或忠直，趋于两端；在清末京剧中则面目复杂，进步、愚忠、庸俗兼而有之。包拯形象产生、完善与蜕化、裂变的演变过程及相应的塑造特色，也是不同历史时期社会现实、政治风候、民心诉求以及戏剧审美规律的忠实反映。历史地分析、系统地探索包拯形象在元明清戏剧中的不同表现，无论是对深化清官戏问题的探讨，还是对丰富戏曲典型人物的研究，都具有积极意义。

关键词：元明清戏剧；包拯形象；包公戏；清官戏；戏曲典型人物

在我国传统戏曲中，描写包拯判案的"包公戏"，是一组很有特色的剧目。从元代以来，不同时代不同阶级的人们，在包公戏中表达了他们对当代政权、吏治、法律等重大社会问题的各自看法。剧中的包拯形象，更是鲜明地体现了他们对封建国家、皇帝、官吏和司法制度的态度，寓褒贬于其中。包公戏，对我国古代的社会生活和人民的精神面貌，产生过很大的影响。历史地分析、系统地探索包公戏曲形象在元杂剧、明传奇和清末京剧中的演变，无论是对清官戏问题的进一步探讨，还是对戏曲典型人物流变的研究，都是一件有意义的事情。

[①] 此文是本科学位论文，收入本集时，由友生梁帅博士据手稿输入，并代为核对引文、补出脚注，特此致谢。

附：试论元明清戏剧中包拯形象的演变

一

在元代,包公戏第一次获得大丰收,但它却不是产生包公戏曲和文学形象最早的时代。为了更好地考察包公形象在戏曲中的产生和发展,寻本溯源,我们想首先看看包拯如何从真实的历史生活中走进文学艺术的领域里,看看元剧之前的早期包公艺术形象。

包拯,北宋中期庐州合肥人,出生于中小地主家庭。仁宗天圣初年踏上仕途。身处"盛世",他对当时官场腐败和政治黑暗的情形,却有着非一般人可比的清醒认识。约在三十八岁时写的《戒廉诗》,就袒露了他不愿随波逐流、耻于同流合污的心胸:"清心为治本,直道是身谋。秀干终成栋,精钢不做钩。"①前四句充分展示了一位有抱负的封建政治家的清正刚直、宁折不弯的气质和光明磊落、无私无畏的秉性。以后的二十多年中,他出任过京城和地方许多重要官职,特别是在任开封府尹时,敢于打击贵戚宦官,关心平民疾苦,政绩卓著,驰誉朝野,在当时人民和正直的士大夫中享有很高的威望。所以,当他"暴得疾"而死时,"忠党之士,哭之尽哀,京师吏民,莫不感伤,叹息之声,闻于衢路"②。可见包拯兢兢业业、刚毅正直的一生是深得民心的。

包拯一生,从"民者国之本"出发,为人民做了好事,人民深深地感激他,童稚妇老都知朝中有个"包待制",时人司马光说他是"远近称之"③。在其生前,赞扬他的话就已形成凝练的谚语。包拯逝世后,人民对他的感情,不仅没有消失,相反有增无已。许多关于包拯的轶闻奇事在民间流传开来,传说者并不断地以自己的想象和爱憎去丰富它们,"踵其事而增华,变其本而加厉"。那些有着较为鲜明的形象和较为完整的故事的民间传说,被文人采录而成宋金笔记,经艺人加工而成宋代话本,由演员搬

---

① [宋]张田编:《包拯集·补遗》,北京:中华书局1963年版,第136页。
② 包拯墓志,1973年始于其故乡合肥东郊大兴集出土。据云全文三千多字,尚可辨认者有三分之二。今据《江淮论坛》1979年第1期《从包拯墓志看包拯》转引。
③ [宋]司马光:《涑水记闻》卷一〇,《学海类编》本。

177

弄而成宋金杂剧。

元代以前的文人笔记中,关于包拯轶事的记载有七八条之多,内容皆不见包拯死后不久即修的《国史·本传》。虽然它们多是将一些民间传说不加雕饰地写下,但也不乏生动活泼、颇具风趣的小故事。如南宋初朱弁的《曲洧旧闻》里,就有一则写得非常精彩的、有关包拯弹劾张尧佐的笔记体历史小说。这则笔记,以历史事件为基础,以艺术想象做补充,使包拯"性不苟合,未尝伪色辞以悦人"①得到生动体现,一个初具文学性的形象超然而出:"包拯乞对,大陈其不可,反复数百言,音吐愤激,唾溅帝面。"②通过对人物行为夸张的处理,富有喜剧性地塑造出一个慷慨陈词、犯颜直谏的诤者性格。鲁莽是鲁莽矣,但更显其刚介之心、纯厚之质、血肉之体。把包拯干大事不拘细谨,陈大义不顾小节的耿直之风、愤激之情写活了。

宋金时代,一方面知识分子在书斋里,津津有味地记叙着包拯的轶闻传说;另一方面,随着市民的说话和戏剧艺术在都市中蓬勃兴起,反映包公判案的故事就已出现在南宋话本和宋金杂剧中。包公形象走出了文人笔记的狭小圈子,来到了百艺汇合的瓦舍勾栏和市民聚集的茶楼酒肆,活跃在书场里,搬演在舞台上。因而,这个形象在更大程度上为广大市民观众的爱好所左右,表现了城市里中下层人民的思想感情和欣赏趣味,不只是艺术化的历史人物,而且是民间艺术中重要的传说人物。包拯艺术形象开始了它的真正发展。

宋金戏剧中的包公戏,见于《武林旧事》和《辍耕录》的就有三本,可惜均已失传。但从名目窥测,或是写包公精明能干——《刁包待制》;或在姊妹艺术话本《三现身包龙图断冤》中能见大略——《三献身》;或是元杂剧《包待制三勘蝴蝶梦》的前身——《蝴蝶梦》,可想见内容多属于表现民刑诉讼的公案剧。而宋代包公话本,仅存的两种(《合同文字记》和《三现身》)也都是公案性质。如《三现身》描写的是祥符县押司孙文曾救过

---

① 《国史·本传》,见《包拯集》附参考资料,第141页。
② [宋]朱弁:《曲洧旧闻》卷一,《知不足斋丛书》本。

一个冻伤之人,此人反和孙妻私通,并设计将孙害死。孙文鬼魂后来连续出现,并托梦给新任知县包拯。包拯终于审明案情,将凶犯正法,从此"名闻天下,至今人说包龙图,日间断人,夜间断鬼"[1]。

宋金市民文艺中的包公形象,有着自己的显著特色。首先,它不像笔记作者着重记录表现个人品质的片断轶事,而是专门创作以奸情凶杀、家产纠纷、民刑诉讼、平反冤狱为内容的公案作品。关心朝政的进步知识分子感兴趣的是有关包拯清廉正直事迹的那些历史故事,希望有裨益于吏治的清明,以示褒贬劝诫。社会地位低下的市民群众,在秩序混乱、官衙腐败的生活环境中,则更关心自己生命财产的安全,希望在突如其来的灾难中能转危为安,得到贤明清官的拯救。历史人物包拯,由于他在民间享有的声誉和威望而被市民艺术家所看中,于是将他请进表现市民生活的公案作品中,做了一个公正明察的审判官。艺术家们把想象中包公的所作所为,与人民苦难和挣扎的生活结合在一起,在人物形象塑造中,融注了他们对现实生活的态度和对未来的理想。包公形象的社会作用和意义更为扩大了,这是宋金话本和杂剧对包公艺术形象发展的一个重要贡献。

其次,文人笔记只限于生活趣闻的捕捉,篇幅过小、缺乏展开;没有扑朔迷离的情节和引人入胜的事件;过多受历史真人真事限制,新的剧作也难以为继。市民文艺中的公案作品,则是在离奇曲折的故事和出人意表的变化中,描述人物生死突变的命运和悲欢离合的境遇;包公断案的巧计多谋、奇诡谲异,更给欣赏者以智慧的熏陶和好奇心的满足。话本、杂剧的编写者和表演者,为了更自由地创作这类以包公为审判官的作品,扩大包公艺术形象的伸缩性和可塑性,他们突破了真人真事的历史束缚,或是以包拯性格的某个侧面为中心来编写作品,或是移花接木,在与其无关的民间传说和当代新闻中加进包公。此时,包公已成为远离历史事件真实、富于传说性的艺术形象了。这种不受历史事实限制,从现实生活出发的,雏于历史、立于现实的形象塑造方法,为包公戏真名假事的历史传说剧特色的形成,为后世不同时代的人们可以自由地借包公形象来表达他们对

---

[1] [明]冯梦龙编:《警世通言》,北京:人民文学出版社1956年版,第174页。

当时社会生活的看法和态度,为元、明、清源远流长、不断翻新出奇的包公文学创作,提供了可贵的艺术经验。

总之,宋金杂剧和话本,是包公艺术形象发展史上的初期阶段。在这个阶段中,形象的雏型已经具备,并逐渐与当代的社会生活结合起来,与下层民众的思想感情发生了联系,替后世小说戏曲形象的塑造积累了经验。它蓄势待发,显示着潜在的生命力,历史时机和社会条件一旦成熟,必将出现一个迅猛的发展。①

二

历史演进到了元代,给中国社会的面貌带来了巨大的变化:北方尚处于奴隶制阶段的蒙古族,凭借强大武力,取代了南宋大地主阶级对中国的统治,建立了以种族歧视为政策基础的贵族政权。在马上得天下的过程中孕育成的统治思想,使蒙古贵族尚未能领悟到封建统治的奥秘,胜利者得意的马蹄把维护封建统治长远利益的法律踢开不管;游牧民族贵族阶级对外掠夺的天性,使之对被统治者的搜刮更为凶狠;以贪婪小人充任的各级衙吏令史乘机敲诈勒索,大售其奸。特权贵族的恣肆妄为、横行无忌,官吏衙门的昏聩颠顶、贪婪残酷,司法制度的野蛮严刻、落后混乱,就是元代人民面对的现实。人民与统治者的矛盾更为尖锐了,他们对骄横的权豪势要有着强烈的憎恨,对腐败的国家司法机器有着深切的不满,对法律和官吏有着自己的理想和愿望。正是在特定的历史条件、社会环境和时代情绪的簇拥下,出现了包公戏蓬勃繁荣的新局面。

描写善良无辜的人们如何遭到权贵或恶人的欺压和陷害,经过包拯审案惩治了作恶者,终于为之申冤吐气的包公戏,在元代舞台上有很多。除现存的十一种外,仅亡佚的就还有六七种之多,可见当时演出的蔚为大观。包公戏在元代的发展繁荣,更主要体现在内容方面。它所尖锐提出

---

① 第一部分经过较大修改后,以《包公艺术形象的早期塑造——宋金笔记、话本、杂剧摭谈》为题,发表于《中国典籍与文化》1997年第3期。

和试图解答的,是当代人民共同关心的重大社会政治问题,如国家官吏应如何对待人民,特权横行要不要受法律制裁,人民的生存权利和生命价值如何等。它所具有的戏剧冲突是当代生活中主要的社会矛盾——人民与以特权阶层或昏官污吏为代表的统治者的矛盾——在舞台上的艺术表现。它所展示的生活画面是较为丰富和广泛的,有灾民反对赈官贪赃的场面,有平民惨遭权势蹂躏的情景,有对市民青年自由爱情的优美赞颂,有对生命财产受到侵害的恐惧描写。在元杂剧中,以包公戏为代表的、具有如此鲜明的时代特色、反应如此重要的社会内容的公案剧,除了"水浒戏"可以与之比翼并肩而外,它对于时代的针对性,对于人民的重要性,是远在其他类剧目之上的。

那么,元代包公戏是怎样塑造包公形象的呢?这个时代赋予它的戏剧人物以哪些引人注目的特点呢?包公形象对于培育它的时代又具有什么意义呢?

我们看到,元代艺术家们是在人民与特权阶层你死我活的尖锐对立斗争中,塑造着包公形象的。这主要体现在《陈州粜米》、《生金阁》、《鲁斋郎》、《蝴蝶梦》等剧本中。这一组剧本的特点是满腔义愤地揭露着光天化日之下进行的权豪欺凌良善的令人发指的罪行,有着明显的人民反对特权者的政治意义。包公戏剧冲突的对立面,并非暗室亏心、阴谋诡计的市井小人,而是强取豪夺、肆无忌惮的特权人物。《生金阁》里"有权有势"庞衙内抢走秀才郭成世传珍宝后,又要霸占其妻,郭成不肯,便将其用铜铡斩首;《蝴蝶梦》开场就是皇亲葛彪打死平民王老汉,扬言"随你哪里告来";《鲁斋郎》中,两次三番抢人妻室的鲁斋郎,其淫威能令受害者说"他便要我张珪的头,不怕我不就送去与他";《陈州粜米》写的是"花花太岁"刘衙内父子贪污赈粮,"似虎如豺",打死灾民张憋古。对于这些胆大心毒、有恃无恐、声威赫赫、气焰嚣张的贵族的化身,元代司法机关是无可奈何的。张珪以六案都孔目的身份曾深有感慨地说:"被论人有势权,原告人无门下……哪一个官司敢把勾头押,提起他名儿也怕。"可是,剧本中的包公,遇见这些"官职大的忒稀诧"的人民的罪人,偏偏要猛虎嘴边捋须,饿狼口里拔牙。"那权豪每是俺敌头……我偏和那有势力的官

181

人每卯酉";元代人民有感于现实而赋予他们理想的官吏以"不劣方头"的坚硬性格,这是受迫害的广大群众借包公之口对其痛恨的特权阶层所做的宣战。于是,这个戏剧舞台上的包公,便"和那权豪每结下些山海也似冤仇。曾把个鲁斋郎斩市曹,曾把个葛监军下狱囚",锤砸死犯赃滥的刘衙内,智取了庞勋的颈上头。这种不畏强梁、刚直不阿、嫉恶如仇、除恶务尽的形象,表现出元代人民对特权阶层强烈仇视的情绪,无疑具有抨击种族歧视的元蒙统治、否定封建特权制度的积极历史作用。

　　元杂剧是在与现实中普遍存在的贪官恶吏、糊涂官吏的对照中,表现着包公美好品质。元代各级官吏的营私舞弊和贪赃枉法,在历史上是有名的。只顾眼前利益的元蒙统治者以各种残酷手段搜刮钱财。由于不知法律、不通民俗、不懂语言,元蒙官吏又是异常的糊涂昏聩。《灰栏记》中郑州太守苏顺的行事准则是"虽则居官,律令不晓,但要白银,官事便了";《神奴儿》中的县官一听有人告状,便说"那人命事我那里断的,张千与我请外郎来";而外郎的座右铭是:"官人要钱得百姓们的使,外郎要钱得官人的使。"贪婪昏聩之外,对人民又异常冷酷,动辄就"赖肉顽皮,不打不招",视其生命如草芥。戏剧中包公,就是在这样背景下产生的、充满人民理想色彩的清官形象。他不爱钱财,忧国忧民,廉洁奉公,克己奉民,非常痛恨那些"只要肥了你私囊,也不管民间瘦"的赃官,并立誓"似肥汉相搏,我着他只落的一户儿喘"(《陈州粜米》)。他看到在司法部门"令吏每死也波钱亲,背地里揣与些金银,休想那正眼儿敢觑着原告人",决心将这些枉法之徒"拔树连根"(《神奴儿》)。包公对受苦难的人们有深厚的同情和仁慈的悲悯:听到神奴儿诉说冤情后,他深深地叹息道"哎,好可怜人也";知道郭成的不幸,他义愤满胸"谁许他(指庞勋)谋人财又要谋人命,谁许他夺人妻逼做妻……我与你勾他来问到底";当他发现鲁斋郎"掳掠百姓,强夺人家妻女",虽然受害者并没告状,他却"切切于心,拳拳在念",寻机为民报仇。在包公身上还洋溢着聪明智慧的光采。任何棘手的案件,他都能巧妙地解决;任何复杂的冤情,他都能为之申雪;任何狡诈的机谋,都瞒不过他的慧眼。他善于利用各种矛盾、关系和方法来为民除害,善于通过探索人情的底蕴来辨明案情,曾智勘后庭花,智斩鲁斋郎,智勘灰栏记,智赚合同文,智勘生金阁,其他剧本矛盾的解决,他的智慧也都起着重要的作用。元代人民在与贪官恶吏的对立中,塑造清廉、善良、智慧的包公形象,从而既揭示了造成元代大量冤案和人民痛苦不幸的原因,批判了司法机关的腐败和吏治的黑暗,又表达了挣扎在生活苦海中的人们对国家政权的理想和对清明社会的向往。这在"奸佞专权……贼做官,官做贼,混愚贤"的"堂堂大元"①,有其相当的进步意义。

  元代包公形象,在一定程度上突破了封建清官的思想范畴,显示出肯定反抗斗争、要求法律平等和反对特权统治的积极意义。在许多戏中,包公要惩罚的对象都是些称谓含糊、名分显赫,有着极深的政治背景的特权人物。刘衙内形象影射的是蒙古贵族高级武将("你可甚剑锋头博换来的万户侯"),庞勋对读书人似乎有无端的仇视("倘秀才冲着我的马头,一顿就打死"),鲁斋郎炙手可热的气焰,葛彪打死人如同儿戏的态度,都说明包公遇到的不是普通的市井流氓,而是"将官府敢欺压,将妻女敢夺拿,将百姓敢踏踏"的享有特权的蒙古贵族。要处罚这些三敢分子,包公实在感到棘手。审判王氏父子打死葛彪为父报仇一案吧,当朝《刑法志》明白写着"诸部民殴死官长,主谋及下手人皆处死";庞勋、刘衙内杀人,"诸蒙古人因争及乘醉殴死汉人者,断罚出征,并全征烧埋银"②;无故杀人只罚其出征打仗和赔偿丧葬费,那么鲁斋郎抢人妻女,又算得了什么呢?况且还有太祖的(功臣)"百次犯罪不罚"③的遗言在。可是元代人民要借包公来推行他们的意志,表达他们的思想,实现他们的愿望。于是在剧本中,当人民要求惩治罪犯的正义呼声与庇护特权的元代法律形成尖锐冲突时,为了维护人民利益,成全人民大义,包公总是以封建之法徇人民之情,总是在封建法律中以其智慧和才干巧为周旋,根据人民的意愿,以义以情而不是以本朝法律为准绳来替受害者昭雪冤情,为民报仇。

---

① [元]无名氏:〔正宫·醉太平·堂堂大元〕,见隋树森《全元散曲》,北京:中华书局1964年版,第1664页。
② [明]宋濂等:《元史》卷一〇五,北京:中华书局1976年版,第2765页。
③ 吕振羽:《简明中国通史》,北京:人民出版社1955年版,第633页。

而包公让小憨古打死小衙内为父复仇,认为王氏兄弟打死葛彪是"为子者至孝"而义释王三,这就不仅在实际上否定了权豪打死人不偿命的特权法,肯定了平民百姓为正义复仇是无须偿命的;而且,这种支持被害者起来抗争的判决,对受压迫人民来说当是一种鼓舞和召唤。寓于包公形象中的这种对平等法律的追求,对正义复仇的鼓励,对反抗行为的赞许,已远越过封建清官所能认可的范围——历史上包拯对造反者都主张坚决镇压——而有着强烈的民主倾向、积极的历史作用和浓郁的理想色彩。

上面的分析使我们看到,元代包公戏剧形象其表面性格特征固然与历史真人尚有许多一致的地方,但其性格的精神内涵和形象的实际意义,却完全是表现元代人民对现实的针砭和对理想的追求。人民以自己的感情思想赋予前朝古人以血肉之躯;特定时代生活的特殊要求,决定了艺术形象的倾向和基调。这其中不仅表现了对元蒙统治的残酷暴虐的愤恨与对抗,对封建特权合理性的怀疑和否定;而且,主观上强烈的反抗特权的思想,使包公惩治特权多在违抗皇帝旨意下进行。导致在客观上产生了一定的反皇权的效果,因为特权本来就是皇权的直接派生物。"再不言宋天子英明甚,只说他包龙图智慧多",其中自有褒贬、抑扬。

元代包公戏剧形象之所以能放射出如此夺目的光彩,除了社会生活本身提供给它丰富的内容而外,也有着这个社会所独有的特殊原因。其一,元代禁止文字的法律固然很严酷,但执法者的昏庸愚钝、不通文墨,就往往使之成为一纸空文;统治者迷信武力、崇尚杀伐而忽略思想统治、轻视孔孟之道,则使新思想有产生的可能;杂剧繁荣的迅速出现,使统治者尚来不及和想不到以之进行"高台教化",戏剧处于自由发展阶段。其二,促进元杂剧繁荣兴盛的社会力量,主要是体现城市经济的市民阶层。而市民在元代毕竟是代表着一定的新的生产关系和生产力的新兴力量,他们的思想较之农民更为大胆;统治他们的,不是传统的汉家天子,而是异族入主的蒙古贵族,这就使其反抗情绪可能直接间接地对着最高阶层发泄,忠君思想自然也几近于无。其三,科举的废止,种族的歧视,断绝了知识分子的进身之路;"九儒十丐"的社会地位,使他们对现实的黑暗腐败有切身感受,对人民的思想情绪有深刻体验,戏剧创作还不是歌功颂德的工具,而是不平则鸣的武器。种种因素的交错作用,成就了元代包公戏在中国戏剧史上的光辉地位;历史条件的不可重复,也使它不同于后世之作而独树一帜。

三

明代自朱元璋开国以来,采取了诸种措施加强中央政府和皇帝的权力,专制主义集权政治比宋元时代更加强化了。为了在思想和制度上巩固和维护专制统治,明代统治者吸取了元代的经验教训,一方面大肆提倡程朱理学和封建道德礼教,以消弭人们的自由思想和不满情绪,另一方面施行了比唐宋远为完备的学校制度和科举制度,来笼络人才、选拔人才。八股取士制把知识分子的思想完全限制在程朱理学内,对明代的文化艺术和士人的精神面貌有很大影响。明代剧坛因而也相应地出现过一批"以时文为南曲"①的八股戏曲,为宣扬封建道德、巩固封建统治而服务。

在这样的历史条件下,当杂剧在舞台上的统治地位颓然衰落,赫然繁盛的传奇取而代之以后,包公戏进入了新的发展阶段。继承了宋元以来南戏和杂剧优秀经验的传奇艺术,由于在不同地点流行,适应不同观众的需要,以及与不同的民间艺术相结合,在嘉靖前后又进一步发展为昆山与弋阳诸腔戏。昆山腔和弋阳腔,是明代剧坛上并驾齐飞的凤凰和各有异彩的双璧,它们以各自成就的光辉照耀着中国戏剧史上第二个繁荣时代,使我国戏曲艺术更趋成熟。但具体到包公戏的创作演出,它们的功过和由此而得的毁誉,在我看来,则应是完全不同而且是根本相反的。

明代戏剧理论家吕天成在《曲品》中,把当时昆曲剧本题材归纳为忠孝、节义、风情、豪侠、功名、仙佛等六种,可见明代昆腔戏中是极少公案戏特别是包公戏的。当时较有影响的,是根据元代包公戏改编的《胭脂记》和《桃符记》。

---

① [明]徐渭:《南词叙录》,《中国古典戏曲论著集成》第三册,北京:中国戏剧出版社1959年版,第243页。

《胭脂记》的前身是《留鞋记》。这本元代包公戏描写的是卖胭脂的店家女子王月英与一个普通少年郭华自由恋爱的故事。通过包公对这场风情案顺乎民心的判决,显示出元代市民群众要求统治者承认他们的自由生活,对他们违反传统礼教的举动给以合法肯定的愿望,因而这出戏中的包公也就被理想地塑造成一位和蔼可亲、成人之美的市民爱情的主婚人。这个形象体现了孔孟礼教的松弛,放射出思想解放的光彩。而明代《胭脂记》作者正是感到了蕴含其中的对封建婚姻制度和传统伦理道德的强硬抵触和有力冲击才决心改编的,用他自己的话说,就是"风情节义难兼擅,胭脂重修在此编"。因此,他的改编是针对原作进步性所做的反动。改编者的腐朽思想,在"文曲星"包公对这桩胭脂案的审判中,有充分的体现,从中也可看到昆腔戏包公形象的部分特点。

　　对违背封建礼教、有乖圣人遗训的举动的坚决制止,对挣脱传统束缚、追求自由生活的行为的强烈敌视,使包公成为维护封建节义教化的忠实卫道士。作者往往按捺不住他对封建大家庭中帮助小主人冲破网罗、自由结合的丫鬟婢女的憎恨,情不自禁地让包公借题发挥,詈骂之词不绝于口。"勘问"一场,包公问月英谁为她与郭华传递消息,月英回答是丫头梅香,包公听后气狠狠地说:"我想那人家,都是丫头可恶,引诱女子为此不正之事!"包公对郭华和月英的斥责,更显示了作者对社会上敢于违俗悖礼、离经叛道的青年的厌恶和心术邪僻、男盗女娼的阴暗心理:"不图耸鹄凌云,反学骗马坠堑,似此冒乱女色,深有背乎圣言";"你娇花未破,先作迎风之柳;蛾眉才展、便思狐媚之妖……蘋蘩箕箒,尚未得侍于人;濮上桑间,早已玷乎多露。德行如亏,貌容奚取!"真是满篇都是"陈腐臭烂"[①]之言。

　　对三从四德诚恳地宣传、对儒家伦理赤裸裸地讲述、处处"代圣人立言",使包公成为宣扬封建道德纲常的恶劣传教者。案发后,郭华向包公述说与月英相爱经过,不料包公听后深为不满:"男子汉不思量家乡父

[①] [明]徐复祚:《曲论》,《中国古典戏曲论著集成》第四册,北京:中国戏剧出版社1959年版,第236页。

母,只贪女色,以恣流荡,成甚模样,做甚么秀才!"他以封建道德伦理为法律,来衡量受审者的是和非:"月英,你是未嫁闺女,不守妇道。妇人之道,行不动裙,笑不露齿,合守闺门,勤习针指……今后宜改前非,克相夫子,恪守妇道,休辱先人。"这里先人已由"祖辈儿卖脂粉作生涯"改为"生长金华府阀阅人家",包公最后判合二人成婚,也完全不是对自由结合的肯定,而是着眼于风化礼教和富贵功名。他对月英母亲说:"今已出乖弄丑,莫若与了那生成其匹配:一免损伤风化,二免玷辱先亡,三来此子不是已下之人,日后实有飞腾之路。我今作伐与你,成就此事。"可谓用心良苦,思虑深远。

至此,原作对封建婚姻制度的冲击,变成了对封建伦理道德的教化;一曲清新优美的自由恋爱,变成了喋喋不休的传经说教;一位市民爱情的主持者,变成了陈腐不堪的卫道士——"风情"和"节义",附合着封建统治者的意愿,完美地"兼擅"结合了。

另一本"时所盛传"(《曲品》)的昆腔包公戏《桃符记》,是明代吴江格律派始祖沈璟根据元杂剧《后庭花》改编的。沈璟保留了原作的基本结构,只是改动了某些情节,增添了几出新戏,便偷换了原有的暴露元代蓄奴制的罪恶,批判宦门恶奴依势杀人、市井小人肆意行凶的混乱社会,歌颂包公刚正智慧的积极因素,使之成为充满封建思想、宣扬轮回果报的作品。戏中的包公形象因此具有了如下两个显著的特点。

在包公身上体现了浓厚的轮回果报的宿命论思想,现世神威严的灵光,吞噬了聪明的法官所独有的智慧光彩。《桃符记》不仅没有摆脱原作的鬼魂迷信的因素,并且把它发展成主宰人物命运的宿命论,而包公就成为执行冥府意志的现实世界中的神灵。如果说原剧的迷信因素主要包含在被害者的冤魂显现和桃符破案中,那么传奇中的宿命思想更集中体现在包公与城隍的关系上。在新添的"包公谒庙"、"冥府彰明"等出戏中,我们看到,包公和城隍是平起平坐的两位尊神。一个是现世的城隍,一个是地府的包公,两神相约:"凡人间善恶事情,处分有不公不法,罪在下官;冥司祸福报应,有失轻重者,责在尊神。"无辜受害者的冤魂,由城隍按生死簿安排,一切都是前生注定,包公只为贯彻神的旨意而行动,从此便国泰民康,天下太平了。这个形象的客观意义,无疑是让被欺凌被侮辱的广大人民,忍受一切迫害,俯首听命于命运的安排。

  包公对权势利益主观的维护,对上层统治者的畏惧妥协,则是对元代包公戏的最大歪曲。原作对包公审案的描写是充满现实性的。皇帝赐女子翠鸾给赵忠为妾,实际上是暗示着元朝最高统治者把掳来的汉人分给臣下(蒙古贵族)为家奴的历史事实。而蒙古人杀死家奴,在元代是不受法律制裁的。这就是为什么赵夫人敢于叫家奴王庆杀死翠鸾,为什么当衙役逮捕王庆时他敢于拒捕并说:"你敢拿谁。"为什么包公最后判决没有追究夫人罪责的时代原因。敢于审理一件不该判罪的案件,并处死蒙古人心腹,已经是超越了当时的法律。但是在《桃符记》中,作者一方面渲染包公令"神欣鬼服"的威严和他与城隍立约的严苛,另一方面又把他描写成维护特权利益、谦恭畏法的形象。枢密院使傅忠发现翠鸾失踪,就锁了王庆,"打执了到开封府去"。于是演了一出官官相护的丑剧。包公听明案情,吞吞吐吐地说(净白):"下官难以启齿。"(外白):"但说何妨?"(净唱)"只为夫人难用刑……"(外唱):"大人,你有铜铡势剑岂权轻,只求恕却荆妻命。"夫人因妒令仆杀妾(翠鸾已不是圣赐而是傅忠明媒正娶的二房),按《明律》用刑,方便得很。包公所以感到"难用刑",只能是出于作者对封建统治者的声誉和利益的维护。包公嫉恶如仇、铁面无私的优秀品质不复存在了。

  明代,反映着封建士大夫和文人对生活的态度的昆腔包公戏,在大城市的豪门贵邸或地主富贾宅中,做清柔高雅的厅堂演出;同时,反映着广大人民思想感情的弋阳诸腔包公戏,多在中小城镇和乡村中进行着刚健质朴的草台演出。由于弋阳诸腔主要是在农民群众的支持下兴起和繁盛起来的,因而,它的包公戏如《还魂记》、《珍珠记》,便是更多地从农民的角度表现现实斗争,它塑造的人物形象便更多地带着农民的感情和意识。这两本戏中的包公有如下三个特点。

  嫉恶如仇,是其一,也是与昆腔中畏怯妥协的包公针锋相对之处。《珍珠记》中,包公听到王金真诉说其夫高文举如何被国丈温阁强赘为婿,她进京寻夫温女如何迫害她,丈夫如何迫于淫威而不敢相救,他顿时大怒:"真个可恶!……高文举你中甚状元,温阁你做甚国老!"《还魂记》他痛斥国舅曹二的罪行:"胡为不记得,陈州粜米,状词数纸;谋死书生,要占人妻;拆毁民房,满城百姓没有安身处?逃不过阴间难放你。"这种嫉恶如仇的品质,既继承了元杂剧的优秀传统,又有着鲜明的时代特色。包公的对头星,不是元代横行市井的蒙古贵族,而是雄踞朝廷的宰执阁老、皇亲国戚,他们与皇帝都有特殊关系,是当时大官僚、大贵族、宦官外戚的舞台化身。高度集中的专制主义中央集权,使他们很容易从昏庸暗弱的皇帝手中夺得权柄,操纵国政。正直官吏固然受其排斥打击,但直接受害且受害最深的却是广大群众。他们把对专制主义的不满,融注在包公形象中。因此,明代包公戏的嫉恶如仇,蕴含着当时人民对专制主义下"假虎张威"、"窃威弄权"的上层统治集团的强烈批判。

  铁面无私,是其二。元包公的这一性格,主要表现为他以计以智、毫不留情地镇压犯法的权贵。因为制裁特权者,元代根本无法可依,人民对法律平等的要求,只能寄寓于包公理想化的行为中。明代包公的铁面无私,则侧重于对法律的维护,体现了人民希望有坚持正义的执法者的愿望。《还魂记》包公拘捕了犯法的曹二,皇帝明知"皇亲虐害生灵",但是"念是子童手足之情",便派保官十员保救曹二。于是执法的包公和求情的保官之间,就产生了尖锐的斗争。保官先是以皇帝国母之尊、众位同僚之情,望包公行赦。貌似恭谦,却语藏机锋。包公也不示弱,历数曹二罪状,以"亦当与百姓分忧"回击。保官进而威胁:"事到头来要见机……你就是螃蟹横行,拚苦结冤家做怎的。"不料更加激怒了包公:"嗏!直恁起心亏!万民遭虐,冤屈何当,怎肯轻轻恕?直待西天月上时!"甚至迁怒于这些奉旨而来枉法求情的保官:"列位受了曹家金银保皇亲……取剑!"包公为了坚持"皇亲犯法与庶民同罪"的"古道",连皇帝旨意也不予理睬。产生这样的形象,自有深刻的时代原因。作为一个成熟的封建国家,明代有着一套较为完备的法律。但是,由于封建官场层层腐败,互相包庇,朋党为奸,裙带常扯,特别是由于专制皇帝拥有至高无上的权利,总是以我为法,以意为律,其好恶旨意,成为生杀予夺的最高法律准则。因此,内容本来就不平等的法律在形式上对于那些与皇帝有特殊关系的上层统治者也成了空文。深受其害的明代人民,对有法不依,无人执法的黑暗现实强烈不满,他们向着横行不法的皇亲勋戚,向着任意赦免的皇帝,提出了"王子犯法与庶民同罪",以此作为合法斗争的武器,要求统治阶级遵守法律,制约专制国君的立法之意。包公,就成了人民的代言人和正义的执法者。

从"为民"出发,归结到"辅国",具有维护封建国家长治久安的政治远见,是明代包公形象的特点之三。弋阳腔剧作家,是从"赤心报国,辅佐朝廷"的政治高度来褒贬剧中人物,突出包公同情人民的性格侧面的。他抨击强赘高文举的温丞相是"尸位素餐情何忍";看到曹二拆毁民房三百间,"承恩命"盖造新府,他忧心忡忡:"思量起费尽民钱,这富贵非我所愿。"包公对罪犯的处罚,不像元代只是着眼于杀人偿命、就事说事,而是更多地考虑民与国的关系和国家的长远利益,以"民本"思想为行为准则来衡量做官人的道德品质。所以,他这样指责高文举的停妻再娶:"你读甚么书,做甚么官,跳甚么龙门。家不齐,焉能去理治均平?"他这样痛斥"害民无厌"的曹国舅:"狐群狗党瞒君主,钱财花费害官民,常言国以民为本,若还有失难存正,你枉做在朝中为上卿。"这个包公,与元代相比,具有更多的现实中可能存在的封建清官的成份,更符合统治阶级思想家所提倡的清官标准。农民"圣君贤相"的思想,也总使包公的执法行为或在先得到皇帝的恩准,或在后得到皇帝的赞许。既使包公拒绝保官求情、抗旨行刑,皇帝闻奏以后仍旧"龙颜大悦",并令包公救活受害者,"敕赐衣锦还乡"。根植于封建生产关系的皇权主义,影响着人物形象的艺术塑造,决定了戏剧矛盾的解决途径。但其中包含的突出的"民本"思想,对维护人民群众的生存条件,对限制统治阶级的贪婪榨取,对封建社会的继续发展,都是有利的。

昆腔和弋阳诸腔包公戏说明:戏曲人物包公,发展到了明代,已经由一个完整的形象分裂为思想倾向针锋相对的两个完全不同的艺术形象了。如果说封建迷信和道德说教在元代包公身上只是作为不占重要方面的,而且在封建社会中是很难避免的消极因素存在着,那么在明代昆腔戏中,已被发展成为包公形象的性格核心和主导方面了。统治者开始认识到包公戏曲形象社会作用的重要性,认识到"《龙图公案》所载忠孝事最能动俗"[①],并且染指包公戏的创作。从封建统治需要出发,塑造着维护封建秩序和腐朽道德的包公,在其脸上堆砌着神鬼迷信的浓厚油彩,硬把宋元人民创造的形象纳入"讽世"、"维风"、"高台教化"的轨道,为封建专制政治服务。而弋阳诸腔中的包公,既承继了元代包公的熠熠神采,明代人民反对专制主义的斗争又为之增添了新的光辉。时代特点的不同,产生包公形象的土壤的变异,因此使它更为接近封建社会现实中法官的标准。但是,明代封建专制统治下的黑暗残酷的现实生活,却决定了这个包公形象仍然是进步的,有着丰富的人民性。它既表现了人民对专制皇帝庇护下违法害民的上层统治集团的憎恨情绪,也流露出人民想借助专制王权来镇压这些特权者的美好愿望,仍有其时代的积极性。

四

清代中叶以后,徽、汉、秦等多种地方戏曲蓬勃兴起,众戏班荟萃于当时全国政治、经济和文化的中心京城,卓越的艺术家们在此基础上含英咀华,吸收创造,我国古典戏曲艺术集大成者京剧,便在1840年左右形成。自此以后,在清代同治、光绪、宣统年间,它便一直占有北京剧坛的霸主地位,并风行南北,有"国剧"之誉。

清末的社会状况对京剧的影响,我以为是这样的:两次鸦片战争的炮火,把古老的封建中国从此送进了半殖民地、半封建社会。从太平天国起义开始的中国人民反帝反封建斗争的不断发生,动摇和打击了社会的统治基础。清末民主思想的迅速发展、社会阶级矛盾的日益激化,人民斗争热情的不断高涨,决定了京剧的民主性、斗争性和人民性。清王朝统治者为了支撑摇摇欲坠的封建大厦,在意识形态领域里拼命宣扬以忠君思想为主的封建道德。面对即将灭亡的无情的命运,为了苟延残喘,他们竭力

---

① [明]吕天成《曲品》增补本:汪廷讷《忠孝完节》评语,见赵景深《曲论初探·增补本〈曲品〉的发现》,上海文艺出版社1980年版,第78页。

散布着封建社会皇权统治永世长存的幻影,加强了思想统治。同时,他们陶醉在以勾结和投降帝国主义而换来的社会的假象繁荣中,纵情娱乐,一反过去对"花部"的贬斥态度,酷爱来自民间的京剧。同、光两代皇帝和慈禧太后,都把京剧作为主要的娱乐样式。京剧进入了宫廷,沾染上了皇家的气派。宫廷之外的京剧观众,除了广大贫苦的下层市民之外,寄生没落的八旗子弟、奢侈淫逸的富商巨贾和成份复杂的其他社会阶层,也占着重要的部分。身处封建社会末期,他们的思想意识和艺术趣味,既不同于明代的农民,也不同于元代的新兴市民,而有着自己鲜明的特点。资本主义势力的东来,政治、经济、文化的半殖民地、半封建性,封建社会末期特有的腐烂风气,戏剧艺术愈来愈浓厚的商业化,也都给京剧带来了种种病态而怪诞的色彩。上述这一切,又决定了清末京剧包公戏的复杂面貌:既有揭露统治阶级内部腐朽,歌颂主持正义的清官,体现人民的民主斗争之类的剧目;也有宣扬忠君思想、维护皇权统治,威慑人民精神的宫闱戏;不仅奸淫凶杀的题材大量出现,而且"神头鬼脸"的作品也为数不少;耀眼的火花后面,是大片浓重的黑影。其中的包公形象,自有一番新的变化。

继承元明包公戏的优秀传统,站在正义和民主的立场,以人民的思想感情塑造包公形象,充满对现实的批判精神的剧本,是"三铡戏",即《铡美案》、《铡包勉》、《铡判官》。歌颂铁面无私、执法如山的理想清官,抨击统治阶级的腐败昏暗,是它们与元明优秀之作的相通之处。但时代的变化,又使之不同于前代包公戏;矛盾冲突的差别,也使其有各自的特点。《铡美案》展现的是包公为了惩罚"杀妻灭子状元郎"陈世美,而与公主、国太展开的冲突。其中突出表现了包公为了维护人民利益而坚决执法,和对专制皇权的抵触,对封建特权的否定。"慢说你是驸马到,就是那龙子龙孙我也不饶"和"慢说领来国太到,宋王爷到此我也不饶",是此剧包公的两句名言。这出戏包公承受的压力异常的沉重,他要铡死灭绝人性、丧尽天良的陈驸马,坚持王子犯法与庶民同罪,公主国太立刻驾到开封府,大闹公堂、气势逼人。这使包公心中斗争激烈:"我本当铡了陈世美",公主哭了起来:"啊!金枝玉叶靠那般";"本当不铡陈世美",他又看到香莲在流泪,"哎呀!到叫包拯两为难"。作者让包公在金枝玉叶和民间贫女之间,在皇家权势和人民利益之间,作关键的选择,大胆地写他犹豫动摇和思想斗争。因而当包公克服内心矛盾,毅然决定铡美时,其形象就更为丰满感人了。最后因国太护铡,包公摘去乌纱帽,决心与之"一同赴阴曹",曲折地体现了封建社会末期人民那种"时日曷丧,予及汝皆亡"(《尚书》)的愤激之情。《铡包勉》和《铡判官》中,包公对立面有相似之处:刚刚上任的包勉,为了私利就去贪赃卖法;身为地府判官的张宏,为救外甥而营私舞弊。但包勉是包公的侄儿,张宏是地府的执法官,身份不同,两戏中包公形象的思想意义就各有特色了。前剧通过描写包公怎样克服内在感情和外在人情的双重矛盾,坚决执法,铡死亲侄、"恩嫂"唯一的儿子包勉。他的刚直不阿、铁面无私在世俗人情和血统关系面前得到新的考验。剧中先后出现四次求情,有包勉的叔侄之情,有王延龄的师生之情,有包公内心被勾起的嫂嫂的哺育深情,还有阴毒的赵炳为三千两银子而卖的假义虚情。四次求情,与包公为民护法的决心之间展开激烈的冲突,把矛盾逐渐推向高潮。在剧情的起伏跌宕中,写情写理,写血肉之人,令人信服地看到铡勉的出现,并不仅因为包公爱面子,同时也是他理智最终战胜感情所必然导致的结局。在处理亲人的生死中塑造包公,从而拓宽了他铁面无私的性格内涵,具有批判人情大于王法的思想倾向。《铡判官》一戏,"多只为那柳金蝉屈死凄惨,错断了颜查散年幼儿男"。包公不惮废寝忘食,甚至不避艰险亲到地府勘问,弄清真相后,铡了徇私舞弊的判官,惩办了真凶李保。同样是以幻想的形式表现人物,它与明代《桃符记》那个与城隍立约的包公有完全不同的思想性。沈璟之作是宣传宿命因果和神鬼迷信,包公和城隍既是一分为二,又是合二而一的形象。而此戏则在包公阴山探案的过程中,深刻暴露了轮回报应的虚假性,大胆地动摇着人们对阴曹地府惩恶扬善、报应不爽的敬畏之情,在与执法犯法的判官和偏听偏信的昏阎君的对立中,成功地烘托出坚韧执着、执法如山的包公形象。这三铡戏中包公形象还有一个值得注意的地方:如包公让秦香莲"带儿回家把书念,长大成人莫做官"的劝诫,探阴山前他"做开封无一日心不忧烦"的愁绪,杀侄后声泪俱下、一字一血地写告嫂家书的感伤,都给人物身上涂了一层封建社会末期特有的悲凉沉重、忧愤深广

193

的色彩。

清末封建统治阶级,对待人民的革命斗争除了大力使用武力镇压的手段之外,为了麻痹人民的反抗精神,他们承继了明代"高台教化"的反动手法,紧紧抓住京剧这个在当时拥有最广大的观众的文艺形式,把它拉入宫廷,用皇家思想改造它。戏曲中的包公形象也就出现了以宣扬忠君思想、表现奴才意识为主的新的一支。这一点在《断后》、《打龙袍》、《打銮驾》和《花蝴蝶》等戏中最为明显。应该承认,前三本戏的编剧手法是相当高明的,它不像明代昆腔戏进行赤裸裸的说教,而是把主题在生动的形象中含而不露地表达出来。这不仅使当时观众在潜移默化中受其影响,甚至连后世的人们也难挑出它的毛病。这三本戏的共同手法是,在戏眼、戏的高潮(如剧名所显示的)地方,在激化的矛盾冲突中,以具体的细节展示剧本的主题思想。《断后》中落难的李太后来找包公告状,包公不相信眼前瞎婆会是一国之母,决定"将瞎婆搀扶正位,倘若他受起老夫一拜,定是真皇后",否则"再将他拿下"。不料李后受拜后安然稳坐说:"包相平身。"这可吓得包公胆颤心惊:"见他稳坐身不倒,吓得包拯似汗浇,二次撩袍我就忙跪倒,国太千岁受臣朝。"这时再也不一口一个"瞎婆"了,质朴庄重、刚正耿直的包公成了诚惶诚恐、卑微鄙俗的奴才。这种对皇权威势赫然、崇高神圣的形象的宣传,对平民百姓愚忠思想的影响,是可以料到的。包公打龙袍似乎是大胆的抗君行为了,其实不然,而是以更巧妙的方法宣传着三纲之首"君为臣纲",说明"孝"也要隶属于"忠"。包公虽有李后"你与我责打无道君"的命令,他却很感为难:"自从盘古到如今,那有臣子敢打圣明君,万岁爷龙袍忙脱定,包文拯打龙袍如同打君。"这里包公是作为封建制度和皇权主义虔诚而机智的卫道者出现的,他向人民宣说着天子龙体的不可侵犯和皇帝尊严的必须维护。《打銮驾》通过对包公打銮驾前后行为心理的描写,既从正面重申了清朝统治者竭力宣扬的"君之尊同天,亲同父"的封建道德,又从反面说明冒充君尊皇威、侵犯皇权者的下场。西宫马娘娘为阻挠包公"辰州"放粮,借来半付銮驾挡道。包公看到象征皇帝威严的彩旗黄罗伞、玉印上方剑,以为国母来了,连忙恭恭敬敬地伏地叩首:"天大地大皇王大,见君不参有罪人,包文拯撩袍忙跪定,头不敢抬来眼不敢睁。"而当王超禀告是西宫马娘娘时,包公立刻敏锐觉察到西宫僭位犯法了,心情顿时就像"老龙正在沙滩困,忽听春雷响一声",毫无顾忌地下令:"忙将銮舆一齐打,有什么大祸爷担承。"剧本就是这样以人物前后行为态度的强烈对比,反复渲染和强调着皇帝最高权力任何人也不可亵渎和侵犯的主旨。至于到了《花蝴蝶》中,包公干脆堕落成率领着侠客、缉捕偷走御马的江洋大盗的皇家鹰犬,正义和理想的光辉,被统治阶级思想的黑影吞噬已尽了。

　　清末京剧中,以勘狱判案为主要内容的包公戏再度繁衍。这组包公戏可分为两类:一是写真假包公的闹剧,一是以描写色情凶杀为主的淫杀戏,而宣扬迷信又是它们的共同点。前者以《双包案》较有影响,后者以《双钉记》、《黑驴告状》等最为著名。《双包案》是用虚假的情节、以闹剧的形式,逗引着观众们发出廉价笑声,并且愈演愈烈、愈闹愈凶:"往往有双双包案,同时有四包公、六包公同出同唱者,则更是胡闹矣。"①"威严肃穆,气盛声宏"的包公,被滑稽化的闹剧人物所代替了。在后类宣扬着迷信、色情、凶杀的包公戏中,既藏纳了元明包公戏的所有糟粕和污秽;没落时代的典型环境又使它得到新的发酵和滋生,道德观念几近于无,当场进行色情表演,血腥之气扑面而来。由于没有贪官酷吏、糊涂官人做对立面,由于犯法者只是道德败坏的市井小人,因而包公形象既无批判吏治的锋芒,又无追求理想的光辉,笼罩在一片昏灰、暗淡的氛围中。他已退化成一个普普通通的封建衙门的审判官、执法吏,处理着在那个社会中每天每日大量产生着的、不带丝毫政治色彩的奸淫凶杀案件。这类戏既反映了半殖民地、半封建中国社会风气的堕落,也反映了在那个社会风气的制约下包公戏和包公戏曲形象的堕落。这些大量存在的包公戏就像京剧其他坏戏,如《马思远》、《杀子报》一样,"代表着封建统治阶级堕落、糜烂的生活情趣,是即将灭亡的封建社会腐朽本质的反映,尤其这类坏戏由于往往投合一些小市民、小商人的低级趣味,对社会的毒害作用极大"②。

---

① 《双包案》题释,中华图书馆编辑部编:《戏考》第六册,上海:中华图书馆1923年版。
② 苏移:《京剧简史》,《戏曲艺术》1981年第1期。

到了民国十年(1921)前后,上海天蟾舞台常春恒安排演连台本戏曲"魔力最宏,推行最远者"①《狸猫换太子》时,包公戏在旧时代的发展已走上了末路。当然,这是后话,不属我们清末包公戏的论述范围。

五

包公戏曲形象的发展历史显示出:

传统剧中的包公戏,不是严格遵照历史事件和历史人物事迹而创作的历史剧,而是摆脱了真人真事的真实束缚,只借包拯其人的身影而创作的历史剧。戏曲人物包公,不是历史人物包拯的真实再现,而是当代人们的愿望、情感的艺术化身。不同时代、不同阶级的艺术家们,在创作包公戏和塑造包公形象时,他们都是假借着过去的名义表达现时的内容。评价这种以传说性、虚构性、假定性为主的历史剧中的包公,主要不是根据宋代包拯的历史地位,关键是要扣紧这个戏曲形象与产生它的那个时代、社会、阶级的复杂关系,看它体现的矛盾是否包含当代社会的重要矛盾,看它表达的情感是否和当时人民相一致,从中努力挖掘形象的性格内涵和社会意义。这样才有可能较为公允地把握住包公戏曲形象的历史作用。包公戏曲形象与包公历史人物不同,不同时代的包公形象各不相同,同一时代的不同剧目中的包公形象也大不相同。

包公戏是清官戏,包公形象是舞台上最有影响的清官形象。在衡量它的时候,固然应该"首先要对清官的本质有一个正确的认识"②,但仅此是不够的。舞台上的包公高于现实中的所有清官,当然也高于历史的包拯。人民寄寓其中的对现实的批判和对理想的追求,不是"清官"理论所能概括;立体形象、丰富多姿的性格侧面,也不是清官理论所能规范。如果只以它作为衡量包公戏曲形象的唯一标准,往往不能完整地认识形象

---

① 《狸猫换太子》题释,中华图书馆编辑部编:《戏考》第三十三册,上海:中华图书馆1924年版。
② 郭汉城:《戏曲推陈出新的三个问题——在戏曲剧本工作座谈会上的发言》,《戏曲研究》第三辑,长春:吉林人民出版社1980年版。

的全部价值,对优秀之作的包公评价就容易流于过低。有的评价不从剧本的实际出发,生搬硬套些清官理论,当然更不足取。只有在一定时代的阶级斗争和社会关系中,历史、全面地考察包公形象的思想意义,才能充分地认识到优秀之作的人民性、民主性和恶劣作品的封建性、反动性。

作为根植在封建社会戏剧舞台上的艺术典型,包公形象的发展演变有着一定的规律性、代表性:最初,人民从自己的生活环境和切身利益出发,用自己的理想、感情塑造着人物形象,从中表达了对生活的态度。一旦这个形象对社会生活产生了巨大影响,"村夫老妇,无不艳谈包龙图"[1]时,统治阶级立即涉足其间,竭力以腐朽的意识改造包公形象。在统治尚稳时,借它"教化"、"维风",宣扬封建道德;在行将灭亡时,便直接从中表现忠君思想,祈祷着皇权统治万世不移。同时,在与统治者的包公尖锐对立中,人民的包公也在顽强地生存着。因此,产生在封建社会中的包公形象,既有丰富的人民性、民主性的精华,又有浓厚的封建性的糟粕。经典作家关于两种文化的学说又一次得到了印证。但是几百年来在众多的包公戏中,只要是与人民群众保持着广泛、深刻、紧密的联系,反映了他们的思想观点和艺术趣味的包公形象,就具有真正长久的生命力。这就是斯大林所说的:"只有人民才是不朽的,其馀一切都是暂时的。"[2]

一九八一年七月十八日二稿

---

[1] [明]吕天成《曲品》增补本:汪廷讷《忠孝完节》评语,见赵景深《曲论初探・增补本〈曲品〉的发现》,第78页。

[2] [苏联]伏・凯明诺夫:《论现实主义艺术法则的客观性质》,见《苏联文学艺术论文集》,北京:学习杂志社1954年版,第68页。

下 编

疑古胜录

唐代家训《戒子拾遗》作者考

与宋明时代的连篇累牍相比,唐人好像不太爱写家训。虽然房玄龄的"家法"、穆宁的"家令"都是著称于史的,但是恢廓的气象、豪放的胸襟,似乎使当时之人无意从文字上对家训思想予以总结。故有唐一代三百年,家训之作不仅传世者甚稀(只有李世民《帝范》、苏瓌《中枢龟镜》、姚崇《遗戒》、柳玼《家训》等数种),见于后世著录者也屈指可数。如《新唐书·艺文志》中,只记有李恕《诫子拾遗》四卷、"开元御集"《诫子书》一卷、狄仁杰《家范》一卷、卢僎《卢公家范》一卷、苏瓌《中枢龟镜》一卷;此外,姚元崇(即姚崇)《六诫》或即其《遗戒》①。有关的作者,正史皆有详略不等的记载,惟李恕于《新唐书》表、传中有同名者数人。查唐代传记文献工具书《唐五代人物传记资料综合索引》(以下简称《索引》),著录有四"李恕",分别是宪子、晟子、知本子和愿子,并将《新唐书·艺文志》撰《诫子拾遗》的李恕归在李晟之子的名下②。换言之,《索引》编纂者认为《诫子拾遗》的作者与晟子李恕是同一人。其实,《索引》有关诸"李恕"的资料归属,似有以下几点可议之处:

首先,所谓"宪子"、"愿子"之李恕,实为宪之兄、愿之弟、晟之子。因据《索引》所示的传记资料出处是《旧唐书》卷一三三,而卷首目录已标明该卷为李晟及其"子愿、恕、聪、宪、凭、恕、甚"等人的传记;再据传文,可知李晟有"十五子",愿、恕、宪分别是第四、九、十子③。因此,仅就《索

---

① 《新唐书》卷五九《艺文》第三,北京:中华书局1975年版,第1540—1541页。
② 傅璇琮、张忱石、许逸民:《唐五代人物传记资料综合索引》,北京:中华书局1982年版,第422页。
③ 《旧唐书》卷一三三《列传》第八十三,北京:中华书局1975年版,第3661—3686页。

引》征引的资料范围而言,此条《诫子拾遗》作者的传记资料应该还归晟子李恕的名下,而删去原本就不存在的"宪子"、"愿子"李恕。

其次,晟子李恕本传只有"恕,太子洗马,并以荫授官,累迁至少卿监"等十六字,在《新唐书·宰相世系》陇西李氏一栏中,于晟子恕名下亦仅记其官为光禄卿①。也就是说,根据《索引》提供的线索,在新旧《唐书》的传、志、表中尚无材料能证明《诫子拾遗》的作者是李晟之子李恕。

其三,《诫子拾遗》的作者究竟是谁呢?在南宋刘清之编纂的《戒子通录》一书中,于唐代李恕名下,发现了这样一则按语:

> 唐中宗时县令。以崔氏《女仪》戒不及男,《颜氏家训》训遗于女,遂著《戒子拾遗》十八篇,兼教男女。令新妇子孙人写一通,用为鉴戒云。②

此则按语,有作者时代、官职,有作训起因、目的,言之凿凿,非亲见其书者不能道。尤其是在按语后还抄录了十八则家训,共计 1727 字,证明按语所云是言之有本的。据其作者乃"唐中宗时"人一语,也再次证实了晟子李恕非撰《诫子拾遗》者。唐中宗李显弘道元年(683)即位,次年被废;神龙元年(705)复位,景龙四年(710)被毒身亡。其间被武则天夺位二十馀年。刘清之所谓"唐中宗时",当是指包括武则天在位的 683 至 710 年这一时期。且不论晟子于何时生,即李晟(727—793)本人也还没有出生。

至此,就已知的材料推论,撰《诫子拾遗》者当为赵州元氏(今河北元氏县)李知本之子,理由如下:

一、此李恕即为唐中宗时人。虽然其生卒时间已不可确考,但《旧唐书》其父本传有这样的记载:"知本贞观初官至夏津令……孙瑱,开元中为给事中、扬州刺史。"③(《新唐书》略同)李瑱并非恕子,乃是其幼弟李思的长子(见《新唐书·宰相世系》)。其父于唐初为官,其侄于中宗后之数年的开元年间为官,正不难推出此李恕是生活在唐高宗、中宗时代

---

① 《新唐书》卷七二上《表第十二》上《宰相世系》上,第 2470 页。
② [南宋]刘清之:《戒子通录》卷三,上海:商务印书馆 1935 年《四库全书珍本初集》本。
③ 《旧唐书》卷一八八,《列传》第一三八《孝友》,第 4918 页。

(650—710),与刘清之的记载甚合。

二、此李恕亦曾官为县令。据《新唐书·宰相世系》赵郡李氏"东祖"李睿一支中的著录,李恕曾官襄阳令(清光绪重修《襄阳府志·历代职官》襄阳县部分便根据此表著录的)[1],与刘清之所言官职大小正合。再看其所录《戒子拾遗》第二则"居九品之中,处百僚之下,清勤自勖,平真无亏,事长官以忠诚,接僚友以谦敬……"和第五则"县有长官,职宣风化;垂尉卑末,无劳广为。若乃斥强健,压雄豪,奋下车一威,约高明之誉,指挥一县,专擅六曹,识者寒心,旁观启齿"诸语,多言县级官员的吏情治道,既是自己仕途经验的总结,亦与其子弟任职情况相符。此李恕有四子为官,其中三人为县尉或县丞(见《宰相世系》)。

三、此李恕兄弟人数与《戒子拾遗》自叙完全吻合。恕父知本,史称其"与弟知隐甚称雍睦,子孙百馀口,财物僮仆,纤毫无间"(《旧唐书》本传),足见知本、知隐并未析产分居。查《新唐书·宰相世系》,知本生有四子:惩、恕、愆、思,知隐生有三子:慈、悫、志,即此李恕堂兄弟之间共七人。而《戒子拾遗》第十则恰恰云:"吾昆弟七房,子侄尤众。"此处"昆弟"之数,当是包括了合爨同居的诸位堂兄弟。这条材料,不知可否以铁证视之。

根据现有材料的推考,我们已可以说明《新唐书·艺文志》子部小说家所载"李恕《诫子拾遗》"亦就是现存于宋人所编《戒子通录》中的《戒子拾遗》,即为唐初李知本次子李恕所撰。只是《新唐书》著录为四卷,宋朝刘清之所见者为十八篇,而《戒子通录》所抄者似乎仅是掐头去尾的十八则。由于材料的缺乏,现已不可确考四卷与十八篇、十八篇与现存十八则之间的关系了(《戒子通录》入选文字多有节录,但均不予说明)。尽管如此,如再编修唐人传记资料索引之类的工具书,似已可以在知本之子李恕名下,加上《新唐书·艺文志》和《戒子通录》卷三等两条。

最后顺便提一下,虽然《索引》于诸李恕的资料归属有误,但如果不是编者将唐代有关李恕的史料汇于一处,便很难一一排比查核,进一步考

---

[1] 《新唐书》卷七二上《宰相世系》,第2483页。

证出《诫子拾遗》的作者。用在他人,过归于己,这是工具书编纂者常处的境遇,但有识的用者,对他们的编纂之劳还是应该深怀敬意的。

(原载于《古籍整理出版情况简报》1995 年第 10 期)

杨维桢籍贯考

杨维桢是元末明初的文学大家,然于其籍贯,古往今来尚无一定之说。远的暂且不论,即当代学术界以及权威性工具书对此就有三种不同的观点。多数如《辞源》、《元人传记资料索引》、《中国历史大辞典·辽夏金元卷》皆言其为山阴人;另有少数如《明人传记资料索引》、《中国大百科全书·中国文学》卷言其为会稽人。在两种说法中,均有括注为"今浙江绍兴"的。在权威性工具书中,唯有《辞海》一种云维桢是"诸暨(今属浙江)人"。

言其籍贯是会稽绝不会有错,因为无论是作者自述,还是时人相称,都是如此提法。如《铁笛道人杨维桢自传》:"铁笛道人者,会稽人。"[①]陶宗仪:"会稽杨维桢,尝进《正统辨》。"[②]问题是作为行政区划,会稽有郡名和县名之别。作为郡名,始于秦,隋时改为越州,南宋改为绍兴府,元为绍兴路;作为县名,隋时由山阴分出,并同城而治,历为会稽郡、越州、绍兴府、路的治所。民国二年(1912)始与山阴合并为绍兴县。故于会稽后是否能括注绍兴,关键在于它是郡还是县。言其籍贯为山阴亦自有根据,源出《明史》卷二八五《文苑传》杨氏本传。山阴为旧县名,因与会稽县在历史上时分时合又同以今绍兴市为治所,故据《明史》山阴籍而括注绍兴亦顺理成章。

看来前两种观点即绝大多数学者对杨氏籍贯的认定过程是这样的:杨氏自称会稽人→会稽为县名→旧时会稽、山阴两县同城而治又时分时

---

① [明]焦竑:《献征录》卷一一五,上海书店1987年影印本。
② [元]陶宗仪:《南村辍耕录》卷三,北京:中华书局1980年版,第32页。

合,故亦可称为山阴人→两县已合为今绍兴→杨氏籍贯为今绍兴。但是,如果杨氏自称的"会稽"不是指县而是指郡,其籍贯为会稽—山阴—绍兴之说,便难以成立;即使仅著录会稽,也不够具体确切。而杨氏所云恰恰是郡名而非县名,请看宋濂所撰《杨廉夫维桢墓志铭》对其世系、籍贯的叙述:

> 君姓杨氏,讳维桢,廉夫其字也。裔出汉太尉震,震十八传至唐,分为四院。第二院太师虞卿生堪,堪生承休,承休生岩。五季时钱氏有国,岩仕至丞相,自谱为浙院。岩之孙都兵马使伴,徙浙水东,又分为浙左院。伴之子成,隐居会稽诸暨之阳,复为诸暨人,君之十世祖也。高祖文振,曾祖文修……祖敬,父宏……追封会稽县男。①

诸暨,元为州名,今为市名,位处会稽山西麓,唐前属会稽郡(元属绍兴路),故杨氏本意必指会稽郡人。后人或因误解其父"县男"的封号而将之视为会稽县人。

那么,维桢为诸暨人的说法是否可靠呢?下面举三个例证:

一、杨氏《自传》云:"会稽有铁崖山,其高百丈,上有萼绿梅花数百,植层楼出梅花,积书数万卷,是道人所居也。"铁崖山,明嘉靖《浙江通志》卷九《地里志·绍兴府·诸暨》无记载,唯有"乌带山,在县东北四十五里……又五里曰柯公山,山有龙湫,元杨维桢居此"。再查清乾隆《绍兴府志》卷四《地理志·山·诸暨》:"铁崖山[嘉泰会稽志]'在县北五十里'。……[旧志]'名齐鲤尖,又一峰名柯公尖,元末杨维桢世居其下,因以自号'。"可知铁崖山在诸暨县内,一名柯公山(尖)。

二、维桢撰《亡兄双溪书院山长墓志铭》言其从兄维翰(1294—1351)"越之暨易(阳)人……葬于长宁乡冯山祖茔之次,从先志也"②。暨阳是诸暨于唐末光启年间(885—887)至五代梁开平二年(908)所用名③,长宁

---

① [明]焦竑:《献征录》卷一一五,上海书店1987年影印本。
② [元]杨维桢:《东维子文集》卷二四,《四部丛刊》影旧抄本。
③ 参见《中华人民共和国地名辞典·浙江卷》,北京:商务印书馆1988年版,第206页"诸暨县"条。

乡即今永宁乡,在今城关镇东十五公里处①。值得注意的是,墓志铭中所涉维桢早年读书情景:"君与维桢攻学无寒暑,抵夜以漏分为度,睡则以水沃面",从未见研究维桢者所征引。

三、明嘉靖《浙江通志》卷四五《人物志·元》:"杨维桢,字廉夫,诸暨人。"

尽管杨氏是诸暨人本无疑问,然而正史的影响力是巨大的。最能说明问题的是乾隆《绍兴府志》卷五四《人物志·文苑》,一方面在按语中引明万历府志及维翰传而得出维桢"固诸暨人"的结论,一方面在正传中仍据《明史》记其为山阴人,真是知错不改的典型例子。在上举诸部当代工具书中,只有《辞海》的著录是正确的,也再次印证了"真理往往在少数人手里"这句往日的名言。

(原载于《辞书研究》2000 年第 3 期)

---

① 参见乾隆《绍兴府志》卷七《建置志·坊里·诸暨》第四十八至五十都领图按语,乾隆五十七年(1792)刻本;《中华人民共和国地名辞典·浙江卷》,第 210 页"石砩"条。

高"东嘉"由来考

高明,字则诚,瑞安(今属浙江)人,以南戏《琵琶记》享誉戏剧史。入明以后,曲学界常称之为"高东嘉",如沈璟(1533—1610)《词隐先生论曲》〔啄木鹂〕:"制词不将《琵琶》仿,却驾言韵依东嘉样。"①臧懋循(1550—1620)《荆钗记引》:"今乐府盛行于世,皆知王大都《西厢》、高东嘉《琵琶》为元曲。"②徐复祚(1560—约1630)《曲论》:"余以为东嘉之作,断断自《扫松》折止。"③上述"东嘉"指高明固无疑问,然而为何以此称之,当代学术界的解释也不尽相同:

一、东嘉为其号。如"高等院校文科教材"《中国历代文学作品选》下编第一册《高明戏文》:"高明,字则诚,号东嘉。"④

二、东嘉是永嘉的别称。如《中国大百科全书·中国文学》卷"高明"条:"瑞安属古永嘉郡,永嘉亦称东嘉,故后人称他为高东嘉。"⑤

三、东嘉是温州的别名。如《高则诚集·前言》:"瑞安原属温州,温州一名东嘉,因此后人又称他为东嘉先生。"⑥

四、因永嘉地处浙东而得名。戴不凡《高则诚事略·家世》:"温州名

---

① 沈璟:《博笑记》卷首,《古本戏曲丛刊》影印本。
② 臧懋循:《负苞堂文选》卷三,天启元年(1621)刻本。
③ 《中国古典戏曲论著集成》第4册,北京:中国戏剧出版社1982年版,第235页。
④ 朱东润主编:《中国历代文学作品选》下编第一册,上海古籍出版社1980年版,第86页。
⑤ 《中国大百科全书·戏曲曲艺》卷"高明"条文字大同小异。
⑥ 张宪文、胡雪冈辑校:《高则诚集》,杭州:浙江古籍出版社1992年版,第1页。结集补注:1982年版《中国十大悲剧集》于《琵琶记》后记已云"温州一名东嘉,因此后人又称他为东嘉先生"。

永嘉,地处浙东,因此后人又称他为东嘉先生。"①

五、不明其义的解释。如董每戡《琵琶记论》:高明"人称东嘉先生,浙江省瑞安县崇儒里阁巷村人。瑞安县属温州府,永嘉为首县,平阳县也属温州,所以他的生地有永嘉、瑞安和平阳三说,阁巷村位在三县交界区,因而缠夹不清,实是瑞安;同时,宋代'永嘉学派'颇有名望,又是首县,概括地称呼是可以的,'东嘉先生'之名就由这样来"②。

以上五种说法,第一种完全错了,错在犹如称张居正号江陵、李鸿章号合肥一样;第四种说法似为望文生义的产物,第五种说了半天,仍然不知东嘉之名就由哪样来,故此处均不予讨论。唯二、三两种说法,不能说它错,因为"永嘉亦称东嘉"或"温州一名东嘉"历史上确有其事;但似乎也不能说它完全对,起码是不够准确和具体,因为在历史上只是在极短暂的时间内曾易温州的前身永嘉为东嘉。空口无凭,请看明弘治《温州府志》卷一《建置沿革》所述温州府在唐初的沿革:

> 唐高祖武德四年,平李子通,改会稽为越州,置总管府,废永嘉郡,复括州;五年,杜伏威归化,分括州,置东嘉州,析永嘉,复置安固、横阳、乐成。……太宗贞观元年,废东嘉州,省横阳、永宁,以永嘉、安固属括州。

唐武德五年(622)至贞观元年(627)只跨六个年头,在漫长的历史长河中,仅如电光一闪。故现代诸家辞书中,均无"东嘉州"一词。而当永嘉改为东嘉之时,高明家乡瑞安的前身安固县,正为东嘉州所辖③。虽然在后来的岁月中,好古者仍以永嘉、东嘉并称温州,但真正能弄清其由来者已不多见④。以至宋时郡人陈昉已经认为"温为永嘉郡,俚俗因西有嘉

---

① 《琵琶记讨论专刊》,北京:人民文学出版社1956年版,第325页。中华书局1990年版《曲品校注》卷上《神品》"东嘉高则诚"注释同此。
② 董每戡:《五大名剧论》,北京:人民文学出版社1984年版,第242页。
③ 弘治《温州府志》卷一《建置沿革·瑞安》:"唐析永嘉,复置安固,属东嘉州,后为温州。天宝初以县有白乌之祥,改瑞安县。"明弘治十六年(1503)刻本。
④ 关于温州、永嘉与东嘉州及瑞安与东嘉州的关系,可参看《中华人民共和国地名辞典·浙江卷》,北京:商务印书馆1988年版,第96页"温州市"、第112页"永嘉县"及第117页"瑞安县"诸条。

州,或称永嘉为东嘉"①。俚俗之辈可以这样理解,学术研究却应还事实真相。《汉语大词典》引此条释"东嘉"为"浙江省温州的别称"而未加辨析,不够准确,也易以讹传讹,尤其是当用之于高东嘉之由来的解释时。

(据《元代后期曲学家史实考辨》节录,原载于《古籍研究》1998年第3期)

---

① ［宋］陈昉:《颖川语小》卷上,《守山阁丛书》本。按:《四库全书总目》提要对该书作者用的是疑似之词,从"温为永嘉郡"或可证实此人即《宋诗纪事》所载温州平阳陈叔方。

朱国祚生卒年小考

浙江秀水(今嘉兴)朱国祚,是明代万历十一年(1583)状元,历官礼部尚书兼东阁大学士、户部尚书、武英殿大学士,卒谥文恪,赠太傅,《明史》卷二四〇有传,为晚明重臣。故今人所纂各种人名工具书,如台北"中央"图书馆编《明人传记资料索引》(中华书局1987年影印本)、王毓铨等主编《中国历史大辞典·明史》卷(上海辞书出版社1995年版)、张㧑之等主编《中国历史人名大辞典》(上海古籍出版社1999年版),皆收录其人。唯前书未著录生卒,后两书均括注为"？—1624",根据大概是《明史》本传中"(天启)三年……十三疏乞休,诏加少傅兼太子太傅,乘传归。明年卒"一段文字(天启三年为公元1623年),惜于生年未详。笔者近因考证金圣叹《沉吟楼诗选》中《送朱子庄赴任宜春》一诗的写作时间和子庄其人,翻检了清咸丰年间刊行的《秀水朱氏家谱》,于《世系表》"太傅公派六世"得朱国祚传记。该传不仅详细记载了国祚的功名科第、历任官职,并十分确凿地著录了其出生与去世的年月日:"嘉靖己未八月二十五日丑时生,天启甲子七月二十五日卒,寿六十六。"(此段文字由笔者友人张廷银博士代抄,特此致谢)可知朱国祚生于公元1559年9月26日,卒于1624年9月7日(据郑鹤声《近世中西史日对照表》)。比较古今各传,科名仕履以家谱为最详(远比《明史》丰富),生卒之月日更属独家记载;王毓铨等编言"日本丰臣秀吉侵朝鲜时,他反对妥协",似据《明史》而来,但提法更明确;张㧑之等编对其身为状元、曾官户部尚书没有交代,略嫌微憾;台北所编未及卒年和户部尚书武英殿大学士,当是偶然失考了。

(原载于《辞书研究》2007年第2期)

冯梦龙交游文献补记

一

在李寅《视彼亭诗存》中,又发现一首与冯梦龙交游诗,题为《访冯犹龙》:

> 花间到客春将暮,记得瓯西已七年。再读诗篇天宝上,只疑风日永和前。是日出观上巳诗。懒过中散交宜绝,饮寄柴桑醉可传。林壑苍茫如有待,相期弄楫五湖边。①

李寅(1614—1650),字寅生,一字晓今,嘉兴人,曾入复社。"读书尚气节,性伉直而不好讥弹,至论古今得失、人品高下,则曲折详尽,未尝差累黍、失毫末"②,生平事迹,见"海盐表弟"钱尔复撰《李晓今公传》。《访冯犹龙》前三首为《赠胡其章初第即有给谏之擢》,后四首为《甲申除夕》。胡周藩,字其章,太仓人。崇祯十三年(1640)进士,即授刑科给事中,"立朝数月,封章十馀上"③,忤权贵,遂罢职。可推李寅访冯梦龙的大致时间。

——辛卯兔年小年夜记

---

① [清]李绳远辑刻:《视彼亭诗存》,《澄远堂三世诗存》本,康熙三十六年(1697)刻。
② [清]钱尔复:《李晓今公传》,《视彼亭诗存》附,《澄远堂三世诗存》本。
③ 嘉庆《直隶太仓州志》卷二七《人物》,嘉庆七年(1802)刻本。

二

朱隗(？—约1656)，字云子，江南长洲人，名列应社十一创始人、复社要员，曾列名《留都防乱公揭》反对马、阮。清顺治四年岁贡①，后隐居不仕，清初辑评《明诗平论》，入选多为明代中后期作家，并不乏入清在世者。顺治十二年夏，故城沈嘉客(1590—1672)撰诗咏"朱家云子"："每向吴人询近状，却因《平论》损平生。"②可见该集曾遭人非议。书中收录时人与冯梦龙交往诗两题，一为刘锡名《为冯犹龙题荷鹭双清图》：

> 我闻贾傅泊湖月，清水荷中见二叟。相对吟诗贾揖之，化为白鹭双飞走。奇人往往遇奇事，作图赠君良不偶。浅浅池塘暑不侵，水花灿灿凉虚襟。翠盖成围鱼影匿，雪客闲闲坐碧浔。不贪振集名，不受虞罗厄，偃丝游戏芙蕖侧。花鸟相窥清静同，结伴高人吟日夕。来去无心共白头，回思二叟成今昔。③

刘锡名，字虚受，行四，明末清初苏州人，著《授石轩诗》二集，布衣之士。晚明董斯张《寄酬吴大康侯见怀兼柬刘四虚受二首》其二"更闻裴处士，齐风朝烛□"④，就是寄怀刘锡名之语。清顺治七年(1650)尚在世。太仓王昊《次日梅村先生偕周沈二子同集虚受刘翁园亭即事》⑤，即撰于该年夏季。吴伟业《梅村家藏稿》卷四有《赠刘虚受二首》。刘锡名诗学钟谭，"明末竟陵派吴门四诗家，曰徐波元叹、刘锡名虚受、张泽草臣、叶襄圣野"⑥，惜诗集无存。

一为阎尔梅《冬尽潘木公冯犹龙钱密纬召饮北固复移米家山房》：

---

① 同治《苏州府志》卷六六《选举八·国朝贡生·长洲县》，光绪八年(1882)刻本。
② [清]沈嘉客：《西溪先生文集》卷四《忍痛四十四首》之三十一，康熙三十九年(1700)刻本。
③ [清]朱隗：《明诗平论》卷七，清顺治刻本。
④ [明]董斯张：《静啸斋存草》卷七《寒竽草》，明崇祯刻本。
⑤ [清]王昊：《硕园诗稿》卷八，五石斋钞本。
⑥ [清]徐崧、张大复：《百城烟水》卷二，清康熙刻本。

> 江南江北隔,远影尽苍然。岷力能开地,霜波自洗天。岩寒封鸟径,渚碎织渔船。翠积金焦晚,松毛一两拳。①

阎尔梅(1603—1662),字用卿,号古古,又号白耷山人,江南沛县人,崇祯三年(1630)北闱举人,明亡抗清,兵败隐居。此诗未见今本《白耷山人诗集》。潘木公、钱密纬,当即钱谦益《潘秀才一桂》所云:"一桂,字无隐,一字木公,吴江人。年未三十,有赋数十篇。卜居京口,览江山之胜,与友人钱玄密纬,以辞赋相镞砺。"②潘一桂(1592—1636),以父贾于京口而居焉,所著有《中清堂集》今存③;钱玄(清代避玄烨讳,书作"元"),字密纬,晚明镇江丹徒人④,详情待考。潘、钱、阎等与冯梦龙在京口北固山相会,当亦在冯任该县训导期间。据阎尔梅年谱,其崇祯五年冬附师姚希孟舟南下苏州,"冬尽"或指此年十二月。

——癸巳中秋后三日看校样时补记

三

苏先《五君咏》诗序云:"余旦岁居吴门,与五君交好相莫逆,及余归海虞,五君亦各生事迁次,君宣、古白则相继谢世,抚今念昔,赠五字诗各一首。"五君乃蒋公鸣、俞君宣、陈古白、谢孟草和冯犹龙,分别名为蒋镄、俞琬纶、陈元素、谢梦连、冯梦龙,均为长洲人。冯氏名下有小字注"时为镇江学官",咏冯犹龙诗云:

> 冯公富才藻,玩世遭绰虐。飘飘凌云气,苦被规矩缚。嬉笑皆文章,笔墨当钱镈。邈矣三伯篇,风刺也不恶。清时重功令,末俗戒轻薄。能言捔其口,能走断其脚。天不生聪明,有亦竟寂寞。蟠蟠老儒生,形状务襃博。发挥既陈腐,含□亦糟粕。束带怀一经,禄米岁十

---

① [清]朱隗:《明诗平论》卷一一。
② [清]钱谦益:《列朝诗集小传》丁集下,上海古籍出版社1983年版,第659页。
③ 赵国璋主编:《江苏艺文志·苏州卷》,南京:江苏人民出版社1996年版,第2293页。
④ 赵国璋主编:《江苏艺文志·镇江卷》,南京:江苏人民出版社1994年版,第109页。

石。嗟嗟风流士,中岁割此席。语穷避乃得,名场抑何怯。女为君子儒,风雅有所托。①

据卷末注释"已上诗五十六首,崇祯己巳五月至辛未十月作"以及冯梦龙任职镇江府丹徒县训导的时间,此诗撰于崇祯四年(1631),诗中赞许了冯梦龙的聪明才藻、玩世风范、凌云气概,同情其沉抑下僚的落魄遭遇,讥刺了晚明正统社会舆论对风流畸士的打压,对不轨正言行的钳制。据郑志良先生《关于苏先及其与钱谦益的关系》考证,苏先,字子后,常熟人,生于万历十三年(1585),是"一个不得志的儒生,早年做一些官僚的幕宾",自天启元年起"与钱谦益唱和赠答的诗极多"②,似为钱谦益的门客。嘉、道时常熟单学傅曾记其事迹:

> 苏画师先,字子后,号墨庄,写仕女尤为时所重。诗才豪逸,生于明代,少时以新柳诗见赏巨公,殁于康熙四十五年。庭中手植梅着花甚繁,作短歌云:"去年梅开花尚少,今年花开多益好。花开岁岁春长在,种花之人花下老。君不见拂水山庄三十树,照野拂衣如白雾。又不见卧雪亭前雪一丛,千花万朵摇春风。花正开时主人出,地北天南看不及。幽禽空对语关关,夜雨徒沾香裛裛。见花忽忆倚花立,索笑不休相对泣。百岁看花能几回,人生何苦长汲汲。"《病起》云"一家明月清风我,三事孤琴独酒诗";《避兵》云"水村莫作桃源看,农户家家尽买刀",自有清致。子钛,字骏声,亦能诗,弗逮也。③

从苏先的出生年代看,卒于康熙四十五年(1706),绝无可能;然从《避兵》诗句看,至少在顺治乙酉清军下江南时,苏先仍在世。

《苏子后集》稿本藏北京国家图书馆,有关文字系中国人民大学文学院郑志良先生抄录。因我向其索求《次韵钱宗伯和泖大师降笔诗十

---

① [明]苏先:《苏子后集》卷三,稿本。
② 郑志良:《〈柳如是别传〉补证三则》,《中国文化》2008年第1期。
③ [清]单学傅:《海虞诗话》卷一,民国四年(1915)排印本。

首》而一并赐下,并慷慨允诺在此披露咏赞冯梦龙诗作,特予说明,志谢铭感!

——癸巳小雪后七日补记

(原载于《冯梦龙、袁于令交游文献新证》"结集补记",见《曲论与曲史——元明清戏曲释考》,台北"国家"出版社2014年版)

清初书画家周荃生卒考

金圣叹《鱼庭闻贯》第 71 条为《与周静香荃》,与之商讨唐律诗分解问题。周荃字子静,一字静香,晚号花溪老人。苏州人,晚明贡生,清初因安抚苏州有功,官至山东青州道员。龚鼎孳《周静香观察之青州》赞其"妙技沧洲三绝擅"即诗书画三绝,尤以书画见长。张庚《国朝画征续录》云其"善山水花草,各得大意。小幅及册页笔趣尤敏妙动人,题句书法皆有生气"。2011 年 12 月,在上海宝龙首届中国书画拍卖会上,一幅介绍作者为苏州周荃的花鸟立轴,估价 60,000—80,000 元,最后以 103,500 元成交。题画款识为"戊戌小春过云伴阁,适孔彰社翁出北宋人真本,余展玩快目,不忍释手,翎毛如生,蔼然可爱而意趣有馀,其花渲丽而石亦小变。淡雅点染之妙,不足为外人道也。见之技痒,携归对临,与赏音者鉴之。时年六十有九,周荃"。

明末清初有两位画家字"孔彰",且均为浙江嘉兴人,一是项圣谟(1597—1658),一是陈嘉言(1599—1678)。由现存多幅陈氏绘画均有"云伴阁"款识或印鉴,题跋中所谓"孔彰社翁"当指陈嘉言,似亦合榫。戊戌为顺治十五年(1658),则周荃似生于万历十八年(1590)。其卒年在道光《浒墅关志》卷一四有明确记载:"壬子入都,道卒。"壬子指康熙十一年(1672)。邓旭(1609—1683)《林屋诗集》卷七载该年冬撰《壬冬闻周邻藿先生至白门……承同钱湘灵过晤,追述顾松交、周静香诸亲旧强半物化,夜寒不寐,感而成咏》(顾松交即苏州顾予咸,卒于康熙八年),可为旁证。如确生于万历十八年(1590),则享年 83 岁,在古人属耄耋高寿了。问题是,尚有文献史料质疑着"时年六十有九"的书画款识!

清初大和尚道忞(1596—1674)曾撰《寿静香周居士六旬初度》(《布

水台集》卷五），如按照周荃生于万历十八年（1590）算，则写于顺治六年（1649）。周荃书画章有"齐楚观察"等（张照《石渠宝笈》卷四），是指自己官至山东青州兵备道（观察是清代对道员的尊称，青州战国时为齐楚之地），时在顺治九年至十一年间（光绪《益都县图志·官师志四》青州"国朝兵备海防道"载周荃"顺治九年任，见十一年镇青门去思碑"）。寿诗中已经言及"齐楚勋名何足论，清闲赢得鹤随身"，即从道员任上致仕回乡，故写作时间必在顺治十一年后，因此周荃必不可能顺治十五年戊戌已经"时年六十有九"；从书画鉴定角度论，无论那幅"花鸟立轴"绘画如何精美（何况笔墨呆滞），绝非出自苏州周荃之笔。

再看释道忞《布水台集》所收诸诗，皆按照时间排序，如卷五第一题为《世祖章皇帝哀词》写于顺治皇帝"哀诏遽颁"之时，即顺治十八年（1661）春；第四题为《世祖章皇帝御书佛字颂有序》写于康熙元年（1662）壬寅；第十二题《寿息斋金太傅七旬》，吴江金之俊（1593—1670）康熙元年70岁；第十六题和第十八题，均写于壬寅"季冬"或"冬季"；第二十六题《癸卯夏五上雪窦……兼赠山夫正侄》，写于康熙二年（1663）夏；第三十三题即为寿周荃诗。假设此诗亦写于该年，则周荃生于万历三十二年（1604），迟不过三十三年（1605）。

因此，我们不妨将清初苏州周荃的生卒著录为：约1604—1672，享年69岁。

（原载于《学术研究》2014年第9期）

《诗观》作者邓汉仪原籍与寓籍

邓汉仪(1617—1689),字孝威,号旧山,别署旧山农、旧山梅农,晚号钵叟,郡望南阳。在清初诗坛上,以编选《诗观》三集和撰写《题息夫人庙》诗"千古艰难唯一死,伤心岂独息夫人"而著称。有关其籍贯,其自称"南阳邓汉仪"(《诗观》自序落款),又自署"东吴邓汉仪"(《诗观》三集各卷均署"东吴邓汉仪孝威评选",《贩书偶记》卷一九即据此著录"东吴邓汉仪评选")。然而,《四库全书总目》卷一九四集部《诗观十四卷别集二卷》提要云"汉仪字孝威,泰州人",现当代学人编写之《续修四库全书总目提要》、钱仲联《中国文学家大辞典·清代卷》、谢正光《清初人选清初诗汇考》等,遂据此认为邓汉仪是泰州人。近年出版之《小莽苍苍斋藏清代学者书札》收录其《致梅清》书信一篇,编者介绍云其"原籍江苏吴县。……顺治元年为避身远祸,举家迁居江苏泰州"①。由此看来,其籍贯实有进一步辨析之必要。

南阳,是邓氏第一郡望,与实际籍贯关系不大。粗略看来,"原籍江苏吴县……迁居江苏泰州"是有根据的,与康熙年间沈龙翔撰《邓征君传》"苏州人,徙家泰州"②的记载似乎一致。只是迁居时间和主角都有商榷的馀地。陈维崧顺治十四年(1657)为邓汉仪《过岭集》撰序,云其"序阀阅,则邓仲华簪组之族,门户清通;谱邑里,则吴夫差花月之都,山川绮丽"③。序言介绍了作者祖籍苏州,出身世家。只是紧接的两句"籍虽茂

---

① 陈烈主编:《小莽苍苍斋藏清代学者书札》,北京:人民文学出版社2013年版,第8页。
② [清]夏荃辑:《海陵文征》卷一九,道光二十三年(1843)刻本。
③ [清]陈维崧:《陈检讨四六》卷七《邓孝威诗集序》,《四库全书》本。

苑,产实吴陵",以及时人称其"以吴趋之妙族,生东阳之秀里"①和"厥世吴国,实产海陵"②云云,似乎又是指汉仪出生于泰州。作为泰州的古称,吴陵和东阳在一般地名工具书上均不见记载。泰州汉为海陵县,东汉废,并入东阳,晋复设,唐武德三年改名吴陵,于县置吴州,七年州废,仍名海陵,南唐升为泰州治所,明省海陵县入州,领如皋一县,属扬州府辖,清初因之③。看来,邓汉仪可能自父辈开始已经寓居南直隶(那时还没有"江苏")泰州,故云与泰州黄云"童稚情亲"④,为少小之交。因祖籍所在,而回苏州考诸生,亦曾"读书吴门之西郊"。回苏州的具体时间,当始于崇祯四年十五岁时。"予十五游吴会,称诗于西郊诸子间"⑤,"十九岁补吴县博士弟子员"(《邓征君传》)。然居住之地仍为泰州,所著《诗观》评吴伟业《琵琶行》,汉仪自称"昔客吴趋,叶圣野过晤论诗"⑥,地道的苏州人,是不会说自己"游吴会"、"客吴趋"的。拔诸生后参加乡试,如自述崇祯十二年(1639)"己卯,余应试白门"⑦。其于崇祯十七年春夏称离任泰州知州陈素为师⑧,有两种可能:一是陈任知州时,汉仪曾随其读书;一是陈于"壬午充应天同考"⑨,即南直隶崇祯十五年乡试同考官,而此年汉仪参加南京秋闱。《邓征君传》云其"忽以足疾辍试,遂弃去"诸生身份,未必与入清后的时局变化有关。

可以佐证以上推测的,是其《笔记》中所记"吴缵姬孝廉,沉毅负才

---

① [清]龚鼎孳:《定山堂古文小品》卷上,康熙刻本。
② [清]张琴:《翩翩邓子八章章八句》,《慎墨堂诗拾》附录,天津师范大学图书馆藏《慎墨堂全集》抄本。
③ 道光《泰州志》卷一《建置沿革》,道光七年(1827)刻本。
④ [清]邓汉仪:《诗观》二集卷二,康熙刻本。
⑤ [清]邓汉仪:《申凫盟诗选序》,申涵光《聪山集》卷首,康熙刻本。
⑥ [清]邓汉仪:《诗观》初集卷一,康熙刻本。
⑦ [清]邓汉仪:《慎墨堂笔记》,天津师范大学图书馆藏《慎墨堂全集》抄本。
⑧ 邓汉仪《寄赠陈上仪师白门》"万里雪销通晓骑,三春雁尽护居庸。南来书讯边城少,北望旌旗御阙重"两联分别注云"先生自泰复调冀州"、"闯贼陷北京",可据以考证陈上仪其人和诗歌写作时间。
⑨ [清]盛枫《嘉禾征献录》卷三七:"陈素字太淳,号涵白,桐乡人,崇祯癸酉举人,甲戌进士,知开州……在事三年,民深德之。丁忧,补泰州,拔陆舜于童子试中。壬午充应天同考,闯贼陷庐州,度不能支,挂冠归。癸未补冀州,国破不出,自称天山道人,卒于家。"清抄本。

略。预知登州之变,即移家还海陵。甲申在维扬,与黄中丞家瑞、马兵宪鸣䯄,倡义社,以扁舟邀余共事。余有诗答之……竟不赴其约"。吴缵姬,字玑滩,泰州人。中崇祯三年乡试。其先以戍籍家登州,清军犯山东,挟弓持槊,护亲出重围,归于海陵。入清"嘉遁不仕,甘老丘园,人咸高之"[1]。据汉仪笔记,缵姬南明初年曾与淮扬巡抚黄家瑞、扬州知府马鸣䯄在扬州组织义兵抗清。如此际汉仪仍在苏州,当不会"以扁舟"相邀。顺治十七年邹祗谟、王士禛辑《倚声初集》著录其为"泰州人,吴县籍"(卷一《爵里》),应该说是准确无误的。

(原载于《书品》2015年第1辑)

---

[1] 雍正《扬州府志》卷三二《人物·隐逸》,雍正十一年(1733)刻本。

朱柏庐生卒和别号

朱柏庐名用纯,字致一,别号柏庐,清初江南昆山(今属江苏)人,以号行。所撰《治家格言》五百馀字,以流畅上口的对仗句式,道尽为人处世、修身治家的基本原则,在当时被尊称为"朱子家训"而广为流传。近年来随着古代家训和蒙学读物受到重视,朱柏庐《治家格言》更是风靡一时,几乎成了有关选本的必采之作。但是在作者小传中,对其生卒年的记载,以及为何别号柏庐,均或多有误,或语焉不详。故撰此文,略加议析。

一　朱氏生卒记载失误之谜

在近年来出版的几种专业辞典中,如《教育大辞典·中国古代教育史分卷》(上海教育出版社)和《中外教育名人辞典》(中央民族学院出版社),以及各种古代家训选本,凡涉及朱柏庐生卒年的,几乎无一例外地均注为1617—1688年,即生于明万历四十五年,卒于清康熙二十七年。遗憾的是,这是一个与传主实际生卒相错十年的起讫。据清初长洲彭定求(1645—1719)撰《朱先生用纯墓志铭》所述,柏庐"殁时为康熙三十七年四月初七日,距生于前明天启七年四月十五日,得年七十有二"(此据《碑传集》卷一二八《理学》,亦见于《国朝耆献类征初编》卷四〇五《儒行》,但叙述文字略异)。彭定求乃用纯晚年之友,朱氏去世后,其遗孤导诚(实为侄子过继,见《国朝耆献类征初编》)"衰经踵门,以先生墓铭来属"。可见墓志铭中所记朱柏庐生卒年(1627—1698)是由其遗属提供或认可的,即是历史的本来面目。

现在的疑问是,上述的当代有关编著者在此问题上为什么均以错为对呢？如果在当今最具权威的两部辞书——《辞海》和《辞源》中也发现同样的记载（见两书"朱柏庐"条），答案也就出来了。但是新的问题也随之产生：这两部辞书错从何来？据民国所编《三十三种清代传记综合引得》提供的线索，朱用纯传记常见者分存于八书，除最后一种《国朝书画家笔录》未予翻检外，查得关涉其生卒之年的有四种，这就是《国朝耆献类征初编》、《碑传集》、《国朝先正事略》和《清史列传》。前两种为编辑之书，朱氏传记出自彭定求一人之手，这里不再说它；后两种为编写之书，"事略"成书于同治年间，为李元度撰，"列传"成书于民国年间，由众人写成。这两部大型清人传记之作，均有民国年间中华书局排印本，并于朱氏卒年均误作康熙二十七年而言享年七十有二（"事略"同治初刻本及1991年岳麓书社校点本亦同此误）。其中尤以聚珍仿宋排印的"事略"一书版宽字大、篇幅适中，而较易检索观览，极有可能成为编修《辞海》、《辞源》的重要参考书。由于成书"事略"在前、"列传"在后，后者之误当是沿袭前者而造成的。

指出《国朝先正事略》或《清史列传》可能是造成朱用纯生卒年《辞海》、《辞源》记载皆误的"罪魁祸首"，对于"列传"的整理来说，已无多少现实意义了。今人王钟翰点校本已据《国朝耆献类征初编》将卒年改正为康熙三十七年。但或许用这个极特殊的例子可以证明《清史列传》的"稿本来源"或有采自"事略"者，而这一点是《点校序言》所未提及的（见中华书局1987年排印本）。

二 别号"柏庐"的含义

朱用纯为什么以"柏庐"为别号，《国朝先正事略》及《清史稿》等书均言他是"慕王裒攀柏之义，自号曰柏庐"，其实这也只是解说了为何叫"柏"庐。要说解释周全，还是要算彭定求所撰墓志铭"自比王裒庐墓攀柏之义"扣住了柏、庐二字。

王裒字伟元，乃魏晋时城阳营陵（今山东安丘西北）人，三国魏大臣王脩之孙。裒或写作褒（见《碑传集》朱氏墓志铭），或写成褒的异体

"褒"(见中华书局点校本《三国志》)。庐墓为古代守孝之礼,即于父母尊长墓旁以草木搭小屋居住,以寄哀思,时间一般是13个月。但王裒却不止于此,其父王仪死后,他长年"立屋墓侧,以教授为务。旦夕常至墓前,拜辄悲号断绝。墓前有一柏树,裒常所攀援,涕泣所著,树色与凡树不同"(据《三国志·魏书·王脩传》引王隐《晋书》),这就是所谓"庐墓攀柏"的本事。

但是,如果我们据此以为朱用纯号柏庐仅仅是一种至孝之心的表现,则不仅没有看清用纯,也没有看清王裒。原来在魏嘉平年间,当司马昭任都督、安东将军时,裒父王仪为其麾下司马。昭于魏嘉平四年(252)帅军伐吴,战于东关(在今安徽巢湖市境内)。魏军败绩,昭坐此被夺所封侯爵(此战详情见《三国志·吴书·诸葛恪传》,乃骄兵轻敌导致大败的典型战例)。事后,司马昭欲寻替罪,召集部僚问:"近日之事,谁任其咎?"不料为人"高亮雅直"的王仪径直答曰"责在军帅",惹得司马昭恼羞成怒:"司马欲委罪于吾耶!"当即拉出斩首。王裒"痛父不以命终"即死于非命,遂"绝世不仕"。他一生隐居,躬耕授徒,杀父隐痛,终生伴之。这才有了长年"庐墓攀柏"之举,这才有了平生"未尝西向坐,以示不臣于晋"之节(见《三国志·魏书·王脩传》引习凿齿《汉晋春秋》),也算得上是风骨凛然、孝义可嘉了。

对于这样一位高隐前贤,千载之后的朱用纯油然而慕,也自有其深深的隐痛在。原来其身世与王裒有相同之处,即其父也是死于非命者。其父朱集璜(1598—1645),字以发,明崇祯八年(1635)贡生。南明弘光元年即清顺治二年(1645),清兵下江南,集璜倡议昆山守城战,城破投河自杀,私谥节孝先生。当时用纯年方十九岁,刚补府学秀才,从此"茹哀饮痛,遂谢举业"(彭定求撰《墓志铭》)。所谓"自比王裒庐墓攀柏之义"而取号,便当在此时。正是这种身世和志向上的相似,才使用纯自觉地将不事父仇、隐居而终的王裒引为同调。

但是我们也应看到,虽然父皆不以命终是王、朱二人的相似处,然王仪于魏末被司马氏所杀,司马篡魏建晋,王裒"绝世不仕"只是单纯的不事父仇;集璜以明人抗清而死,清朝定鼎后,用纯"自比王裒"而号柏庐,就不仅是不事父仇,且有不事新朝之意,这是特定的时代背景赋予王、朱二人的不同处。因此,朱用纯借"柏庐"以为号,在表达对亡父不尽孝思的同时,也深寓了明季死难之士的后代不臣于清的遗民之志。故彭定求称之为"始于志节,成于理学",堪称知人之论。纯孝为其表,志节为其里,此即是用纯"号曰柏庐"的深意所在。

(原载于《中国典籍与文化》1996年第1期)

清代指画名家高其佩小传异说辨误

指画一名指头画,为中国画的一种特殊技法,一般认为由清初汉军旗人高其佩所创。对于这样一位在中国美术史上有着较为重要地位的人物,有关辞书多予著录,但在介绍文字中,关于其生年、旗籍和官职的记载,时有出入。以下分别予以辨析,并指其不确之处。

关于生年。《辞源》(商务印书馆1983年版)、《中国美术家人名辞典》(上海人民美术出版社1991年版)、《中国历史大辞典·清史》(上海辞书出版社1992年版)均注其生卒为"1672—1734",即生于康熙十一年,卒于雍正十二年,仅得年63岁。《中国书画家印鉴款识》(文物出版社1987年版)、《中国大百科全书·美术》卷(1991年版)则注为"1660—1734",即生于顺治十七年,享年75岁。同一人的生年相差12年,以致《辞海》1980年版《艺术分册》为1660,同年版合订本又改为1672,而《中国历史人名大辞典》(上海古籍出版社1999年版)索性对其生年付之阙如,以"?"代替。据《满洲名臣传》载:其佩因父高天爵死于耿精忠乱而于康熙二十一年(1682)"荫授江南宿州知州";另据今人蒋寅《王渔洋事迹征略》(人民文学出版社2001年版)载,二十三年(1684)少詹事王士禛奉命祭告南海,于十二月十五日次宿州,"门人知州高其佩"来见。加之父亲天爵生卒为1620—1676年、长兄其位生于1647年(卒于1727年),其佩尚有弟其仪,凡此皆可证生年1672年的说法是难以成立的。且不说11岁出任知州、13岁为大文豪王渔洋门人是否可能,如生于1672年,其父已53岁、兄已26岁,而留给小弟其仪问世的时间只有四年了,因在第四年其父便已死难。生于1660年之说,当是根据高其佩雍正六年(1728)三月一日自书诗页所署"铁岭道人学书,时年六十有九"推出(墨迹现存上海博物馆,此据刘九庵《宋元明清书画家传世作品年表》转引)。出自作者亲笔,应是可信的。其出生时,父亲41岁,长兄14岁,另有其仕、其任、其佐三位兄长(天爵共六子),亦较合常理。

关于旗籍。《辞源》言其"隶籍汉军镶白旗";《中国美术家人名辞典》云"隶汉军镶黄(一作蓝或作白)旗";后出之《中国历史大辞典·清史》注其为"汉军镶黄旗人";《中国历史人名大辞典》据《清史稿》高其佩传,略为"隶籍汉军",回避旗之黄白。《辞海》、《中国大百科全书》干脆不涉及旗籍问题。其实,据《八旗通志》之《名臣列传》"镶黄旗汉军得谥大臣",知其父天爵"初系汉军镶白旗人,至子其位任大学士(引者按:其位雍正三年升文渊阁大学士),始改隶镶黄旗",故同书《世职表》已将其佩祖尚义、兄其位、其仕均归"镶黄旗汉军"。故准确说法,应参《清史稿》高其位传"初隶镶白旗……改隶镶黄旗";简略说法,则应以"汉军镶黄旗"为当。

关于官职。言其最终仕履为刑部侍郎者,有《中国美术家人名辞典》、《辞海》、《中国大百科全书》、《中国历史大辞典·清史》;《辞源》言其"官至户部侍郎";《中国历史人名大辞典》仅云"迁四川按察使。雍正间擢都统"。《辞源》所云,是从《清史稿》高其佩传"官至户部侍郎"而来,实误。该书《部院大臣年表》著录雍正元年九月其佩代刑部右侍郎(中华书局1977年版,第13909页),次年转正,从未任户部侍郎。据《满洲名臣传》高其佩传,其历任云南姚州知州、工部员外郎、浙江温处道、四川永宁道、四川按察使;雍正元年三月授光禄寺卿、九月迁刑右,二年擢正红旗都统,仍兼刑部职,五年坐事夺侍郎,仍留都统任,七年革任,"十二年九月卒"。

综上,有关高其佩的介绍应为:(1660—1734),汉军镶黄旗人,官至刑部右侍郎、汉军正红旗都统。此人不仅以画名显,且有诗名,著《且园诗钞》存世(抄本,藏于中国社科院文学所)。此外,《中国历史大辞典·清史》言高其倬(1676—1738)为"大学士高其位弟",误。其倬为高荫爵之子,高天爵"犹子"(《国朝先正事略》),即侄子。然从误其倬为其位弟,或可猜测误以其佩得年63之由来:其倬恰恰"年六十三"卒。

(原载于《文献》2005年第4期)

《清人笔记随录》补缺

前段时间,在某杂志上拜读了来新夏先生的一篇类似学术自传的大作,欣悉其将有《清人笔记随录》大著问世,旋在《书品》2003年第2辑上拜读了"随录"选篇四则,颇有尝鼎一脔之快。来先生在史学和目录学两块中皆以清代为擅场,而以"随录"的形式提要清人笔记,可谓驾轻就熟;在叙述方法上,似是发扬其力作《近三百年人物年谱知见录》(上海人民出版社1982年版)的优长,即无论原著内容多么冗杂,掌控住作者生平、著作版本和重要史实这些主干,以简御繁,要言不烦,使人读后能去肤见髓,得其精华。然因种种原因,有关介绍或有语焉不详处,亦偶有未必尽妥处,冒昧行文以求教于来先生,非敢谓与其《小序》结句作桴鼓之应。

《藤阴杂记》。"随录"著录作者戴璐为"浙江乌程(长兴)人"。乌程自宋与归安同城而治,明清时为湖州府治所在地,民国并为吴兴县,1981年撤并为湖州市区;至于长兴县,位于旧乌程县西北而毗邻,清代同属湖州府辖,今为湖州市辖县。在注乌程今为某地时,最常见的是括注"吴兴",较标准的应括注湖州,其意为"乌程即今湖州市"。在介绍戴璐的其他著述时,未及所辑《给事中题名》一书,有乾隆刻本;后由王家相重订,改名为《国朝六科给事中题名录》,于道光、光绪多次重刻。《贩书偶记》卷八《职官类》著录此书,惟因当今最为普及的上海古籍本在编制"索引"时,将"乌程戴璐原辑"理解为戴璐原辑,遂在索引里,将与此书对应的作者名为"戴璐原"了。或许"随录"就是因此而失注,抑未可知。另,"随录"云杨懋建撰《京尘偶录》,"偶"字疑为"杂"之误。

《听雨丛谈》。"随录"著录作者福格为"汉军内务府镶黄旗人。曾任山东莒州知州。约生于嘉庆中叶,据书中记载同治初年时尚在世"。福

231

格生年是大致可考的,据《清代官员履历档案全编》(华东师大出版社1997年版)载,其咸丰三年五月进呈御览的履历是:"福格,镶黄旗汉军人,年三十九岁,现任圆明园八品笔帖式。《玉牒全书》告成,议叙……升用。今签掣广东惠州府通判缺。"又据宣统《山东通志·国朝职官表》,"满洲镶黄旗人"福格咸丰十至十一年为沂州府莒州知州、光绪元年"署"济南府长山知县。如果这三个"福格"是一人(要坐实这一点,尚需翻检光绪《惠州府志》和民国《重修莒志》等),则其生于嘉庆二十年(1815),与来先生"约生于嘉庆中叶"的判断相近,年六十尚在世。笔帖式为低级文书官员,《玉牒全书》当即道光二十九年(1849)所修《玉牒宗室》,今存内府抄本,是帝王和宗室谱系之类的宗谱著作。参修过此类传记文献史书,无怪其在笔记中能对"八旗大吏姓氏及旗籍"如数家珍般地一一道来。

　　《无事为福斋随笔》。"随录"著录作者韩泰华事迹甚简,且"据书中所记可略见其生平"的考释文字往往又不及与作者有关之史实,而侧重在一般性文化知识的介绍,故很难据以窥其生平。如所举四条中,最重要的是"余于道光丙午出守潼川"和"道光己酉,随沈匏庐外舅榷税九江"两条,"随录"的注解分别是"潼川在今四川梓潼"和"外舅谓岳父",而忽略对"出守潼川"和"沈匏庐"的解释。潼川为府名,"出守"是指以京官出任太守即知府。如查光绪《新修潼川府志》,于职官表中必得其人(按,"潼川在今四川梓潼"一句不确,潼川府治在三台县,梓潼县清属绵州,虽今同为绵阳市辖县,但在清代并不属于同一州府);核其道光二十六年十月所呈履历"臣韩泰华,浙江杭州仁和县贡生,年三十七岁,由户部候补员外郎捐输河工经费保奏……今签掣四川潼川府缺",与"道光丙午出守潼川"全合,并知其生于嘉庆十五年(1810)。"匏庐"乃浙江嘉兴沈涛(1792—?)之号,此人《清史稿》《清史列传》有传,曾师从段玉裁,以经学名世(由其别署"十经斋"即可见一斑),著述甚丰,仅笔记便有《瑟榭丛谈》《铜熨斗斋随笔》和《交翠轩笔记》多种行世。指出其有这样的外舅,对了解韩泰华的学术渊源,应该不为多馀。沈涛历署江西盐法、粮储道,所谓"榷税九江"当与此有关。据陈玉堂先生《中国近现代人物名号大辞典》(浙江古籍出版社1993年版),泰华"由兵部郎中历官至陕西粮道",陕西粮道可为"随录"云其"咸丰中有陕西之游"做一注脚。此外韩氏编著尚有《玉雨堂丛书第一集》十种,子目俱见《中国丛书综录》,拙文不再赘述。

(此文为拙撰《读"书"杂"品"》第三节,原载于《书品》2003年第4辑)

附录:我与来新夏先生《清人笔记随录》(未定稿)

尊敬的　来新夏先生:

您好!

恭接大著打印稿,颇为感动。　先生在史学界成就卓著、德高望重、著述等身,不仅对后学的唐突之举不以为忤,并进而将未刊全书先行赐下,供我学习,而且在电话、大札中再三鼓励要大胆挑剔、代为"校订"。小子何能,错蒙　先生如此垂青?此等以学术至上的宽阔胸怀、高尚风范,令人感佩、钦敬,惟有尽一己绵薄之力,效劳于足下。因怕耽误　先生时间,亦因晚生近来琐事甚多,只能分两段共用十五日(且有一星期因学校迎接教育部的本科教学考评,需要全天上班,只有晚上时间可用;另一星期亦需每日上午上班)仓促拜读大著。

因才疏学浅,所能奉上的具体拙见仅有区区数页纸,且多为文字输入过程中造成的讹误,实不足为大著增光添色,而有愧于大著序言所谓"通阅全稿多所订正"之谬许。虽恐令　先生略感失望,但亦可见　先生之学养精深。

除了所附具体诸条意见外,后学感觉大著在总体上尚有可供打磨之处,还有这样一些不成熟的看法,献丑于下,谨供参考:

一、绪论与正文重复。夸张一点说,绪论的绝大多数引文和评说,皆一字不差地见于后来各篇的正文。这种不避重复的著述方式,是与　先生对某些清人笔记的诟病不合的。另在各篇中,论及和珅的地方太多,是否可以在某一、二篇中连类而及地一并介绍呢?

二、数字。全书的数字运用,既不统一,又不规范。一会用阿拉伯数字,一会用汉字一二三,全无一定之规,甚或有引用《四库全书总目》原文而出现"凡27条"(第124页第9行)的表述,令人纳闷。

三、语言。全书中的评论语言,尚略显粗糙,还有可供加工的馀地。有数句不加标点处,有表述似通非通处,有语词不避重复处。

四、引文。这将是决定全书质量的又一方面。其中最大的问题是,所抄录的引文,在文字上与原文时有较大出入。凡我抽查的几则(参"文字献疑"的有关部分),还很少发现无错的地方。建议请责任编辑全部重新校对引文,以　先生的精力,即便自核,可能也很难较为彻底地解决问题。引文的另一问题是标点的使用,逗号较多、句号较少(有一逗到底的现象),书名号当标不标(甚有一则之内,或标或不标),尚可斟酌处仍有不少,估计责编能够代为把关。

五、版本。这也是全书的一大问题,即绝大多数仅列丛书本,而未列原刻、单行本,甚至有些单刻本是南开有藏的,有些是近些年出版的排印单行本。在丛书本的列举中,有两个问题:一是所列版本往往不按问世时间排序,一是新版丛书未予关注(如台北新兴书局《笔记小说大观丛刊》和河北教育出版社《笔记小说大观》,此二书皆与同名原书选目有出入)。此外,在引及原《笔记小说大观》时,往往说是第几辑第几函。其实现在通行的是江苏广陵刻印社80年代的重编本,平装31册,精装17册,是按时代先后重新分册,已经不分为某辑某函了。

六、选目。大著既然将由中华出版,建议不妨将中华所出的所有纪事类的清代笔记书目皆予补述,至少可以再增说几篇(如《水窗春呓》、《柳弧》等)。

以上诸点,皆为不成熟的一己之见,且多为责编所能解决者(如语言、数字、标点等),不足令先生重视。只是在下一向秉奉"受人之托、忠人之事"的古训,加之生性心直口快、自以为是。故如有不当之处,务请　先生谅之。

恭祝

时祺!

晚生陆林2003年11月15日晚敬上

附：《清人笔记随录》（打印稿）献疑和拟补

后学　陆林

[说明]

1. 以下引文，"/"前数字为页码，"/"后数字为行数；
2. "——"前文字为大作原文，"——"后文字为后学献疑或拟补者；
3. 为求醒目和简省，引文和疑补文字多以"……"省略；
4. 凡后学括注文字中云"全书"如何，即表示一般不再一一指出；
5. 大作打印稿中颇多造字，后学无法依样打出，只好用"□"代替；
6. 凡疑大作引文或撰文有误而后学手头无书核对者，多标"?"示疑。

一　文字献疑

（此节共290条，为省篇幅，收入此集时略去——结集补注）

二　史实献疑

1. 《绪论》1/倒3：如唐《国史补》、《北梦琐言》——如《唐国史补》（此书虽有两名，但在这里似只能如此，否则《北……》也成为唐人之作了）……

2. 《绪论》3/9：明人惠康野叟——明人胡应麟（此段言论出自胡氏《少室山房笔丛》之《九流绪论》下）。

3. 《绪论》5/倒4（注释）：悔堂老人——徐承烈。

4. 《绪论》6/13：江苏长洲县令彭某——江南……彭某（彭某名士奇，康熙四至五年任，清朝自康熙六年始析江南省为江苏、安徽）。

5. 正文45/8：顺治十二年以事被劾入狱——顺治十二年以事被劾革职查办，十四年入狱。

6. 50/1：张遂辰、郑汉仪、峰铭鹿诸跋——……邓汉仪、周铭诸跋（周氏号鹿峰）。

7. 50/2：十年，自烧其版（同页倒1行云"十一年"）。

8. 53/9：王宏于所著《山史》中——王弘撰于所著《山史》中（名弘撰）。

9. 55/倒9：余怀的朋友张潮——余怀的小友张潮（张潮小于余怀34岁）。

10. 56/11："……愁绝庾兰成。锺阜蒋侯祠……"——"……愁绝庾兰成。""锺阜蒋

235

侯祠……"(此处共 8 句诗,后学以为不是一首五律而是两首五绝)。

11.58/倒 3:所称杜濬……湖北黄园人————湖广黄冈人(清初一般不说"湖北")。

12.62/倒 4:江宁江都人——扬州江都人(引文错误,宜予指正。此人是为江南歙县人,江都籍)。

13.69/3:收刊于《申报馆小丛书》——收刊于《申报馆丛书馀集》(世无《申报馆小丛书》)。

14.97/11:吴次尾《觚不觚录》——王世贞《觚不觚录》(吴应箕无此著作)。

15.115/7—8:按其事实,一见明季稗史《嘉定屠城纪略》,一见荆驼逸史《东塘日劄》——按其事实,一见《明季稗史·嘉定屠城纪略》,一见《荆驼逸史·东塘日札》(前者为丛书名,后者为子目名。全书中尚有多处"劄",宜改为"札")。

16.122/3—4:许缵曾字龙沙,松江人。康熙九年曾任云南按察使,推断当为明清之际人——许缵曾字孝修,号鹤沙,江南上海人。生于明天启七年(1627),清顺治六年中进士,历官中允、川东道、河南按察使,卒于康熙三十九年(1700)。

17.140/3—9:虞兆湆……生平不详。……撰者于清初曾任御史……康熙 30 年病卒——虞兆湆……生平不详。康熙初年诸生。其兄兆清,字鉴斯,为康熙十八年进士,以四川知县荐授湖广道御史(光绪《嘉兴府志》卷五〇《列传》)。《述异记》记其兄鉴斯事迹而误署"虹升",实是弟冠兄戴(建议将 4—10 行删去)。

18.164/6:生平具见《清史列传》卷一——生平具见《清史列传》卷七一。

19.177/倒 10—9:原钞四下一字漫灭,不知是年是月——原钞"四"下一字漫灭,当为"载"字(吴兆骞康熙二十年返自北疆,二十三年客死京师,恰恰四年)。

20.183/倒 1:1997 年中华书局重印本(似乎话未说完)。

21.186/6:(徐昆)为四十三岁。如享高年,则卒年当在乾隆后期——为六十三岁。卒于乾隆二十六年(1761),享年 71 岁。

22.192/14—15:卷三、四多记清初名人……袁了凡——卷三、四多记清初名人……(删"袁了凡",此人是晚明袁黄,生卒为 1533—1606 年)。

23.199/6—7:《锡金识小录》,一名《酌泉录》——……另有《酌泉录》四卷,与《识小录》有交叉,仅四门,非一书。

24.205/3—4:(张)大纯生平不详……或当历康、雍、乾三代——大纯字文一,号松斋。清长洲(今苏州)人。生于明崇祯十年(1637),康熙初以诸生官京师,卒于康熙四十一年(1702)。

25.206/倒 1:是书有《小方壶斋舆地丛钞》本——是书原本十卷,有康熙四十九年刻、乾隆三十年印本,后节入《小方壶斋舆地丛钞》,为一卷。

26.207/11:新安人张潮……号新斋——张潮……号心斋居士。安徽歙县人。其父习孔(1606—?),清顺治六年(1649)进士,历官刑部郎中、按察使司佥事充任山东提学,后侨居扬州。张潮生于顺治七年(1650),卒于康熙四十六年(1707)后。

27.207/倒9—8:……撰者大多为清初具有声誉者……方苞——(宜删去"方苞",因据今人考证,方文系乾隆刻本窜入者)。

28.208/10:(《虞初续新志》、《广虞初新志》)均未获见,姑置不论——(此两句宜删,且不说南开大学便有《广……》四十卷石印本,书号875.1 166;今人柯愈春编纂《说海》将诸书皆囊括其中,有1997年人民日报出版社排印本,印数5000套,甚为普及)。

29.227/6:有戴刻七录斋活字十二卷本——有戴刊七录斋活字十二卷本(既为"活字"印本,便不宜说"刻")。

30.234/5:(李调元)嘉庆七年(1803年)卒——嘉庆七年十二月二十一日(1803年1月14日)卒(嘉庆七年不是公元1803年,而是1802年)。

31.240/倒5:("雍、乾间人"秦武域)与顾亭林、朱竹垞过从甚密——(似不可能!)

32.255/倒11:(《小豆棚》)目录书不见著录——(1959年版《中国丛书综录》已载于子部小说家类,版本是《申报馆丛书馀集》)。

33.256/5—13:(认为6卷本)至报道……是书为6卷……与事实不符……——(徐、陈二位所谓6卷本并非空穴来风,指的是温州图书馆藏抄本。大作未及此,更未辨抄本与申报馆本之异同,亦可见立言之不易——建议删去这一段,因为大作有关各书的版本叙述疏漏尚有多处,容易授人以柄)。

34.258/3—4:许仲元字小欧。雷瑨……引许嗣茅《三异笔谈》,知其尚有嗣茅之号,江苏松江人——许元仲字小欧。雷瑨……引许嗣茅《三异笔谈》,知其尚有嗣茅之号,(即删去雷瑨云云)江苏娄县(今上海松江区)人。其弟嗣茅(1764—1820),字绪南,号淡生,乾隆五十四年举人。著有《绪南笔谈》一卷,有《申报馆丛书续集》本。关于《三异笔谈》的版本及与《绪南笔谈》的交叉关系,参见占骁勇《〈三异笔谈〉与〈绪南笔谈〉二书之关系及其作者小考》(《明清小说研究》2003年第2期)(有下划线的部分,建议添加于260页最后1行之后)。注意:全书中的"许仲元"均要改为"许元仲",即此人名元仲!

35.258/9—10:名之曰《三异笔谈》一集——名之曰《三异笔谈一集》(请调阅南开所藏原刻本,书号为857.274 606)。

36.266/10:(《三省山内风土杂识》)为研讨清代前期——……中期(成于嘉庆十年,庶可视为中期了)。

37.268/3—4:(钱泳)自署勾吴。江苏金匮人——自署勾吴。(宜删。"勾吴"即"句吴","吴地"之义,似不是字号)江苏金匮(今无锡)人。

38.275/3:诸联字晦香,青浦人——诸联字星如,号晦香,青浦(今上海市辖区)人。

39.281/11:(《初月楼闻见录》)类《儒林琐记》而广之——(《儒林琐记》问世于《初月楼闻见录》之后,而曰"广之",似未妥)。

40.337/4:所收时人朱彝尊……——所收前(或曰"清初")人朱彝尊……。

41.342/3—4:乾嘉时有二丙午……一在雍正四年(1726年)——(宜删)。

42.348/8:秦淮河……毗邻夫子庙——秦淮河……流经夫子庙(或曰:夫子庙毗邻秦淮河)。

43.358/倒3:《清代笔记小说大观》——《笔记小说大观》。

44.359/4:安徽婺源人——安徽婺源(今属江西)人。

45.366/2:叶名澧——叶名沣(?)(此名务请先生自己斟酌,以在下辨认有关记载,似为"澧"字,则简化字为"沣")。

46.366/3—4:(叶名澧?)清嘉庆十七年(1812年)生,咸丰十年(1860)卒——清嘉庆十六年(1811)生,咸丰九年(1859)卒。道光十七年举人(据朱琦《传》载其卒于"咸丰九年八月朔日也,年四十九"。潘祖荫同治十年序,无论从时间上[十一年后],从表述上[何为死于九、十年间?],还是文体上(《传》比《序》要可靠得多),均不足采信。如同意在下分析,宜删同页14—16行有关文字)。

47.377/4:(《埋忧集》作者)归安人朱翔清——归安(今湖州)人朱翙清(注意:全书均要改正,不是朱翔清)。

48.377/5:(《埋忧集》)书前有同治十三年自序——据程毅中先生《古体小说钞·清代卷》考证,生于乾隆五十一年(1786)。书前有道光二十五年自序(所谓"同治十三年"本,是后之翻刻者改换)。

49.377/9—10:(《埋忧集》)则撰者当生于嘉庆时,而光绪时或尚在世——可见其四五十岁间境况(即删去原来两句)。

50.380/3:张昀——张畇(《贩书偶记续编》作"畇",如是,全书均要改之)。

51.380/4:(张畇)直隶广川人——(清代北直隶似无"广川县",张畇《大清畿辅先哲传》卷34/页25有传,鄙校无此书,烦请先生自查)。

52.400/6:(黄钧宰)生卒年不详,大约生于嘉庆——生于道光六年(1826),二十九年拔贡生,官奉贤训导。

53.410/3:(张培仁)广西贵县人——广西贺县(今贺州市)人(次页倒4行还有"贵县")

54.410/11:(张培仁)会试想未得第——联捷成进士(二甲二十六名)。

55.410/倒6:(《笔记小说大观》)刊刻者——刊行者(石印本不宜说"刻")。

56.432/8:《邵氏闻见诸录》——《邵氏闻见》诸录(没有《邵氏闻见诸录》之书,而《邵氏闻见》可理解为简称)。

57.436/倒6:(朱克敬)清末犹在世——清末犹在世。朱克敬字香荪,晚因失明号瞑庵。早年纳资为龙山典史,卒于光绪十三年(1887)。

58.439/5—6:(朱克敬《雨窗消意录》)又载同治间朱瞑庵《时艺论》——又载同治间自己所作《时艺论》。

59.446/3:继昌,汉军正黄旗人……光绪进士——……汉军正白旗人……光绪三年(1877)进士(据进士题名碑录)。

60.446/倒8:积成巨帙——积累成书(自序"数巨卷",不等于是"巨帙")。(此条宜入"文字献疑"——结集补注)

61.448/3:(张心泰)生平不详——字幼丹。扬州江都人。副贡生,广西巡抚张联桂(1838—1897)之子。光绪十三年谒选,官至归化知府。另有《宦海浮沉录》,记其生平仕履甚详(请删同页第7—8行"此数干支……生于道光时"诸字,从其父生年亦可知其不可能生于道光时)。

62.454/3:(《淞南梦影录》作者)晚香留梦室主——黄协埙(按体例宜用本名)。

63.江西婺源——安徽婺源(今属江西)。

三 史实拟补

1.《绪论》24/7:金圣叹……小说评点家——金圣叹……小说、戏曲评点家。

2.正文58/倒2:白仲调,名梦鼐,号蝶庵,江南江宁人。明末因忤马、阮而入狱,入清中康熙九年进士,官至大理评事(引文言余怀"与杜濬、白仲调齐名",大作介绍了杜氏)。

3.86/7:山东新城人——山东新城(今桓台)人。

4.104/3:撰者为明清之际太仓人——撰者王家祯,字予来。江南太仓(今属江苏)人。明崇祯九年(1636)副榜贡生,张溥弟子(宜将此数句移为首句)。

5.107/7—8:诸本皆作"王逋",而《总目》作"李王逋",提要中亦未说明,不悉何据——诸本皆作"王逋",而《总目》作"李王逋"。其实此乃四库馆臣误读该书大题所署"古檇李王逋",将"古檇李"王逋,理解为"古檇"李王逋了。

6.108/3—4:(王晫)生于明末,约生活于清顺治、康熙时——生于明崇祯九年(1636),清康熙三十八年(1699)尚在世。

7.112/3—4:王澐……松江人。明末学者陈大樽的弟子……推算其生年当在天启时——王澐……松江华亭(今上海松江区)人。明末学者陈子龙的弟子……明万历四十七年(1619)生,清康熙三十二年(1693)尚在世("大樽"、"子龙":在叙述语言中,一般以称名较好)。

8.115/3:(无作者介绍)——朱子素,字九初。嘉定(今上海嘉定区)人,明末清初在世。

9.116/1:张宸……——张宸……生年不详,卒于清康熙十七年(1678)。

10.120/3:陈尚古……生平不详——陈尚古……生平不详,清康熙二十六年(1687)举人(可推其生于顺、康之际)。

11.127/3—5:闵叙……黄山人……则当为明清之际人——闵叙……江南歙县人,寓居扬州江都。清顺治五年举人、十二年进士,为明清之际人。

12.133/3:曹家驹……松江人——……松江华亭(今上海松江区)人。

13.136/3:褚人获……江南长洲人——……江南长洲(今苏州)人。

14.138/倒1:可见季氏皮藏之善——可见季氏皮藏之善……此季氏便是藏书家季振宜。如将此条与《觚剩》所载季沧苇事连读,则不难体会前之豪侈奢华与后之家道中落之间的因果关系。

15.142/3:瞿昌文……瞿式耜长孙——瞿昌文……瞿式耜长孙。生于明崇祯二年(1629)。

16.174/3:吴震方……浙江石门人——……浙江石门(今桐乡市)人,榜籍仁和(据"进士题名碑录")。

17.179/4:王应奎……常熟人。——……常熟人。生于康熙二十三年(1684),五十年补诸生,卒于乾隆二十二年(1757)(182/8—9有关文字宜删)。

18.184/3:姚世锡……浙江吴兴人——……浙江吴兴(今湖州市)人。

19.186/7:长而游幕……曾任浙江、山东州县官——雍正元年举人,历任温州、湖州同知、金华知府,迁平原知县,移曹县。

20.188/5:浙江钱塘人——浙江钱塘(今杭州)人。

21.195/6:(龚炜)出身宦门——出身宦门,其父龚相玉,康熙五十七年进士(中华版校点前言亦不详此)。

22.203:《蜀都碎事》——(因其有康熙四十年序,建议移至康熙六十年撰成之《宁古塔纪略》前)。

23.211/3:浙江会稽道墟人——浙江会稽道墟(今上虞市辖镇)人。

24.212/4:彭遵泗……四川丹棱人——彭遵泗……四川丹棱(今丹棱)人。生于康熙四十三年(1704),以进士官至黄州同知。乾隆二十九年(1764)前已去世。

25.218/3—4:直隶献县人——直隶献县(今属河北)人。

《清人笔记随录》补缺

26.224/4—5:江苏山阳人……乾隆时进士——江苏山阳(今淮安)人……乾隆二十六年(1761)进士。

27.234/4—5:撰者李调元……四川罗江人——……四川罗江(今德阳市罗江镇)人。

28.258/倒10:(许元仲)嘉庆二十一年曾署篆永嘉——嘉庆十年知兰溪,二十一年摄篆永嘉,二十二年知金华。

29.260/倒2:《三异笔谈》有《申报馆丛书余集》本——《三异笔谈》现存最早为道光刻本,书口题为《三异笔谈一集》,丛书本有《申报馆丛书馀集》本。

30.261/4:(恽敬)嘉庆二十二年卒——嘉庆二十二年卒。乾隆四十八年举人,官至南昌、吴城同知。

31.268/倒7:(……年谱)有传抄本,藏北京图书馆——……藏国家图书馆。另有道光刻本。

32.293/4:湖南学政褚筠心——湖南学政褚廷璋(对不太知名者宜用本名)。

33.301/5:年六十八岁——年六十八岁。嘉庆十三年进士,历官湖南按察使。

34.302/2:雪桥冰岭——雪峤(?)冰岭。(此条宜入"文字献疑"——结集补注)

35.305/倒1:均见《中复堂全集》——均见《中复堂全集》。姚莹所著笔记,另有《寸阴丛录》四卷,1991年黄季耕以道光刻本为底本,与《识小录》一并点校整理,收入《安徽古籍丛书》,由黄山书社出版。

36.306/3:江苏娄县人——江苏娄县(今上海松江区)人。

37.310/1—2(叶廷琯小传)——(建议补充)吴县(今苏州吴中区)人、道光五年贡生(两句)(393/4、406/5尚有"吴县人")。

38.314/4—5:(沈涛)生于乾隆时,卒于咸丰十一年(178?—1861年)——生于乾隆五十七年(1792),卒于咸丰十一年(1861)。

39.318/13—15:施鸿保,字可斋。浙江钱塘人。生年不详,同治辛未(十年,1871年)三月卒于福州旅寓,年七十馀。以此上推,当生于乾隆末年或嘉庆初年——施鸿保,原名英,字榕生,号可斋。浙江钱塘(今杭州)人。生于嘉庆九年(1804),同治十年(1871)三月卒于福州旅寓,年六十八。

40.322/7:(阮亨)号梅叔,约生于乾隆时——号梅叔。江苏仪征人。约生于乾隆时,嘉庆二十三年副贡生。

41.324/1:(朱琰小传无生卒、仕履,建议补充)约生于康熙五十五年(1716),乾隆三十一年进士,官阜平知县,晚主金华丽正书院。

42.328/8:(李斗)乾嘉时人——生于乾隆十四年(1749),卒于嘉庆二十三年(1818)。

241

43.333/1—2：尚有周生所撰《扬州梦》。周生不详其人——尚有托名"周生"所撰《扬州梦》。此人名伯义，字子如，号焦东生、焦东野叟。镇江丹徒人。岁贡生，候选教谕。所著今存者另有《金山志》、《北固山志》、《焦东阁日记》、《焦东阁诗存》，《扬州梦》为其少作（参吴春彦、陆林撰《"焦东周生"即丹徒周伯义——清代文言小说〈扬州梦〉作者考》，将刊于《明清小说研究》）注意：全书的"周生"皆要改为"周伯义"。

44.334/4：（杨光辅）号心香——号心香。南汇（今上海所辖县）人（建议：此条删去，因为"乐府"不宜视为"笔记"，否则"竹枝词"如何对待？）。

45.338/3—4：（陈昙）约生于乾隆而殁于道光……其生平略见于目录后……——生于乾隆四十九年（1784）而殁于咸丰元年（1851）。诸生，官揭阳教谕，署澄海训导。所著另有《海骚》四卷、《感遇堂集》十八卷。其事迹见彭泰来撰《墓志铭》。此书著述缘起略见于目录后……。

46.340/3—4：（余庆远）其兄庆长……以此推断当为乾隆时人——其兄庆长（1724—1800）……由其兄生于雍正二年，可推断庆远当为雍正末、乾隆初生人。

47.341/4：胡承谱字元峰……以成书年代推算，约生于乾隆时——胡承谱字韵仲，号元峰……乾隆二十七年举人，授上元教谕。据程毅中先生《古体小说钞·清代卷》考证，其生于雍正十一年（1733年）。

48.343/2：（《吹影编》作者）垣赤道人——程攸熙（宜在第3行"署南翔垣赤道人撰"后加以下文字：撰者程攸熙，初名廷俞，字宝辉，又字謇堂。江苏嘉定（今上海所辖区）南翔镇人。生于乾隆十七年（1752），卒于嘉庆十五年（1810）。诸生，曾参修《南翔镇志》十二卷）。注意：1、删去344/1—2有关文字；2、目录"垣赤道人"亦要改动。

49.346/2：（《听雨轩笔记》作者）清凉道人——徐承烈（宜在第3行"清凉道人姓徐"后加上以下有关文字：徐承烈，字绍家，一字悔堂，晚号清凉道人、悔堂老人。浙江德清人。生于雍正八年（1730），卒于嘉庆八年（1803）。弱冠以贫废学，游幕岭南。所著今存者另有《越中杂识》、《论古杂存》等［参陆林《由稀见方志〈越中杂识〉作者缘起》，《文献》2002年第2期］）。

50.350/8：（褚华）上海诸生——上海人。诸生。生于乾隆二十三年（1758），卒于嘉庆九年（1804）。

51.354/3：福建闽县人——福建闽县（今闽侯）人。

53.364/4：江苏上元人——江苏上元（今南京江宁区）人。

54.371/3：（史梦兰）直隶乐亭人——直隶乐亭（今属河北）人（史梦兰事迹可补：道光二十年举人，选官不赴）。

55.385/4：广东嘉应州人——广东嘉应州（今梅州）人。

《清人笔记随录》补缺

56.389/2:(《虫鸣漫录》作者)采蘅子——宋芬(注意:全书均要改之)。

57.389/6:咸丰八年权吉水县篆——咸丰八年权吉水县篆,由此可知撰者为宋芬,顺天监生(参占骁勇《清代志怪传奇小说集》第198页,华中科技大学出版社2003年版)。

58.391/4:(胡式钰)《窦存》成于道光二十一年——成于道光二十一年,撰书时已年近六十(卷三已记事至五十六岁),故约生于乾隆四十八年(1783)左右。

59.409/倒2:(王韬)于子有《遁窟谰言》——于子有《遁窟谰言》、《淞隐漫录》、《淞滨琐话》(后两部更重要)。

60.417/5:江苏江宁人——江苏江宁(今南京所辖区)人。

61.425/4:(薛福成)年五十七——年五十七。同治六年副贡生,历官湖南按察使、副左都御史。

62.454/6:(《淞南梦影录》作者黄协埙)沪上著名文人——沪上著名文人。生于咸丰三年(1853),卒于1924年。

2003年10月25日—11月2日阅毕,11月8日—15日成稿

读 曲 丛 札

关汉卿〔南吕·一枝花〕《不伏老》赏析[①]

〔南吕·一枝花〕攀出墙朵朵花，折临路枝枝柳。花攀红蕊嫩，柳折翠条柔。浪子风流。凭着我折柳攀花手，直熬得花残柳败休。半生来折柳攀花，一世里眠花卧柳。

〔梁州第七〕我是个普天下郎君领袖，盖世界浪子班头。愿朱颜不改常依旧，花中消遣，酒内忘忧。分茶㗰竹，打马藏阄。通五音六律滑熟，甚闲愁到我心头！伴的是银筝女银台前理银筝笑倚银屏，伴的是玉天仙携玉手并玉肩同登玉楼，伴的是金钗客歌《金缕》捧金樽满金瓯。你道我老也，暂休。占排场风月功名首，更玲珑又剔透。我是个锦阵花营都帅头，曾玩府游州。

〔隔尾〕子弟每是个茅草岗沙土窝初生的兔羔儿乍向围场上走，我是个经笼罩受索网苍翎毛老野鸡蹅踏的阵马儿熟。经了些窝弓冷箭蜡枪头，不曾落人后。恰不道"人到中年万事休"，我怎肯虚度了春秋！

〔尾声〕我是个蒸不烂煮不熟捶不扁炒不爆响珰珰一粒铜豌豆，凭子弟每谁教你钻入他锄不断斫不下解不开顿不脱慢腾腾千层锦套头。我玩的是梁园月，饮的是东京酒，赏的是洛阳花，攀的是章台柳。我也会围棋、会蹴鞠、会打围、会插科、会歌舞、会吹弹、会咽作、会吟诗、会双陆。你便是落了我牙、歪了我嘴、瘸了我腿、折了我手，天赐与我这几般儿歹症候，尚兀自不肯休。则除是阎王亲自唤，神鬼自来勾，三魂归地府，七魄丧冥幽，天哪！那其间才不向烟花路儿上走。

[①] 此文与李汉秋先生合作，撰于1985年夏，后六段由本人执笔。

这是一篇书会才人的自叙,风流浪子的自白。

元代书会才人的社会地位、生活经历和时代环境,使他们的思想性格与传统文人士大夫迥异。在封建社会里,风流浪子通常为正统文人所不齿,浪子必须"回头",才"金不换"。而宋金元的书会才人却一反传统,经常以风流浪子自诩。金代董解元在《西厢记诸宫调》里,就以"秦楼谢馆鸳鸯幄,风流梢是有声价"自夸,戏文《张协状元》让柳永以"浪子班头"自豪,《水浒传》里的"浪子燕青"也是美称,反映了宋元的风气。此风在"玉京书会、燕赵才人"关汉卿一群里,发展到极致。元代的《析津志》说关汉卿"生而倜傥,博学能文,滑稽多智,蕴藉风流,为一时之冠"[①]。他们热衷的是瓦舍伎艺而不是庙堂文学,他们结交的是倡优艺伎而不是达官贵人,他们崇尚的是风流倜傥而不是风雅华贵。他们的所作所为,"庸俗易之,用世者嗤之",而他们却理直气壮地回答:"若夫高尚之士,性理之学,以为得罪于圣门,吾党且赕蛤蜊,别与知味者道!"[②]

书会才人既侧身于勾栏瓦舍之间躬践排场、执笔作剧,也就同时混迹于行院青楼之中结偶娼优、眠花卧柳,这是一件事情的两个方面。他们从事的市民文艺的创作生活,缺少不了烟花风月的情事,也避免不了醇酒娇娃的浸染。《录鬼簿》"总括"他们的生活说:"勾肆中搬演诙谐,弹压着莺花寨,凭凌着烟月牌,留芳名纸上难揩。"[③]与杂剧女演员——艺妓的情爱,是浪子风流的中心环节,所以关汉卿这里把自己的书会才人的道路戏称为"烟花路儿","锦阵花营都帅头"也就成了"梨园领袖"的别称。套曲虽然过分渲染了"眠花卧柳"的浪荡情调,但却不应当与剥削阶级的腐朽生活等量齐观。他卑爵禄、贱权势,不屑做"圣门"弟子,却甘愿做"名教"叛逆,也自有其可爱之处。

书会才人流连勾肆,倜傥放达,风流潇洒,多才多艺,关汉卿夸耀自己

[①] [元]熊梦祥:《析津志·名宦》,《析津志辑佚》,北京古籍出版社1983年版,第147页。
[②] [元]钟嗣成《录鬼簿》自序,《中国古典戏剧论著集成》第2册,北京:中国戏剧出版社1959年版,第101页。
[③] [明]贾仲明:《录鬼簿》吊词,《中国古典戏剧论著集成》第2册,第258页。

"分茶攧竹,打马藏阄。通五音六律滑熟"。围棋、蹴鞠、打围、插科、歌舞、吹弹、咽作、吟诗、双陆,这些流行于宋金元瓦舍市井的伎艺,他都熟悉,都擅长,都热爱,充分表现了他的豪俊多能。看来这也是当时市井风流人物的必备条件。《张协状元》里的柳永"吟得诗,做得词,超得烘儿,品得乐器,射得弩,踢得气球",这样才够得上"浪子班头"。元杂剧《百花亭》里也有个以"铜豌豆"自比的"风流王焕",他"围棋递相,打马投壶,撇兰攧竹,写字吟诗,蹴鞠打诨,作画分荣,拈花摘叶,达律知音……怀揣十大曲,袖褪《乐章集》[①],衣带鹌鹑粪,靴染气球泥,九流三教事都通,八万四千门尽晓——端的个天下风流",也被称为"锦阵花营郎君帅首,歌台舞榭子弟班头"。他们的才智不是用于追求功名和富贵,而是用于追求技艺和游乐;他们不是温文尔雅,循规蹈矩,而是任诞不拘,肆意酣畅,这里蕴含着封建桎梏下挣脱出来、追求人性解放的积极内涵。关汉卿说得多么坚决:"你便是落了我牙、歪了我嘴、瘸了我腿、折了我手,天赐与我这几般儿歹症候,尚兀自不肯休。则除是阎王亲自唤,神鬼自来勾,三魂归地府,七魄丧冥幽,天哪!那其间才不向烟花路儿上走。"这竟是百折不挠,至死不悔的了。

滑稽诙谐也是浪子风流的一种表现,是书会才人的一种特征。在当时,从市井到士大夫,"风流谈谑"蔚为风气。从《不伏老》中可以看出关汉卿在这方面也确是能手,善于用滑稽的形象,诙谐的语言,佻达的态度,表现自己的生活和性格。他有两个自况:一曰"我是个经笼罩受索网苍翎毛老野鸡蹅踏的阵马儿熟。经了些窝弓冷箭蜡枪头";一曰"我是个蒸不烂煮不熟捶不扁炒不爆响珰珰一粒铜豌豆"。滑稽诙谐的比喻,表现了他的久经历练、坚韧不拔。但也和当时许多书会才人一样,他的滑稽佻达固然是时尚所趋,同时也是由愤慨所激,其中隐含着一缕时代的苦闷和愤激。"花中消遣,酒内忘忧",在放浪之行背后还有难言之忧,他是用笙歌掩盖隐痛,疏狂遮蔽牢骚。我们切不可把他看作是无忧无虑、与世无争的风流浪子。

[①] 《乐章集》,宋代柳永词集之名。

这套曲子写来奔放不羁,极情尽致。如飞瀑落自九天,雄奇排空;如大江倾泄万里,汪洋恣肆。既不同于他描绘"闲适"的雅趣逸致,也不同于他抒写"别情"的缠绵隽美,更不同于他感叹"秋"思的沉郁伤凉,而是自夸纵逸的豪辣灏烂。

豪辣灏烂的风格,首先来自艺术形象那风流坦荡的浪子胸怀,豪迈率真的才人气象,洒脱旷达的处世哲学和嫚戏污贱的人生态度。《不伏老》带有明显的自叙情怀、自我写照的性质,从中不难看出伟大戏剧作家关汉卿的咳唾须眉和神情风貌:论口角,是犀利铦锐;论放荡,是眠花卧柳;论才艺,是百伎皆擅;论名气,是领袖班头;论性格,是潇洒耿介;论平生,是历险经忧。这是一位心存是非、眼明善恶、语藏机锋的"琼筵醉客"①的丰满形象。

这种风格,作者是用夸张和本色融合无间的语言来表现的。所谓豪辣者,即指"情之热烈,可以炙手;词之所鞭策,痕坏立见"②。气高情烈,唯有高度夸张的语言最宜表达;鞭辟入里,唯有极为本色的语言最能胜任。说夸张,话必讲到十二分:迷花恋柳,便是"半生来"、"一世里";风月功名,便是"普天下"、"盖世界";多才多艺,便是"会围棋,会蹴鞠……",几乎无伎不精;至于"天赐与我这几般儿歹症候"等最后一段,更是极尽夸张之能事,以显示作者坚持自走险路而不悔其志,历经磨难而不改其衷,深得夸张的"激昂"之旨。说本色,纵观全曲,无学究语,无头巾气。攀花折柳、郎君领袖、锦阵花营、玩府游州,活是风流浪子的口吻;排场、风月、子弟、班头,纯为舞榭歌楼的行话;兔羔儿、老野鸡、蜡枪头、锦套头,是充满生活气息的市井俚谈;恰不道人到中年万事休等句,则是直采口语入曲的天然佳句。这些语词,不待咀嚼寻味而机趣立现,无需藻绘彩饰而含义隽永,都是尖新又能入于大方、透而不隔的本色语言。

夸张语和本色语在这里能融合无间,不仅在于作者常将本色语加以夸张来状物言情,更重要的是两者有着内在精神的一致性。借清代刘熙

---

① [明]朱权:《太和正音谱》,《中国古典戏剧论著集成》第3册,第17页。
② 任讷:《散曲概论》,上海:中华书局民国十九年(1930)版。

载论曲"其妙在借俗写雅,面子疑于放倒,骨子弥复认真"①的话头说,这种内在精神就是面子放倒、骨子认真。面子放倒,方能说出那些惊世骇俗、令人瞠目结舌的本色夸张之语,才敢于对自我形象加以丑陋或怪诞的形容和描绘。似乎是玩世不恭了,但骨子里的认真却道破了横亘心间的块垒和弥漫胸中的磊落不平之气。我们不难体味到曲中那强烈的离经叛道的情绪、冲阵挑战的态度和至死不悔的决心。作者是对仕途功名不恭,是对传统礼教玩世;放倒的是虚伪矫俗的假面,认真的是倔犟放浪的傲骨。

风格的豪辣灏烂、形象的豪放俊朗、曲情的奔放恣肆、曲境的宏肆浑化,还与作者调动了多种修辞手法有密切关系。作品的修辞技巧非常老练,不仅巧妙地采取比喻之法,尖深辛辣地写出一些难言之事、难状之态。如黑毛瘦骨的老野鸡形象,乖戾之中显示着桀骜不驯;蒸、煮、捶、炒均无奈其何的铜豌豆,则于肆无忌惮之中夹有几分挑衅的意味。喻体通俗而新奇,喻意明显而深刻,成为元曲中的比喻之绝。他还大量运用反复、对仗、排比,以烘托气势的灏烂宏肆。如第一支曲〔一枝花〕中,前四句是逢单写花,逢双写柳,后四句则每句中都花、柳齐出,或云"花残柳败",或云"眠花卧柳",而"折柳攀花"一词,在这支曲中更是多次变化出现。这就是使用反复错综的手法,以勾描风流浪子潇洒夹带悠闲的放诞神情。使得语言活泼,气韵流畅,交错而自然和谐,纠缠而单纯清楚。对仗在全套之中出现得十分频繁,不仅几乎逢双必对,而且还有散曲特有的三句对和四句对。三句对又称"鼎足对"②,曲中"银筝女银台前理银筝笑倚银屏"等三句,每句之内是连环成句(环结分别是银、玉、金),三句之间便是鼎足相对。连环成句,则轻快而跳荡;鼎足相对,则雄肆而稳健。至于〔尾声〕中一连用了三组排比句式,把全曲渐次推向高潮,更给读者以深刻印象。"玩的是梁园月"等四句是第一组排句,写其游历之广;"会围棋"至"会双陆"是第二组排句,写其技艺之博。前者与"玩府游州"暗合,后者

---

① [清]刘熙载:《艺概》卷四《词曲概》,上海古籍出版社1978年版,第124页。
② [明]朱权:《太和正音谱》,《中国古典戏剧论著集成》第3册,第14页。

与"分茶擷竹"等句呼应。第三组排句,自"你便是落了我牙"起,至"尚兀自不肯休"止,是排比与夸张并用,融排比的气势和夸张的激昂于一体,强烈渲泄了作者坚决要"向烟花路儿上走"的决心,最后完成对"不伏老"的那副犟筋傲骨的塑造。三组排比句的连贯使用,铺张扬厉,淋漓酣饱,反复渲染,笔势畅达,满纸豪情,令人神旺,充分发挥了排比修辞"所以壮文势、广文义"①的效用。

衬字也使用得纯熟而恣肆。散曲中,衬字一般不占乐曲的拍节、音调,其特点是节奏铿锵、快速轻匀地一带而过。因而,全曲在衬字的安排上,明显地前松后紧、前少后多。〔一枝花〕曲中唯有少数句中有个别衬字,〔梁州〕曲中也只是鼎足对的衬字比较突出,而到〔隔尾〕和〔尾声〕里,多衬字短节奏的长句式,则显著增多,甚至在有的句中,衬字超过正字。如〔尾声〕第一、二句,除"我是一粒铜豌豆"和"钻入千层锦套头"之外,皆为衬字。这样,前两支曲如行云流水,舒缓流走,款款而行;后两支曲如急管繁弦,雄肆奔放,直上高潮。前后曲情相互映衬,产生了疾徐有致、疏密相间的音乐美感。曲有衬字,是其语言形式上不同于诗、词的特点之一,以示其句法灵活、格律宽疏。但在这首套曲中,作者似乎是把它作为加强气势的一种特殊手段,来与排比、对仗、夸张等综合运用的。前者为后者提供了活动的宽阔天地,使之能充分发挥铺写描绘之能事;而后者裹携着衬字,则使之句式整齐,节奏分明,从而成就了全曲妆点饱满、形容尽致、气盛语谐、洒脱富丽的艺术特色。

(原载于《元明散曲鉴赏集》,人民文学出版社1989年版,题为《书会才人自风流——关汉卿〔南吕·一枝花〕〈不伏老〉赏析》)

---

① 〔宋〕陈骙:《文则》卷下,民国影印《宝翰堂秘笈》本。

郑光祖〔双调·蟾宫曲〕《梦中作》赏析[1]

半窗幽梦微茫。歌罢钱塘,赋罢高唐。风动罗帏,爽入疏棂,月照纱窗。缥缈见梨花淡妆,依稀闻兰麝馀香。唤起思量——待不思量,怎不思量!

此曲是元代后期文采派杂剧作家郑光祖作。郑氏字德辉,平阳襄陵(今山西临汾附近)人,写有《倩女离魂》等杂剧,"名香天下,声振闺阁"[2]。郑氏不愧是写情名家,在〔蟾宫曲〕这首小令中,以梦境为背景,挥洒清丽的词墨,描绘了一位有所爱而不得其爱的痴情男子,对其恋人的刻骨相思、绵绵意绪、似水柔情,全曲迷漫着幽艳委婉、恍惚凄迷的意境。

首句起势突兀:"半窗幽梦微茫"。这位男子与情人在梦中幽会,正值欢乐之时,伊人远去,梦破人醒,一切都成茫然。作者断然从此处肇始全篇,笔力精巧地抓住梦者乍醒还昏的思维特点,向读者呈现了他在梦的意识还残存脑际,醒的思维已开始活动时的所见所感和心理状态。从整句来看,"窗"指景物,"梦"指情事,"微茫"指思维状态,三个词的组合缺乏必然的逻辑关系;从语词来看,"半"(不是全开或全闭)、"幽"(不是噩或美)、"微"(不是无或全),都是定量或定性不够确切的模糊词,一切都显得那么不确定。但唯其缺乏必然逻辑,才异常恰切地捕捉到身处梦与醒交界之际的思维特点;唯其带有模糊色彩,才非常传神地向读者再现了梦者特定的所见所感。轩窗若启若闭,梦境幽然消隐,思绪迷茫惝恍。幽

---

[1] 此文与李汉秋先生合作,撰于1985年夏。
[2] 〔元〕钟嗣成:《录鬼簿》,《中国古典戏剧论著集成》第2册,北京:中国戏剧出版社1959年版,第119页。

艳惆怅的意境基调由此而定。

"歌罢"两句,明写这位男子对已逝梦境的回忆。前句用苏小小之事。小小为南齐时钱塘名妓,曾作〔蝶恋花〕,有"妾本钱塘江上住,花落花开,不管流年度"的名句①。后句用战国时楚人宋玉作《高唐赋》之事。赋写楚襄王游高唐,梦中与神女欢会。两典并用,意在点明所梦女子娟美多艺和梦者本人的才华风流,以及两人的歌舞欢乐,并暗示出恋人幽会的相亲相爱。写来不着痕迹,蕴藉含蓄。歌、赋所表现的气氛是欢快高昂的。从情绪发展看,既是荡开一笔写所忆,使曲情的演进具有回旋跳动之美,又是为进一步的抒写蓄势,使情调转为上扬,与首句抑郁的基调相映而成起伏跌宕之势。但细心揣摸两个"罢"字,又不难体味出,这两句实际上仍是立足于歌赋皆罢、梦断香散的醒后,梦者所感到的凄凉与寂寞之上的。在内在情感上,于是很自然地导出下面三句来。

"风动罗帏"三句,以饶有画意的清逸之句,淡绘出一幅冷清月夜思人图:罗帏帐中,梦醒之后的他再也无法入睡。深夜的凉风,吹拂着帏帐,思绪也随着起伏飘动。透过疏朗的窗格,阵风送爽,使其神思为之一醒。欠身外望,星河耿耿,皎月悬空。月光如水,洒向纱窗,斑驳的光影射入室内,也映照着罗帐之内那愁思苦恋的清秀脸庞。这里一连出现了"动"、"入"、"照"三个动词,用意却不在写动,而是以景物的动势来衬托环境的静幽,拱托心情的寂凉。"歌"、"赋"所展现的玉人相会、欢歌笑语、流光溢彩、满室生辉的情境,现在不复存在了,唯有风之动、爽之入和月之照,才显示出自然活力的潜存。情感的落差,心境的孤凄,隐隐让人感到一丝感伤的意蕴。

以上三句,颇似电影中的摇镜头。梦者的所视,先及近旁的罗帏,再摇向稍远的疏棂,最后是疏棂之外的纱窗和隔窗远在的明月。由近及远,景淡情幽。当目光再往前"摇"时,光色朦胧,神思恍惚,透过月光纱影的摇曳,在这位男子眼前,竟奇迹般地出现了幻影:"缥缈见梨花淡妆,依稀闻兰麝馀香。"梨花,是形容女子容貌风姿的淡雅,由唐代白居易《长恨

---

① 〔宋〕何薳:《春渚纪闻》卷七《司马才仲遇苏小》,《津逮秘书》本。

歌》"玉容寂寞泪阑干,梨花一枝春带雨"化来。兰、麝是形容女子气息的幽香。麝香之名贵自不待说,兰古时则有"香祖"之誉①。梨花妆和兰麝香,本已点染出一位美女形象;"妆"前着一"淡"字,"香"前着一"馀"字,更展现出一幅素洁明净的画面;再与"缥缈见"和"依稀闻"相配合,顿时产生了飘逸流动的美感。在月光下,夜风中,隐约看见自己朝思暮想的那位女子正飘飘隐去,凉月的光辉映在她的脸上,含情的明眸闪闪发光,真像一枝带雨的梨花。斯人远去,唯有习习夜风,摇漾她那薄如蝉羽的裙衫,还不时送来阵阵香气,依稀可闻——可望可闻而不可及,这是怎样地令人心碎和忧伤!对女子形象的描绘,曲中只这两句,却推出了一位仙姿绰约、高雅超俗的女性形象。作者成功地处理了藏与露、在与去、隐与现、幻与真的艺术关系,虚实相生,文约意丰,既给人以足够的启示,又留下了想象的馀地。在欣赏者联想和想象的补充下,形象美得到了丰满的显现。

"唤起思量——待不思量,怎不思量!"最后这三句,直接描述情感,却不是抽象地表现情感的强度,而是属于"专作情语而绝妙者"②。"思量"本是贯通作品的一根隐形神经,这里的最终凸现,由于有全篇提供的认识内容为基础,因而无论是就作品对情感的表现而言,还是就读者对意蕴的领会来说,都是画龙点睛的一笔。短短十二字中它的三次重复出现,回荡在漠漠黑夜之中,仿佛是如泣如诉的三声长吟,仿佛是肝肠寸断的三声长叹,仿佛是泪血迸空的三声长啸。对情人整日过度的思念,才导致夜间梦境和梦后幻象的出现,这是《梦中作》小令产生的生活因由和心理动机。幻觉当然不是现实,但反映出前此的思念是多么的持久和深刻,因而一旦被情人远去所打破,留给梦者的只能是充满着苦痛之情的"思量"和为爱情至死不悔的决心。但曲中偏说那无望而又无穷的思念均由不期而入的梦幻所"唤起",似乎本末倒置,实乃翻空出奇,体现了散曲的作法洒脱、造语尖新的特点和情感表达爽快锐利的特色。

作为写梦之作,这首小令艺术构思的成就不是描述梦境的全过程,更

---

① [清]汪灏等:《佩文斋广群芳谱》卷四四《花谱·兰蕙》,康熙刻本。
② 王国维:《人间词话删稿》第11条,《蕙风词话　人间词话》,北京:人民文学出版社1960年版,第226页。

不是表现梦遇欢会的高潮,而是集中笔墨,在〔蟾宫曲〕短小的篇幅内,截取一个最富艺术包孕的时间断面,即梦刚逝、人乍醒,一切都成虚幻的时刻,却又是梦者感受最为复杂的时刻。这样作者就避开了气氛的最高点和感情的最浓点,而是从其后的低点和淡点重新写起,构成一种幽艳凄迷的意境。而且一切表现都围绕"思量"进行,形成情感的凝聚,最后使之达到饱和状态,形成了轰击人心的爆炸。从欣赏角度来说,其艺术效果应是能诱发想象力,使读者获得审美再创造的愉悦。艺术描写的细腻深切也应肯定。区区五十二字,就把特定情景中的听觉(歌、赋)、视觉(月照、缥缈见)、肤觉(风动、爽入)甚至嗅觉(依稀闻)都充分写出,使恋情的倾吐真切可感,恋人的形象仿佛如见,它体现了作家生活体验的深切和艺术感觉的细腻。全曲结构严密。首句不仅在情绪上定下基调,而且在内容上统领全盘。如第二、三句承"幽梦"而来,四、五、六句实自"半窗"生发,七、八句与"微茫"遥相呼应,而最后三句则点明题旨。作品风格雅佼高洁、语言清新简洁。"缥缈见"两句,不但对仗工整,并最得清丽之神韵;后三句直如白话,民间气息浓烈。既不同词家花间香奁的镂金错采,更有别于曲家浓盐赤酱一派。真是:"美哉德辉之才,名不虚传"①。

(原载于《元明散曲鉴赏集》,人民文学出版社 1989 年版,题为《幽艳显情深　清丽寓情浓——郑光祖〔双调·蟾宫曲〕〈梦中作〉赏析》)

---

① 〔元〕周德清:《中原音韵》,《中国古典戏剧论著集成》第 1 册,第 242 页。

元杂剧分期之我见

——兼论周德清首倡元曲五大家

关于元杂剧的分期,建国以来基本看法是以大德(1297—1307)年间为界,分为前盛后衰两期。近年出版的《中国戏曲通史》,把北杂剧从金末前后(1200年左右,相当于南宋中叶)至明初正统十四年(1449)分成三个阶段。第一期是金末前后至大德前后(1300年),"是北杂剧发展的鼎盛时期";第二期是大德以后至元亡前后(1368年),"成就远逊于第一期",应是指其衰微;此后便是第三期,杂剧衰亡了[①]。这种三分法与传统两分法无实质不同,只是在"盛"、"衰"之外,再加一个"亡"期。李修生先生《元杂剧的分期问题》对此有不同看法,一是分期的起迄缩为"1234(元灭金)—1368(明灭元)";二是在传统两分法的后期中,以1332年为界划为两期,即"1295—1332"是"继续发展的时期"[②](此语含糊:是由繁荣向鼎盛发展呢?还是由鼎盛向衰落发展呢?)。顺便提一下,在《中国戏曲通史》中对北杂剧的分期有两种:一是北杂剧创作分期,即上文所引;一是北杂剧艺术史的分期。李修生以后一种分期为例所谈的对元杂剧分期的意见,恐怕略有不妥。因为一门艺术的形成,历史要长得多。

由上可见,学术界对元杂剧分期有一点是基本一致的,即繁荣期的下限均是在1295—1307年间,并且都是根据作于1330年的钟嗣成《录鬼簿》和作于1422年的贾仲明《录鬼簿·挽词》来立论。我对元杂剧繁荣时期的划分以及由此决定的元剧分期,则有完全不同的意见;即1260年

---

① 张庚、郭汉城主编:《中国戏曲通史》,北京:中国戏剧出版社1980年版,第127、132页。
② 李修生:《元杂剧的分期问题》,《光明日报》1983年1月25日。

左右—1320年左右是繁荣期,前此是形成期,后此是衰落期。此新观点主要是受周德清作于1324年的《中原音韵·自序》这则材料的启发而得出的。繁荣期主要是根据元杂剧最优秀作家的活动期、最优秀作品的产生期和一般作家的"集团涌现"期、一般作品的成批出现期来确定的。

先看周氏自序:"乐府之盛、之备,之难,莫如今时。其盛,则自缙绅及闾阎歌咏者众。其备,则自关,郑,白,马一新制作,韵共守自然之音,字能通天下之语,字畅语俊,韵促音调;观其所述,曰忠曰孝,有补于世。其难,则有六字三韵,'忽听、一声、猛惊'是也。诸公已矣,后学莫及!"①这里要解释的是,"乐府"一词,在周氏的心目中是兼指散曲和杂剧的,这在元代是通例,钟嗣成把散曲作家和杂剧作家收于一书,杨维桢也认为"传奇"(指杂剧)就是"乐府"的一部分②。尽管如此,周氏还是说明了元代杂剧到1324年时,已经到了鼎盛阶段。他并不否认在此之前杂剧已有充分发展,也"备"、也"盛",也"难",但这一切都"莫如今时"——大约可包括前此的十来年。他从遍及社会各阶层的对杂剧的欣赏与创作的普及性,从关汉卿、郑光祖、白朴、马致远的作品所取得的突出成就和所具有的充实内容(当然是用他最熟悉的词汇来概括的),从王实甫《西厢记》体现出的杂剧创作之难等不同角度,向后人展示了杂剧创作发展到顶峰时的盛况。并且认为这盛况不仅是空前的——"莫如今时",而且是绝后的——"诸公已矣,后学莫及"。这从写于1330年、改定于1345年的《录鬼簿》以及元剧现存作品情况来看,都能得到证明。因此,我把元杂剧繁荣期的下限,定在1320年左右。

周德清艺术鉴定的能力是惊人的。他能紧贴着戏曲创作的现实,对一代名家做出精当的评选。他用"备"和"难"两个尺度,从如峰如林的元曲作家中,慧眼独具地挑选出五位大家来。关、郑、白、马、王,正是这元剧创作之山上的五老峰,具有繁荣期的无限秀色。周德清对王实甫的欣赏,我想多说几句:在《中原音韵》全书中,总共只有六处七次以剧本为例说

---

① [元]周德清:《中原音韵》卷首,《中国古典戏曲论著集成》第1册,北京:中国戏剧出版社1959年版,第175页。
② [元]杨维桢:《东维子文集》卷一一《沈氏今乐府序》,《四部丛刊》影抄本。

明曲词创作的成功经验,其中就有三次是赞美《西厢记》的,足见对王的推崇。从序中看,说"备"的部分比说"难"要多,似乎重"备"轻"难"。但整部《中原音韵》其实就是论乐府创作之难的,那么在序中详"备"而略"难"就是应该的了。那么他为何不标举王的名字呢?我认为这正说明了王实甫和《西厢记》在当时的声名显赫。贾仲明之所以为其他作家所作挽词,或者列一串剧名,或者一个不提,而独于实甫有"新杂剧,旧传奇,《西厢记》天下夺魁"①的赞语,原因也在于此。在周氏看来,正是王实甫与关、郑、白、马一起,从"难"和"备"的不同方面体现了元剧创作的繁荣。可惜,后人因不能亲临其境地感受到当时《西厢记》"天下夺魁"时而形成的以曲词代剧名、人名的时代风气,或不能仔细揣摩周德清自序中这段话的全部含义,或囿于成说,都认为周氏提出的是四大家,这些不仅都是对周本意的曲解,而且其识见也不如周,为什么就不能五家并存而非要以王顶关或以王替郑呢?

明显包括关、郑、白、马、王在内的"诸公"在1324年前的"已矣",是我们把元剧繁荣的下限定于1320年左右的主要根据。而"后学莫及"及书中其他有关论述,则若隐若现地展示着盛极将衰的形象。略晚的《录鬼簿》的记载,也证明了这一点。此后的几十年中,只有靠宫天挺、乔吉等支撑着局面,而且其作也乏善可陈。故我将1320年左右之后,视为元杂剧的衰落期。将元剧繁荣期的上限定于1260年左右,则是基于这样的考虑。虽然在此之后一二十年,生于1250年左右(冯沅君说)的马致远、生于1260年左右(可根据《中原音韵》、《录鬼簿》推出)的郑光祖才进入各自的创作旺盛期;但生于1226年的白朴,生于1227年以后(王季思说)的关汉卿以及比关、白"行辈稍晚"(王永健说)的王实甫也已开始或逐渐开始了他们动人心魄的创作活动。这样一来,与关汉卿相切磋、相友善的创作群杨显之、纪君祥、梁进之、比关略小的"小汉卿"高文秀等书会才人包括进来了,元贞(1295—1296)书会的一批作家包括进来了,作于1300

---

① [明]贾仲明:王实甫挽词,《中国古典戏曲论著集成》第2册,第173页。

年前后的《西厢记》①及其后出现的仿作《东墙记》包括进来了,在1324年前便"美哉德辉之才,名不虚传"(周德清语)的郑光祖的全部作品也包括进来了。总之,元剧繁荣期定于1260年左右—1320年左右,是比较符合历史实际的。至于1260年前的数十年中,无论是从战争频繁、经济疲弱和民生凋弊的社会现实来分析,还是从现存作家、作品的艺术实际去考察,都只能是形成后此六十年大繁荣的准备期。

  正是基于以上的分析,我才对王毅先生《关于元杂剧分期问题的商榷》把元杂剧繁荣期定在1284年左右至1332年的较新观点,仍不满意②。上限定在1284年左右,是片面理解经济繁荣与艺术繁荣的关系而未顾及杂剧创作实际所导致的。其结果,生年较早的白朴、关汉卿甚至马致远的部分剧作,都可能撇在1284年之前。举例来说,早在1287—1291年间远在江南溧阳做官的元淮,就已吟咏了马致远的《汉宫秋》、《岳阳楼》和白朴的《梧桐雨》。而当时无论是剧本的演出,还是传抄刊刻,由大都流传到南方,都需要一定的时间。因此,稍有不慎就会导致元剧繁荣期因失去历史的双璧而黯然失色。关汉卿的64本杂剧,更不可能全部在1284至1300年间创作完毕(1300年是多数人同意的关氏卒年)。至于王文参考李修生的观点,把繁荣期的下限定在文宗至顺三年(1332),其弱点在于缺乏过硬的史料。仅凭明初高启的一首最多只能说明文宗时宫中演剧规模宏大(且带有很大的想象成分)的《听教坊旧妓郭芳卿弟子陈氏歌》,就要把以五大家为代表的诸公去世一二十年仍视为繁荣期,恐难符实和服人。

  关于杂剧史总的起止,则要视研究的对象来定。研究北杂剧,我从《通史》;研究元杂剧,我从李修生。至于我这种新分法各期的思想、艺术特点,各自内容的倾向性和丰富性,则非这篇短文所能说清的了。

(原载于《社科信息》1986年第2期)

---

① 王季思:《〈西厢记〉叙说》,《人民文学》1954年第9期。
② 王毅:《关于元杂剧分期问题的商榷》,《湖北大学学报》1985年第2期。

元明包公戏三题

一 武汉臣《生金阁》

武汉臣,元代杂剧作家。字号不详,山东济南人。生平事迹无考,约元宪宗元年(1251)前后在世。所作杂剧十二种(据《录鬼簿》等),今存《老生儿》和《生金阁》。

这是一出描写在不幸的时代中人民的不幸的戏剧。秀才郭成为躲避"百日血光之灾",携妻带宝(生金阁)上京取试。路遇权豪势要衙内庞勋,郭成求官心切,主动献宝。庞衙内仗势依权,得陇望蜀,巧取其宝,豪夺其妻,并杀死哀告不允的郭成。郭成悲剧的产生,自有其自身的原因;对其轻信、软弱,希图结交权贵从而轻取官职等性格上的弱点,作者是时有微词的。他欣赏的是"身遭凌辱,不改贞心",挝破脸皮,毁容相抗的郭妻。但身处权豪势要横行不法、人民生命毫无保障的黑暗社会,作者把更多的笔墨是放在歌颂包拯的机智断案和抨击庞衙内的骄横愚蠢之上的。

这是一出描绘包公明察机智刚正威严的戏剧。依照民间传统的路子,作者赋予他日断阳夜断阴的本领,白日能见冤魂的法力,赋予他骗得庞勋来,赚得宝阁出,在扑朔迷离中断案申冤的智慧。他斥责庞衙内"谋了财又要谋人命,夺人妻逼做妻"的刚正,他"万般愁常萦心上,两条恨不去眉梢"的威严,也令人过目难忘。但与表现同类主题的元剧中其他包公形象相比,这位包公则明显让人感到缺乏些什么。在理智断案时,缺少对受害者的深刻同情;在量罪判刑时,缺少对害人贼情感上的憎恨。第三折〔贺新郎〕一曲,更鲜明地拉开了他与人民的心愿和感情之间的差距。在他身上,缺乏的大概主要是理想的光采吧。作为戏剧形象来说,其艺术

261

感染力当然就小得多。

此剧在艺术上也有其特点。全剧以献阁罹祸始,以赚阁申冤终,显示出结构的谨严;由庞勋杀死郭成和自家嬷嬷而案起,由郭妻和嬷嬷孩儿向包公告状而案结,则表现了针线的绵密。包公以与庞勋"一家一计"(即亲如一家之意)为幌子,套出罪证和口供。而庞勋却信以为真,先后六次重复这句话,直到被"下在死囚牢里去"时,才醒悟"这个须不是一家一计"。既写出包公玩敌手于股掌之中的老练,又漫画似地勾勒出庞衙内这个丑类的骄纵颠顶,笔法简练,用墨经济。娄青勾魂一场戏,从心理的刻画、气氛的渲染、宾白的安排之中,都不难看出作者写"戏"的才能,这是一场给演员留下充足表演馀地的独角戏。在形式上,此剧由两末一旦三人替唱,突破了元杂剧"旦本"、"末本"和"一人主唱"的限制。但从全剧看,作品的不足也是明显的:形象平庸而无光采,冲突平淡而少波澜,曲词平实而缺膏泽——这在元代剧坛可算是通病吧。而某些恐怖情节的存在,也严重地降低了舞台形象的美学价值。

二 李潜夫《灰阑记》

《灰阑记》是一出优秀的包公戏。作者李潜夫,字行道,元代绛州(今山西新绛县)人。生平事迹不详,约于元世祖至元(1264—1294)前后在世。明初贾仲明称他是"净红尘无半点"的"高隐"之士。但从其剧作看来,他还是人世难隐、尘心未退的。

剧中主角张海棠,其人生道路是艰难而凄惨的。父亲早逝,家业凋零,为养老母,只得"卖俏求食",却又得不到性情刚烈的哥哥的理解。为摆脱非人的境遇,她嫁给情意相投的马员外作妾,并生下一个孩儿。在她那从良后的喜悦里,读者自能感受到她对新的生活的信心和热爱。但是好景不长。马员外大浑家勾结奸夫赵令史,设计药死丈夫,嫁祸张海棠。衙吏赵令史的介入,使这场家庭矛盾,具有了社会斗争的内容。坚毅正直的海棠宁上公堂,不愿私休,则把剧本的批判锋芒,引向元代的黑暗吏治。草菅人命者主持下的审讯,必然使鬼魅逞凶、无辜者的幻想破灭。真理成了钱、势的奴婢,海棠却被判斩刑。这是一个怎样黑暗腐败的社会呵!

此戏包公,以充满着人情味而独具特色。包公对海棠冤狱的复勘,既非神灵显兆,也无犯人鸣冤。而是他时时以"与百姓申冤理任"为己任,从而使自己在审阅下属申文时发现了破绽:"恐其中或有冤枉。"于是决定"吊取原告并干证人等到来,以凭覆勘,这也是老夫公平的去处"。朴实细心的话语,揭示了包公对受害者的同情心和秉公执法的责任感,一反可敬而不可亲的"尊神"之气,增添了几分平易近人的色彩。但是,把"或有冤枉"的疑问,变成实有冤枉的结论,却是对审案者的经验智慧的考验。将儿子问题作为复杂案件的突破口,显示了他的丰富经验;以"灰阑拽子"判明孩子的亲母,显示了他的智慧超人。"律意虽远,人情可推",别出心裁,是以体贴人情为依据的。这是一个浸润着人民理想和感情的法官形象。

《灰阑记》戏剧矛盾错综复杂,戏剧冲突波澜起伏。大浑家与张海棠的冲突作为主要矛盾贯穿始终,并引起或加强诸如海棠与员外、哥哥、街坊和官府之间等次要矛盾的冲突;次要矛盾一经产生,又推动主要矛盾的发展,使它逐步走向激化。在冲突之中,不仅海棠和包公的形象丰满、性格鲜明,大浑家的狡诈悍泼,苏太守的糊涂贪婪、街坊们的见利忘义、张林的暴烈、赵令史的阴毒,也给人留下深刻印象。作者还善于用典型情节来昭示人物性格。"灰阑拽子",不仅表现了包公的明察多智,张海棠的真善美与大浑家的假恶丑,也在这一拽一让之中,"早已不辩自明了"。此剧曲词宾白写得明快流利,性格化口语化的特点突出。

《灰阑记》是作者见于记载的唯一剧本,但仅此就已奠定了他在元代戏剧史上的地位。此剧有英、法、德、日文译本,德国现代剧作家布莱希特并据此改编成《高加索灰阑记》,德国诗人克拉本特的改编本《灰阑记》基本袭用元曲的关目,连海棠、马氏的称呼也一仍其旧,1925年在柏林公演获得成功。

三　弋阳腔《珍珠记》

宋元时代的婚变戏，主要有两种类型：或是士子飞黄腾达后见异思迁，或是权贵欲觅佳婿而逼婚勒赘。明代弋阳腔早期著名剧目《高文举珍珠记》，脉承南戏《琵琶记》、《荆钗记》的优秀传统，又体现着鲜明的时代特色，对后一类型的婚变戏，作出很好的继承和发展。

剧本通过对高文举应试京城、逼赘相府等情节的描绘，塑造出一位诚厚而柔弱的古代书生的形象。他身荣而不忘糟糠之妻，这与丞相温阁的"贵易妻"主张是根本不同的。其中反映了人民群众与统治阶级在婚姻道德观上的针锋相对。但是，当他面临"削除官职、罢爵为民"的威胁时，又立刻显示出软弱妥协的性格弱点。从他入赘后思念亲人的郁郁寡欢和心绪不宁，以及其妻王金真倍受折磨而呼救无门等情景中，我们不难看出剧作者对高文举妥协之举的褒贬态度。

此剧主要的批判锋芒，是指向身为当朝权贵和皇亲国戚的温氏父女的。温阁的骄矜横暴、温女的刁悍狠毒，在《勒赘》、《被责》诸出中，都有充分的揭露。在前者身上，自然投射下《琵琶记》中牛丞相的恶影；而后者的奸刻残忍给人印象的深刻性，就已非封建理念化身的牛女所能比拟的了。温女形象，是剧作者建立在真实反映生活基础之上的艺术创造，从中也可透视出明代人民对统治者本质认识的进一步深化。

作为婚变戏，该剧的特点是引进了包公形象，为传统的婚变戏增饰了公案戏的色彩。与元杂剧相比，他疾恶如仇一如其故。包公在接受了坚韧不屈的王金真状纸后，力劾温阁，终于使之罢官破家。他对"窃威弄权"的温阁的憎恨，融注了当时人民对专制集权下封建统治者的强烈不满；他对温阁和高文举"不能齐家焉能治国"和"家不齐焉能去理治均平"的抨击或责备，虽然仍在使用儒家传统的思想武器，但其对平民的关切、对权贵的仇视，则包含着带有民主成分的"民本"思想，因而使其形象更富于时代气息。

在艺术上此剧颇具民间特色。"米糷相会"的情节构思，无疑是以农家的生活经验为基础的。包公形象的自我描绘,充满着农民想象的意味和民间传说的色彩。《逢夫》一出,对高氏夫妇心理描写的细腻传神,令人过目难忘。而苦受冤屈的王金真持帚击夫又相抱痛哭,使一位敢爱敢恨的农村妇女形象跃然于纸墨之上。剧本的不足表现在:反复肯定"做官人"一夫多妻的合理性,固然意在为大团圆结局作铺垫,但这种婚姻观念,本质上是不属于被统治者的;某些迷信情节的出现,虽在明代舞台上已成俗套,却是把尖锐对立的矛盾斗争,调和入因果报应的轮回之中;戏剧语言质朴,但更多的是失之于粗糙,结构也过于松散。

《珍珠记》对后世地方戏影响颇大。赣剧、婺剧、潮剧、秦腔、川剧、梨园戏等剧种,多能演出该戏全本或其中《询奴》、《逢夫》等单出。本剧版本常见者为《古本戏曲丛刊》影印北京图书馆藏明代文林阁刊本,原书即无作者姓名,当为无名氏之作。

(原载于《古代包公戏选》,黄山书社 1994 年版)

《高文举珍珠记·藏珠》赏析

明代徐渭在叙述传奇之祖南戏的历史时曾说过:"南戏始于宋光宗朝,永嘉人所作《赵贞女》、《王魁》二种实首之。"(《南词叙录》)天池道人这第一位研究南戏的古代学者,不仅率先记载了南戏最早的两个剧目,同时似乎是在不经意中指出了这样一个戏剧史实:作为戏剧形式之一种的南戏,是与其关注婚变题材的表现内容联袂降生的;并且在出世伊始,虽是孪生,便各具特色,形成了两大类型——或是权贵欲觅佳婿而逼婚勒赘,或是士子飞黄腾达后见异思迁。明代弋阳腔早期剧目《高文举珍珠记》,脉成南戏《琵琶记》、《荆钗记》的优秀传统,是前一类型的婚变戏在民间戏剧中的继承者。

此戏现存明代文林阁刻本,一名《珍珠米糷记》,简名《珍珠记》,上下两卷共二十三出。本处赏析的是其中第十八出《藏珠》,前此的剧情大致敷演的是:落魄士子高文举因欠官银三百两,而求助于乐善好施的王员外。王仅有一女名金真,遂将之招赘。后文举为求功名赴京应试,一举夺魁。不料被奸相温阁看中,"勒赘"为婚。其女温氏悍泼狠毒,文举派人下书迎接金真,被她暗中改为休书。金真见书,含愤进京,寻至相府。恰巧文举入官侍讲,温女便将金真贬为贱役,百般折磨,真是叫天不应,叫地不灵。幸赖府中一老仆曲为回护,使之得以不死。正是在这山重水复疑无路的戏剧情势下,拉开了第十八出的大幕。

"满目花开,睹景伤情泪两腮。薄幸人何在?这苦愁无奈。嗏,只恨命儿乖",一曲〔驻云飞〕唱出女主角无限冤屈、满腹幽怨。盛节(中秋)在即,繁花似锦,本是父母掌上珍珠的金真(旦扮),如花娇嫩,似水温柔,如今却被豪门蛮女横加摧残,寻夫不得,回乡不得,何等凄楚悲戚。就在这时,为之打探丈夫消息的老仆妇(夫扮)疾步登场,一连声的"恭喜!贺喜",替沉抑悲伤的场景带来一抹欢色:原来高相公回府了!这位相府家奴,是个古道热肠、洞达世态的善良老妇,身居社会的下层,使之对王金真的遭遇十分同情;而身为相府下人多年,又使之对侯门的险恶倍存戒心。故当金真急切要去书房面见丈夫时,她以一句"夫人差矣"相劝阻。这既是剧情跌宕所必须,也显示出老妇的机警,突出了温氏的凶残;更重要的是,顺理成章地导出了该出乃至全剧的戏眼:做米糍藏珍珠暗示身份。明乎此,便不难理解为什么剧本借助人物道白,如此细致清晰地交代这一食品的原料、做法和烹制诀窍,以及暗藏半粒珍珠的用意。

如果说情节发展至此,其主要艺术功能只是在释题,即"珍珠米糍记"的取名由来,颇富农家想象的风格和民间传说色彩;那么接下来的金真与仆妇"同做(米糍)科",则使这出《藏珠》跳出了一般过场戏缺乏充分描状、只是草草交代的窠臼,而具有舞台表演和人物塑造两方面的独特价值。读者请注意:自两人"同做科"始,经过三大段〔四朝元〕唱腔(其间并杂有多段独白),直至〔尾声〕之前,金真对老妇说:"你拿去煮熟,送与他吃。"这期间,在中秋佳节的背景下,进一步强化了王金真对命运的哀怨、对丈夫的失望、对温氏的愤恨及对前景的期冀,亦使相府仆妇这一剧中配角形象的是非鲜明、善解人意,给人以更加深刻的印象。而这一切,不是人物站在舞台上干巴巴地唱念,而是伴随着"同做"米糍的细腻表演,无疑是会增强艺术的表现力和形象的感染力的。

老仆妇端着煮熟的米糍行将送至书房,《藏珠》一出随即落幕。观众和女主角一样,心怀着其夫妻就要顺利聚首的美好希望。剧作者为加深此念,通过金真和老仆之口,一再重复此番定要告诉文举其妻已至。这种重复和误导在艺术上的作用,要在随后而来的《询奴》、《逢夫》两出中方能显现,此处就不说了;只是这种力求带"戏"过渡剧情的做法,在早期民间戏剧中还是难能可贵的。

可能有的读者要问该剧的结局如何,概括言之,便是在包公的主持下,罢职温阁、责打温女,然后一夫两妻、衣锦还乡。这似乎是落入传统婚变戏的俗套了,可是在当时的现实土壤和艺术土壤上,试想一位(或几

267

位)民间戏剧家又能为其所珍爱的人物,做出怎样的命运安排呢?站在今天的立场上观赏此剧,似不必计较这类"通病",而去努力品味其稚嫩而又质朴的民间艺术风范,这才是在文明发达社会难以寻觅的"珍珠"。

(原载于《明清传奇鉴赏辞典》,上海辞书出版社2004年版,题为《〈高文举珍珠记〉第十八出〈藏珠〉赏析》)

金批《西厢》问世时间补说

关于金批《西厢记》的问世时间,早在1930年代,《金圣叹传》的作者陈登原先生就已经讨论过这一问题:

《辛丑纪闻》云:丙申(顺治十三年一六五六)批《西厢记》。

徐增《才子必读书叙》云:"《董西厢》评十之四五,散于同学箧中,皆未成书。……同学诸子,望其成书,百计怂恿之。于是刻《制义才子书》,历三年(即丙申),又刻王实甫《西厢》,应坊间请,正二月。皆从饮酒之暇,诸子迫促而成者也。"然则,圣叹亦评过《董西厢》者。①

这一观点,在学术史上有较大影响。除了稍后的周作人云"我不知道刻《西厢》的年代"②,多数学者都认同陈登原的看法。当代学者如谭帆指出:"关于此书的批评和成书年代,可资考索的材料颇少。《辛丑纪闻》有如下一段记载:'岁甲申批《水浒传》,丙申批《西厢记》,亥、子间方从事于杜诗……'据此,一般便认为金批《西厢》之批评与成书当在清顺治十三年,即公元1656年。此说较为可信,圣叹之友徐而庵在《才子必读书序》中亦持此说。"③陈洪亦云:"顺治十三年(1656),金圣叹完成了《第六才子书西厢记》的评点,又以'贯华堂'名义刊行。"④亦有学者完全根据陈氏所引史料而观点有所不同,如民国何默将评点、刊刻时间区别开来,指出:批书"据《辛丑纪闻》在顺治十三年丙申",但据徐增《才子必读书

---

① 陈登原:《金圣叹传》,《国学小丛书》本,上海:商务印书馆1935年4月初版,第55页。
② 周作人:《谈金圣叹》,1935年7月5日《人间世》第31期。
③ 谭帆:《金圣叹与中国戏曲批评》,上海:华东师范大学出版社1992年版,第7页。
④ 陈洪:《金圣叹传论》,天津人民出版社1996年版,第20页。

叙》,"则他应坊间请,已于是年刻行此书,是他动手或者还要稍前"①;当代学者徐立、陈瑜亦以徐增"历三年(丙申),又刻王实甫《西厢》,应坊间请,正二月"为据,认为是顺治十三年丙申"刻《西厢记》",但"丙申不应该是开始批书的时间,应该是完成的时间"②。

但是,陈登原征引的史料是有问题的。其一,现存记载哭庙事件的另一种史料笔记《哭庙记略》中,在"亥、子间方从事于杜诗"(作"亥、子之交从事杜诗")之前,并无"岁甲申批《水浒传》,丙申批《西厢记》"云云;其二,"岁甲申"指的是崇祯十七年(1644),与金圣叹自序《第五才子书》的时间"皇帝崇祯十四年二月十五日"不合,故"岁甲申批《水浒传》"向来不为学者采纳;其三,徐增《天下才子必读书序》现存两个版本,一见康熙二年刻本卷首,一见《九诰堂集》文卷一,无论哪个版本,"历三年"后均无"即丙申"三字,"正二月"乃"止二月"之误,且文集本在"历三年"后,有"此最久"三字③,故"历三年"是指《制义才子书》的评刻,与《西厢记》无关。因此"丙申批《西厢记》"在陈登原的著述中便是孤证,且是一个因为"岁甲申批《水浒传》"不可信而缺乏说服力的孤证。只是由于载有徐增序言的《天下才子必读书》康熙二年原刻本极稀见,如王靖宇先生便曾如实出注说明:"我仅有幸查阅过该书三种不同的版本,但均无徐增所写的这篇序。"④后人多系据陈登原、周作人著述转引,故很少有人能够看出陈登原引文的破绽。在这个背景下,看徐朔方先生在金圣叹"顺治十三年丙申(一六五六) 四十九岁"下,在分析了《辛丑纪闻》"岁甲申批《水浒传》,丙申批《西厢记》,亥、子间方从事于杜诗"三句中,甲申批水浒误,亥子批杜诗不误,再参照《闹简》〔石榴花〕金批云王斫山"今与圣叹并复垂老",遂认为"评点《西厢记》在今年或略后","年四十九,与〔石榴花〕

---

① 何默:《记金圣叹》,《古今月刊》1942年第1期。
② 徐立、陈瑜:《文坛怪杰金圣叹》,长沙:湖南教育出版社1987年版,第304、153页。
③ 〔清〕徐增:《九诰堂集》文卷一《天下才子必读书序》,清抄本。
④ 王靖宇:《金圣叹的生平及其文学批评》,谈蓓芳译,上海古籍出版社2004年版,第19页注①。按:如今可在笔者整理的《金圣叹全集》附录《金圣叹著作序跋》中,看到以《九诰堂集》抄本为底本,以《天下才子必读书》刻本为参校本、并详出校记的这篇序文。见南京:凤凰出版社2008年版,第6册,第142—146页。

评语'垂老'云云合。古人近五十即作嗟老之辞,非今日比也"①。其中是有自己的分析和判断的。

对于金圣叹评点《西厢记》时间的研究而言,最重要的线索是周锡山先生近年编校出版的《贯华堂第六才子书西厢记》。该书是以"清代顺治(丙申)十三年(1656)《贯华堂第六才子书西厢记》原刻本为底本",此举在学术界为首次!虽然周先生说明"因底本稍有残缺,故以康熙怀永堂本……等善本书,作精心校雠"②,但是因为没有校勘记,故不知全书文字哪些是出自原刻本,哪些是出自参校本。与考证金批时间关系最大,亦是最能证明底本为原刻本的,是卷七《惊梦》最后一页的最后一行字,是"顺治丙申四月初三日辰时阁笔"③。辰时即食时,又名早食,相当于现在的七点至九点,可见公元1656年4月26日早晨,金圣叹是在写完"何用续?何可续?何能续?今偏要续,我便看你续"数语之后,才掷笔就餐的。还剩下卷八所谓"续之四章",全书当批竣于顺治十三年四月上中旬之际④。

可以佐证金批《西厢记》问世刊行于顺治十三年(1656)丙申四、五月间的,还有徐增的相关诗文。他曾撰《答王道树》:

> 弟愚昧,又宿业为崇,病日益深,向安之,今则反有大不安者。此无它,为不得随逐同学诸公,以致虚度日时,故辄思无故得数十金,为举讲场一二次。以阅《私钞》,总不及身提面命之为快,而道树以为《私钞》妙处尽传,不必听讲。在道树久学能然,而弟则未敢遽以为然也。弟迩来又大闷,同学兄弟不知何故,反多参差。窃以为所说有未尽欤?今既决当矣;窃以为所学有未至欤?今既证修矣。然则结习不可除,而反于道成之日发露耶?弟不免大疑。愚汲汲欲建讲场

---

① 徐朔方:《晚明曲家年谱》第一册《金圣叹年谱》,杭州:浙江古籍出版社1993年版,第735页。
② 周锡山编校:《贯华堂第六才子书西厢记》,沈阳:万卷出版公司2009年版,前言第2、3页。
③ 周锡山编校:《贯华堂第六才子书西厢记》,第260页。
④ 徐增云金批《西厢记》是"应坊间请",估计与顺治十七年评刻《唐才子诗》一样,是边评边刻的,即所谓"梓人满堂,书者腕脱";全剧二十折,前后历时"止两月",加上自序两篇、读法八十一条,平均一折要耗时两天半左右。考虑到最后四折批语较少,估计四月十日可以完成,上推两个月,开始评点约在二月十日左右。

者,良为此也。弟不到唱经堂十年矣①,茫茫大海,未知适从。敢请道树明以教我两日,买得《第六才子书》,寝食与俱。

——《九诰堂集》文卷三

中间一段,似乎说明友人对圣叹学说产生疑问和非议,徐增欲建讲场以正视听。此信末尾有"前委史沉草两先人诗,弟几忘之。昨宵灯下草一通请正",即诗歌《书史沉草职方所撰其尊人钟奇先生暨蔡夫人朱夫人行略后》,诗序曰"余与同学王子道树尝品量当世人物……丙申春,王子以先生所著其先人行略见示,余展读卒业"(《九诰堂集》诗卷八),亦可佐证《答王道树》这封尺牍的写作时间。王道树名学伊(1619—1665),昆曲大师王季烈九世祖,王瀚(号斫山)胞弟,圣叹挚友。所谓"私钞",当即"圣叹内书"所载《大易义例私钞》、《大易讲场私钞》、《涅盘讲场私钞》、《法华讲场私钞》、《法华三昧私钞》、《宝镜三昧私钞》、《一代时教私钞》、《第四佛事私钞》、《圣自觉三昧私钞》、《内界私钞》之类②,是徐增最看重的体现金圣叹哲学和宗教思想的论著。徐增向道树表示希望能够为圣叹设立讲堂,亲听圣叹讲座,而不愿仅仅阅读其讲稿,既见徐增服膺之深,亦见圣叹讲学感染力之强(如上"百家讲坛",必是好手)。徐增很快即购得新出金批《西厢记》,撰《读第六才子书》二绝:"薄命书生欲老时,石榴花下忽相思。六时工课无多子,一卷双文窈窕词";"才子应须才子知,美人千载有心期。彩云一朵层层现,爱杀先生下笔时"(《九诰堂集》诗卷一〇)。此诗下第三题为《淮上舟社赋百年一闰端阳,杜湘草属和》,顺治十三年闰五月,由此逆推,徐增《答王道树》信和《读〈第六才子书〉》诗先后写于该年五月间。

---

① 徐增《答王道树》写作时间难以确考。将其先后所撰《送三耳生见唱经子序》、《天下才子必读书序》与《答王道树》对读,则可推断徐增之会金圣叹主要有三次:崇祯十七年为初次,顺治五年为二次;由于前两次仅相隔四年,故《天下才子必读书序》云"逾八年得一相见"必为第三次,至顺治十四年恰为"逾八年",故徐增"不到唱经堂"的下限当为顺治十三年(取其整数云十年,亦不为过)。顺治十四年(1657)丁酉八月,徐增撰《访圣叹先生》诗:"恐冷灵均梦,来登杜甫堂(家有杜甫堂)。菊花秋正好,兰叶晚逾芳。学道多生幸,为诗一世忙。蛩声凉露下,唧唧月苍苍。"见《九诰堂集》诗卷一一,下第五首为《九日》。

② 《唱经堂遗书目录》,金圣叹《沉吟楼诗选》附录,上海古籍出版社影印清抄本,第157—158页。

顺治十五年（1658）夏，徐增撰《私评会真记》："苏州近日有《西厢》，侬喜看他字字香。应是双文重得度，世间才子好心肠。"（《九诰堂集》诗卷一三《和沈紫房艳诗》之四）此诗赞扬圣叹通过评点，为《西厢记》淫书说翻案。沈紫房名约，苏州人①。弱冠有《玉林诗草》，徐增为之序（文卷六）。

（据《金圣叹评点〈西厢记〉史实二题》节录，原载于
《辨疑与新说：古典戏曲回思录》，黑龙江大学出版社2013年版）

---

① 杨钟羲《雪桥诗话馀集》卷一记录常熟罟里瞿氏四世遗像题词，有"归祚明元恭、徐增子能、施谞晓庵、方夏南明、陈济生潜确、施惟明古完、沈约紫房、林云凤若抚、徐晟祯起、金俊明不寐、李实如石、程棅朽石、杨补古农、陆世鎏彦修，皆遗民也，词翰均美"。北京古籍出版社1992年版，第11页。

庐剧《借罗衣》学习札记

庐剧《借罗衣》是一出寓教于乐的好戏。好就好在写出了活生生的人物。尤其是对二嫂子的刻画,可谓是细致入微。

"属鸭子的再打扮也还是扁嘴子",这是《借罗衣》中小汉宝对他二嫂子好虚荣、爱打扮的讥讽。提起二嫂子,庐剧的爱好者没有人不知道她是个精灵的小媳妇,巧嘴利舌的能人。照她的王干妈说,"这个小丫头呀,尖嘴薄唇才会讲话"。但她聪明而不能干,要强又没有本事。这样,喜剧性就来了。四月四回娘家,这本是人之常情,要去,甩开两脚去就是了。不,这样倒不成其二嫂子了。"别人家姑娘回家我亲眼看见:头戴是金花,身穿是绸缎,打扮的霞光亮,实在真好看。今天我把娘家回,没有新衣不体面",她呀,是个争强好胜,死要脸的人物。人不胖,就打肿脸来充!于是便让小叔子汉宝去借毛驴,自己借来了罗衣和首饰,打扮得"霞光亮"地上路了。小戏的前半场,就是围绕一个"借"字,写出人物性格。在舞台上集中表现了二嫂子借罗衣,其馀的都是暗场处理,既淋漓尽致,而又剪裁得体。

二嫂子动身去娘家之前,有一个戴金花的细节,也是经过精心选择的。二嫂子借来金花,正不知如何戴法更美,恰巧汉宝子奉命借驴回来了。(汉):"金花!借哪个的?"(嫂):"哟,汉宝子!你怎么这样看不起人,哪是借的,是我纺纱赚了钱,叫你二哥去城里代我买的。"让汉宝子帮她戴,先戴高了,"那太阳不晒坏了吗",后戴低了,又嫌"那人家怎么看得见",最后还是由她自己来戴才了事。这个细节是很富有表现力的。正因为她总是怕人看不起,所以说是自己纺纱赚的钱所买,这就更加鲜明地刻画出人物爱面子、要强,喜欢夸饰自己的性格,同时这也为下半场戏的进行做好了准备,怕把金花晒坏了,是因为坏了要赔,但是,当这和"人家看得见"发生矛盾时,二者不可得兼,还是舍鱼而取熊掌,将金花高高地插在最显眼处。

后半场表现手法主要运用的是欲擒先纵。二嫂子装饰体面地回到娘家,一进门又是嫌板凳脏,又是嘲笑姐姐看不出自己穿戴的是罗衣和金花;并且用舌头舐着金花说:"这不是比蜂蜜还甜些吗?"以此来证明是金的而不是铜的。当姐姐说这是借人家的时候,她竟说:"什么! 借人家的? 不是自己的我还不要咧!"理不直却气壮! 作者采用夸张的手法,突出了人物轻狂的言行和她本身真实情况之间的矛盾。以后整个戏就在二嫂于妈妈、姨娘面前大吹自己心灵手巧聪明勤劳之中向前发展。但是,当她到了得意的顶峰时,在外放驴的小汉宝突然来了,无意中揭穿了她的谎言。于是形势急转直下,自以为聪明的二嫂子,就这样可笑地由死要面子开始,以丢尽面子而告终。

这出戏中并没有一个贯穿全戏的和二嫂性格始终对立的人物存在。主要是抓住人物自身的特点,揭示人物与其所处环境的矛盾,来组织戏剧冲突,运用夸张的手法加以强调,构成了喜剧性的情节,塑造出喜剧性的人物。使人发笑,得到快感,又能引起深思。获得了寓教于乐的艺术效果。

剧本的针线严密。在前半场戏和后半场戏之间,有段过场戏:嫂、叔俩正在路上走着,突然犟驴跳了一下,吓得二嫂不注意地向小叔子露出了自己的马脚:"跌坏了罗衣、碰坏了金花,我怎么还王干妈和大嫂子?"小驴的一跳,便给下面揭露二嫂的虚荣埋下了伏线。戏的结尾也是饶有情趣的。被撕破假面的二嫂羞愧欲走,汉宝子忙装狗叫来吓唬她。这一吓不要紧,已走出家门口的二嫂连忙跑回来了:"打狗! 打狗!"——为什么? ——"哎呦! 别咬坏我的罗衣。"这句台词妙哇! 临终场时,又在人物性格上涂描了这么一笔,真是画龙点睛。

莫里哀说过:"一本正经的教训,即使最尖锐,也往往不及讽刺有力量;规劝大多数人,没有比描画他们的过失更见效的了。恶习变成了人人的笑柄,对恶习就是致命的打击。"(《达尔杜弗》序)庐剧《借罗衣》是具有这种力量的。

(原载于《安徽文化报》1980年3月8日第4版,题为《寓教于乐　贵在写人——庐剧〈借罗衣〉学习札记》)

《元曲家考略》读书笔记

一 曲家赵子祥绝非宣城赵熊

《中国古典戏曲论著集成》本《录鬼簿》,于"前辈已死名公才人有所编传奇行于世者"一类中,著录"赵子祥"及所撰杂剧三种:《崔和担土》、《风月害夫人》次本、《太祖夜斩石守信》次本①。该类共记载金元杂剧作家五十六位,子祥名列第二十三。与其他各人名下或多或少皆有简介迥异的是,钟嗣成对赵子祥无论字号、籍贯或仕履均无只字涉及。已故孙楷第先生于《元曲家考略》中设专篇考证其人,次第引用元代杨翮《送赵子祥序》等文献,考得"赵子祥宣城人……名熊,仕至某县典史","生当大德末"即1307年左右,"如老寿,亦入明矣"②;据所引明初宋濂《故陈夫人赵氏石表辞》,赵熊之女约生于元统二年(1334)。此论一出,影响颇大,《元代杂剧全目》(1957年版)、《古典戏曲存目汇考》(1982年版)、《中国戏曲志·安徽卷》(1993年版)等皆主宣城赵熊为杂剧作家之说,如前者云其"大德时人,与杨翮友善"(第145页)。元成宗大德共十一年(1297—1307),而杨翮的生活年代,据孙楷第先生的考证,约为1306—1376年,乃为元末明初之人:"杂剧全目"何以会有此互相抵牾的文字呢? 其实,"与杨翮友善"之说,袭自《元曲家考略》;"大德时人"之说,则是对孙楷第先生的"生当大德末"的考证的修正,并据至顺元年(1330)自序《录鬼簿》所

---

① [元]钟嗣成:《录鬼簿》,《中国古典戏剧论著集成》第 2 册,北京:中国戏剧出版社 1959 年版,第 113 页。
② 孙楷第:《元曲家考略》,上海:上杂出版社 1953 年版,第 82 页;上海古籍出版社 1981 年新版,第 73—75 页。

谓"前辈已死名公才人"之可能的时序推出。只是在兼采两家时,忽略了基本的一点:孙楷第与钟嗣成的观点是不可能并存的,即这位被约生于1275—1279年的钟嗣成视为"前辈"、且在1330年"已死"的赵子祥,绝不可能是孙楷第先生所考出的"天历元统间"(1328—1334)"年三十许"、1334年尚有女儿出世的宣城赵熊("存目汇考"认为赵熊"约元世祖中统初年前后在世"[1260—1263],并与杨翀友善,就更离谱了)。因为,从年龄上看,钟嗣成为宣城赵熊的"前辈"而非相反,应是毫无疑问的。在元曲家考辨中精见迭出的孙楷第先生,用了两页半的篇幅去考证一个根本不存在的事情,诚如围棋圣手也会偶出昏招一样,不足苛责;后人承袭权威之论而相沿不疑,亦是情有可原的。但是,也有学者早已看出其中破绽,如台湾王德毅等编《元人传记资料索引》在"元初曲家"赵子祥名下注明《元曲家考略》"误考为:赵熊"[1],便是一例。笔者曾在1998年发表的一篇拙文中,以当页脚注的形式略说赵熊"绝非写剧三种"的赵子祥[2],而未发现学界已有先得吾心之见,在客观上稍涉掠美之嫌。故草此短文,以彰显台湾学人的学术贡献,亦兼有自责疏于翻检的用意在。

二 值得注意的钟嗣成生卒年一说

近二十年来,关于《录鬼簿》作者钟嗣成的生卒年,占有权威地位的观点是"约1279—约1360",如在《中国大百科全书》的《戏曲曲艺》卷和《中国文学》卷的有关条目中,均持此种意见,首倡者大概是冯沅君先生《古剧说汇》(1947年版,1956年新版)的《古剧四考跋·才人考·关汉卿的年代》一文。但在《元曲家考略》的《钟继先》文中,孙楷第先生对钟嗣成的生卒有一推测:"至至顺元年为《录鬼簿》时,年约五十馀;至至正五年补书《录鬼簿》'乔梦符'时,年约七十。"[3]至正五年是公元1345年,可

---

[1] 王德毅等编:《元人传记资料索引》,北京:中华书局1987年版,第1716页。
[2] 拙文《钟嗣成〈录鬼簿〉外论三题》,《戏曲研究》第54辑,北京:文化艺术出版社1998年版,第90页注4。
[3] 孙楷第:《元曲家考略》,上海古籍出版社1981年新版,第149页。

见孙先生认为钟嗣成约生于南宋德祐元年(1275),并隐约倾向于钟氏可能卒于至正五年(1345)稍后。

此一说法,虽多为权威著述所忽视,然而也有学者深为认同并大加发扬,如英年早逝的李春祥先生便曾撰《钟嗣成生卒年辨析》,专门论证"生于1275年卒于1345年或略后"之说。在阐述"生于1275年"时,李先生从"修订周文质小传时间"、"师从邓善之等人的年岁"等角度立论,并指出《自序丑斋》"三十岁"云云"不能做为"推断生年的依据①,皆颇有说服力(惟据《元史》本传"至元二十七年,行中书省辟为杭州路儒学正。大德二年,调崇德州教授"而认为钟氏师事邓文原"只能"在此期间一说,似可商榷:黄溍《邓公神道碑》言邓文原宋末元初即在杭州"开门授徒,户屦常满,中州士大夫多慕而与之交",末句尤堪注意);至于"卒于1345年或略后",李先生正面论证不多,然指出郏经至正二十年(1360)所写《蟾宫曲》是悼念钟嗣成这位"同道友好",便已足以摇撼"约1360"年卒的可信性。

关于约1360年卒的较难成立和约1345年稍后卒的较有可能,笔者还可补充三点:

1. 从《录鬼簿》"方今才人相知者"及"不相知者"各类皆未载郏经,而其人仅见于《录鬼簿续编》并与"续编"作者相交"甚深",且明洪武十一年(1378)尚在世②,钟、郏生齿相差约三十年,既非友好,甚至并不相识,只是后者在钟氏逝世多年后有幸目睹遗书,有感而发、撰曲相吊而已,似乎不足为考证卒年之参考。2. 从《录鬼簿》列卒于1354年的黄公望入"方今才人相知者"而不入"方今已亡名公才人余相知者"之类,不知可否视为钟氏在1354年前已亡的一个较为有力的证据?3. 从现存各版本《录鬼簿》综合考察,钟氏自1330年自序该书,至1345年记载乔吉亡故,十五年间曾多次增订修改,何以在书中绝无1345年后的任何史实呢?在"方今才人相知者"类的跋语中,有"继乎前辈者,半为地下修文郎矣……岁

---

① 载《河南大学学报》1984年5期,收入所著《元杂剧论稿》,开封:河南大学出版社1988年版。
② 参《元曲家考略·郏仲谊》,上杂出版社1953年版,第52页;上海古籍出版社1981年新版,第40页。

不我与,急为勉旃!"数句,主观上是"急为勉旃",客观上却无丝毫线索,是否说明1345年后不久钟嗣成便同为"地下修文郎"了。至于不久后多长时间,从概率和推论来看,说其约卒于1347年,在现有史料的情况下,或许是较合情理的判断;起码在"约卒于1360"之外,不失为一种值得注意的说法。

三 夏庭芝生活时代及其他

孙楷第先生在《元曲家考略》(1953年版)的《夏伯和》一文中,广采《青楼集》各种序跋及相关史料,来考辨其人其书的有关问题,颇具文献蒐辑之功;尤其是从浩如烟海的史籍中发现《封氏闻见记》(1981年新版排作"封氏见闻记")"云间夏庭芝伯和"跋语,从而使《青楼集》出自夏庭芝之手成为定谳。然该文对夏氏在世时间未作详论,仅于篇末据陶宗仪一首七言长律,"知伯和入明犹无恙"①。其实,在《元曲家考略》辑录的资料中,已为后人探索有关问题提供了基本线索。关于生年,张鸣善《叙》所云伯和"方妙岁时"有术士为之算命,谓"厥一纪,东南兵扰,君值其厄,资产荡然"一段,已有暗示:"东南兵扰"云云实指"至正十六年二月松江之变",亦即《封氏闻见记》夏跋"至正丙申岁,不幸遭时艰难",时在1356年;上溯一纪12年为1344年,此时夏氏年"方妙岁";如果将"妙岁"理解为20岁左右而不算牵强的话,视夏庭芝约生于元泰定二年(1325),不知能否为已在"地下修文"之孙先生所首肯。

关于入明时间,孙先生所引陶宗仪诗题甚长,故在《夏伯和》中仅节略抄之,但在"与邵青溪张林泉会胡万山夏雪蓑"的文字后,省却了极有史料价值的人名"张宾旸",甚为可惜。此人名昕(1367—1434.2.5),洪武元年(1368)始虚龄两岁,既能与老者陶宗仪同游,即便名列"小友",总亦应有18岁左右。据此推测夏氏洪武二十年(1387)前尚在世,恐亦不会勉为其难的。至于末署"至正己未"并与《青楼集》初撰时间密切相关

---

① 孙楷第:《元曲家考略》,上杂出版社1953年版,第101页。

的《青楼集志》写于何时,孙先生认为:"至正无己未。乃乙未之误。"前句千真万确,后句则未必然。从"风尘澒洞,郡邑萧条"的志文判断,与其认定己未是"张士诚据平江陷湖州松江"之前之至正乙未年(1355),不如说是之后之至正己亥年(1359)。此年,作者夏庭芝约35岁。以上之基本观点,在拙著《元代戏剧学研究》(1999年版)这部小书中曾以专节试述,因有关结论与《元曲家考略》、《中国古典戏曲论著集成·青楼集提要》以及《青楼集笺注》等专门著述颇有出入,既为发现推考夏氏生年的宝贵线索而暗自高兴,又实实不知能否得到学界认同而缺乏底气。如有不当之处,希望高明之士有以赐教,以免谬说误传,贻误后人。

(第三节原载于《文学遗产》2002年第5期)

浅议祝肇年先生读《长亭送别》文

　　赏析文章因其一般篇幅短小、文字浅近而往往不为学者所看重。其实,撰写此类文字亦并非易事,它与欣赏对象的创作一样,也需要匠心慧眼,也需要竭虑殚精。因为赏析文不仅要具有优美的表述,让人乐于阅读;而且应涵括充实的内容,令人有所收获。如果说优美的表述是赏析文的共性,充实的内容则要因对象的特点和撰文的动因而各有不同。面对中国古典戏曲的瑰宝《西厢记》,已故的祝肇年先生作为中央戏剧学院戏剧文学系的教授,针对当代戏曲存在着"情与境离"的创作现象,注目于"长亭送别",紧扣住"情境交辉",曾写下旨在为现实创作提供借鉴的此篇文字[①]。

　　基于这种撰文动因,祝先生在赏析时跳出了以情感人、情景交融的初、中级分析层次(一般分析常好为此),开篇便直揭主旨,一针见血地指出写情而不能动人的症结所在:离境写情,流于浮泛。从此,文章顺流而下、环环相扣,围绕着《西厢记》是如何"触境生情,因情见境"的,以《长亭送别》为例,从多角度阐释了这部古典名剧在处理"情境交辉的辩证关系"上所取得的突出成就。祝先生侧重于两个方面:

　　一、情与景、景与境的关系,强调人(角色)在境中、寓景于境。具体到《长亭送别》,情是崔张离情,景是萧条秋景,境是凄清别境。在戏曲家笔下,真是句句写情,也是句句写景,更是句句写境。贯穿情、景、境的情绪线,是那浓得化不开的离情别意;而将这种情意烘托成具有蔓延于舞台各个角落、浸润于唱辞每一字句的艺术感染力的,则是得益于戏曲家对碧

---

　　① 祝肇年:《情境交辉——读〈西厢记·长亭送别〉随感》,《陕西戏剧》1981年第7期。

云黄叶天、冷落长亭筵的渲染和描状。于是,此情、此景、此境便构成了如天孙织锦、天衣无缝般的和谐整体。

二、情境的整体与局部、一般与特殊的关系,强调情随境迁,境因情异,要准确地刻画出情是"此时此地之情"、境是"此时此地之境",细腻地表现出离情秋境的同中之异和异中之同。祝先生非常欣赏该剧具有"异常的具体性和真实感"的情境描写特点,认为这是现实主义"最可贵的表现"。为了说明这种描写的艺术力量和美学成就,他依照情节演进的顺序,将短短一折《长亭送别》细致地区分为"四种不同的环境",即送别途中之境、长亭离筵之境、两情相对之境和人山远隔之境;整体或一般的离情秋境,在这四种不同的环境中,因着场景、人物的或显或微的变化,角色的情感体验和表达又各具迥然不同的特色。此段文字,充分体现了祝肇年先生赏析文章的写作成就:文心细密,文思谨严,文笔优美,文风雅致,寓欣赏于描述之中,融分析与介绍于一体,是值得后学者认真体味和学习的。

作为祝肇年先生读《长亭送别》文的赏析者,我们对"情境交辉"在戏曲创作中的必要性,似乎进而可作这样的体认:从戏曲文学创作的角度论,固然寓情于景、于境,方能写情而"沁人心脾",令人可见可感;从戏曲舞台表演的角度论,则人物情感惟有置于特定环境、特定景色中去刻画,才会给演员留下艺术再创造的广阔空间和发挥表演才能的充分馀地。例如,正是因为有了类似"四围山色中,一鞭残照里"这样包蕴丰富的美句,演员始可据以表现角色"徘徊目送,不忍遽归"(明凌濛初批评《西厢记》语),极目翘首,哀婉幽怨等身段和情感,才能使崔莺莺这位纯情至性的贵族小姐的美丽形象,真正地活在舞台上,活在一代又一代的观众心里。

(原载于《新教材高二语文名作欣赏》,北岳文艺出版社2002年版,题为《西厢情境好　赏析亦交辉——浅议祝肇年先生读〈长亭送别〉文》)

读《清初杂剧研究》

在相当长的历史时期内，杂剧都是中国戏剧史上重要的文体样式。元代的独领风骚于曲坛和明代中前期与南戏的分庭抗礼自不必说，即便在明代中后期传奇称雄天下后，杂剧仍以其顽强的生命力，在明清戏剧史上占据着一席之地。但是，就学术实绩而言，与人人争论元杂剧相比，与明代杂剧研究成果频出相比，有关清代杂剧的探讨无疑冷清了许多。其原因固然复杂，以是否具有舞台性和名家名作来选择自己的钻研对象，这样的"戏剧史"心态很可能起着决定性的作用。如此背景下，当我们看到杜桂萍教授《清初杂剧研究》悄然问世时（《清初杂剧研究》，人民文学出版社2005年3月），自然会给以特殊的关注。

该书是作者在其博士论文基础上修改出版的，内容分上下两编：上编为"总论"，以四大章节详细论述清初杂剧的体制形态、题材主题、作家构成和文人化问题；下编为"作家论"，分别以遗民人格、才子情结、志士情怀和愤激心态为切入点，考察吴伟业、尤侗、嵇永仁等典型个案以及明遗民作家群体的杂剧创作。清初杂剧，在中国古代戏曲史上并无显赫的艺术地位和文学成就。以这样的课题作为博士论文的选题，对于撰写者的学术水准无疑是一种考量。令人满意的是，作者以崭新的建构完成了自己对清初杂剧的全新研究和独到阐释。

在学术观念上，摆脱了文学史作家作品论和戏剧史体式演变论的传统研究模式，把心态、心史即作家主体性的研究置于中心位置，在文人化的审美历程和鼎革初期的人文环境的双重视角下，考察其在清初杂剧从内容到形式的变化中的决定作用。在作者看来，戏剧文体的嬗替，不再仅仅是简单的形式盛衰之变，而是与剧作家内在自觉的创作追求密切相关的艺术表现。因此,尽管作者对于当时的杂剧是否仍具有舞台生命始终给予密切关注,但是已经明显"案头化"了的杂剧创作,在其眼中依然具备着反映特定知识群体心路历程的文本价值。"文人化"的倾向虽然使杂剧创作与舞台演出的关系渐行渐远,但是清初作家"刻意通过杂剧曲词表达内心情愫的创作心理,在他们的作品中表现得更为突出,这对杂剧较传奇更早走向雅化回归中国文学本体发生了积极的推动作用"(第25页)。正是这种更为通达且更贴近本质的文学史研究胸怀,让论者概括出"自我情志的挥洒与文本建构乃杂剧创作之终极追求"的艺术特点,并以此为通贯全书的学术理路,建构起对于"清初杂剧观念及其展开形态"的详尽剖析。诚如作者在《引言》结尾处所表述的:

> 作家的灵魂首先是在时代思潮的烘焙下跳舞的,思潮所构成的境遇足以塑造灵魂的历史,并使之投影到杂剧文本上。同时也为后人走近清初杂剧,提供了观照的前提以及阐释的平台。(第28页)

在这样的指导思想下,作者不仅从容地"走近"而且深入地"走进"了清初杂剧。

在研究思路上,作者对清初杂剧所包蕴的丰厚的人文内涵、丰富的心灵景观,予以了全景的文化关照和全局的动态把握,形成了在文化史背景下进行戏剧学探讨的学术个性。该书开篇,站在清代历史、文化和学术史的高度,对"清初杂剧"历史分期令人信服的划分,固然已经外在地显示了论者这一方面的造诣;类似的"全景"和"全局"眼光,在其后一些具体章节中亦时有体现。如上编第三章对清初杂剧"作家构成"的分析,从"身份与才艺"、"伦际与地域"、"心态与人格"三大角度,统视全国范围内当时众多杂剧作家的构成情况,结合量化与定性这两种研究方式的特长,以探寻这些纯正文人"作为一个集群"对时代思潮的表达,以及特殊的"文化语境对他们人格的塑造过程"(第148页);借助对清初杂剧家"边缘心态与焦虑人格"、"末世心态与忧愤人格"和"游戏心态与超越人格"等三组对应关系的慧眼巧构,论证了杂剧这一"托体卑下"的文学样式,在清初的历史文化背景下,是如何通过一代文人之笔,"寄托了真正的人生追求"和"展示了人性的真正景观"(第159页)。从而在鸟瞰全局的基础上,全面细微地论述了此一时期杂剧作家构成的丰富结构和深层内涵。"全景"和"全局"意识,还可以从卷末附录《清初杂剧作家作品综录》的设置表现出来。该附录以作者为纲,以作品为目,考录这一时段百位杂剧家的生卒、籍贯、简历、戏曲创作情况、传记文献出处、剧目情节本事等,并辑录古今名家评语。这种文献资料的系统考辨和汇集,既为自身著作夯实了立论的厚实基础,也为后人研究开辟了继续深入的门径。

在撰述方式上,长于分析、阐释、归纳,将新方法、新观念、新视野与清初历史、文学和思想文化的实际状况相互融合,在广泛吸收前人成果的基础上,迭出新见。文学史的撰述,大致可以分为三种类型:叙述的文学史、阐释的文学史、哲学的文学史。此三者各有其长,或长于知识介绍,或长于问题探究,或长于规律发掘。《清初杂剧研究》在强烈的问题意识主导下,已具备了"阐释的文学史"的学术风范,并不时地闪现着"哲学的文学史"的理性光彩。这一学术特点,不仅在上编综论性质的各章中随处可见,如第四章的基本观点是:清初的杂剧创作,总体上尽管出现了雅化的审美风貌,"历史定位仍处于雅俗的转捩点上"。随后有一段颇为精彩的卒章呈词:这种雅俗转折点上的特殊位置,

> 使杂剧文体始终呈现为一种开放性的结构,为作家不拘一格地发挥创造性提供了机遇与空间,使饱受外在压力后的内在情感因之而郁积勃发,突破了本有的艺术规则,构造了一种自由审美艺术创造的生动内核。因此,有时候,杂剧呈现为雅文学的内里、俗文学的外表;有时候,杂剧又表现为俗文学的内里、雅文学的外表。雅与俗的份额与含量不但是变化的、互动的,还始终通过情感的张力、文人化的表现形式形成共振,为其存在以及有关它的阐释提供了人性化的维度。(第201页)

在辩证思考中言简意赅地探求规律的存在,令人欣赏、启人深思。这种在阐释中凝聚哲理思考的撰述特点,在下编那些貌似作家作品论的内容中,亦有具体的展示。如首章论述吴伟业"遗民人格"与其杂剧创作之

关系,对于这位在明末清初文坛上有着重要地位的作家,论者并没有按常规详细介绍其人生仕履,而是仅在开篇用几行字扼要概括其生平特点:一是始终感戴崇祯皇帝的礼遇赏识,二是深刻悔恨自己的仕清失节;然后便以"题材本事的选取与改造"、"怜才与回家:遗民情感的意象表达"和"皇帝:遗民人格的寓言载体"等三节,详论政治身份固为贰臣、但文化心态则是遗民的吴伟业,在其杂剧创作中是如何借助题材的"稽古",委婉而深沉地展露着自己那些难以言说的两难心境。这样的结撰方式,宏观把握与微观透视有机结合,巧妙地将文献考释延至幕后,将理论阐释推向前台,突出了全书富于思辨性、论断性和哲理性的学术特色。

当笔者得知,作者同题论文近获 2006 年全国优秀博士学位论文提名,不禁产生"野无遗才"之感;其《清代杂剧研究》已被批准为 2005 年度国家社科基金项目,让读者从此又生新的期待。只是作为精益求精的建议,希望作者在今后的著述中,一能注意作品引文犯中见避的处理,二能注意资料著录具体而微的努力,三能注意文献考证竭泽而渔的追求。此类问题的刻意留心,或许会对挥洒自如、才气洋溢的学术个性有所拘束,却能让精彩的思辨与详实的论述相得益彰,给人以更加精萃而丰赡的感觉。通观全书,也应是作者的学术追求所在。

(原载于《书品》2007 年第 1 期,题为《读杜桂萍〈清初杂剧研究〉》)

自 著 序 跋

《元代戏剧学研究》后记

如果说元代戏剧学研究是笔者心系于斯十馀年的一个课题，或许在旁人看来是不可思议的——当今之世，学术繁荣，一年写出两部专书的作者并不稀见，短平（频）快早已从排坛传入学界——然在我却是事实：早在1986年，与学兄桂民在导师宁宗一先生指导下撰写《元杂剧研究概述》一书时，对研究现状系统梳理后深感元代戏剧学研究之不足，便触发或萌生了以此为课题，尝试进行全面、深入研习的设想。从此，便开始了对元代戏剧学时断时续的探索。

次年夏，年届而立的我离开求学三载的天津南开，来至南京师大从事古籍整理研究工作。不停地参加、承担或主持各种项目，遂使这一研究在相当长的时间内处于一种断多于续的状态中。直到1995年以"元代戏剧学研究"为题申报了省教委社科研究项目，按时完成任务的时限性及责任感，才逼使自己利用参加合作项目《清人别集总目》的馀暇，在多年研习的基础上，又用了两年多的半业馀时间，终于在去年夏初完成了书稿。

慢也未必全是坏处。多年古代文献整理研究的经历，使我能够比起步阶段以远为审慎的态度去面对所要评说的戏剧学史料，也使自己比先前更有能力去就一些学术界已成定论或向无异议的问题发表出个人的见解。而做出的某些推测，如郑光祖生年、钟嗣成卒年、杨维桢籍贯、高"东嘉"由来、夏庭芝生年、《青楼集》写作时间等，自以为或许有可能修正或改动文学史、戏剧史上的某些成说的。

慢的好处还在于，它使我能有较充裕的时间不断地将有关章节通过发表向学界请教。说到此，不能不提及许多刊物给我的帮助：《文学遗产》、《中国典籍与文化》、《戏曲研究》、《戏曲艺术》、《艺术百家》、《河北师范大学学报》、《安徽大学学报》、《古籍研究》、《文教资料》,正是它们的无私提携和热情鼓励(其中一些刊物还曾多次刊发本人这一论题的相关文字),对我去努力完成元代戏剧学研究课题,给予了有力的支持和无言的敦促。

书稿校样出来后,抱着忐忑之心寄呈宗一师。因为对于先生来说,这可能是一份交得太迟而质量与时间又远没有形成正比的作业。拜读赐序后,除了仿佛又置身于当年负笈津门向师问学的情景之中,又领略到先生一贯的寓指导于勉励的长者之风,至于不安的心情,不仅没有消除,反而加重许多:序中对学术研究特点高屋建瓴的归纳,固然只能是今后努力的方向;而对拙作的殷殷期许,弟子不敏,实际又能做到几分呢?

最后要交待的是,我所供职的学校对中国古代文学学科的高度重视,是此书得以问世的有力保证;而文学院将其纳入《随园薪积》丛书,则显示出对本人在学术上的热情劝勉。至于在接受书稿的过程中,出版单位领导和责编表现出的关切、积极和慷慨,虽一切尽在不言中,却是令人难以忘怀的。

陆林 1999 年 5 月写于南京古随园北麓

(原载于《元代戏剧学研究》卷末,安徽文艺出版社 1999 年版)

《清代笔记小说类编》总序

我国古代笔记小说,历史悠久,源远流长,起源于先秦,萌生于汉代,中经魏晋六朝和唐代两个创作高峰,至清代而进入鼎盛之期。有清一代的笔记小说创作,卷帙浩繁,作者如林,继承了晋之志怪、唐之传奇和历代史传文学的艺术营养,形成了三大创作家数。一种是以传奇法志怪,情节曲折,文彩绚烂,并自有其情感之真诚、含蕴之深刻,这种以蒲松龄《聊斋志异》为代表的艺术类型,占居着清代笔记小说的主导地位。一种是融志怪和考辩于一体,在平直的记述中杂以精警的议论,质朴凝炼,富于理趣,代表作是纪晓岚的《阅微草堂笔记》。一种是散出于清人文集中的纪传体小说,传神写照,虚实相间,细微婉转,摹绘如生,由"虞初"体编者而集其成。它与"阅微"体一道,伴随着庞大的"聊斋"系列,构成了清代笔记小说丰富多彩的基本面貌。其中大量的优秀之作,突破了以纪实为主的传统笔记小说观,以尺幅千里的独特形式,歌颂真、善、美,鞭挞假、恶、丑,反映着时代的生活画面和人们的思绪心境。上至朝廷官场,下至市井里巷,甚至虚幻的冥间仙界,各种场景,各色人物,在清代笔记小说中都有艺术的展现。从文学反映生活的广泛性和丰富性来看,可以说笔记小说发展到清代,才最终摆脱了随笔杂著的束缚,衍变成为成熟而独具个性的小说样式。

清代笔记小说所取得的艺术成就,奠定了自身在传统思想文化和古典文学宝库中的重要地位,在今天仍具有供阅读者欣赏、创作者借鉴和研究者参考的多种价值,是我们认识封建末期心路史程的形象材料。如何把这一时期的笔记小说推荐给读者,前人做过不少工作。我们试图打破整理单个作家小说集或编选断代小说选的传统方式,以艺术情节和主要形象的性质特点为分类标准,精选出那些当时作者普遍关心,现在仍然有其生命力的各类题材的较好作品,选编一套清代笔记小说分类丛书,以满足广大读者的不同需要。

分类编选笔记小说,我们希望能具有这样几方面的作用:从欣赏方面来看,清代笔记小说数目众多,人们的欣赏口味又各有偏好,一般读者没有兴趣也没有必要逐本逐篇阅读,本丛书将原先散见于各书的单篇作品,精选其有较强可读性者,按类集中,汇辑成书,可以较充分地满足各种读者的不同欣赏爱好;在系统地分类阅读过程中,通过比较对照,也可提高读者对同类作品的欣赏水平。从创作方面来看,清代笔记小说的艺术经验,对今天创作具有民族风格和气派的文学作品,仍有重大的借鉴作用。本丛书的分类特点,对从事不同题材创作的文学艺术工作者,从创作素材和艺术手法两个方面,均可提供历史借鉴。从研究方面来看,本丛书为分类的专题性研究,提供了较丰富的历史资料。在文学史研究的范围内,它有助于引起对全面研究清代笔记小说的重视,并为分类笔记小说史的撰写,准备了基本材料;就广义的社会科学研究而言,笔记小说描写现实的真实性和形象性的特点,也使本丛书对中国古代历史、思想史、城市生活史、武术史以及古代神话、民俗、法学的研究,具有一定的史料价值。

全书以传奇体小说为入选重点,从清人所作的约150部笔记小说中选取200馀位作家创作的约1900篇作品,按类分编成十卷,总字数近350万字,以较大的容量、独特的形式,反映了清代笔记小说创作的总体风貌。这其中,有对幽艳哀婉、纯真美好爱情的动人描写(见《言情卷》),有对封建末世、众生之相的冷面观照(见《世相卷》);有反映机谋谲诈、斗心斗智之篇(见《计骗卷》),有描绘行侠仗义、拳风剑影之作(见《武侠卷》);有的写奇人异士、奇闻异事(见《奇异卷》),有的写劝善惩恶、善恶昭彰(见《劝惩卷》);神仙鬼魅、亡魂幽灵,多是现实变相(见《神鬼卷》);花妖狐媚、草木虫鱼,万变不离人生(见《精怪卷》);烟花粉黛,在折射社会黑暗的同时,浸润着对弱者的同情(见《烟粉卷》);破案侦狱,在扑朔迷离之中,往往揭示了生活的哲理(见《案狱卷》)。面对清代笔记小说丰富的艺术内容,这十类不能说是概括无遗;作为编者,却力求它能不失其巨。十卷在手，清代笔记小说中的佳作名篇，也可谓十得六七，粲然可观了。

为方便读者阅读，全书入选作品均加以通俗而简要的注释，一般不列引文，力避繁琐引证；为省却读者的前后翻检，各分卷对难解词义的注释不避重复，但尽量做到先注者略详，后出者从简。各分卷入选篇目的编次，以时代先后为序。选自个人小说别集（如《萤窗异草》、《夜雨秋灯录》）者，以原书的创作或刊刻年代为准；选自多人小说选集（如《虞初新志》、《荟蕞编》）者，则以该集的编定或刊刻年代为准。同一作家创作的多篇作品，出处如涉及不同的小说集，均以先问世集子为准加以编次。写、编、刊均时间不详者，则参考有关材料，插入书中适当位置。

参加本丛书选注工作者，以南京师范大学古文献整理研究所的科研人员为主，兼请校内及外校的有关学者共襄其事。校科研处和古文献整理研究所的大力支持，为编写工作的顺利进行提供了许多条件。安徽省出版总社和黄山书社的高度重视，使全书能以较快速度与读者见面。黄山书社社长、原总编辑黄勤堂先生和责任编辑项纯文先生，在确定选题、推敲体例和审定书稿的过程中，付出了艰辛的劳动。在这套书发稿之际，谨对有关各方致以诚挚的谢意！

陆林 1991 年 4 月

（原载于十卷本《清代笔记小说类编》各卷卷首，
黄山书社 1994 年出版，1998 年再版）

《太平天国演义》校点前言

　　清代道光三十年,距中国近代史的开始——1840年第一次鸦片战争的爆发,才仅仅十个年头。就在此年农历十二月初十日(公元1851年1月11日),在广西桂平县金田村,洪秀全领导拜上帝会的民众,举行了声势浩大的武装起义,所部称为太平军,建号太平天国,旋即东进北上,定都天京(今南京)。随后,不仅苏、皖、浙、赣、湘、鄂多为其势力范围;而且曾北渡黄河,直逼京畿,威震半壁江山。直至1866年2月(同治四年十二月)太平军馀部败灭,历时15年、纵横18省,轰轰烈烈的农民起义战争,方告结束。是年,封建帝制的掘墓人孙中山先生诞生。

　　太平天国起义以数十万农民义军与清廷强大的国家军事力量相抗击,固然洪秀全及其麾下将帅萧朝贵、冯云山、石达开、李秀成、林启荣、林凤翔、李开芳、陈玉成等皆英勇善战,然而因历史条件的不足、阶级地位的限制、力量对比的悬殊,使得太平天国战史,既有奋战的浴血,也不乏胜利的欢歌,但更多的是失败的惨烈。加之义军内部的重重矛盾,如杨秀清的恃功自傲,韦昌辉的阿谀阴鸷,洪秀全对石达开的心存疑忌,洪氏诸王的纳贿,也使得太平天国阵营之内彼此纠葛缠夹难解,冲突抵牾愈演愈烈。此外,太平军的敌手亦非等闲之辈,武将僧格林沁、李续宾、鲍超、张国梁之骁悍耐战自不必说,即曾(国藩)、胡(林翼)、左(宗棠)这三位"中兴"名臣大吏,其挽狂澜于既倒的腕力,岂是反面丑角所能望其项背的。凡此种种,既似乎注定了历史上的太平天国起义必以悲剧为结局,也为后世的文学艺术家留下了一个充满着情节性、戏剧性、转折性、悲剧性的绝好题材,是历史战争文学创作在题材上的一笔丰厚遗产。《太平天国演义》,便是首部由晚清小说家黄世仲创作的全景描写和正面歌颂太平天国起义的长篇小说。

黄世仲,广东番禺人,字小配,号棣荪,别署禺山世次郎(意为番禺人,排行第二)、黄帝嫡裔等,以字行。生于同治十一年(1872),早年赴南洋谋生,于新加坡入邱炜菱主办的《天南新报》为记者,1905年(光绪三十一年)在香港助郑贯公办《有所谓报》,并于此年入同盟会,参加反清革命,次年复自办《香港少年报》;并开始在这两份报纸上连载其以太平天国起义为题材的小说创作,为宣传反清革命推波助澜。辛亥(1911年)起义成功后,广东宣告独立予以响应,黄世仲被推举为民团局长,负责民军的军饷给养。次年,都督陈炯明诬其"侵吞军饷",继任胡汉民竟轻率杀之,年仅40岁,时论冤之。

作为一位晚清重要的小说家,黄世仲生前还曾写过《廿载繁华梦》、《大马扁》、《宦海升沉录》、《陈开演义》、《镜中影》等描写现实、抨击时政、鼓动革命之作。然唯有本书在诸作中"尤为特出"(阿英撰《晚清小说史》),而且堪称中国"近代小说史上第一流的作品"(《中国通俗小说家评传》赵明政撰《黄小配》)。他写《太平天国演义》除了宣传反抗清朝统治、反对专制政体、提倡民主制度等政治目的外,作为文学创作本身来说,还有三个具体的创作触发点或三个创作酝酿阶段。首先,作为一位自幼生长于太平天国发祥地两广地区、并于太平天国失败后仅六年就出生的作家,少年时便常常"与高曾祖父老谭论洪朝,每有所闻,辄笔记之",可谓"蓄虑积愤、亦既有年"。其次,1895年(光绪二十一年)孙中山兴中会领导广州起义,旋即失败,时年二十馀岁的黄世仲恰寓城内某寺中,寺中长老即前太平天国侍王李世贤幕僚,"相与谈论时局,遂述及洪朝往事。如数家珍,并嘱为之书"。世仲"诺焉"(小说自序)。第三,1902年(光绪二十八年)洪全福、李纪堂等兴中会成员复谋广州起义,事泄而败。当时《岭海报》"借题对革命党大肆抨击",而立之年的世仲发表系列文章予以驳斥,"持矛刺盾,异常透辟,双方文战月馀始息"(冯自由撰《革命逸史》二集)。而洪全福者,即是洪秀全的堂侄,曾官太平天国瑛王、三千岁。从少年时浸于血脉之中的"蓄虑积愤",到成人后的交往和时事的不断撞击,使太平天国起义事件成为黄世仲横亘胸中、不写不快的创作题材。大约也就是从 1902 年始,黄世仲在以往积累的基础上,"搜集旧闻,并师诸说及流风馀韵之犹存者,悉记之,经三年而是书乃成"(自序)。

《太平天国演义》这部成书于封建时代晚期的历史演义小说,不仅其反抗清廷、提倡民主、肯定农民起义等思想内容已非传统文人所敢想象;其艺术描写所取得的成就,也显示出作者非凡的创作才能。概括说来,有这样几个特点。在结构布局上纵横开阖、宏伟磅礴,以 50 回篇幅描写波澜壮阔的太平天国革命运动从筹备、举事到高潮、衰落,事件纷繁,头绪众多,作者为了能全景式地反映敌我双方的运筹帷幄、攻守阵战,采取了重点情节的详细描述与一般过程的照应交待相结合的笔法,抓住影响太平天国命运的一些重大事件和战役予以充分铺陈,借以凸显双方主要人物的美丑善恶。如太平大将林启荣九江守卫战,始自 1855 年,失守阵亡于 1858 年,前后历时四年,而在小说中则是集中四回连续叙述该城战守始末,一气贯注,既充分展示了林启荣的忠贞善战,也真实地再现了这位智勇双全的猛将在敌方兵力过于强大时如何逐渐走上弹尽粮绝、束手无策、城破巷战、最后自尽的不归之路。在场景描写上,作者非常善于描状近代大型战争场面,数十万军队的行止攻伐,十馀路兵马的调集征讨,攻城时的枪林弹雨,野战时的踏血践尸,胜如潮涌,败如水溃,在其笔下均写得可见可闻,有声有色。在人物塑造上较少旧小说阵线分明、一味美化或丑化的脸谱化惯套,如在太平军阵营中,也有洪秀全的优柔寡断、杨秀清的心怀叵测、洪氏诸王的嫉贤妒能、李昭寿的残忍嗜杀;在清军将帅中,也有鲍超的奋勇敢战、温绍原的爱兵如子、王有龄的为民舍生、赵景贤的重义守诺,已基本跳出旧小说的窠臼,努力去写出在特定环境下的人物性格的真实性和多样性来。在小说与历史之间关系的处理上,作者能够做到主要人物的命运和重大事件的进程与历史本来面目基本一致;有时出于艺术感染力的需要,而在细节方面有意进行虚构。如太平军天官副丞相林凤祥 29 岁奉命北伐,31 岁兵败被俘,押京就义,小说却改写为兵败拔剑自刎,亡年 65 岁,并直言所谓"生擒"实无其事。这一改动,应该是有利于突出英雄人物慷慨悲壮和视死如归的,强化了人物形象的悲剧色彩。当然,有些改动在今人看来就未必恰当了,例如韦昌辉在天京事变中所起的作用,如据小说而去求历史,恐怕是要南辕北辙的。在小说语言方面,作者虽为粤人,却极少使用方言俗语,能用较为规范的当时白话状景叙事,加之作者以记者为业多年,从而使其笔下文字颇具一种简洁明快、生动流畅之美。

本书自1905年在报纸连载后,次年章炳麟为之作序,称其书"事既得之故老,文亦适俗",必将有利于"国家种族之事";1908年黄世仲复撰自序,言所作"皆洪氏一朝之实录,即以传汉族之光荣",此时当已有单行本问世矣。今之存世者,有清末民初石印本多种,现据以校点整理,以供读者欣赏。关于整理工作,想对以下几个问题略作交待:

一、书名。此书原名《洪秀全演义》,后之刊行本,复有"亦名《洪秀全》、《太平天国演义》"者(《中国大百科全书·中国文学》卷,侯忠义撰《黄小配》),或有名为《洪杨豪侠传》者。在上述诸名中选择《太平天国演义》,一是考虑到历史演义小说的取名惯例,一是取决于本书描写内容的实际情况,希望读者能够接受。

二、版本。本书的校点整理,是以上海广益书局石印"民族小说洪秀全演义"为底本,以另一石印本及上海大达图书供应社民国二十五年(1936)排印本参校,并据《清人室名别称字号索引》、《中国近代史词典》等书,核对、校改了有关人名、地名(有些属小说家言的异文,则一仍其旧)。由于石印本字小行密,错夺衍脱所在多有,前后矛盾之处也不稀见,虽已尽力予以订正,但漏、误之处难免尚存,希望得到方家指正。

三、分段。古典白话小说在创作时原本是不分段落的,往往一回即一段;今人的整理,在分段上向来是宜粗不宜细,段落划分偏大不偏小。这种偏粗偏大的分段,虽比原本已较易于读者的阅读欣赏,但在观感上似仍觉得嫌满嫌累。此次整理,根据这部小说情节转换极快、笔法颇富新意等特点,尝试着将段落以偏小偏细的方式予以断开,希望能取得眉目更清楚、层次更分明、视觉更轻松、版式更疏朗的形式效果;也是本人蓄意多年的想以现代小说形式整理古代小说的一个最初步的尝试。

四、附录。《太平天国演义》是黄世仲的一部未完之作,叙事至李昭寿欲投降胜保止,"欲知后事如何,且看下回分解",然而至今也未发现作

者所写的"下回"(坊间续刻的四十六回、八十六回,皆是粗制滥造之作,文笔、观点、风格、水平均难与原作相比)。为了方便读者了解太平天国"后事如何",特将其后有关史实梗概附录于全书之末。要说明的是,李昭寿叛变是在1858年,而小说前此即已写至张国梁、和春之死和李秀成克苏州、下青浦,此皆1860年之事,故附录史实自次年开始。

五、太平天国。最后交待一下本书校点中一个字的处理,"国"字繁体是大口框内一个"或",建国后规定的简体是大口框内一个"玉",而太平天国的最后一字是天朝当时专门创造的,大口框内乃是一个"王"字。虽然为排版方便,此字在本书中一律用现今通行简化字相代,但这一有关太平天国的小常识,或许有些读者也是有兴趣的,尤其是那些从事视觉艺术创作的人。

陆林 1998 年 9 月 26 日

(原载于《太平天国演义》卷首,黄山书社 2000 年版)

《知非集》自叙

说来惭愧，自入大学中文系读书以来，已近30年；专业从事研究工作，则将20载，发表文章尚不足百篇——按照现在的科研考核标准，平均到每年，可能还不满工作量。在这些长长短短的文字中，除去有关金圣叹史实研究（15篇）和元代戏剧学研究（19篇）两组系列论文，或因尚未最后完稿，或因已经出版成书，故分别只选两三篇之外，再除去时段不属于元明清和对象不属于文学的两类，二十多年来所发表的有关元明清文学与文献的研习文章，自以为尚有一点价值的，主要都在此集之中了。

文集以"知非"为名，典出汉代《淮南子·原道训》："凡人中寿七十岁，然而趋舍指凑，日以月悔也，以至于死，故蘧伯玉年五十而有四十九年非。"后人遂多以"知非"来代称特定的年龄，或表示对以往过失的反省。但是《原道训》篇接下来还有一段重要文字，解释一个人为何应该不断追悔、不断悟过："何者？先者难为知，而后者易为攻也。先者上高，则后者攀之；先者逾下，则后者蹶之；先者隤陷，则后者以谋；先者败绩，则后者违之。由此观之：先者，则后者之弓矢质的也。"作为汉代道家代表著作，《淮南子》提倡清静无为，主张应"守清道而抱雌节，因循应变，常后而不先"，认为如此才可避免陷入成为后人之"弓矢质的"的窘境。这种宁为刀背、不为刀锋（原是以戈矛的"镡之与刃"为喻的）的处世哲学，古今皆有其存在的理由或依据，只是在学术研究中不宜完全遵循，但是其"日以月悔，以至于死"的自省意识，却是对工作、事业执著追求、精益求精者应具的心态。从事学术研究工作，努力弥补前人缺失、突破前人藩篱、超越前人局限固然是题中应有之义，同时也应该认识到"先者难为知，而后者易为攻",认识到自己的研究同样是会由后者而变为先者的。尤其是在当今学界,各种工具书先后出版,各种珍本秘籍纷纷影印现身,各种全文检索也在陆续问世,从而给古典文学及其文献研究带来了前辈学者难以想象的便利,为我们超越前人并被后人超越提供了丰实的基本条件。故以"知非"为书名,寓有这样几层意思:约50岁时之选集;文章内容时以先者为质的;努力省悟自己以往的不足;奢望成为后者之质的。之所以用"奢望"一词,是因为能作为他人在研究同一课题时的参考、商略对象,已经是十分荣幸的待遇了。身处知识迅速更新的时代,想使所谓"成果"不很快便沦为后人不屑一顾的学术垃圾,谈何容易?

说到此集的编辑体例,我很佩服将自己多年论文结集成书而能编成像模像样专著的那些学者。因为这不仅体现出集腋成裘的编纂功夫,更说明了他们在前此研究中的系统性、专题性、计划性。相比之下,我要逊色很多,除了元代戏剧学和金圣叹史实研究稍成系列,其馀约五分之三的文章大多都是"打一枪换一个地方"的产物。其中少部分是催生于约稿,少部分是古籍整理的附属,更多的文字是读书所得或兴趣所至的结果。究其原因,缺乏一以贯之的学术韧性,或许是症结之一。这种涉猎较广(自我安慰)或下笔过杂(确属实情)的结果,自然是无法将论文集编成专著;好在据说不重专著重论文的评价观点在学术界也已有了一席之地,这至少令我在面对将前此论文编选问世是否有价值的问题时,不至于十分犹豫。只是论题的过于宽泛枝蔓,真正是东一榔头西一棒槌,使得文章的编排分类成为难题。即便是现在这样分成三辑,也实在是不得已而为之。固然各辑中均不乏名实相符的专题之作,但是在"戏曲"而不论戏曲、在"小说"而不论小说、在"诗文"而不论诗文,或者可入此而入彼、可入彼而入此的文章,也所在多有。这种论文分类上的尴尬,其实也是本人近年来在学术研究中的实际处境。有学者曾以"徜徉于文学与艺术之间",来概括20世纪戏曲研究的得失。我却不知道自己在元明清的时段内,是如何从专注于古典戏曲的研习,一变而为浪迹于戏曲和小说两域,再变为游走在文学与文献之间的;近些年更侧重从文献入手研究明清文学史实,试图以实证和阐释相结合的方法,去探索文学家的生存状态、人际关系、创作实迹以及相关文学文献的基本事实。这样的学术取向,当然不应该也不可能成为古典文学研究的主流,甚或未必需要成为必不可少的一支,但是从全局来说一般尚能视之为"基础",从个人来说也自可作为专攻的术业。其实,只要是自己的学术兴趣所在,只要是持以严谨的学术态度,则无论是微观还是宏观,无论是理论解析还是文献实证,都不妨为之付出精力和智慧,都自有其存在的价值或意义,否则一切都是扯淡。

将发表在不同时间、不同书刊上的三十馀篇论文汇于一书,不仅在编排分类上需要有所斟酌,如何对待文章内容的缺失或错漏,如何处理发表文字与存稿的异同或出入,如何统一征引的详略和格式,都是一些颇为麻烦的问题。解决的基本原则是:对于论文内容,除了个别篇目如《文言小说家潘纶恩事迹系年》是根据新发现的家谱对其生平编年重做调整、订补之外,不做观点和文献上的修改,需要补充订正者用脚注方式予以说明,并标以"结集补注"字样,错别字的径改或个别字句的增删则不予说明;对于发表文字与存稿文字的出入,2000年前的文章大多是据原载刊物文字重新录入(只有《简论张潮的小说批评》因刊发时砍削太甚,保存的两条尾注竟在正文中已经找不到对应了,只得以恰存的原稿为本),近五年问世的文章则多据电脑存稿排印(可以免去校对之劳),并均在相关文末括注说明;对于征引文献,将发表时限于篇幅及体例而省略、删掉甚或原本就漏掉的具体出处努力补足,将原先随文括注或文末注释统一集中为当页脚注,使其尽可能在格式上具备整齐划一的规范性。

收入本集的文章,最早的撰于1981年冬,最晚的撰于2005年春。身为作者,我不因其稚拙粗陋而脸红,却以曾经为之耗费心血而自珍。感谢安徽黄山书社不惜承担经济上的全部费用而接受书稿,使之有了集中面世、就教读者的机会。我不敢说此举是出于对拙著的学术肯定,更多地视之为该社与我近20年出版友谊的一种温情的延

续。这，在商业社会里或许是更加令人铭感的。

乙酉年大雪前二日草于金陵

（原载于《知非集——元明清文学与文献论稿》
卷首，黄山书社 2006 年版）

《知非集》后记

此书之所以能在现在编选出版,实际上有很大的偶然性。按照正常情况,我无论如何不会在当下这一时段去考虑什么出版个人论文集的事情。因为致力多年的"金圣叹年谱"和"金圣叹史实研究"两部书稿,再花一两年的工夫就可以基本告竣;力求版本最早、搜辑最全的《金圣叹全集》的整理编纂工作,亦在积极操作之中。可是世事难料,生活之车有时会突然偏出其原本按部就班的常辙。

去年5月下旬,本人意外地获得了在家全休的机会,大夫、亲人、师友、同事、领导均要求我身心静养。可是习惯了以往的生活方式,身养尚能基本遵嘱,心静却难以完全做到。仰面浮想之际,思忖着总不能就这样无所事事地熬过数月的疗休吧。如何在积极配合治疗的同时,做一些既不过于劳神、又不虚度光阴的事情,将自己已经发表的文字搜集起来,编选一部论文集,这或许是最可行的方式了。就在这一念头尚处朦胧状态的时候,恰蒙安徽黄山书社的领导同志冒着酷暑驱车数百里专致问候,他们当即慷慨允诺成全我的心愿。于是,从8月至11月,断断续续历时4个月,终于完成了此书的案头工作。

令人感动的是,黄山书社在接到书稿后,不仅迅即安排认真热情的张向奎先生处理一切编务,还细心地邀请到项纯文先生为本书的特约编辑。因为他们知道,现为皖省政协常委、副秘书长的项先生原是该社的资深编审,早在1989年就约我主编过十卷本《清代笔记小说类编》(此事对我后来兼研文言小说颇有影响)。希望他能够再次伸以援手,在真正的百忙中不辞辛苦地为拙著把关,其实也是我未便启口的不情之请。项先生和张先生的共同努力,最大限度地减少了书中存在的谬误、提升了稿件的质量。至于扉页有关拙著书名的精美题签,是出自安徽大学黄德宽教授之手。虽然其治古代汉语和主一校政务两者皆忙碌繁重,但请其题字,仍一如当年大学本科同窗之时,我在上铺、他在下铺那样方便。

在此书即将面世之时,内心颇感忐忑不安。在我治疗休养的大半年间,单位的同事领导、各地的师友文侣,以种种方式表达着对我的惦念和牵挂,一再叮嘱要注意身体、"为道珍重"(谢正光先生语)。"道"哪里会需要我,来自各方的眷注才包含着真正值得珍视的友谊。书生人情一张纸,编选个人论文集的目的之一,就是想以此感谢师长友朋和领导同事的无限关爱。因此,恳切地希望他们不要过于责备我的休而不够全、养而不够静,而能欣然接受这承载着深深情意的微不足道的一叠纸。

丙戌年龙抬头日于金陵鬼脸城西岸之丽景阁

(原载于《知非集——元明清文学与文献论稿》
卷末,黄山书社 2006 年版)

《皖人戏曲选刊·龙燮卷》整理后记

作为出生于合肥的人士，由于种种原因，我至今没有去过祖籍望江。自幼时对该地的印象，只是知道古人有"无过雷池一步"之语和《登大雷岸与妹书》之信，其中雷池和大雷岸，都是本县的地名（后来才晓得分别出自《晋书·庾亮传》和南朝宋鲍照），因为那是先父早年对我灌输最多的地理文化。在我考上大学中文系不久，他还曾拿出几册纸张黄黄的抄本，说："这是清代龙燮的两种剧作，他是我们望江古代唯一的戏曲家。你如果有兴趣，可以看看。"可惜那时，我对这故纸堆中之物并无爱好，更不明白父亲为何向我推荐。不久，他的那篇首次全面研究龙燮两部剧作和准确著录作者生卒的论文，在杂志上发表了。是否拜读过，已经印象不深。但是从此以后，我对望江的了解，除了一语一信外，还知道有一人，那就是剧作家龙燮。

大学毕业后，我一直在外地工作。由于曾在较长的时间内主要从事古籍整理研究工作和个人的研究兴趣所在，父子俩见面时基本上不再谈论有关戏剧的话题，更没有提过"龙燮"这个名字；再后来，他不幸患上了小脑萎缩之顽症，连正常的交谈也难以进行，在理论上可以说我永远也无法知道其当时向我介绍龙燮的全部想法了。去年7月29日晨曦微露之时，他老人家离开了这个曾经给予其许多荣耀和痛苦的人世，安详地走了，享年84岁（生于1923年10月1日）。

此后不久，一位专注于古代杂剧研究的朋友来信，询问先父所藏"龙燮公传和年谱"等资料的现在下落。在整理遗物时，我只看到两个剧本的抄本原件，而未见所谓传记和年谱；同时凭着文献的敏感性，知道这可能是极稀见的珍贵史料。于是顺着友人提供的线索，从安徽文联的网站上，查到署名周春阳撰写的悼念文章。始知周先生亦为望江人，长期在省文化厅工作，与先父可谓忘年交。2002年在其主编的《安徽新戏》杂志上，刊发了家母据汤显祖《牡丹亭》改编的黄梅戏剧本，还专门配发了《陆洪非与林青的黄梅情缘》的"名人名家专访"。嗣后周先生专至拜访，"临别时，陆老将他精心保存的《芙蓉城》（龙燮著、龙雯手抄本）及《龙燮公传和年谱》慎重地托付于我，先生希望我能为这位古代乡贤的遗著找一个归宿"。但因种种原因，《芙蓉城记》终究未能由其推出，周先生在深表遗憾的同时，"希望有朝一日《芙蓉城》能在故乡的刊物上刊出或以其他方式出版，使望江戏剧能有一种传承的象征"（《我所认识的陆洪非先生》）。接下来的事情，不仅是顺理成章，而且是好事成双：通过家母的联系，周先生很快将有关文献以挂号直接寄下（"龙燮公传和年谱"是先父在封面上用钢笔题写的诸字，内里是据抄本复印的龙光撰《燮公传》和龙垓撰《燮公年谱》）；几乎同时，安徽省古籍整理出版办公室主任诸伟奇教授来电，说拟将龙燮有关剧作收入《安徽古籍丛书》之《皖人戏曲选刊》，交稿最后期限是今年8月底，希望我能承担整理任务。我的爽快应允是可想而知的，因为这赐予我一个了却先父遗愿的机会。

在交待这些从事整理龙燮戏曲作品的个人缘起后，读者诸君或者会以为，这样的结局，先父一定会很满意了。是的，现在将篇幅较长的《琼花梦》传奇与《芙蓉城记》杂剧以及其独藏的有关传记资料，以专书方式结集出版，应该是大大超出其生前希望的；同时可以告慰在天之灵的还有，他所改编创作的《天仙配》、《女驸马》，已收入中国戏曲学会主编的《中国当代百种曲》而再次出版；《陆洪非林青戏曲作品集》，在郡人项纯文先生的举荐下，亦将由安徽出版集团纳入重点图书计划。这些象征着文化传承的工作，在许多热心人的努力下，进展十分顺利。只是作为后人，我的心里却隐隐作痛：2002年前后，正是自己一心忙于"金圣叹史实研究"而"无暇"他顾之时，对父亲意欲出版龙燮作品的想法竟全然不知！（其实可能植根于20年前有关谈话时我的不感兴趣的态度）而安徽古籍办申报的由我领衔的《皖人戏曲选刊》，在新世纪之初，就被列入国家古籍出版"十五"重点规划之中，最早的一种，已于2005年底问世。如果我

《皖人戏曲选刊·龙燮卷》整理后记

当时了解父亲的殷切心愿,如果我也有整理乡贤典籍的强烈意识,如果我也有传承地方文化的自觉担当,而不是受制于什么校点古籍不算科研成果之类的浅薄制度和委琐观念,父亲可能在生前就看到了整理出版的龙燮戏曲集。但是这种可能,却由于我的懈怠,永远只是令人愧悔的不可能了。

感谢诸伟奇教授。除了以上已经涉及的原因外,还因为在整个整理过程中,他给予我的许多格外礼遇和学术自由。譬如,允许我尝试将原本中只是"那"和"他"的两字,根据上下剧情具体区别为"那"、"哪"和"他"、"她"、"它"。虽然有些举措,作为古籍整理的专家,他并不完全同意,甚至可能要为此担责,但依然硬着头皮答应了我的请求。故希望反对者不要贸然指责诸先生的不懂行规,尽可以批评在下的无知妄为。

感谢周春阳先生。虽然至今尚未谋面,但是他多年来在情感上对先父、家母的关心、在道义上对他们的支持,令我永远感怀。尤其是他"为了不辜负陆老的嘱托"为《芙蓉城记》的面世付出的种种努力,甚至争取在时尚杂志《文化时空》的有关专栏中以"戏剧遗产"的名义发表古人剧作,至少从办刊角度,在我看来是绝不可能之事。周先生虽然也没有办到,但是他尽力了。我为这种受托忠事的乡梓深情和古道热肠而敬佩他!

感谢我的博士生张英、张小芳、裴喆、吴春彦和硕士生金文同学。是他们在繁忙的学习阶段,在为学业和职业烦心之际,抽出自己宝贵的时间,为我录入了许多文献资料。这是今年我在核对《金圣叹全集》校样的同时,能够按时交出此书稿件的重要保证。邓晓东同学提供的《名家诗永》收入龙燮诗歌的线索,则意外地启发我找到"兰水"即建德别称的证据。

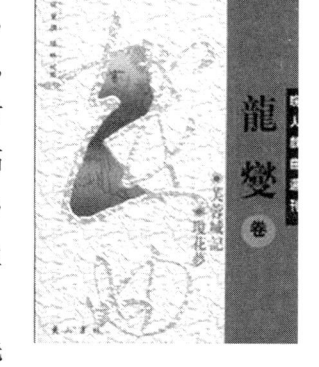

最后要感谢池州方志办公室主任李剑军先生。他是我的本科年兄,长期从事地方文献整理研究,具有丰富的当地人文地理和历史文学的科研经验。当我问及王尔纲的有关事迹时,他慷慨无私地提供了其杂剧文本,并同意作为附录收入本书,从而增加了全书的资料价值,希望读者不要忘记他的贡献。

  一册薄薄的整理之作,却承载着如此之重的心愿和如此之多的情意!或许这就是社会人生值得眷顾的一面吧。

陆林 戊子年七夕前日于金陵

（原载于《皖人戏曲选刊·龙燮卷》卷末,黄山书社2009年版）

《金圣叹全集》整理后记

2005年12月,我刚刚结束持续五个月的化疗,便受邀与凤凰出版社签订《金圣叹全集》的出版合同,交稿时间是两年后的9月。从现在的校样看,全书约250万字,不到两年交出稿件,工作时间不能算宽裕;然以出版社计划安排论,他们已经是尽力通融了。在那个特别的时间段里,说实话,我也不清楚自己为何会接受这样一部整理性著述的约稿。就个人而言,无论是身体状况,还是学术兴趣,当时都不太愿意接受较为繁重而又不被看重的古籍校点工作,即便原作者是早已留意的金圣叹。但是,不知是什么因素在冥冥中发挥作用,我与出版社签下了合同。

关于金圣叹,大约在上个世纪80年代末,我便萌生了研究兴趣。经过数年的资料收集,于1993年初发表了辑考其"佚文佚诗佚联"的小文,这也是我有关金圣叹的第一篇文字。此后,由于忙着从事元代戏剧学研究和参加清人别集总目的编纂,在六七年间没有写过有关的研究文章,可是也从未放弃收集其生平史料。所以,自2000年以后连续发表了十五六篇关于金圣叹史实考论的文字,应该是水到渠成的事情。

《金圣叹佚文佚诗佚联考》虽然只是最初发表的有关短文,却也在冥冥中确定了迄今为止我个人对金圣叹研究的风格路数,即从原始文献入手,运用实证与阐释相结合的方法,考察其生存状态、人际关系、创作实绩及相关的基本史实。对于这种学术努力,前辈专家曾给予热情的勉励:"像纯考证的文章,只要写得好也是很有意义的;以金圣叹研究而论,例如陆林教授对金圣叹生平、交游所作的一系列考证就是必须而有益的工作。"(章培恒:《金圣叹的生平及其文学批评》序,王靖宇著、谈蓓芳译,上海古籍出版社2004年版,第7页)同行学者则如此归纳拙文的研究追求:

"其高出前人之处在于综合运用谱牒、尺牍、笔记、别集等多种史料,通过考订金圣叹所交往过从的士人的生平事迹,揭示圣叹的精神生活状态。"(吴正岚:《金圣叹评传》,南京大学出版社2006年版,第4页)对金圣叹生平史实研究的浓厚兴趣和欲罢不能,或许就是我一直无暇考虑进行其著述的整理研究的潜在原因。

但是,我毫不后悔接受凤凰出版社的约稿。从事著述的全面整理,无疑会促进对作者本人的深入了解,这是人人皆知的道理。只是如果案头已有前贤的整理之作,很少有人会另起炉灶重开张,我也不例外。庆幸的是,正是通过近三年来围绕金圣叹著述的系统整理、反复校读,对其作品版本有了更加清晰的体认,对其思想心态有了更加细微的触摸,对其身世遭际有了更加具体的感知,真是磨刀不误砍柴工。如,为了比较《唐才子诗》各种版本的异同,发现康熙后的一些刻本在卷首《鱼庭闻贯》中,竟将圣叹与友人某某或答某某的数十篇尺牍,铲去或删除了收信者的姓名字号,仅保留了"与"、"答"等动词。这类文字出入,在校勘上是无须出注说明的,但是却生动地反映出早已身首异处的金圣叹在康熙年间的真实影响。

与某些纯文本阐释或纯理论研究的课题不一样,有关明清作家史实和作品的研究整理,是需要一定的经费支持的。感谢南京师范大学社科处、全国高校古籍整理研究工作委员会和国家社科基金学科评审组的有关专家学者,正是因为能够在各个层次上获得立项资助,才不仅使得"全集"的整理在访书查书过程中不会因经费不足而有掣肘之虞,而且保证了继续进行的史实研究和年谱详编在查阅资料方面不会因此而生遗珠之憾。这些专家学者对有关课题的认同,令本人荣幸地感到纯属个人兴趣所在的研究课题,有时也会具有值得肯定的学术价值。

这部全集的整理,在版本上力求以原刻本或现存最早版本为底本,在内容上力求网罗已知现存各种著述。主观上如此要求,实践起来谈何容易?感谢吴家驹、李伊白、杜桂萍、谢正光、邬国平、蒋寅、许隽超、孙中旺等先生,正是承蒙他们的关爱和帮助,才使得"全集"在珍稀佚著佚文的收辑、珍贵照片书影的披露等方面,有了显著进步。朱宪、李桂奎和王顺贵等先生，均受托核查过当地馆藏姚希孟文集中是否有"泖庵"即圣叹之序，虽然是徒劳而返，辛苦之功应该铭记；吴正岚先生为了解答关于"卄卅"是否为"菩萨"简笔写法的请教，竟两次从多种古代辞书、佛学词典中复印了十几页纸寄下，严谨之风难以忘怀。在比对异文、核查资料和录入文献等方面，友人刘立志、胡莲玉夫妇以及我的博士生张小芳、吴春彦和硕士生高芳同学，付出了繁重的义务劳动，是我能够按时交付书稿和及时处理校样的有力保证。

全国古籍整理出版规划领导小组将"全集"列为2008年度重点补贴项目，使得出版社在形式上可以将该书做得尽可能精美。有关专家的推荐和肯定，令人感怀。在整个出版过程中，姜小青、倪培翔、卞惠兴和王华宝等先生，表现出的对选题的重视、对学术的尊重和对本人的关心，是我乐意克服种种困难、努力做好整理工作的重要动力。作为责任编辑，倪先生付出的心血尤多，做出的贡献尤大。人民文学出版社的周绚隆先生、中华书局的贾元苏先生对该书的出版热情，在我的理解，更多地是出自对整理者的信任、支持和鼓励。

今年是金圣叹诞辰四百周年，全书在岁末也终将付印问世。如果圣叹九泉有知，如果他真的是像时人记载的那样充满神异功能，希望他能够随时托梦或降乩显灵，批评我对其著述整理的错谬所在，指点其未竟残书的藏佚下落，告诉其书法手迹的存世真伪。其实，这一切都是不可能的。所能倚仗的，唯有我自己和所有金圣叹研究者的继续努力。

陆林　戊子年小寒日撰于金陵

（原载于《金圣叹全集》卷末，凤凰出版社2008年版）

《求是集》后记

2005年下半年,因为种种原因为自己编选了第一部论文集,由故乡的出版社——安徽黄山书社于次年出版。出于虚度五十的时间考虑和反观自我的学术追求,为之取名《知非集》,问世后颇得友人鼓励和学界好评。自入大学中文系读书以来,长长短短的文字也发表约百篇,然于编选论文集而言,本是十年之内不做二次想的。不料时光刚刚过去两载,又有了此次的出版机会,这要感谢南师大文学院及古典文学专业有关先生的抬爱。虽然多年来我在文学院指导古文献、戏剧文学博士生以及古典文学、戏剧戏曲学硕士生,并承蒙专业学科带头人的推举,担任小说戏曲方向带头人,但由于不承担本科生的教学任务,实际上并没有为古典文学专业的发展做出什么贡献。

《知非集》的副标题是"元明清文学与文献论稿",所收文章分戏曲、小说和诗文研究三辑。本书之取名《求是集》,是因为在选篇上虽然集中到戏曲与小说,但在研究对象、学术理路等基本方面,与《知非集》仍是相辅相成的。例如已发表的近20篇有关元代戏剧学的研究论文,出于已出专书的考虑,在《知非集》中只选择了三篇,但是友人见书后批评道:《元代戏剧学研究》(安徽文艺出版社1999年)问世已经八载,市面早已绝迹,其实不妨多选几篇;再如有关金圣叹史实研究的系列论文,出于将出专书的考虑,也只选择了两篇;此次本想干脆将之结集付印,不料列入国家社科基金项目的选题,在没有结项前是不能将主要成果拿去出版的,选入的三篇,多半是新近撰写和刊布的。正因为两本论文集在血缘上堪称姊妹篇,在"知非"之后,"求是"可谓绝配,不仅名称上是互文见义,并且对我来说,"知非"只是治学的过程,"求是"才是人生的指归。

　　将发表在不同时间、不同书刊上的论文汇于一书,如何对待文章内容的缺失或错漏,正如我对《知非集》所收之文的处理原则:对于论文内容不做观点和文献上的修改,需要补充订正者用脚注方式予以说明。如《明语林》有这样一段文字:"赵高邑吏部南星,过王半庵司空□,图史纵横,异香绷绕,少为流连。"我在"人名缺讹补正"中认为"王半庵"是会稽王舜鼎,同时指出方志云其"卒于邸舍,萧然四壁,榻前一敝篚、书数卷",似与"图史纵横"有所不合。此次结集时发现,"王半庵"的确不是浙江王舜鼎,而是河南王惟俭,天启五年曾任工部右侍郎,《明史·本传》云其"好书画古玩,万历、天启间世所称博物君子,惟俭与董其昌并"。《庚子销夏记》卷三云《石田江山一览图》"卷在开封王半庵惟俭家",《石田画册》"祥符王半庵司空宝之如拱璧"。对于这样的出入,就是以当页之下"结集补注"的形式修正的。有关的征引文献,将发表时限于篇幅及体例而省略、删掉甚或原本就漏掉的具体出处努力补足,将原先随文括注或文末注释统一集中为当页脚注。这种格式上的规范性,也是这套"文史研究丛书"的统一要求。

　　编选论文集有一个好处,在这个过程中可以清理一下自己多年来的学术历程,可以将碌碌生涯中渐渐沉睡的往事重新唤醒。例如第一篇,是因为某出版社约我撰写"中国小说学通论",要求在两年内交出60至80万字的书稿;我在列出提纲后,用了一个月的时间才写出万馀字的第一章,立即明白此类任务非己所能胜任,于是婉辞盛情并代约高手。又如第二篇,其初稿实际上是本科毕业论文中的一节,它令人想起曾给我很多帮助却已多年没有联系的指导教师。至于每篇文章的刊发者即各位编辑,在我已经发表和出版的文字中,或多或少都凝结着他们的心血和汗水,虽然有的至今尚无缘一面,有的依然如水之交,有的成为时时联系、无话不谈的挚友,有的已失去往来、不知下落……但他们的智慧和劳动烘托出我的成果,我的内心深处对此

永远存着一份温馨的感念——这是在《知非集》后记中就应该说而没有说的话。

陆林　丁亥大雪后二日,草于金陵石头城对岸之丽景阁

(原载于《求是集——戏曲小说理论与文献丛稿》
卷末,中华书局 2011 年版)

《曲论与曲史》自序

这部选集,是从本人所撰四十馀篇有关中国古典戏曲的文章中挑出的。写作最早的是1982年初成稿的《浅谈祁彪佳的戏曲人物论》,最晚的是2012年上半年为参加"古典戏曲辨疑与新说"国际学术研讨会而准备的《金圣叹评点〈西厢记〉史实二题》。时间跨度30年,这一头一尾的两篇拙文,恰恰体现了本人学习古典戏曲的历程:由侧重"曲论辨释"到偏好"曲史探考"。故以此两点为准,各选十篇,取名为《曲论与曲史——元明清戏曲释考》。

因为父母职业的关系,较之同龄人,我接触戏剧戏曲的时间,可能算早的。在那万马齐喑、百草荒芜的"文革"期间,当中国大陆大多数人整日只能耳闻目睹八个样板戏时,我却可以随意翻阅父母被抄家返还的古今中外的一些戏剧作品和论著。记忆中的套书有《六十种曲》、《缀白裘》、《中国古典戏曲论著集成》(藏青色封面)、《莎士比亚全集》、《斯坦尼斯拉夫斯基全集》等,只是多数缺一至数册,所谓劫馀之物。说句老实话,除了莎翁的剧作看过几种,斯翁的全集想从里面看故事而未如愿,这些宝贵的戏剧基本典籍,竟然与《鲁迅全集》(这在当时是与"毛选"有同等地位的)一样,没有引起我的阅读兴趣。在那个头脑如干涸的海绵、记忆却是人生最佳时光的日子里,面对这些人类精神文化优秀遗产,可以而未阅读,现在想想,真是令人抱憾终生的事情。但是,作为整天无所事事的毛头少年,还是找到自己阅读的对象,那就是一些零散的《剧本》及其他戏曲刊物。虽说是零散,毕竟是家中自1950年代以来至"文革"爆发为止的持续订阅,所以一些著名的右派话剧如《洞箫横吹》、《布谷鸟又叫了》以及戏曲《团圆之后》,都是被我阅读多遍的,以致在早已忘掉剧情的今日,还能隐约回味起那些剧本包蕴的沉郁忧伤的情绪氛围。能够将代言体的戏剧戏曲作品,当作小说去读,这或许就是那个文化蛮荒时代,赋予自己的人生体验吧,这就是我在20岁以前的主要阅读经历了。

1978年初,有幸成为"文革"后恢复高考制度的首届大学生(所谓七七级),进入安徽大学中文系的汉语言文学专业。四年的学习生活,尤其是后两年,由于选修了李汉秋先生的"关汉卿杂剧研究"的课程,并在先生的指导下撰写"元明清包公戏研究"的学士学位论文,不仅强化了对古典戏曲的阅读兴趣,而且开始摸索着走上研究之路。正是在完成学位论文等待毕业的日子里,草就"祁彪佳戏曲人物论"的初稿。李先生是安大元明清文学专业的著名学者(后调农工民主党中央工作),如今大陆古典戏曲的研究名家赵山林、周维培和朱万曙,分别出自安大恢复高考后的前三届,均与先生在起步阶段的启蒙和引导有密切关系。1984年,本科毕业后两年,在先生的推荐下,我考取了南开大学中文系元代文学专业的硕士生。在考上而未赴校之时,又在其指导下,参与了《古代包公戏选》的注释评析工作,承担的是元杂剧《生金阁》、《灰阑记》和明代南戏《珍珠记》,使我在文本细读和文献校注方面,得到了初步的锻炼。

宁宗一先生是我的硕士生导师,他在古典小说、戏曲领域的阐释性研究,长期以来高屋建瓴地引领着学术风尚。宁先生独特的审美感悟和学术创见,强调通过"心灵史"建构文学史,以当代意识反观古代文本,以灵性启动历史的大家风范,永远令我等弟子仰视。作为导师的宽松和豁达,更使学生能够发挥自由心性。当我在硕士专业范围内决定以元代戏曲理论为题,展开学位论文的研究和撰写时,先生给予了热情的支持;在1987年3月完成初稿后,先生又赐函予以充分的鼓励(那时先生右手执笔不良,且同住校内,写信之举,实非寻常)。收入本书的《元人戏曲表演论初探》以及分析元人戏曲创作论的两篇《论周德清为代表的元人戏曲语言声律论》、《钟嗣成戏曲文学创作论新探》,便出自学位论文中的两章(另外两章《元人戏曲功能论初探》和《元人戏曲史论初探》,分别发表在《文学遗产》1989年第1期和《安徽大学学报》同年第2期）。在从事学位课题研究的前后，先生又指导我和师兄田桂民撰写《元代杂剧研究概说》（天津教育出版社1987年出版，两年后再版）和《明代戏剧研究概说》（1992年出版），亦促使我对明清学者有关元杂剧和明代戏曲的认识进行了系统的梳理。涉及明代中后期元杂剧研究和明人之当代戏剧研究的文字，便是那一时期的读书产物。感谢李先生、宁先生的先后引导、培养，牵引我走上学术研究之路，祝愿两位老师健康长寿！

从南开大学毕业后，进入南京师范大学古文献研究所工作（十二年后至学报任文史编辑）。古籍所重视文献的学术氛围，以及耗时十年参编《清人别集总目》（安徽教育出版社2000年出版，次年再版）的学术经历，在耳濡目染和身体力行中，潜移默化地改变着自身的研究理念。渐渐地，凡是撰写阐释性文字时，往往会先期进行该论题的史实文献考证。以收入本书的相关文章举例，为胡世厚、邓绍基先生主编的《中国古代戏曲家评传》撰写《徐复祚传》时，首先写了《明曲家徐复祚四考》；在撰写《夏庭芝戏剧思想新论》（《艺术百家》2000年第1期）和《试论清初戏曲家龙燮及其剧作》（《社会科学辑刊》2010年第4期）时，先撰写了夏庭芝生年及《青楼集》写作时间和龙燮生平、剧作版本研究等实证考述类文字。

进入新世纪，随着本人"金圣叹史实研究"工作的展开，学术兴趣逐渐转向"从文献入手研究明清文学史实，试图以实证与阐释相结合的方法，去探索文学家的生存状态、人际关系、创作实迹以及相关文学文献的基本事实"（拙著《知非集》自叙，黄山书社2006年版第3页），《冯梦龙、袁于令交游文献新证》、《〈晚明曲家年谱〉金圣叹史实研究献疑》、《金圣叹评点〈西厢记〉史实二题》、《清初戏曲家徐懋曙事迹考略》、《清初戏曲家叶奕苞生平新考》等文字，便是这一学术理路的部分结果。这种学术探索，究竟是靠向古典戏曲研究的某一侧面更近了，还是离开古典戏曲研究的真髓更远了，自己都不太清楚，只是乐此而不疲。因为我觉得："只要是自己的学术兴趣所在，只要是持以严谨的学术态度，则无论是微观还是宏观，无论是理论解析还是文献实证，都不妨为之付出精力和智慧，都自有其存在的价值或意义,否则一切都是扯淡。"(《知非集》自叙)如果以为只有实证是国学正脉,而思辨不过是无根空谈;或者认为思辨者便是思想家,考证者就是考据匠,都是本人不敢认同的。不论写什么、如何写,写得好才是好,写得不好,思辨与考证都无济于事。

　　至于编选这部论集的当下缘由,必须提及黑龙江大学杜桂萍教授和中国人民大学朱万曙教授的善意。杜教授与我是十馀年的编辑同行、学术同道,曾蒙邀赴哈讲学并参加其所主持专业的博士论文答辩;朱教授是我三十馀年的老友,家父辞世后曾撰《追思洪非先生》(《黄梅戏艺术》2008年第1期),情意令人铭感。他们先后多次鼓励、敦促编成此书,并在去年冬季召开的"辨疑与新说"戏曲研讨会上,不约而同地主动向曾永义先生热情举荐。两位教授不仅长期关注我的学术进展,并给予深厚的情感关切,希望此书的出版给我带来身体的好运。杜教授现在兼任黑大明清文学与文化研究中心主任和《求是学刊》主编,近复荣膺教育部长江学者;朱教授不仅担任人大复印报刊资料《中国古代、近代文学研究》主编,又为国家社科基金重大招标项目《全清戏曲》的首席专家,祝他们各自事业兴旺!

　　曾永义先生早已为台湾戏曲学界之领袖。近年来主编"国家戏曲研究丛书",以"两岸名家名著足以供学者参考均能罗列其中"为宗旨,以弘扬"中华民族艺术文化最具体、最优美之表征"的戏曲艺术为己任(丛书总序);"戏曲"凸显的专业精神,"国家"容涵的民族情怀,两者结合必成宏大构造。主编者高瞻远瞩之胸襟,海纳百川之气魄,以及对中华戏曲传播、研究之贡献,放眼当今海峡两岸古典戏曲研究界,无出其右者。在曾先生精心打造的"花灿果繁"的"丛书"大观园中,不以拙编为弱蕾嫩果而予慷慨收纳,热心培植之意自在其中。只是后学如我,绝不会从此觉得已跻身名家之列,以为拙书便是"奇花异果"了。

　　该说明的有所说明,该感激的感激不尽。前路漫漫,求索无已,我将继续努力!

是为序。

> 陆林　癸巳孟夏十五日草于金陵石头城西岸
> "花开四季"之丽景阁,中秋节改定

（原载于《曲论与曲史——元明清戏曲释考》
卷首,台北"国家"出版社2014年版）

《金圣叹史实研究》后记

有关《金圣叹史实研究》课题的缘起，说来话长！早在上个世纪的九十年代初期，进入南京师范大学古文献研究所工作不久，在完成与硕士导师南开大学宁宗一先生和田桂民学兄合作的《明代戏剧研究概述》之后，我便草拟了一个"金圣叹研究资料"的编选计划（1991.6），并陆续阅读了一批野史、笔记、方志、别集、总集等明清史料。那时的南京图书馆古籍部在颐和路，我住水佐岗，骑车五分钟即可到达，索书又无现今诸般限制，包括《尺牍新钞》、《七十二峰足征集》、《吴江沈氏诗录》、《苏州府长元吴三邑诸生谱》等原刻线装书，《西轩纪年集》、《吴江诗粹》等稿本、抄本，均随意可借，每天如同上下班一样往来其间。便利的阅览条件与丰富的明清藏书，使我到1992年便先后撰成两篇文章：一篇是《〈金圣叹事迹系年〉订补》（6.15—7.2初稿），投寄商榷之文的原发刊物；一篇是《金圣叹佚文佚诗佚联考》，刊于《明清小说研究》次年第一期。虽然前者迟至1999年下半年才有编辑来函（记得联系人是张□先生），表示欲加采用，十馀天后旋又由编辑部直接退稿（稿件第一页已经被处理过，如用红笔标注"字数360×45"，版式为"顶格排，下同"等），但是后者的发表却转移了我从事资料汇编的撰述兴趣。承蒙萧相恺先生为了及时刊发拙文，将之插入《明清小说研究》该期的"明清小说研究会1992年年会专辑"的栏目中（当时我并非该学会的会员，更没有参加本届年会）。编选研究资料的计划终究束之高阁，因此抄录的几百页资料、近千张卡片却时时受用；"系年订补"虽然没有发表，但是其主要部分都化用在后来的文稿中。

那时，古文献研究所同时开展两个大项目，一是赵国璋先生主编的《江苏艺文志》，一是李灵年先生主编的《清人别集总目》，两个项目在资料上互通有无，我参加的是后一项目。一次偶然发现艺文志组在使用一本内部印刷的《苏州市家谱联合目录》(1986)，从此启发我在考证交游时对家谱使用的关注，后来又结合《中国家谱综合目录》(1997)，编撰了《金氏友人家谱待查目录》，在忙于《清人别集总目》的撰稿之馀，按图索骥地先后查阅了南京、苏州、北京等地的家谱馆藏，积累了许多可供研究事迹、交游的第一手史料。在沉潜八年后，发表了《金圣叹与"哭庙案"中的"二丁"》(2000)，此文与接下来问世的金圣叹与唯亭顾氏、莫厘王氏(2002)、松陵沈氏(2003)、汾湖叶氏(2004)、周庄戴氏(2005)的交游考一样，均主要得益于家谱文献的支撑。于是在2004年，以"金圣叹史实研究"为题、12篇专题论文为前期成果，申报了国家社科基金项目，上会而未获批，遂被学校科研处列为国家项目的培育项目。本欲接着申报，不料次年春天，在万物欣欣向荣之际，二竖来袭，开刀、化疗中断了一切，那年是我本命年。2007年获得国家项目，由于身体的原因和整理《金圣叹全集》，直至次年才重新恢复研究。尽管两年后病魔从结肠转场腹腔，且至今为虐不休，可谓"按下葫芦浮起瓢"，让我时时疲于应对，却再也未能真正阻滞过研究的进行。承担的国家项目历时五年初步完成，于2012年9月以电脑字数45万的篇幅申请结项（次年元月以"优秀"通过），同时便继续进行书稿的增补修改，到今年5月申报社科优秀成果文库时，内容又增加了近20万字。

"金圣叹史实研究"，是一个既与宏大叙事、中西贯通无关，又乏宏观架构、理论阐释的实证课题，能够先后获批、列入国家社科基金和优秀成果文库，固然有天道酬勤的因素在，更体现出新世纪以来古典文学界对学术评价的多元和对实证学风的认可。早在十年前申报项目时，我便提出此课题旨在"以研究其身世、交游、著述情况为中心,以探求其文学活动的心路历程和文学思想的历史生成为指归。试图通过对相关史实的实证研究,展示以金圣叹为中心的明末清初一批边缘文人的人生轨迹",并有感于在文学史实研究中"明清领域里范式性著作尚不多见",而试图"通过各种事例的考述,展示研究者摸索多年、体现了明清文学文献史实研究独特方法的心得",即立志撰写一部明清文学史实研究的范式性著作。如今书稿即将面世,内心日愈忐忑:宏愿既许,结果难期,虽已尽力,恐实未副,期待着学界方家的批评指正!

感谢徐朔方(1923—2007)、章培恒(1934—2011)两位学术前辈,早在十馀年前,他们便以不同方式,鼓励和嘉许我对这一课题的研究,并慷慨允诺成书后为之撰序。遗憾的是,由于我的拖沓,稿成之日,两位先生早已归道山了!

感谢萧相恺、陈洪、石钟扬、孟昭连、卜键、张强、周建忠、张小钢、吴颖文、姜建、曹书杰、李浩、廖可斌、朱万曙、孙之梅、杜桂萍、俞国林、柳宏、冯保善、王华宝、傅承洲、刘玉才、陈汉萍、刘培等先生,他们在学术上的勉励、道义上的支持和情感上的关切,使我在追求学问的漫长旅途中,从未感到过孤寂。

感谢谢正光、江庆柏、邬国平、张廷银、许隽超、孙书磊、郑志良、孙学雷、石雷、陈丽丽、韩石、刘立志、孙中旺、高晓成等先生,王卓华、张小芳、裴喆、侯荣川、邓晓东、卢劲波、吴春彦、张岚岚、胡瑜、刘岳磊、曹冰青、李玉、孙甲智等学棣,诸位或主动提供文献线索,或受托代查相关史料,令我享受到"众人拾柴火焰高"的效率和温暖。近年来出行举步维艰,如果没有他们的帮助,书稿的缺憾一定会更多。在正式交稿前和校样排出后,裴喆和韩石、刘立志博士受邀为全书把关,订正了一些文字标点错失和多处史实表述讹误,功不可没。

感谢我所供职的南京师范大学学报编辑部,在基本不能上班的艰难处境下,我能勉强处理好学报编辑和学术研究的关系,离开各届领导和所有同仁的关怀、谅解和体恤,几乎不可想象!校社科处和文学院的大力支持,亦是有关此课题的各类项目得以顺利申报和完成的重要保证。

感谢周绚隆、葛云波、胡文骏先生。十多年前与绚隆先生首次相见时,他对此课题的热情约稿,使我最终决定拜请人文社推荐此书申报国家社科文库;收到拙稿后,云波、文骏兄的缜密安排和精心审校,促使此稿能按时顺利问世。

窗外天寒地冻,心内温暖如春。回首这一课题的研究过程,虽然后半程时时伴随着生命的磨难,亦间或遭逢人世的诡谲,但更多的感觉是:行走在学术的坦途,沐浴着友情的和煦,景物娟丽芬芳,令我迷恋忘返。

陆林　甲午"大雪"日,草于金陵石头城
西岸之丽景阁,"小年"改定

(原载于《金圣叹史实研究》卷末,人民文学出版社 2015 年版)

附录:陆林科研成果目录(1980—2016)

一 著作与古籍整理(按出版时间先后顺序排列)

1. 黄小田评本红楼梦(辑校,合撰),黄山书社1989年出版;
2. 清代笔记小说类编(主编),黄山书社1994年出版,1998年再版;
3. 清代笔记小说类编·武侠卷(选注),同上;
4. 中华家训大观,安徽人民出版社1994年出版;
5. 道听途说(整理校点),黄山书社1998年出版;
6. 青泥莲花记(整理校点),黄山书社1998年出版;
7. 明语林(整理校点),黄山书社1999年出版;
8. 舌华录(整理校点),黄山书社1999年出版;
9. 太平天国演义(整理校点),黄山书社2000年出版;
10. 朱柏庐诗文选(标点选注),江苏古籍出版社2002年出版;
11. 金圣叹全集(整理辑校),凤凰出版社2008年出版(江苏省社科一等奖);
12. 皖人戏曲选刊·龙燮卷,黄山书社2009年出版;
13. 金圣叹批评本《水浒传》(校点),凤凰出版社2010年出版;
14. 金圣叹批评本《西厢记》(校点),凤凰出版社2011年出版;
15. 元杂剧研究概述(合撰),天津教育出版社1987年出版,1989年再版;
16. 明代戏剧研究概述(合撰),天津教育出版社1992年出版;
17. 清人别集总目(合撰),安徽教育出版社2000年出版(江苏省社科一等奖),2001年、2011年再版;

18. 元代戏剧学研究,安徽文艺出版社 1999 年出版(江苏省社科三等奖);

19. 知非集——元明清文学与文献论稿,黄山书社 2006 年出版(江苏省社科二等奖);

20. 求是集——戏曲小说理论与文献丛稿,中华书局 2011 年出版;

21. 陆洪非林青黄梅戏剧作全集(合编),安徽文艺出版社 2012 年出版;

22. 话说金圣叹(合撰),江苏人民出版社 2012 年出版;

23. 曲论与曲史——元明清戏曲释考,台北"国家"出版社 2014 年出版;

24. 金圣叹史实研究(国家哲学社会科学成果文库),人民文学出版社 2015 年出版。

二 学术论文(按时间、期号顺序排列)

1. 从《借靴》说到讽刺剧,《安徽文化报》1980 年 1 月 5 日第 4 版;

2. 寓教于乐　贵在写人——庐剧《借罗衣》学习札记,《安徽文化报》1980 年 3 月 8 日第 4 版;

3. 陆游《咏梅》一解,《艺谭》1980 年第 2 期;

4. 黄梅新曲唱包公——谈《包公赶驴》与《陈州怨》,《艺谭》1981 年第 3 期;

5. 对包公艺术形象应有个正确的评价,《江淮论坛》1981 年第 6 期;

6. 浅谈祁彪佳的戏曲人物论,《艺谭》1985 年第 2 期,人大复印资料《戏曲研究》同年第 7 期转载;收入《知非集》;

7. 元杂剧分期之我见,《社科信息》1986 年第 2 期;

8. 简论张潮的小说批评,《艺谭》1986 年第 5 期;存稿收入《知非集》;

9. 《"元曲四大家"质疑》的质疑——"郑"是郑廷玉说不能成立,《戏曲研究》第 21 辑,文化艺术出版社 1986 年版;

10. 白朴剧作不同风格之成因浅探,《光明日报》1987 年 1 月 27 日,

《文学遗产》第 724 期;收入《知非集》;

11. 元人戏曲表演论初探(上),《戏曲艺术》1987 年第 3 期;收入《曲论与曲史》;

12. 元人戏曲表演论初探(下),《戏曲艺术》1987 年第 4 期;收入《曲论与曲史》;

13. 元杂剧喜剧研究综述,《中华戏曲》第 4 辑,山西人民出版社 1987 年版;

14. 明代中后期元杂剧研究论略,《元杂剧研究概述》,天津教育出版社 1987 年版;收入《求是集》;

15. 钟嗣成戏曲文学创作论新探,《戏曲研究》第 26 辑,文化艺术出版社 1988 年版;收入《知非集》;

16. 晚明杂剧《鱼儿佛》作者考,《艺术研究》第 9 辑,浙江艺术研究所 1988 年版;收入《知非集》;

17.《空空幻》提要,《文教资料》1989 年第 1 期;

18. 元人戏曲功能论初探,《文学遗产》1989 年第 1 期;

19. 元人戏剧史论初探,《安徽大学学报》1989 年第 2 期;

20.《鱼儿佛》原作者及改编者新考,中央戏剧学院《戏剧》1989 年第 2 期;

21. 近年"汤沈之争"研究综述,《文史知识》1989 年第 7 期;

22. 明曲家徐复祚四考,《古文献研究文集》第 2 辑,南京师范大学学报编辑部 1989 年版;收入《曲论与曲史》;

23.《封神演义》人物形象三论,《文学人物鉴赏辞典》,复旦大学出版社 1989 年版;收入《知非集》;

24. 幽艳显情深　清丽寓情浓——郑光祖〔双调·蟾宫曲〕《梦中作》赏析(合撰),《元明散曲鉴赏集》,人民文学出版社 1989 年版;

25. 书会才人自风流——关汉卿〔南吕·一枝花〕《不伏老》赏析(合撰),《元明散曲鉴赏集》,人民文学出版社 1989 年版;发布于《河北师院学报》1989 年第 2 期;

26. 清稗佳篇赏析(六篇),《历代文言小说鉴赏辞典》,江苏文艺出版

社1991年版;收入《知非集》;

27.徐复祚(评传),《中国古代戏曲家评传》,中州古籍出版社1992年版;收入《知非集》,题为《明万历戏曲家徐复祚评传》;

28.贾仲明(评传),《中国古代戏曲家评传》,中州古籍出版社1992年版;收入《知非集》,题为《明初戏曲家贾仲明评传》;

29.元人赵半闲《构栏曲》漫论,《中国典籍与文化》1992年第3期;收入《知非集》;

30.清代文言武侠小说简论——兼谈文言武侠小说发展轨迹,《明清小说研究》1992年第3、4期合刊;原为《清代笔记小说类编·武侠卷》选注前言,收入《知非集》;

31.钱谦益诗文集版本知见录,《文教资料》1992年第6期;收入《知非集》;

32.金圣叹佚文佚诗佚联考,《明清小说研究》1993年第1期;

33.试论周德清为代表的元人戏曲语言声律论,《戏曲研究》第45辑,文化艺术出版社1993年版;后收入《求是集》,题为《论周德清为代表的元人戏曲语言声律论》;

34.钱谦益诗文集版本知见录续补,《文教资料》1994年第1期;收入《知非集》,为《钱谦益诗文集版本知见录》的附篇;

35.漫说《三字经》,《中国典籍与文化》1995年第1期;

36.唐代家训《戒子拾遗》作者考,《古籍整理出版情况简报》1995年第10期;

37.朱柏庐生卒和别号,《中国典籍与文化》1996年第1期;

38."善道"封建末世的"俗情"——试论潘纶恩《道听途说》,《明清小说研究》1996年第3期;修改稿收入《道听途说》为前言,黄山书社1998年版;修改稿又收入《知非集》;

39.试论先秦小说观念,《安徽大学学报》1996年第6期,人大复印资料《中国古代、近代文学研究》1997年第3期转载;发表时有所删节,全文收入《求是集》;

40.《志异续编》——《亦复如是》版本考,《文教资料》1997年第1

期;收入《求是集》;

41. 宋元明清家训禁毁小说戏曲史料辑补,《明清小说研究》1997年第2期;收入《知非集》;

42. 包公艺术形象的早期塑造——宋金笔记、话本、杂剧摭谈,《中国典籍与文化》1997年第3期;收入《求是集》;

43. 宋遗民的独特视角——试论元初周密的戏剧学思想,《戏曲艺术》1997年第3期;

44. 明杂剧《一文钱》本事考述,《中国典籍与文化》1998年第1期;

45.《明语林》校点后记,《文教资料》1998年第2期;后与《〈明语林〉人名缺讹补正》合为一篇,收入《求是集》,题为《〈明语林〉版本及人名小议》;

46. 钟嗣成《录鬼簿》外论三题,《戏曲研究》第54辑,文化艺术出版社1998年版;

47. 元代后期曲学家史实考辨,《古籍研究》1998年第3期;

48. 理学家与曲学家的统一——元初胡祗遹曲学思想的重新审视,《河北师范大学学报》(哲学社会科学版)1998年第3期,人大复印资料《中国古代、近代文学研究》同年第10期转载;收入《求是集》;

49. 叛逆和创新——钟嗣成《录鬼簿》剧学思想综论,《艺术百家》1998年第3期,人大复印资料《中国古代、近代文学研究》同年第11期转载;收入《求是集》;

50. 清代文言小说家宋永岳事迹系年,《明清小说研究》1998年第4期;收入《知非集》,题为《文言小说家宋永岳事迹系年》;

51. 梅鼎祚与《青泥莲花记》,《中国典籍与文化》1999年第1期;此文为《青泥莲花记》前言,后收入《知非集》;

52. 文言小说家潘纶恩事迹系年,《古籍研究》1999年第1期;修订稿收入《知非集》;

53.《元代戏剧学研究》导论,《文教资料》1999年第2期,人大复印资料《戏剧、戏曲研究》同年第8期转载;

54.《明语林》人名缺讹补正,《古籍整理出版情况简报》1999年第2

期;收入《明语林》中作为附录。后与《〈明语林〉校点后记》合为一篇,收入《求是集》,题为《〈明语林〉版本及人名小议》;

55.继承和影响——试论《录鬼簿》历史地位,《戏剧》1999年第2期;

56.《舌华录》作者和版本考述,《明清小说研究》1999年第3期,人大复印资料《中国古代、近代文学研究》2000年第2期转载;收入《知非集》;

57.欧阳兆熊生卒及其他,中华书局《书品》1999年第4期;收入《求是集》;

58.明代前期元剧研究论略,《河北学刊》2000年第1期;收入《求是集》,题为《明代前期元杂剧研究论略》;

59.夏庭芝戏剧思想新论,《艺术百家》2000年第1期;

60.金圣叹与"哭庙案"中的"二丁"——从金诗《丁蕃卿生日二章》谈起,《中国典籍与文化》2000年第2期;

61.杨维桢籍贯考,《辞书研究》2000年第3期;

62.陆长春评传(与曹连观合撰),《明清小说研究》2000年第4期;收入《中国文言小说家评传》,中州古籍出版社2004年版,题为《〈香饮楼宾谈〉作者陆长春传略》;后又收入《知非集》;

63.杨维桢戏剧序跋新论,《暨南学报》(哲学社会科学版)2000年第5期;收入《求是集》;

64.《中国文言小说总目提要》求疵录,《古籍整理出版情况简报》2000年第9、10期;收入《求是集》;

65.生命中的最后一次欢会——金圣叹晚期事迹探微,《南京师大学报》(社会科学版)2000年第6期,人大复印资料《中国古代、近代文学研究》2001年第5期转载;

66.《吴江诗粹》所收沈璟轶诗辨析,台北《书目季刊》第34卷第3期,2000年12月出版;收入《知非集》;

67.《中国文言小说总目提要》初读——有关作者史实缺误商兑补苴,《文学遗产》2001年第1期;收入《知非集》;

68.晚明曹臣与清言小品《舌华录》(与李灵年合撰),《中国典籍与文化》2001年第1期;收入《求是集》;

69. 读《清初人选清初诗汇考》,中华书局《书品》2001年第2、3期;收入《知非集》,题为《〈清初人选清初诗汇考〉平议》;

70. 歙人张潮与《虞初新志》,《古典文学知识》2001年第5期;收入《知非集》;

71.《晚明曲家年谱》金圣叹史实研究献疑,《文学遗产》2002年第1期,人大复印资料《中国古代、近代文学研究》同年第6期转载;收入《知非集》;

72. 金圣叹与周计百交往揭秘,《河南师范大学学报》(哲学社会科学版)2002年第1期,人大复印资料《中国古代、近代文学研究》同年第10期论点摘编;

73. 明代《弘正诗钞》辑者考,《中国典籍与文化》2002年第1期;收入《知非集》;

74. 由稀见方志《越中杂识》作者缘起,《文献》2002年第2期;收入《知非集》,题为《文言小说家"清凉道人"考——由稀见方志〈越中杂识〉作者缘起》;

75. 金批《西厢》、《水浒》的参与者:王斫山、王道树事迹探微,《戏曲艺术》2002年第2期;

76. 金圣叹与长洲唯亭顾氏交游考——兼论顾予咸与清初三大史狱之关系,《艺术百家》2002年第2期;

77. 金圣叹与王鏊后裔关系探微,《江海学刊》2002年第4期,人大复印资料《中国古代、近代文学研究》同年第11期转载;

78. 清代文言小说家潘纶恩生卒定考,《明清小说研究》2002年第4期;收入《知非集》,为《"善道"封建末世的"俗情"——试论潘纶恩〈道听途说〉》一文的附篇;

79.《王渔洋事迹征略》商订和献疑,《南京师范大学文学院学报》2002年第4期;

80. 蒋寅《王渔洋事迹征略》,商务印书馆《中国学术》2002年第4期;存稿收入《知非集》,题为《文学史研究进入"过程"的创获与艰难——蒋寅〈王渔洋事迹征略〉阅读札记》;

81. 夏庭芝生活时代及其他——《元曲家考略》读书笔记,《文学遗产》2002年第5期;

82. 教育家的执著和理学家的愤世——明遗民朱用纯的心路历程和散文创作,《求是学刊》2002年第6期;收为《朱柏庐诗文选》前言;后收入《知非集》;

83. 也谈《给青年二十四封信》是否朱光潜作——兼议章启群、商金林先生对其作者的"考证",《学术界》2002年第6期;

84. 清初总集《诗观》所收徽州诗家散论,《徽学》第2卷,安徽大学出版社2002年版;收入《知非集》;

85. 夏庭芝生年及《青楼集》写作时间考,《中华戏曲》第27辑,文化艺术出版社2002年版;收入《知非集》;

86. 周亮工与金圣叹关系探微——兼论醉畊堂本《水浒传》和《天下才子必读书》的刊刻者,章培恒、王靖宇主编《中国文学评点研究论集》,上海古籍出版社2002年版;收入《求是集》;压缩版为:周亮工参与刊刻金圣叹批评《水浒》、古文考论,《社会科学战线》2003年第4期;

87. 金圣叹与吴江沈氏交游探微,《复旦学报》(社会科学版)2003年第2期;

88. 《王渔洋事迹征略》拾遗补缺,《中国诗学》第八辑,人民文学出版社2003年出版;

89. 读"书"杂"品",中华书局《书品》2003年第4期;

90. 晚明书画家邵弥生年新说,《中国典籍与文化》2003年第4期;

91. "焦东周生"即丹徒周伯义——清代文言小说《扬州梦》作者考(与吴春彦合撰),《明清小说研究》2004年第1期,人大复印资料《中国古代、近代文学研究》同年第9期转载;收入《知非集》,题为《文言小说〈扬州梦〉作者考》;

92. 《午梦堂集》中"泐大师"其人——金圣叹与晚明吴江叶氏交游考,《西北师大学报》(社会科学版)2004年第4期;

93. 从文学研究的角度浅谈家谱文献的整理编纂,《2004地方文献国际学术研讨会论文集》,北京图书馆出版社2006年版;

94. 金圣叹早期扶乩降神活动考论,《中华文史论丛》第 77 辑,上海古籍出版社 2004 年版;收入《知非集》;又收入南开大学出版社 2006 年出版的《明代文学研究国际学术研讨会论文集》,题为《金圣叹早期扶乩降神活动对其文学批评的影响》;

95.《高文举珍珠记》第十八出《藏珠》赏析,《明清传奇鉴赏词典》,上海辞书出版社 2004 年版;

96. 金圣叹与周庄戴氏交游探微,《文史哲》2005 年第 4 期;

97. 金圣叹所作"元晖"诗本事考——兼论清初戏曲家叶奕苞的生卒,《古籍整理研究学刊》2005 年第 5 期;

98. 清代指画名家高其佩小传异说辨误,《文献》2005 年第 4 期;

99. 金圣叹"诗选"俞鸿筹"读后记"考辨,黑龙江大学《学府》2006 年卷,黑龙江人民出版社 2006 年版;收入《求是集》;删节本为:金圣叹基本史实考论——《沉吟楼诗选》"读后记"史实探源与辨误,《南京师范大学文学院学报》2007 年第 3 期,人大复印资料《中国古代、近代文学研究》2008 年第 1 期转载;

100. 清初文言小说《觚剩》作者钮琇生年考略(与戴春花合撰),《文学遗产》2006 年第 1 期;收入《知非集》,题为《〈觚剩〉作者钮琇生年考略》;

101. 古典白话小说整理的又一创举——评黄山书社新版《红楼梦》,《学术界》2006 年第 4 期;收入《求是集》,题为《古典白话小说整理的又一创举——从黄山书社新版〈红楼梦〉谈起》;

102. 清初戏曲家徐懋曙事迹考略,《艺术百家》2006 年第 4 期;收入《知非集》;

103. 明人之当代戏剧研究论略,《中华戏曲》2006 年第 2 期;收入《知非集》;原载于《明代戏剧研究概述》,天津教育出版社 1992 年版;

104. 读杜桂萍《清初杂剧研究》,中华书局《书品》2007 年第 1 期;

105. 朱国祚生卒年小考,《辞书研究》2007 年第 2 期;

106. 清初戏曲家叶奕苞生平新考,《文学遗产》2007 年第 3 期;收入《求是集》,第一节文字为结集时所补;

107. 冯梦龙、袁于令交游文献新证,《文献》2007 年第 4 期;发表时有所删节,全文收入《求是集》;

108. 也谈寅半生之"八应秋考"及其他,《明清小说研究》2008 年第 1 期;收入《求是集》,题为《也谈寅半生之"八应秋考"和"堂备"》;

109.《文章辨体汇选》"四库提要"辨误——兼论"施伯雨"撰《水浒传自序》的来源,《文学遗产》2008 年第 3 期,人大复印资料《中国古代、近代文学研究》同年第 9 期转载;收入《求是集》;

110. 金圣叹晚明事迹编年,《明清小说研究》2008 年第 4 期;

111. 金圣叹佚诗佚联新考,《古籍整理研究学刊》2008 年第 6 期;

112. "才名千古不埋沦"——金圣叹事迹和著述简论,此文为《金圣叹全集》整理前言,凤凰出版社 2008 年版;收入《求是集》;删节版题为:"才名千古不埋沦":金圣叹精神风貌和批评心路简论,《江苏社会科学》2009 年第 1 期;《新华文摘》同年第 12 期论点摘编;

113. 金圣叹佚文新考,《上海师范大学学报》(哲学社会科学版)2009 年第 2 期;

114. 金圣叹清初事迹编年,《明清小说研究》2009 年第 3 期;

115. 清初戏曲家龙燮生平、剧作文献新考,《文献》2010 年第 2 期;

116. 试论清初戏曲家龙燮及其剧作,《社会科学辑刊》2010 年第 4 期;原为《皖人戏曲选刊·龙燮卷》前言,收入《求是集》;

117. 二十世纪金圣叹史实研究的滥觞,《明清小说研究》2011 年第 4 期;

118. 胡适《〈水浒传〉考证》与金圣叹研究,《文学遗产》2011 年第 5 期;

119. 陈登原《金圣叹传》的学术贡献及缺憾,《文艺研究》2011 年第 8 期;人大复印资料《中国古代、近代文学研究》同年第 12 期转载;

120.《诗法初津》作者叶弘勋小考——金圣叹交游考证一例,《古籍整理研究学刊》2012 年第 4 期;

121. 金圣叹籍贯吴县说献疑,《学术研究》2012 年第 9 期;人大复印资料《中国古代、近代文学研究》2013 年第 1 期转载;

122. 唱经堂与贯华堂关系探微,《社会科学战线》2012 年第 11 期;

123. 金圣叹史实研究的现代历程,《明清文学与文献》第一辑,黑龙江大学出版社 2012 年版;

124. 金圣叹姓名字号异说辨考,《文史》2013 年第 1 期;

125. 鲁迅、周作人论金圣叹——明末清初文学与现代文学关系之个案考察,《文史哲》2013 年第 1 期,人大复印资料《中国古代、近代文学研究》同年第 4 期转载,《新华文摘》同年第 10 期转载;

126. 哭庙记闻版本与金圣叹"庠姓张"讨论平议——清代文学文献研究个案的学术史回顾,《文史哲》2013 年第 6 期;

127. 清初姚佺评选《诗源》的时代特色,《文学遗产》2013 年第 6 期,人大复印资料《中国古代、近代文学研究》2014 年第 2 期转载;

128.《小题才子书》所涉金圣叹交游考,《中国典籍与文化论丛》第 15 辑,凤凰出版社 2013 年版;

129. 金圣叹评点《西厢记》史实二题,《辨疑与新说:古典戏曲回思录》,黑龙江大学出版社 2013 年版;

130. 金圣叹与武进许氏兄弟交游考,《中国典籍与文化》2014 年第 1 期;

131. 四库存目《吾好遗稿》作者章静宜小考,中华书局《书品》2014 年第 2 期;

132. 金圣叹佚作辑考订补,《明清小说研究》2014 年第 3 期;

133. 毛宗岗事迹补考,《文献》2014 年第 4 期;

134. 清初书画家周荃生卒考,《学术研究》2014 年第 9 期;

135. 金圣叹交游考:徐崧与陈济生,《南京师范大学文学院学报》2014 年第 4 期;

136. 金圣叹事迹编年订补,《国学》第一集,四川人民出版社 2014 年版;

137.《诗观》作者邓汉仪原籍与寓籍,中华书局《书品》2015 年第 1 期;

138. 金圣叹官员交往诗新考,《江海学刊》2015 年第 1 期;

139. 金圣叹与甫里许氏交游考,《江西师范大学学报》(哲学社会科学版)2015年第1期;

140. 金圣叹《沉吟楼诗选》所涉交游六人考,《文学与文化》2015年第1期;

141. "三吴才子"的半世争名:尤侗与金圣叹,《文学遗产》2015年第2期;

142. 清初邵点其人及与金圣叹交游考——兼论金诗《春感》八首的创作心态,《中国典籍与文化》2015年第2期;

143. 清初戏曲家嵇永仁事迹探微,《戏曲艺术》2015年第2期;

144. 邓汉仪心路历程与《诗观》评点的诗学价值,《中山大学学报》(社会科学版)2015年第5期;

145.《鱼庭闻贯》所涉金圣叹交游考,《中国典籍与文化论丛》第17辑,凤凰出版社2015年版;

146. 论明清文学史实研究的学术理念——以金圣叹史实研究为中心的反思与践行,《社会科学战线》2015年第11期;

147. 清初周荃"安抚"苏州事略及与"密云弥布"匡净关系考论,《文史》2016年第2辑。

整理后记

2016年3月9日16时15分,恩师陆林先生因病医治无效,与世长辞。《耋年集》是先师在病榻上手自编订的论文自选集,电脑显示的最后修改时间为2016年2月20日上午9时22分。先师身后,门下弟子张小芳、裴喆、胡瑜为之通读全文、订正笔误,并依《知非》、《求是》二集之例,统一注释格式,补齐文献信息;全书文字观点未作任何改动。虽然梳理检核之时,战战兢兢、如履薄冰,每遇疑问,反复讨论,但以我们的浅陋,由此而出现的种种疏误在所不免,其责在弟子辈,请读者谅正。

王卓华　张小芳
2016年4月